KB271920

종교란 무엇인가

종교란 무엇인가

1판 1쇄 발행 2012. 9. 27.
개정판 1쇄 발행 2026. 4. 8.

지은이 오강남

발행인 박강휘
편집 정연주 | 디자인 유상현 | 마케팅 김민준 | 홍보 이아연
발행처 김영사
등록 1979년 5월 17일(제406-2003-036호)
주소 경기도 파주시 문발로 197(문발동) 우편번호 10881
전화 마케팅부 031)955-3100, 편집부 031)955-3200 | 팩스 031)955-3111

값은 뒤표지에 있습니다.
ISBN 979-11-7332-585-4 03200

홈페이지 www.gimmyoung.com　　블로그 blog.naver.com/gybook
인스타그램 instagram.com/gimmyoung　　이메일 bestbook@gimmyoung.com

좋은 독자가 좋은 책을 만듭니다.
김영사는 독자 여러분의 의견에 항상 귀 기울이고 있습니다.

종교란 무엇인가

오강남 지음

김영사

—

이 책은 김영사에서 2010년에 낸 마이클 샌델의 《정의란 무엇인가》라는 책이 나온 후, 2012년 김영사 책임자가 저보고 '종교란 무엇인가'라는 제목의 책을 내보는 것이 어떤가 제안해서 나온 책입니다. 아시는 것처럼 마이클 샌델의 책은 엄청난 반향을 일으켰는데, 제 책은 그런 선풍적 인기를 누리지는 못했습니다. 그렇지만 제 책도 꾸준히 독자의 사랑을 받다가 이제 14년이 지나 새로운 옷을 입고 나오게 되었습니다.

사실 오늘 우리 주위에서 일어나는 일들을 보면 정의의 문제가 중요하기 그지없기는 하지만 그에 못지않게, 혹은 그보다 더욱 근본적인 것이 종교 문제가 아닌가 합니다. 표면적으로는 전통 종교가 쇠퇴하는 탈종교 현상이 이 시대의 특징이라 하는데, 불행하게도 아직 옛 패러다임에 입각한 전통 종교의 질곡에서 벗어나지 못한 이들로 인해 세상은 배타성과 증오가 증폭되고, 심지어는 서로 죽이는 일까지 벌어지고 있습니다.

"종교 간의 대화가 없으면 종교 간의 평화가 있을 수 없고, 종교 간의 평화가 없으면 세계 평화가 있을 수 없다"고 말한, 스위스 출신으로 독일 튀빙겐 대학에서 가르친 저명한 신학자 한스 큉Hans Küng 교수의 말을 다시 상기하게 됩니다. 지금 이 글을 쓰는 이 순간에도 미국과 이스라엘이 이란을 공격하고 이란이 반격을 가하고 있습니다. 이런 엄청난 재난도 물론 전적으로 종교적인 문제 때문만은 아닐지 모르지만, 그 깊은 내면에는 유대교의 선민의식과 미국 개신교의 백인 우월주의와 이란의 이슬람 근본주의가 깔려 있다고 보아도 틀릴 것이 없습니다. 오늘 개신교 복음주의 목사들이 트럼프를 둘러싸고 그의 어깨에 손을 얹은 채 축복 기도를 해주고 있는 사진이 올라왔습니다. 기도 중 "미국이 다시 하나님 아래 하나 된 나라로 돌아갈 수 있도록, 우리 대통령께 이 나라를 이끌어갈 힘을 계속 주시길 기도한다"고 했습니다. 이란에서도 이스라엘을 향한 폭격에서 사상자를 낸 것을 "신의 정의"라고 했습니다.

중동 문제뿐만 아니라 세계 여러 분쟁지역의 배경에 종교가 작용했을 것이라는 추정보다 더욱 우리의 피부에 와닿는 현실은 한국 내의 문제입니다. 한국 정치를 비롯하여 사회 전체가 좌우로 갈라져 극단적인 대치 상황을 연출하는 것도, 그리하여 국민들 간에 분열과 다툼이 극대화되는 것도, 한국 개신교를 중심으로 한 종교적 대립과 갈등이 작용하고 있다고 볼 수 있습니다. 이런 것을 감안할 때 현실적으로 종교가 평화의 촉매제가 아니라 대결의 촉진제가 되는 비극을 보고 있습니다. 이런 현실을 감안하면, 14년이 지난 오늘 종교의 기본을 밝히려는 이 책의 기본 메시지는 그때보다 한국 독자들에게 더욱 절실한 것이 아닌가 생각해봅니다.

이 책은 종교가 국제적으로나 국내적으로나 더욱이 개인적으로나 평화를 향한 길에 하나의 걸림돌이 아니라 디딤돌의 역할을 할 수 있었으면, 그리하여 온 누리에 평화가 더욱 넓게 퍼져나갔으면 하는 마음으로 쓴 것입니다. 이런 일이 가능하기 위해서는 물론 우리부터 세상을 보는 방식이 달라져야 하는데, 진정한 의미의 심층 종교, 열린 종교는 우리에게 '의식의 변화'를 통해 이를 이루어내어야 한다는 점을 역설했습니다.

초판에서도 밝힌 것처럼, 제 책 중 일반에게 많이 알려진 《예수는 없다》가 기독교인 독자를 염두에 두고 기독교를 중심 주제로 쓴 것이라면, 《종교란 무엇인가》는 비교종교학자로서 기독교인뿐만 아니라 불교인이나 다른 이웃 종교에 속한 분들, 나아가 인문학적 관심을 가진 무종교인들도 종교 전반에 대한 이해를 넓힐 수 있기를 바라는 염원을 가지고 쓴 것입니다. 이 책 마지막에 비교종교적 입장에서 코로나 이후의 종교가 어떻게 바뀔 것인가를 논의하는 글 한 편을 실었습니다.

이 책이 부디 종교를 가진 분들에게는 자신의 믿음을 더 깊고 넓게 바라보는 계기가 되고, 종교를 떠난 분들에게는 그 여정이 어쩌면 더 진지한 영적 탐구의 시작일 수 있다는 격려가 되기를 바랍니다. 그리고 처음부터 종교와 거리를 두어온 분들에게는, 인류의 가장 깊은 지혜 전통들이 무엇을 향해 손짓해왔는지를 함께 들여다보는 조용한 동행이 되기를 바랍니다.

　이 책이 나오기까지 집사람을 비롯하여 음으로 양으로 도움을 주신 고마운 분들을 여기서 다시 열거하지 않아도 그분들에 대한 저의 고마움은 여전합니다. 특히 이번 개정판 편집을 맡아 주신 김영사 편집부에 감사드립니다. 이분들의 노력 덕분으로 저의 간절한 염원이 독자들에게 더욱 가깝게 다가가게 되었으면 좋겠습니다. 감사합니다.

2012년 9월 11일 이슬람 무장 세력의 공격으로 리비아 주재 미국 대사 크리스토퍼 스티븐스와 다른 세 명의 외교관이 사망했다. 이에 따라 미 해군 구축함이 순항미사일을 탑재하고 리비아 인근 해상에 배치된다고 한다. 일촉즉발의 위기다.

이런 공격이 9·11 사건 11주년 기념으로 기획된 것이 아닌가 하는 의문이 제기되기도 하지만, 현재로서는 미국에서 제작된 영화 한 편이 그 주된 원인이라 지목된다. 〈무슬림의 순진함Innocence of Muslims〉이라는 정체불명의 영화에서 이슬람의 창시자 무함마드를 동성애자, 아동 성애자로 묘사하고 있고, 얼마 전 코란경을 불태우겠다고 하여 이슬람 세계의 분노를 촉발했던 미국 테리 존스 목사가 이 영화를 추천했다는 소문 때문이라는 것이다. 리비아 등 아랍 세계뿐 아니라, 인도네시아, 말레이시아 등 이슬람 국가들도 반미 시위를 하거나 준비하고 있다.

개인과 세계에 위안과 평화를 주어야 할 종교가 왜 이렇게 되고 있는가? 종교 간의 평화가 없으면 세계 평화가 있을 수 없다는 말이 절실히 다가온다. 이번 사건도 결국 종교 간의 분쟁이 세계 분쟁으로 비화되는 것이 아닌가? 종교란 도대체 무엇인가?

국내의 종교 사정은 또 어떤가? 어느 신문에 난 기사다. 아들의 이혼 문제로 괴로워하던 57세의 어느 여인이 서울에 있는 모 종교 단체를 찾아갔다. 그 종교 단체의 간부는 그 여인에게 2,500만 원의 돈을 내고 기도하지 않으면 아들이 교통사고로 죽고 손녀도 안 좋은 일을 당하리라고 겁박했다. 여인이 망설이는 듯하자 그 간부는 기도가 끝나면 돈을 두 배로 돌려주라는 '어버이신'의 계시가 있었으니 안심하라고 했다. 결국 여인은 3년에 걸쳐 모두 1억 8,000만원을 갖다 바치게 되었다. 그 간부는 이 여인 이외에도 다른 7명의 신도로부터 9억 원을 가로챈 혐의로 구속되었다.

좀 극단적인 예라 할 수 있다. 우리 일상사에서도 종교가 다르다는 이유 때문에 부부간, 형제간, 심지어 부모 자식 간에 얼마나 많은 문제가 야기되고 있는가? 종교가 빚어내는 모순과 갈등은 이처럼 개인의 경우에만 국한되지 않는다. 종교 때문에 집단 간 반목과 불화가 계속되기도 하고 크게는 종교가 국가나 민족 사이 분쟁이나 전쟁의 불씨가 되기도 한다.

지금 이와 같은 종교 현상을 두고 무슨 말을 할 수 있을까? 각 종교마다 나름대로의 내부적 문제로 앓고 있고, 대외적으로도 위상이 추락한 상태가 대부분 아닌가? 배금주의, 출세주의, 성공지상주의 등 개인과 집단의 번영을 위한 수단으로 전락한 종교, 권력에 기생하거나 스스로 권력화된 종교, 양적 대형화에 골몰하는 종교, 내 종교만이 진리를 독점하고 있다고 고집하는 배타주의 종교, 이런 기본적인 문제를 위시하여 종교 간의 갈등, 성직자의 도덕적 해이, 교회 세습 문제, 성직자의 세금 문제, 기복 일변도로 자기중심주의를 공고히 하는 일반 신도들의 신앙 행태, 맹신과 광신과 미신 사이를 오가는 미숙한 종교 의식 등, 이러한 문제에서 완전히 자유로운 종교인이나 종교 집단이 과연 얼마나 될까?

이러한 현상들을 보고 있노라면, 어쩔 수 없이, "종교가 뭐길래" 하는 소리가 나오지 않을 수 없다. 인간의 영적 문제를 해결하기 위한 수단으로서의 종교가 이제 문제를 해결해주기보다, 오히려 문제를 더 많이 야기하고 있는 형국이기 때문이다. 흔히 말하듯, 종교가 사회를 걱정하는 것이 아니라 사회가 종교를 걱정하게 되었다. 과연 종교가 뭐길래 이리 야단일까? 종교는 이래야만 되는가?

필자는 캐나다에서 종교학으로 박사 학위를 받은 직후 종교 문제를 다루는 글을 쓴 적이 있다. 한국에 있는 동안 서울대학교 종교학과에서 10년 가까이 기독교를 중심으로 공부를 하다가 캐나다에 가서 본격적으로 힌두교, 불교, 노장 철학 등 비교종교학을 공부하면서 종교를 보는 눈에 획기적인 변화가 생겼다. 이런 경험을 바탕으로 시간적으로나 기타 여건으로 필자처럼 종교를 가지고 밤낮으로 공부할 기회를 갖지 못한 캐나다 교민들을 위해 필자가 배우고 깨달은 바를 나누고 싶었다. '도대체 종교가 우리에게 무슨 의미가 있나'를 화두로 삼아 글을 써서 신문에 연재하고, 나중에 그것을 책으로 냈다.[1]

최근에 이 글들을 다시 읽어볼 기회가 있었다. 놀라운 것은 이 글이 젊은 시절 쓴 글이라 내용이나 표현에 물론 젊은 기운이 엿보이지만, 그 기본 메시지는 그때보다 지금 한국 독자들에게 더욱 적절한 것이 아닌가 하는 생각이었다. 어느 면에서는 지금 한국에서 일어나는 여러 가지 종교 현상을 이해하는 데 더욱 도움이 되는 글인 것 같았다. 이 글이 이번 출간을 통해 더욱 많은 독자에게 다가갈 수 있다면 하는 생각이 들었다.

그 글의 기본은 살려두되 그동안 더욱 발전하거나 새로 발견한 생각들을 반영하였다. 여기저기 새로운 자료로 보완하고, 순서도 바꾸고, 뺄 것은 빼고 덧붙일 것은 덧붙이는 등 정성껏 손질하여 다시 내는 것이다. 이 책은 그런 의미에서 필자가 쓴 최초의 책이면서 동시에 가장 최근의 책인 셈이다.

* * *

여기 나오는 글은 우리가 지금 가지고 있는 종교가, 혹은 지금 우리 주위에서 관찰할 수 있는 종교가 도대체 어떤 성질의 것인가? 그것이 '열린 종교'인가 '닫힌 종교'인가, 필자가 최근에 많이 하는 이야기로 고치면, '표층 종교'인가 '심층 종교'인가 하는 문제를 놓고 독자들과 서로 생각을 나누어보는 허심탄회한 대화의 기록인 셈이다. 특정 종교를 옹호하거나 선전하기 위한 것도 아니고, 그렇다고 어느 종교를 무턱대고 비판하거나 반박하는 것도 물론 아니다. 판에 박힌 한 가지 입장에서 어느 것은 무조건 변호하고 어느 것은 덮어놓고 비방하는 태도에서 벗어나, '종교'라는 중대한 문제를 중심으로, 가능한 한 여러 관점에서 그 허상과 실상을 바르게 분간해보려는 눈 비비기 작업이다.

사실 이 책은 필자가 써서 많은 분이 읽은 《예수는 없다》(2001)와 홀륭한 보완관계를 이룬다고 할 수 있다. 《예수는 없다》가 구체적으로 기독교 문제에 초점을 맞춘 것이라면, 이 책은 기독교 전통에서 발견되는 사례를 많이 인용하고 있기는 하지만, 기독교인들뿐 아니라 불교인 등 다른 이웃 종교인들, 심지어 종교인이라 자처하지는 않지만 종교에 대해 인문학적 관심을 가진 독자들을 위해 종교 일반에 관한 기본적인 문제를 다루기 때문이다. 비슷한 문제를 다루더라도 두 책은 겹치거나 되풀이되는 것이 거의 없다.

필자에게 이 책은 어떤 면에서 필자가 쓴 다른 어느 책보다 더 큰 애정과 관심이 쏠리는 책이기도 하다. 여기 실린 기본 사상과 골격은 30대에 캐나다에서 새롭게 동서를 비교하는 본격적인 비교종교학에 몰입하면서, 나름대로 보고 깨달은 바를 진솔하게 써 내려간 개인의 실존적 고백과도 같은 것이기 때문이다. 따라서 이 책은 일반적으로 발견할 수 있는 종교학 개론서처럼 종교 현상 전체를 객관적으로 싸늘하게 분석하거나 기술하고 있지 않다. 《예수는 없다》가 기독교 문제 전체를 다루려고 한 것이 아니었던 것처럼, 이 책도 종교학에서 이야기하는 종교 문제 모두를 다루려는 것은 아니다. 종교학을 전공하는 한 학도가 인간으로서 당면하게 되는 몇 가지 실존적 물음을 놓고 고뇌한 흔적의 기록이라 할 수 있다.

이번 이 책을 내겠다고 제안하고 편집을 맡아주신 김영사 관계자 분들에게 고마움을 전한다. 그동안 필자의 책을 보고 그의 구도적 삶이 어떻게 변하게 되었는가 하는 것을 《선방에서 만난 하나님》이라는 제목의 책으로 펴낸 성소은 님이 초벌 원고를 보고, 이 책이 좋게 변하도록 도와준 것을 고맙게 생각한다.

무엇보다도 그동안 구도의 길에서 사귀게 된 아름다운 '길벗' 여러분이 전해주신 용기와 성원에 감사한다. 아울러 이 책을 통해 만나게 될 새로운 길벗들을 위해서도 이 책이 '종교란 무엇인가'를 이해하는 데 조금이나마 도움이 될 수 있다면 이보다 더 큰 기쁨이 없을 것이다.

우리는 이 사람들과 다른가?

'하물 숭배(荷物崇拜, cargo cults)'라는 것이 있다. 이는 종교사나 종교사회학, 문화인류학을 연구하는 사람에게는 잘 알려진 이야기로서, 1890년대 영국과 프랑스가 남태평양 뉴기니 등 멜라네시아Melanesia 도서島嶼를 식민지로 지배하기 시작하면서 원주민 사이에서 새로 생겨난 일종의 신흥 종교 형태를 말한다.

섬사람들은 유럽인이 화물선에서 하물을 내려 거기서 여러 가지 물건들을 꺼내 쓰는 것을 보게 되었다. 깡통에 든 음식이라든가 농기구라든가 라디오 같은 신기한 물건을 생전 처음 본 사람들은 이런 물건이 당연히 신으로부터 온 것이라고 믿었다. 전통 종교에 의하면, 자기들이 상용하는 토로(토란) 같은 채소라든가 여러 가지 곡식이 모두 신으로부터 온 것이기 때문이다. 이 물건은 공장에서 만들어 가지고 온 것이라고 말해주어도, 공장이 뭔지도 모르는 원주민들은 백인들이 그것을 자기네만 쓰려고 거짓말하는 것이라고 생각했다. 그러고는 우리의 신은 왜 이런 물건을 가져다주지 않는지 의아해했다. 이것을 발단으로 온갖 교리와 실천 사항이 생겨나기 시작했다.

섬사람들은 이 물건들이 사실은 백인의 신이 아니라 자기 조상신에게서 온 것이라고 확신했다. 조상신이 화산 꼭대기나 다른 섬에 살면서 자신들을 위해 이런 물건을 만들었는데, 백인이 이를 가로채서 쓰는 것이라 보았다. 1919년 뉴기니 섬의 바이랄라Vailala라는 마을에서 생긴 '바이랄라 광기'는 이런 믿음의 가장 두드러진 예라 할 수 있다. 이들은 자기 조상신이 음식이나 담배나 기계나 무기 같은 것을 배에 싣고 곧 올 것이라 예언하고, 그러기 전에 백인을 몰아내고 지금껏 해오던 종교 의례를 모두 버려야 할 것으로 믿었다.

이런 예언과 믿음에 따라 사람들은 농사나 기타 생계를 위한 일에서 모두 손을 떼었다. 이제 곧 조상신이 오면 일하지 않고도 잘 먹고 잘살 수 있기 때문이었다. 유럽 사람의 건물을 본떠서 소형 신전도 짓고, 깃대나 안테나를 본떠 장대도 세웠다. 성경 읽는 흉내도 내고, 새로운 규례와 의식 절차를 채택하기도 했다.

물론 배에 하물을 싣고 오겠다던 조상신은 오지 않았다. 그럴 때마다 사람들은 새 날짜를 정하거나, 자기들의 준비가 철저하지 못해 못 오는 것이라고 하거나, 이미 안 보이는 어딘가에 도착했다고 하거나, 백인이 타고 온 배가 사실은 자기들이 기다리던 배요, 그 선원들이 바로 조상신이라는 등의 주장으로 자신의 믿음을 지켰다.

2차 대전이 일어나고 미군이 들어오면서 이런 하물 숭배는 더욱 기승을 부리기 시작했다. 화물을 비행기에 싣고 오는 것도 그러했지만, 물건도 그전보다 더욱 놀라운 것이었기 때문이다. 이런 하물 숭배 사례 중 한 가지 잘 알려진 예가 존 프럼John Frum과 관련된 것이다.

프럼의 역사적 실재성은 불확실하지만 탄나Tanna라는 섬사람들의 말에 의하면, 프럼은 1930년대 말쯤 비행기로 그 섬에 도착했다. 원주민어를 유창하게 구사했던 그는 떠나면서 하물을 많이 싣고 다시 오겠다고 약속했다. 그러면서 오기 전에 준비 작업으로 이런저런 일을 해야 한다고 일러주었다.

프럼이 떠난 후 섬사람들은 그가 돌아오면 착륙할 수 있는 비행장을 만들고, 나무로 비행기 모양을 만들어 비행장에다 갖다 두고, 컨트롤 타워 같은 모형도 만들고, 대나무로 된 안테나에 나무 이어폰도 설치하고, 깡통 쪼가리로 만든 모형 스피커를 장치하기도 하는 등 만반의 준비를 하고 기다렸다. 이들은 지금도 매년 2월 15일이면 그가 돌아올 것이라고 믿고 특별한 종교 행사를 행한다. 프럼이 나타나지 않아도 이런저런 이유를 들어 언젠가는 그가 돌아와 섬을 낙원으로 만들어주리라는 희망을 버리지 않고 있다. 1999년 《토론토 스타》 기자가 방문해서 어찌 그런 일이 있을 수 있는가를 묻자 섬사람 중 하나가 말했다. "그리스도인은 예수가 오기를 2,000년이나 기다리고 있다. 우리는 존 프럼을 겨우 60년 기다렸다. 왜 우리를 보고 이상한 사람들이라고 하는가?"[1]

물론 우리는 이런 섬사람들의 믿음을 비웃거나 무시해서는 안 된다. 이런 믿음이 그들에게는 희망과 용기의 원천이 되고 삶을 의미 있게 살아가게 하는 원동력이 될 수도 있기 때문이다. 그러나 누군가가 우리에게 이런 믿음을 받아들이라고 강요한다면 우리는 사절하지 않을 수 없다. 원하든 원하지 않든, 우리는 이미 신에 대한 이런 믿음이 우리에게 희망과 용기의 원천이 되지 못한다는 것을 알아버렸기 때문이다.

우리가 지금 가진 믿음이라는 것이 만에 하나 이런 것이 아닌가 살펴볼 필요가 있지 않을까? 믿음이란 물론 누가 강요한다고 받아들이거나 버릴 수 있는 성질의 것이 아니다. 믿음이란 궁극적으로 이론이나 논리의 문제가 아니다. 그런 것을 훨씬 넘어서는 것이다. 그러나 지금 가지고 있는 믿음이라는 것이 이론이나 논리에도 못 미치는 무엇이 아닌가 우리 스스로 한번 깊이 살펴보는 것 역시 중요하다. 그러고 나서도 확신이 더욱 굳어진다면 훌륭한 일이다. 그러나 우리가 지금 가진 믿음이라는 것이 어처구니없게도 하물을 가져다주는 그런 신에 대한 믿음과 본질적으로 다른 것이 없음을 발견하게 된다면, 어쩔 수 없이 '그런 신은 없다'고 선언할 수밖에 없다.

열린 종교, 닫힌 종교

무엇을 믿든, 인간은 믿지 않고서는 살 수 없는 존재다. 이런 면 때문에 옥스퍼드대학교의 인류학자 마렛Robert R. Marett(1866~1943)은 인간을 일컬어 '이성적 인간homo sapiens'이라 하기보다 '종교적 인간homo religiosus'이라고 해야 한다고 지적했다. 인간으로 태어나 종교를 가지고 있지 않은 사람은 없다는 뜻이다. 내겐 종교가 없다고 할 수도 있지만, 이는 특정 사회에서 일반적으로 받드는 종교를 받아들이지 않는다는 것뿐, 누구도 종교 없이 살 수는 없다. 심지어 무신론자도 나름대로 '무신론'이라는 강한 종교적 신념을 가지고 있는 것이다. 이런 의미에서 인간은 그야말로 '치유할 수 없이 종교적인' 존재라 할 수 있다. 우리는 모두 삶과 우주에 대해 우리 나름대로 일종의 믿음 체계를 가지고 산다.

인간에게 종교는 이처럼 보편적인 현상이지만, 특히 한국 사람의 경우는 그것이 더욱 두드러진다. 한국에는 전통 종교를 열정적으로 따르는 사람도 많고, 이를 '종교적 열정으로' 반대하는 사람도 많다. 또 이쪽도 저쪽도 마음에 차지 않으면 더욱 뜨거운 종교를 만들어 받들기도 하고, 그것도 싫은 사람은 부나 권력 같은 세속적 가치를 지고신至高神으로 받드는 세속 종교에 신명을 바치기도 한다. 한국 사람은 이래저래 극히 종교적인 사람들이다.

이런 의미에서 우리가 당면한 문제는 종교를 가질 것인가 말 것인가 하는 것이 아니다. 이왕 어떤 형태로든 종교를 갖지 않을 수 없다면, 우리가 물어보아야 할 긴급한 문제는 어떤 종교를 따르는 것이 바람직한가? 내가 따르는 종교는 내게 바른 종교인가? 요즘 같은 시대에 믿음이라는 것이 앞에서 말한 '화물 숭배'에 목줄을 건 섬사람들의 믿음과 비슷해도 좋은가? 등의 질문일 수밖에 없다. '예수를 바로 믿지 않으면 차라리 믿지 않는 게 낫다'고 했지만, 이는 기독교에만 국한되는 것이 아니다. 종교를 갖되 바로 가져야만 하겠다.

그러면 어떤 종교를 가져야 할까? 이 문제를 좀 더 명확히 이해하기 위해 종교를 크게 둘로 구분해본다. 하나는 '닫힌 종교'요, 다른 하나는 '열린 종교'다. 닫힌 종교의 가장 큰 특징은 스스로 정한 절대적 권위에 모두가 무조건 복종해야 된다고 가르치는 것이다. 모든 해답, 모든 행동 강령은 이미 다 주어진 절대 불변의 것이므로, 이것을 문자 그대로 받아들이고 덮어놓고 믿고 순종하기만 하면 거기에 따라 복이나 상을 받고, 불순종하면 화나 벌을 내린다는 공식을 가르친다.

열린 종교란 이와는 달리 우리가 당연한 것으로 여기는 일상의 세계를 절대화하거나 거기에 안주하지 말고, 이런 세계의 바탕이 되는 실재의 세계, 실상의 세계를 있는 그대로 보아야 한다고 가르치는 종교다. 그러기 위해 인간으로서 지금 가진 생각이나 안목이 어쩔 수 없이 제약되고 불완전한 것임을 겸허하게 인정하고, 열린 마음으로 진리의 더 깊고 넓은 면을 끊임없이 탐구하고 깨쳐가도록 노력할 것을 촉구하는 종교다. 한마디로 닫힌 종교는 종교의 '표층 구조'에 매달리는 종교요, 열린 종교는 '심층 구조'에 관심을 갖는 종교라 할 수 있다.

어느 종교가 닫힌 종교이고 어느 종교가 열린 종교인가? 이 종교는 닫힌 종교요, 저 종교는 열린 종교라는 식으로 수직적 전통에 따라 종교를 양과 염소로 나누는 것은 올바른 분류 방식이라 할 수 없다. 어느 종교든 닫힌 종교일 수도 있고 또 열린 종교일 수도 있다. 말하자면, 한 종교 안에 닫힌 종교와 열린 종교가 동시에 공존하고 있다는 것이다. 어느 종교든 그것을 따르는 사람들이 그 종교의 참뜻을 깊이 이해하지 못하고 표면적 문자에 매달린 채 언제까지나 질식할 것 같은 종교 생활만을 계속하게 한다면, 그 종교는 그대로 닫힌 종교가 되는 것이고, 종교의 참뜻을 더욱 깊이 깨닫고 그 종교가 본래 의도했던 자유와 해방을 맛보는 삶을 살도록 한다면 그 종교는 열린 종교가 되는 것이다.[2]

이 책은 이런 열린 종교를 찾아 길을 가는 사람들의 이야기를 모았다. 제1부 〈진리의 길〉에서는 열린 종교를 추구하기 위한 준비 단계로 우리가 알게 모르게 가지고 있는 기본자세를 점검해본다. 제2부 〈자유에의 길〉에서는 이른바 '현상학적' 시각에서 볼 때 종교를 무엇이라 할 수 있을까 하는 문제를 검토해본다. 제3부 〈믿음의 길〉과 제4부 〈함께 가는 길〉에서는 종교를 가지고 산다는 것이 구체적으로 무엇을 뜻하는가 하는 문제를 살펴본다. 이렇게 하여 우리의 종교적 태도가 한 단계 성숙할 수 있지 않을까 기대해보는 것이다.

본론으로 들어가기 전에 한마디만 덧붙이고 싶다. 영어나 기타 서양말로 된 글은 거의 모두 왼쪽에서 오른쪽으로 씌어 있다. 이렇게 횡서橫書로 씌어 있기 때문에 글을 읽노라면 고개가 자연히 좌우로 움직인다. 고개를 양옆으로 흔드는 것은 무엇을 부정한다는 표시가 아닌가? 그러니까 그 글의 내용을 나도 모르는 사이에 부정해가며 읽는 셈이 되는 것이다.

이와는 대조적으로 중국, 한국, 일본 글들은 전통적으로 위에서 아래로 종서縱書로 씌어 있다. 읽노라면 으레 고개가 상하로 움직인다. 고개를 아래위로 끄덕이는 것은 무엇을 긍정한다는 표시다. 말하자면 동양의 글을 읽을 때는 계속 그 글에 찬동해가면서 읽게 된다는 뜻이다.

우연한 것이겠지만 재미있는 대조라고 생각한다. 그런데 가만히 따져보면, 남의 글을 읽을 때 무조건 부정하는 것도, 무조건 긍정하는 것도 둘 다 그렇게 바람직한 태도는 아니지 않겠는가 싶다. 남의 글을 무조건 다 믿는 것도 바보 같은 '맹신'이고, 그렇다고 덮어놓고 다 반대하는 것도 형태는 다르지만 역시 바보 같은 '맹신'에서 나온 태도이기 때문이다.

글이란 하늘에서 뚝 떨어진 것도 아니고 땅에서 갑자기 솟아난 것도 아니다. 덮어놓고 믿느냐 믿지 않느냐의 문제가 아니다. 고개를 옆으로 흔들며 읽든 아래위로 끄덕이며 읽든, 중요한 것은 내가 읽고 있는 것을 일단 내 나름대로 음미해보는 것, 그리고 그 글을 통해 마음속 깊이 들어 있던 나 스스로의 생각을 '일깨우는 일'이라고 생각한다. 어느 글이든 그것이 하나의 자극제가 되어 그동안 가끔씩 생각도 해보고 막연하게나마 나름대로 느낀 것을 좀 더 분명히, 좀 더 넓은 시야에서, 좀 더 포괄적으로 다시 살펴보는 기회를 얻도록 해야 한다.

한 걸음 더 나아가, 지금까지 내 관심사가 아니던 것, 내 의식의 영역에 들어오지 않았던 것을 이야기하는 글이라면, 그 글을 통해 그 문제를 새롭게 '의식화'해서 거기에 관심을 쏟고 이해를 증진시키는 계기로 삼는 것이다.

영국의 철학자 밀John Stuart Mill은 유명한 저서 《자유론On Liberty》에서 언론의 자유가 보장되어야 할 여러 이유를 이야기하고 있다. 그의 주장에 의하면, 언론의 자유로 인해 위대한 생각을 가진 사람이 그 생각을 다른 사람과 나누어 갖는 일도 유익하지만, 그보다 더 근본적이고 중요한 것은 서로 자유롭게 자기 의견을 발표하고 토론하는 과정에서 생각의 옳고 그름이 더욱 뚜렷하게 나타날 수 있다는 사실이라고 했다.

따라서 좀 '엉뚱하고 괴짜 같아 보이는 것'이라도 오히려 사회의 일반적인 통용 기준에 적당히 맞춰 어물쩍거리며 지나는 '범속성凡俗性'보다 낫다는 이야기다. 누구나 똑같은 생각, 똑같은 말만 하는 사회, 그것이 강요되는 사회에는 침체만 있을 뿐이라는 것이다. 비록 뚱딴지같아 보이는 말이라도 일단 그것이 허용되면, 그것을 계기로 서로 활발한 토론 과정을 거치게 되고, 그래서 그것이 훌륭하면 받아들여져 더욱 발전하는 반면, 정말로 보잘것없거나 나쁜 것이라면 모두의 거절로 자연히 도태되고 말 것이다. 이렇게 서로 남의 이야기를 듣고 자기 의견을 정리하고 표현하는 자유로운 토론 과정을 통해서만이 사회가 범속의 상태에서 헤어나 계속적인 발전을 이룰 수 있다고 했다. 따라서 언론의 자유를 보장하는 것은 당위적인 인권의 문제이기에 앞서 사회와 인류의 발전에 불가결한 요소라는 것이다.

'눈물의 씨앗'이라는 말이 있듯이, 글을 읽는다는 행위는 그 내용에 동의하고 하지 않고의 문제와는 별도로, 일단은 나로 하여금 생각하는 계기를 마련해준다는 의미에서 '생각의 씨앗'이라 할 수 있을 것이다.[3]

여기 논의되는 것들도 이런 관점에서 이해해주시기를 바란다. 계속적인 대화를 통해 우리의 생각과 삶의 깊이를 더해가는 데 보탬이 되었으면 좋겠다.

**What
is
Religion?**

1

진리의 길

진리를 알지니
진리가 너희를 자유케 하리라

요한복음 8 : 32

-
'진리의 길'은 산을 오르는 것과도 같다. 산을 오르기 전에는 시야에 들어오는 몇 그루
의 나무와 풀만이 전부인 줄 알고 그것만 주장하지만, 점점 높이 올라가면 갈수록 시야
는 점점 넓어져서 저 너머에 강이 있는 것도, 호수가 있는 것도, 저 멀리 바다가 있는 것
도, 섬이 있는 것까지도 알게 된다. 점점 높이 올라갈수록 새로운 것, 실상의 새로운 측
면을 발견하게 되는 것이다.

1

진리란?

종교를 논하기 전에

종교란 무엇일까? 종교인이 된다는 것은 무슨 뜻일까? 참 종교의 길은 어떤 것일까? 우리가 추구해야 할 종교는 어떤 것이고 경계해야 할 것은 어떤 것일까? 사실 종교란 결국 이론이나 논의의 대상이 아니라 실천과 체험의 영역이 아니겠는가? 그러나 종교를 진정으로 실천과 체험의 영역으로 끌어올리기 위해서는 종교에 대해 어느 정도 객관적인 가이드 같은 것을 이야기할 필요가 있다고 생각되기도 한다. 말이 나왔으니 이 문제에 대해 한번 흉금을 터놓고 격의 없는 대화를 나누어보기로 하자.

이 책에서 물론 종교 전반에 대한 이야기를 하려고 하지만, 편의상 기독교를 예로 드는 일이 많을 것으로 예상된다. 그렇더라도 물론 기독교라든가 어느 특정 종교나 교파의 전통에서 제공하는 판에 박힌 해답을 나열하는 식에 만족하지는 않는다. 될 수 있는 대로 여러 각도에서 세계의 종교 현상들을 두루 관찰하면서 우리 나름대로 씨름해보았으면 한다. 이런 기회를 통해 우리가 가진 '종교'에 대한 이해를 재검토하고 재음미하여 종교의 '심층적 의미'를 발견하는 일이 가능해졌으면 한다.

종교란 무엇인가 하는 문제에 들어가기 전에, 도대체 진리란 무엇인가 하는 문제를 간략하게나마 점검해보는 것이 좋겠다. 각 종교는 스스로 진리를 가르친다고 주장한다. 종교와 진리는 이런 의미에서 불가분의 관계라 할 수 있다. 따라서 종교 문제를 다루기 전에 우리가 생각하는 진리라는 것이 무엇인가 곰곰이 따져볼 필요가 있다. 종교 문제를 다루기 위한 준비 과정으로라도, 우리가 당연시하고 있는 지금의 사고 방식이 올바로 되어 있는가, 우리가 갖추어야 할 정신 자세는 어떤 것인가를 알아보자는 것이다. 결국 종교든 무엇이든, 어떤 대상을 진정으로 깊이 이해하기 위해서는 우리 속에 알게 모르게 내재된 선입견이 어떤 것인가를 밝혀내고, 거기에서 헤어나 자유롭고 열린 마음으로 문제에 임하는 것이 선결 조건이라 할 수 있기 때문이다.

진리가 뭐길래

'진리를 알지니 진리가 너희를 자유케 하리라(요한복음 8 : 32)' 하신 예수님의 말씀. 정말 기막히게 좋은 말씀이다. 진리와 자유, 이 두 낱말을 빼면 우리에게 남는 것이 무엇이겠는가? 이보다 더 신나고 감격적인 말이 어디 있겠는가? '자유롭게 하는 진리' 혹은 '진리에 의한 자유', 이것이 영적 길에서 우리가 도달해야 할 궁극 목표요 이상이 아니겠는가?

그런데 진리란 무엇인가? 우리보다 약 2,000년 먼저 로마의 총독 빌라도는 역사적으로 가장 유명한 질문, 곧 '진리가 무엇이냐(요한복음 18 : 38)'고 예수님께 물었다.

성경에는 예수님이 이 중대한 질문에 무어라 대답하셨다는 기록이 없다. 기록자가 빠뜨리고 적지 않았는지, 예수님이 대답하지 않으셨는지는 모르겠지만, 혹시 예수님이 대답하지 않으셨다면 그 이유는 무엇일까? 질문하는 빌라도에게 진정으로 진리를 알려고 하는 구도자적 진정성이 결여되었기 때문인지도 모르겠다. 그저 '네가 진리, 진리 하는데, 그 빌어먹을 진리라는 게 뭐란 말이냐?' 하는 식으로 물었기 때문에 예수님이 그런 시니컬한 질문에 대답할 필요를 느끼지 못했던 것이 아닌가 생각할 수도 있다.

또 한 가지, '진리'라고 할 때 빌라도가 가지고 있던 그리스 혹은 로마적 의미와 예수님이 사용하시던 히브리적 의미 사이에 가로놓인 크나큰 차이점 때문에 히브리적 진리의 뜻을 말해봤자 빌라도 같은 로마 사람이 알아들을 리가 없다는 것을 미리 아셨기 때문이 아닐까 싶기도 하다.

그러나 예수님이 진리가 무엇인가 하는 질문을 외면하고 침묵을 지키신 더욱 근본적인 이유는 '진리'란 정말 우리 인간의 제약된 언어로 표현할 수 있는 성질의 무엇이 아니라는 것을 예수님이 너무나도 잘 아셨기 때문이 아닐까 하는 점이다. 말하자면, '진리'라는 것이 어떤 말장난이나 정의定義의 대상이 될 수 없음을 침묵을 통해 웅변적으로 나타내신 것일 수 있다는 것이다. 아무튼 이 거창한 질문은 불발탄인 채 그대로 질문 자체만 역사적 기록으로 남아 있을 뿐이다.

진리란 말로 표현할 수 없는 것

그런데 진리란 정말 무엇일까? 예수님도 피하신 질문을 가지고 우리가 어찌 왈가왈부할 수 있겠는가? 사실 진리 자체가 무엇이라고 말할 수 있는 사람은 이 세상에 아무도 없다. 기원전 6세기 노자님이 썼다는 《도덕경道德經》 첫 장 첫 줄에 나오는 '도라고 말할 수 있는 도는 영원한 도가 아닙니다[道可道 非常道]'라는 말씀처럼 말로 표현할 수 있는 진리는 참 진리가 아니기 때문이다. 따라서 우리도 여기서 진리 그 자체를 놓고 논할 수는 없다. 다만 사람들이 무엇을 진리라고 생각하는가, '진리라고 생각하는 것'이 무엇인가를 한번 살펴볼 수 있을 뿐이다.

흔히 진리라고 하면 어떤 사물에 대한 '진술statement'을 생각하는 것이 보통이다. 아리스토텔레스의 그리스적 논리에 기초한 현대 서양식 사고방식에 의하면, 진리란 근본적으로 어떤 '주장이나 진술'이 거짓이냐 참이냐 하는 문제에 관련되는 무엇이라는 것이다.

그러나 그리스 이외의 다른 문화권에 속한 대부분의 종교나 철학에서는 진리를 그렇게 '말'과 관계되는 무엇으로 생각하기보다는 오히려 존재 자체, 실재(實在, reality) 자체가 곧 진리라는 생각들을 했다.[1] 진리라고 할 때 그 일차적 의미는 사물의 실상實相, 실재 그 자체지, 거기에 대한 누구의 진술이나 의견이나 생각이 아니라는 것이다. 이 구별은 매우 중요하다. 실재 자체는 항상 그대로라고 하더라도, 그 실재에 대한 인간의 견해나 이론은 보는 사람의 입장에 따라 그때그때 변한다. 중요한 것은 실재 자체를 스스로 꿰뚫어보는 '방법'을 터득하는 것이지, 실재에 대해 주어진 어느 특정한 개념이나 교설 같은 것을 그대로 받아들이는 것이 아니다.

서울과 부산 간의 거리가 멀다 혹은 가깝다 하는 '진술'은 절대적인 진리가 될 수 없다. 이 말은 맞을 수도 있고 동시에 틀릴 수도 있다. '한 양 천 리'를 걸어가거나 말을 타고 가던 시절에는 먼 거리였고, 요즘처 럼 자동차나 비행기를 타고 간다면 가까운 거리다. 또 서울과 대전보다 는 멀고, 서울과 제주도보다는 가깝다. 따라서 진리란 어느 시점, 어느 입장에서 본 바에 따라 멀다 가깝다 하는 따위의 주장이나 진술일 수 없다. 진리는 서울과 부산 간의 거리 그 자체, 그 실재 자체인 것이다.

자유와 해방을 주는 진리

흔히 진리가 너희를 자유롭게 한다고 했을 때 어떤 이론이나 진술, 교 리를 받아들이기만 하면 그대로 자유롭게 되는 것으로 오해하기 쉽지 만, 특정 시대나 사회적 제반 조건에 의해 결정된 어떤 특수 이론을 그 대로 받아들이는 것이 다가 아니다. 이런 이론 체계를 초월해서 존재하 는 '그대로 있음', 실재 그 자체를 봄으로써만 참 자유가 얻어진다는 뜻 이다.

영원한 궁극 실재를 추구해가는 진리의 길은 지금껏 너무나 당연하 게 생각해온 것을 재검토하는 작업이다. 지금까지 알고 있다고 믿어온 것을 다시 두드려보는 일이다. 그리하여 무지의 장벽을 끊임없이 허물 어뜨리고 그 속박에서 벗어나는 것이다.

지구가 판판하여 바다에 끝이 있는 줄 알던 시대에는 멀리 수평선 너머로 항해하다가는 낭떠러지에 떨어져 죽을 줄로 알았다. 그만큼 행동의 제약을 받았다. 그러다가 지구는 동그랗고 바다에는 낭떠러지가 없다는 것, 곧 다른 차원에서 본 지구의 '실재'를 발견함으로써 멀리까지도 마음 놓고 항해할 수 있는 자유를 누리게 된 것이다. 한 걸음 더 나아가 감히 지구 표면을 벗어나 하늘을 난다는 것은 불가능하다고 믿었던 제한된 사고를 떨쳐버리고, 인간도 비행할 수 있으며 대기권뿐 아니라 우주권까지에도 이를 수 있음을 발견했을 때 행동 범위는 그만큼 넓어지고 그만큼 더 자유로워진다.

이것은 물론 이런 물리적 실재에만 해당되는 것이 아니다. 사회적·정신적·심리적·정치적 제반 현상에서 실재를 있는 그대로, 혹은 적어도 있는 그대로에 더 가깝게 봄으로써, 이전까지 한 입장에서만 보고 가져온 쓸데없는 고집, 집착, 독선, 편견, 단견, 불안, 노이로제 등에서 해방될 수 있는 것이다. 이는 아들을 낳고 못 낳는 것이 오로지 삼신할머니에게 달린 것으로 알고 삼신 바가지에 목줄을 걸던 사람이, 아기의 출생은 그것과 직접 연관된 게 아니라는 걸 알고 그만큼 자유로워지는 것과 같다.

진리 혹은 실재의 더 깊은 면을 앎으로써 체험하게 되는 해방과 자유는 정말 감격과 환희, 그것이다. 문자 그대로 엑스터시ecstasy다. '황홀'이란 뜻의 이 말의 어원, ek+stasis가 말해주듯, 당연한 것으로 받아들여졌던 입장에서 '나와서 서는 것'은 엄청난 체험이다. 일단 이런 체험을 하게 되면 이것이 바로 최대의 관심사, '궁극 관심'이 되고 이외의 모든 것은 부차적 의미만 지닐 뿐이다.

바울은 이런 경지를 체험하고 이 세상 일체의 것이 모두 '분토(배설물)'

처럼 여겨져 심지어 환난이나 곤고함, 박해와 굶주림 등으로도 자기를 이 길에서 돌이킬 수 없다고 하지 않았던가? 이것이야말로 이 세상 모든 것에서 해방되어 참 자유를 누리는 자유인의 경지인 것이다.

예수님이 가르치신 길, 그리고 다른 위대한 종교 지도자가 보여준 길이란, 이렇게 실재의 높고 깊은 차원들을 하나하나 발견해감으로 더욱 완전한 자유를 누리리라는 것이었다. 참된 의미의 종교의 길, 진리의 길은 실재에 대해 이미 주어진 설명이나 관념에 만족하지 않고, 부단히 새로운 차원, 더 깊은 차원의 실재를 발견하도록 우리의 마음을 열어놓는 '열림'의 길이다.

2

당연한 것으로 여기지 않는 마음

당연한 것으로 여겨라?

중학교 때 과학 시간이 생각난다. "물이 끓으면 왜 수증기가 됩니까?" "자석에 어떤 쇠붙이는 붙고 어떤 것은 안 붙는 이유가 무엇입니까?" 하는 등 좀 이상스럽고 까다로운 질문만 하면, 과학 선생님은 늘상 "그 야 당연한 거지" "이치가 다 그런 법이야" 하는 말로 받아넘겼다. 그러면 우리는 어쩔 수 없이 뒤통수를 긁으며 제자리에 앉아버리곤 했다.

뉴턴Isaac Newton이 여느 사람처럼 나무에서 사과가 떨어지는 것을 보고 '그저 그런 법이려니' 하면서 당연한 것으로 여겼다면, 만유인력의 법칙을 발견할 수 있었을까? 아인슈타인Albert Einstein이 다른 모든 사람처럼 뉴턴의 역학을 당연한 것으로 받아들였다면, 그가 상대성 원리라는 것을 알아낼 수 있었을까?

목사님에게 질문을 하거나 목사님과 좀 깊이 있는 대화를 하려고 하면, 그저 덮어놓고 믿으라고 당부하는 경우가 많다. 예수님이 그 당시 유대 전통이나 종교 지도자들이 가르쳐주는 것을 모두 당연한 것으로 여기고 '그저 덮어놓고 믿으셨다면' 글쎄, 역사가 어떻게 바뀌었을까? 루터Martin Luther가 그 당시 교회에서 일어나던 일을 당연히 여기고 눈감 았더라면, 글쎄, 역사가 지금보다 더 좋은 방향으로 흘렀을까?[2]

아직 왕자 신분이었을 때 부처님은 어느 날 공원을 산책하다가 늙은 사람, 병든 사람, 죽은 사람, 수도승, 이 네 종류의 사람을 보고 큰 충격 을 받았다. 이른바 '사문유관四門遊觀'이다. 이후 그는 산다는 것이 무엇 인가를 골똘히 생각하다가 드디어 삶의 문제를 근본적으로 해결해보겠 다는 결심에서 왕궁을 떠나 수도의 길에 오른다. 다른 사람처럼 '산다는 것이 다 그런 거겠지' 하고 자기가 본 것을 당연한 것으로 취급해버렸다 면, 글쎄, 세상이 더 밝아졌을까?[3]

슈바이처Albert Schweitzer 박사는 갓 스물한 살이 되던 성령강림주일 아 침, 창문을 통해 침대 머리맡으로 들어오는 아침 햇살을 받으며, 그리 고 멀리서 울려오는 교회의 종소리를 들으며, 말할 수 없이 벅찬 행복 감에 젖었다. '이렇게 행복할 수 있을까? 젊음, 훌륭한 건강, 활동력, 이 렇게 큰 행복을 나 혼자만의 것으로 당연하게 여길 수 있을까?'를 생각 하던 그는 앞으로 10년, 즉 서른 살까지만 학문과 예술에 시간을 바치 고, 그 후에는 직접 인류를 위한 봉사에 헌신해서 '세상의 고통'을 나누 어 지겠다는 결심을 하기에 이른다.[4]

이런 예에서 찾을 수 있는 교훈이라면, 역사적으로 위대하고 창조적 인 것들은 모두 우리 주위에서 일어나는 일들을 당연히 여기지 않는 태 도에서 얻어진 성과가 아닐까?

주어진 설명 체계

우리는 어릴 때부터 대부분의 것을 당연히 여기며 살도록 훈련받아왔다. 어릴 때는 모든 것이 신기하고 이상해서 오만 가지 질문을 다 한다. "엄마, 왜 달이 자꾸만 우리를 따라오고 있어?" "비는 왜 와?" "구름은 어디로 자꾸 가는 거야?" "아기는 어디서 와?" "엄마가 아빠도 낳았어?" "하느님은 누가 만들었어?" 등등, 별의별 과학적·사회학적·윤리적·철학적 질문이 다 있다.

엄마는 아는 한도 내에서, 그리고 아이가 납득할 만한 범위 내에서 적당히 '설명'해주든가, "그런 건 아직 몰라도 돼!" 하고 억눌러버린다. 그러면 아이는 '그런가 보다' 생각하고 한참 동안은 같은 질문을 안 한다.

세월이 가고 머리가 커가면서 계속 질문이 생기지만 그때마다 아빠가 해주는 설명, 선생님이 해주는 설명, 사회가 해주는 설명, 종교에서 해주는 설명 등의 '설명'으로 길들여지면서 만사를 '그런가 보다' 하는 식으로 보는 눈을 기른다. 그러다가 마침내 어느 단계에 이르면, 웬만한 의문이 생기더라도 지금까지 자기에게 주어진 설명들을 이리 붙이고 저리 합해서 자기 식대로의 해답을 얻는다. 말하자면 일종의 '설명 체계', '의미 체계'를 형성하는 셈이다.[5]

이렇게 자기 나름대로 의미 체계를 형성하고 거기에 만족하면 이제 만사가 '그저 그렇고 그런 것'으로 이해되고 대수로울 것이 없는 것으로 보인다. 누가 무슨 문제로 이상하게 여기는 것을 보면, '그거 뭐, 다 그런 거지' 하며 콧방귀를 뀐다. 그런 것을 가지고 이상히 여기는 것이 좀 이상할까? 다른 것은 모두가 다 아는 사실이다. 따라서 비가 오는 것을 보아도 전혀 새롭거나 경이로울 것이 없다. 모든 것이 '당연지사'다. 무신경, 무감각의 상태가 되는 것, 심리학적 용어로 '자동화', '습관화'가 되는 것이다.

이렇게 모든 게 '당연한 것으로 보이는 세계'를 종교사회학자 피터 버거Peter Berger는 영어로 'taken-for-granted-world'라 표현했다. 그는 이렇게 세계를 당연하게 보도록 하는 데 가장 중요한 역할을 하는 것이 종교라고 강조한다.[6]

사실 각 종교는 '우주의 기원은 무엇인가?' '산다는 것이 무엇인가?' '인간은 어째서 고통을 당하고 있는가?' '죽음은 모든 것의 끝인가?' 등의 궁극적인 질문에 대해 자기 나름대로의 설명을 해준다. 말하자면, 우주와 삶에 대한 나름대로의 '설명 체계'를 제공하는 셈이다. 세상은 이렇게 만들어졌다, 지금은 이렇게 돌아가고 있다, 우리가 이 지경인 것은 그것 때문이었다, 죽으면 천당에 가거나 지옥으로 굴러떨어진다, 윤회가 있다, 없다 등등 우리의 문제들을 척척 해답해주는, 어느 면에서는 지극히 편리한 설명인 셈이다. 우리 스스로 골치를 썩여가며 알아보겠다고 애쓸 것도 없고, 그래 봐야 별 신통한 해답이 나올 것 같지도 않을 판인데, 이것은 그저 주어진 떡이다.

그뿐 아니라 누구나 다 같이 같은 설명 체계를 받아들인다면, 모든 사람이 같은 생각, 같은 행동 규범, 같은 목적을 가지고 사는 셈이므로, '질서 있는' 사회, 가치 체계가 일목요연하게 나타나고 모두 일사불란하게 움직이는 '안정된' 사회가 된다. 그래서 모두 이 주어진 설명에 만족하며 조용히 살아가는 것이다.[7]

그러다가 혹시 이 체계를 당연한 것으로 받아들이지 않는 누군가가 다른 소리를 하면, 그는 안정된 질서를 교란하고 파괴하려는 이질 분자로 낙인 찍혀 여러 면으로 혼이 난다. 바보나 정신 나간 사람으로 조롱당하기도 하고, 심하면 파문까지 당하며, 심지어 예수님같이 죽음을 당하기도 한다. 그래서 우리는 모두 '찍'소리 하지 않고 '복지부동伏地不動!' 가만히 엎드려 의식적으로든 무의식적으로든 모든 것을 당연한 것으로 받아들이며 사는 것이다. 설혹 정말로 당연히 여길 수 없는 일들이 가끔씩 보인다 하더라도 웬만한 용기가 아니면 얼른 그런 생각을 무의식 심층 아래로 억눌러버리고, 사회에서 모든 사람이 생각하고 행동하는 것에 따라 그대로 발맞추어 살아가는 것이 상책이라 여긴다.

훌륭한 사회에서 산다는 것은 물질적으로나 경제적 혜택을 누리는 것이라기보다 모든 것을 당연히 여기지 않을 수 있는 자유, 곧 양심과 신앙과 학문의 자유 등이 상대적으로 다른 곳보다 많이 신장된 사회에서 산다는 뜻이다. 아직도 그 사회에서 세워놓은 정치 제도, 교리 체계, 가치관, 사고방식, 윤리 규범 중 시시콜콜한 것 하나라도 거절하면 무조건 온갖 조소와 박해를 당해야 하는 폐쇄된 정치 집단이나 종교 집단이 이 세상에는 얼마나 많은가 생각할 때 가슴이 아프다.

방법론적 회의

그리스 사람들은 '철학하는 것', 즉 문자 그대로 '지혜를 사랑하는 것(philo+sophia)'의 시작은 무엇에든 '놀라워하는 것thaumazein'이라고 했다. 모든 창조적인 것의 시작은 주어진 사물에서 새로운 의미를 찾으려는 부단한 탐구 정신에서 비롯된다는 뜻이다. 모든 것을 일단 의심하는 것으로 시작한다는 데카르트R. Descartes의 '방법론적 회의'도 이에 해당되는 것이 아닌가 생각한다.

나치 정권에 의해 순교당한 젊은 독일 신학자 디트리히 본회퍼Dietrich Bonhoeffer는 '주여, 주여' 하기만 하면 다 되는 것처럼 '값싼 은혜'나 팔며 살아가는 종교, 이런 종교가 제공하는 천박하고 시대착오적이며 비그리스도적인 '설명'을 이제 '성년이 된 세상'에서는 걷어치워야 한다고 주장했다. 옛날 연극을 할 때 이야기가 흘러가다가 도저히 앞뒤가 잘 안 맞는 대목이 생기면, '신'이 등장하도록 해서 이야기의 전후가 그럴 듯하게 넘어가도록 적당히 '설명'하는 일이 있었는데, 이렇게 뚱딴지처럼 툭 튀어나오는 신을 라틴어로 'Deus ex machina'라 했다. '기계에서 나온 신'이란 뜻이다. 본회퍼는 이제 성숙한 세계에서 이런 종류의 신으로 세계를 설명하고 그것을 당연한 것으로 받아들일 필요는 조금도 없다고 역설했다.

우리는 흔히 '믿음'이란 모든 것을 그대로 받아들이는 것이라 생각하는 경우가 많다. 그러나 진정한 믿음faith은 이와 반대로 일반적으로 아무 반성 없이 그대로 따르는 신조beliefs나 의미 체계를 무조건 그대로 수용할 수 없음을 확신하는 일이다. 칸트Immanuel Kant는 이런 태도의 믿음을 '회의적 신앙doubtful faith'이라 하고, 이것만이 참다운 의미의 믿음이라고 했다.[8]

남이 다 장에 간다고 나도 지게를 지고 덩달아 어슬렁어슬렁 따라가는 것이 훌륭한 믿음이겠는가? 왜 가야 하는가를 살펴, 가야 할 일이 있으면 누가 뭐라 해도 가고, 갈 필요가 없으면 안 가는 뼈대 있는 행동,

이것이 바람직한 믿음의 결과가 아니겠는가? 믿음은 '남들이 다 그렇다고 하니까' 그저 그런 줄로 알거나, '남들이 다 그렇게 하니까' 그대로 하거나, '여태까지 다 그랬으니까' 으레 그래야만 된다고 생각하는 '맹신'이 아니라는 것이다.

예루살렘 성문 어귀에 앉아 오가는 사람들에게 구걸을 하던 앉은뱅이를 향해 베드로는 '은과 금은 내게 없거니와 내게 있는 것으로 네게 주노니 곧 나사렛 예수 그리스도의 이름으로 걸으라(사도행전 3 : 6)'고 했다. 그 앉은뱅이는 일어나 걷고 뛰었다고 한다. '나면서부터' 앉은뱅이였던 사람은 결코 갑자기 일어나 걸을 수 없다는 '보편타당한 진리'를 당연한 것으로 여겼더라면, 아마도 그는 '웃기지 마시오' 하면서 그 자리에 그대로 앉아 있었을 것이다. 그러나 이른바 일반적으로 받아들여진 '정설'을 깨고 '예수 그리스도의 이름'을 의지해서 박차고 일어나는 것, 바로 이것이 참된 의미의 믿음이 아니겠는가? "믿음을 옹호한다고 하던 많은 사람이 진리를 거역하는 사람들이었다"고 한 라다크리슈난 S. Radhakrishnan의 말은 실로 정곡을 찌르는 말임에 틀림없다.⁹

전통이니 관습이니 상식이니 체제니 원칙이니, '그런 법'이라느니, 뭐니 뭐니 해서 움직일 수 없는 만고불변의 진리처럼, 숙명처럼 믿어오던 것, 떠받들던 것을 이제 당연한 것으로만 생각하지 않고 다시 한번 두드려보는 마음, 뒤집어보는 태도, 이것이 기독교적 용어를 빌리면, '예수 그리스도의 이름'을 받드는 자세요, 참된 진리, 실재의 더욱 깊은 차원을 향해 열린 마음이다.

독단적 불신도 경계

그렇다고 물론 모든 것을 다 당연하지 않은 것으로만 여기며 살 수는 없다. 쉰밥을 먹으면 배탈이 난다는 것을 꼭 먹어보고 확인해야 하는 것은 아니다. 돌다리도 두드려보고 건너기는 해야겠지만, 그 돌다리를 쓸데없이 하나하나 두드리며 어물쩍거리다가는 해가 지기 전에 개울을 다 건너지 못할 것이다. 이럴 경우, 우리는 우리 앞에서 먼저 밟고 지나간 사람이 알려주는 정확한 지식, 사심 없는 마음으로 가르쳐주는 말을 지침 삼아 나아가는 결단이 필요하다. 우리에게 참다운 의미의 선각자, 선구자, 목자, 스승이 필요한 것은 바로 이런 까닭이다.[10]

모든 사람이 이 흉흉한 세파에 혼자 조각배를 띄우고 스스로 노를 저어갈 것을 기대할 수는 없다. '길벗'을 만나 서로 공동의 노력을 기울이든가, 진정으로 훌륭하고 노련한 선장에게 항해를 맡겨 거친 풍랑을 함께 헤쳐가는 것이 보통이다.

그러나 이때 조심해야 하는 것은 우리 모두를 도매금으로 팔아넘길 악한 선장의 노예선 같은 것을 타는 경우다. 배가 엉뚱한 방향으로 가는 것을 발견하게 되면 우리 스스로 방향을 돌리도록 힘쓰든가, 그것이 불가능하면 배를 버릴 수밖에 없다. 올바른 선장을 만나는 것, 그런 선장을 선택하기 위한 노력은 결국 우리 스스로의 몫이다.

한 가지 덧붙이고 싶은 것은, 당연한 것으로 여기지 않는다는 것이 무조건 모든 것을 반대하라는 뜻은 아니라는 점이다. 사실 어떤 것을 무조건 거절하는 것도 따지고 보면 그 자체가 일종의 '당연히 여기는 일'이다. 어떤 생각의 반대쪽을 무조건 그대로 받아들이는 일이기 때문이다. '독단적 불신'이라는 것이다. 이것도 똑같은 '맹신'으로 똑같이 무서운 결과를 가져온다.

당연한 것으로 여기지 말라는 것은 무엇이나 '판단'하라는 의미도 아니다. 예수님이 '판단하지 말라'고 하셨을 때의 그 '판단'은 이미 설정된 기준, 고정관념에 따라 어떤 것이 거기에 맞고 안 맞고를 가려내는 것이다. 내가 이미 '당연한 것으로' 여겨 세워놓은 그 기준을 무조건 '당연한 것으로' 받아들여, 거기에 따라 나는 옳고 남은 그르다는 결론을 얻어내면 이것 또한 '당연한 것으로' 취급하는 태도다. '판단'한다는 것은 이렇게 온통 '당연한 것으로 여기는 태도'투성이다. 나의 기준, 나의 법, 내가 본 것을 절대적인 무엇으로 삼고 양과 염소를 가리려 한다는 의미에서, 이것은 나를 하느님의 자리에 앉히려는 찬탈 행위라고도 할 수 있다.

비판정신을 함양하라

당연히 여기지 말라는 것은 사물을 '비판적'으로 받아들이라는 것을 의미한다. 이것은 남을 험구하거나 욕하고 반대하는 것을 능사로 삼자는 것이 아니라 사물을 바로 가려보자는 태도다. 이런 의미에서 분별, 식별, 감정鑑定이라 할 수 있을까. 아무튼 비판적으로 본다는 것은 사물을 관찰할 수 있는 모든 관점에서 다 관찰하는 것을 의미한다. 어느 한 가지 관점에서 얻어진 결론을 절대화하거나 거기에 달라붙지 않고 사물을 계속 더 큰 빛 아래서, 더 많은 관점에서 보도록 부단히 노력하는 일이다.

북미 대학에서는 거의 모두, 이름은 약간씩 다르지만 교양 필수로 '비판적 사고Critical Thinking'라는 과목을 부과한다. 대학이 진정으로 'university'가 되려면 학생들이 이런 'universal(보편적)' 시각에서 사물을 보도록 도와주어야 한다고 생각하기 때문이다.

비판적 시각이라는 것은 모든 것을 새롭고 신기하게 보고 끊임없이 물어보는 자세다. '인습적 지혜conventional wisdom'에 의문을 제기하고 모든 것을 일단 '뒤집어엎음subversiveness'이다. 습관화되고 익숙해져서 아무렇지도 않게 여기던 태도를 벗어버리는 '탈습관화'의 작업이다. 통상적 '고정관념'을 두드려 깨고 일체의 선입관을 비우는 일이다. 주어진 설명에 대해 '그게 전부인가?' 하는 태도로 계속해서 더 높고 넓고 깊은 차원의 안목을 위해 물어가는 것이다. 이것이 곧 '진리의 길'에서 우리가 지녀야 할 올바른 마음가짐이요 전제조건이라 믿는다.[11]

당연한 것으로 여기지 말라는 말을 당연한 것으로 받아들일 수 있을까? 곰곰이 생각하면 할수록 복잡해지는 문제다. 옛날 어느 크레타 사람이 "크레타 사람은 모두 거짓말쟁이"라고 했을 때 그 말을 믿을까 믿지 말까 하는 문제와 비슷하다.

3

허상과 실상으로서의 종교

'물에 빠진 사람은 지푸라기라도 잡는다.' 물에 빠진 사람은 아무것도 의지할 데가 없으므로 옆에 지푸라기가 떠 있으면 그것이라도 잡으려 한다는 뜻이다. 정말 안타까운 일이다.

멀리 호수 한복판에서 어떤 사람이 물에 빠져 허우적거리다가 마침 그 옆에 떠 있는 한 올의 지푸라기를 잡으려 애를 쓰고 있다. 물가에 섰던 사람은 수영도 할 줄 모르고, 배도 없고, 정말 어떻게 달리 해볼 길이라고는 아무것도 없다. 이럴 경우 그 사람이 지푸라기라도 잡게 놓아둘 수밖에는 다른 도리가 없을 것이다. 그것이 궁극적인 해결책이 아닌 줄은 알지만 큰소리를 치며 헛된 짓이라고 나무랄 수가 없다. 최후 순간의 그 애처로운 희망마저 짓눌러 꺼버릴 수가 없기 때문이다. 지푸라기를 잡으려고 필사의 노력을 하는 그 순간이라도 희망을 가질 수 있고, 또 그 희망 때문에 그만큼 생명을 더 연장할 수 있을지도 모르기 때문이다.

지푸라기 장사

그러나 좀 극단적인 예긴 하지만, 물에 빠진 사람의 절망적인 극한 상황을 악용하여 전문적으로 지푸라기 장사를 하는 사람이 있다고 하자. 물에 빠져 허우적거리며 지푸라기라도 찾는 사람에게, 그 옆에 서서 지푸라기를 흔들며 사지 않겠느냐고 한다. 자기 멋대로 값을 부른다. 물에 빠진 사람은 값을 흥정하고 말고 할 여유가 없다. 자기 뒷마당 어디에 얼마큼의 보물을 감추어두었고 집 안 어디에 땅 문서, 집 문서를 숨겨뒀는데, 이런 것들을 다 주겠다고 약속한다. 지푸라기 장수는 이런 정보와 약속을 받아낸 다음 자기가 팔겠다고 한 지푸라기 한 올을 던져주고, 곧장 물에 빠진 사람이 말한 보물들, 땅 문서를 찾으러 간다.

이런 사업에 재미를 들인 이 지푸라기 장수는 매일, 매주 지푸라기를 들고 물에 빠진 사람이 없나 살피면서 물가를 서성거린다. 물에 빠진 사람이 많아져서 혼자만으로 벅차면 다른 '세일즈맨'들을 모집하여 적당히 지푸라기 판매의 테크닉을 가르치고 나서 다 같이 나가 여기저기 고객을 찾아 배회한다. 정말 기막힐 노릇이다.

그러나 더욱 가공할 일은, 이렇게 지푸라기 판매에만 신경을 곤두세우고 다니는 세일즈맨은 허우적거리는 사람 바로 뒤에 큰 나뭇가지가 늘어져 있는 것을 봐도 뒤로 돌아 그것을 잡으라고 가르쳐주지 않는다는 것이다. 물에 빠진 사람만 보면 무조건 눈앞에 지푸라기를 흔들면서 그로 하여금 지푸라기만이 유일한 희망인 것처럼 믿게 한다. 그렇게 장삿속을 차리는 것이다.

게다가 이 지푸라기 장수는 물에 빠진 사람이 만족할 만큼 많지 않아

장사가 잘 안 된다고 생각되면, 스스로 함정을 판다든가 사람들을 유인하여 물에 빠지게 해놓고는 눈앞에 지푸라기를 흔들어대기도 했다. 그뿐만 아니라 그래도 고객이 모자란다고 생각되면 이들 세일즈맨은 길가는 사람을 붙들고 나중에 물에 빠질 때 필요할 테니 미리 지푸라기를 사두라면서 강매하는가 하면, 행인이 뜸하면 집집마다 찾아가 집에 있는 사람에게까지 지푸라기를 판다.

참된 종교라면, 지푸라기만이 유일한 희망이라고 믿고 그것에만 집착하려는 사람에게 지푸라기에 대한 집념을 버리게 하고, 찬송가의 내용처럼 확고한 '생명 줄'을 던져 그것을 붙잡도록 일깨우고 도와주는 것을 목표로 해야 하지 않겠는가? 허상을 깨버리고 실상을, 참다운 실재를 보도록 하는 종교가 참된 종교인 것이다.

부정적 종교 이해

마르크스Karl Marx는 종교가 이처럼 실상, 실재로부터 우리의 관심을 유리遊離시켜 허상을 좇도록 하는 면만을 강조해 '종교는 인민의 아편'이라고 했다. 절망의 구렁텅이에서 온갖 문제와 시련에 부닥치며 허우적거리는 사람에게 아편이나 기타 몽혼 주사를 놓아 한순간 현실을 잊게 하여 괴로움을 달래주는 것, 그리고 그것으로 돈을 모으는 것이 곧 종교라는 것이다. 따라서 참된 행복을 위해서는 사람들이 가지고 있는 환상적 행복으로서의 종교를 없애야 한다고 했다. 그 당시 타락한 형태의 종교를 예리하게 분석한 판단이라 하지 않을 수 없다. 그러나 이것은 종교의 더욱 심층적인 면, 참된 종교적 기능을 완전히 무시하고, 종교를 통틀어 모두 허상으로만 본 '일방적' 관찰이라는 데 결정적 결함이 있다. 그가 묘사한 종교란 본래적 의미의 실상으로서의 종교가 아니라 착취 수단으로 전락한 비본래적 닫힌 종교의 한 면일 뿐이다.[12]

오스트리아의 심리학자 프로이트Sigmund Freud의 경우도 마찬가지다. 그에 의하면 종교란, 아버지 집을 떠나 거친 세파를 몸소 겪으면서 문제를 해결해야 하는 성인으로서의 삶에 대한 두려움 때문에, 심성 속에 뿌리박힌 '어쩔 수 없음helplessness' 때문에 억지로 실상의 세계를 외면하고 언제까지나 어린아이처럼 허상의 세계에 안주하려는 '유치한 충동'에서 생겨난 일종의 '심리적 방충벽'이다. 그러나 인간은 언제까지나 이렇게 어린아이로만 살 수 없으므로, 어차피 이런 강박 노이로제로서의 종교를 과감히 물리치고 실상, 현실을 똑바로 보고 정확히 파악해야 하는데, 이를 돕는 것이 이른바 '실상으로의 교육' 혹은 '실상 요법'이라는 것이다.

여기서 말하는 '종교'란 프로이트가 목격한 그 당시 빅토리아시대의 교회 현실을 말한 것이다. 그러나 실상으로의 교육이니 실상 요법이니 하는 것이, 사실은 진정한 의미의 종교, 열린 종교에서 추구하는 태도와 부합한다는 사실은 간과하고 말았다.[13]

종교는 그 이상이다

사실 오늘날 많은 경우, 종교는 실상을 보게 하는 그 근본적 소임을 망각하고 신기루를 가리키는 역할을 하고 있다. 사막에서 목이 말라 애타게 물을 찾는 사람에게 저 멀리 신기루를, 그 허상을 보게 하는 것이다. 물론 허상이 완전히 나쁜 것만은 아니다. 신기루마저 없으면 갈증으로 지칠 대로 지친 몸은 낙담해서 그대로 당장 까무라쳐버릴지도 모르는 일이다. 허상이지만 살아 있는 동안 희망이라도 준다. 또 그것으로 힘을 얻어 그쪽을 향해 발길을 옮긴다. 그러다가 다행히 진짜 오아시스를 찾을 수도 있다. 이런 점에서 마르크스나 프로이트처럼 허상으로서의 종교를 철두철미 부정적으로만 보는 것은 곤란하다.

그러나 신기루를 향해 우리를 인도하는 사람이 다른 데 정신 팔지 말고 죽을 때까지 오로지 신기루만 보고 그곳을 향해 매진하라고 강권한다면, 우리는 결국 얼마 못 가서 기진맥진하여 죽어버리고 말 것이다. 신기루만 향한 시선 때문에 진짜 오아시스가 바로 옆에 있어도 그냥 지나쳐버리게 될 것이기 때문이다.

신기루가 아니면, 허상이 아니면, 당장 낙담해서 죽어버릴 사람에게는 종교가 신기루 역할을 해줄 수도 있다. 그러나 아직 발에 힘이 있고 눈을 똑바로 뜰 줄 아는 사람에게는 허상에서 눈을 돌이켜 진짜 오아시스, 참 실재를 찾아 발길을 옮기도록 도와야 할 것이다. 언제까지나 허상만 좇으라고 강요하는 종교가 있다면, 과감히 이를 거절할 용기가 있어야 할 것이다.

사실 많은 사람은 종교에서 가리키는 신기루를 향해, 가도 가도 물이 나오지 않는 것을 보고는 정말 그쪽으로 가도 될 것인가? 믿는 둥 마는 둥 한다. 그러나 모두 그리로 가는데 자기만 남아 있거나 다른 데로 가면 혼자 적막해질 것이 두려워 그대로 어물쩍거리며 따라간다. 그러나 이럴 경우, 정말 살아날 수 있는 유일의 길은 용기를 내서 허상을 좇기를 그만두고, 실재를 찾아 나서는 것이다. 이것이 이른바 '실상요법'이요, 유교 경전 《대학》에 나오는 격물치지格物致知의 태도가 아닌가 생각한다.

진정한 의미의 종교, 예수님이나 기타 종교적 선각자들이 가르치는 종교는 우리의 무지에서 생겨난 미망과 허상을 깨뜨려버리고 날마다 점점 더 깊은 혹은 점점 더 높은 차원의 실상을 발견하도록 도와주는 종교다. 미국 신학자 로저 신Roger L. Shinn도 지적했듯이 성경의 선지자들이 우상 숭배를 그렇게도 격심하게 배격한 것은 그것이 '허구적인 위협으로 사람들을 떨게 하고, 실상적인 위협에 대해서는 허상적인 안전을 제공'하기 때문이었다.[14] 참 종교란 실상에서 눈을 돌려 한자리에서 허상만 보고 그저 희희낙락하라는 '닫힌 종교'가 아니라 계속 더욱더 예리한 형안炯眼으로 실상을 뚫고 들여다보도록 하는 '열린 종교'다. 타조처럼 머리를 모래에 쑤셔 박고 현실을 잊어버림으로써 얻는 헛된 위안을 파는 닫힌 종교가 아니라 독수리처럼 더욱 높이, 더욱 멀리 봄으로써 현실을 바르게 파악하고 거기에 대처해나갈 때 갖게 되는 확신과 용기를 강조하는 열린 종교다. 이 두 가지 상반된 태도가 '종교'라는 이름의 한 지붕 아래 같이 살고 있는 데 오해의 근원이 있다.

우리가 경계해야 할 종교는 우리에게 허상에 매여 있기를 강요하는 닫힌 종교요, 우리가 지향해야 할 종교는 우리에게 허상을 버리고 실상을 찾도록 해주는 열린 종교다. 허상의 허구성을 보여주고 실상으로의 길을 가르쳐주는 종교, 이것이 '길'의 종교, '진리'의 종교, '생명'의 종교다.

'개 눈에는 뭐밖에 안 보인다'는 말이 있다. 이른바 '속되다'는 이 속담은 사실 깊은 종교적·철학적·심리학적 통찰에서 우러나온 말이라 생각한다. 이것을 좀 속되지 않은 말로 바꾸면 '선별적 감지력'이라는 것으로, 우리가 눈에 비치는 것을 다 보는 것이 아니라 그중에서 극히 제한된 일부분만 골라서 의식 속으로 들어오게 한다는 이야기다. 우리가 정상적인 혹은 일반적인 '의식(意識, consciousness)'을 사용하는 경우, 사물을 있는 그대로 의식하는 것이 아니라 나 자신과 특별히 관계가 없는 것은 적당히 걸러내버리고 필요한 것만 골라서, 그것도 우리 멋대로 의식하게 마련이라는 것이다.[15] 그래서 우리의 의식은 지극히 '선택적·제약적'인 것이고, 또 사회적·개인적 상황에 따라 그때그때 구성된 '왜곡된' 무엇이라는 것이다.

무슨 말인지 갑자기 복잡해졌다. 그러나 이것은 '보는 대로'라는 것이 따지고 보면 얼마나 믿을 만한 것이 못 되는가를 일깨워주는 것으로, 사물의 실상과 허상을 가려야 하는 진리의 길에서 한 번쯤 짚고 넘어가야 할 중요한 문제이기에, 몇 가지 쉬운 예를 들어가면서 차근차근 접근해보기로 한다.

생물학적 제약

몇몇 심리학자가 실험한 결과에 의하면, 개구리는 눈앞에 오만 가지 물체가 갖가지 색깔과 모양과 움직임을 가지고 전개되더라도 그중에서 오로지 네 가지 것만 뇌로 전달하고 반응한다고 한다. 첫째, 자기가 위치한 주위의 일반적 윤곽, 둘째, 날짐승의 그림자처럼 갑자기 움직이는 그림자, 셋째, 큰 적이 갑자기 공격하든지 해서 생기는 갑작스러운 어둠, 넷째, 파리 같은 작고 검은 물체가 시계視界로 들어와서 자기 눈으로 접근하는 것. 이 네 가지만을 감지하는 감각 장치가 있을 뿐, 그 나머지는 의식 속에 들어오지 않는다는 것이다. 인간의 눈으로 볼 때 기막힐 정도로 아름다운 꽃, 오색찬란한 별별 것들도 개구리의 눈에는 '상관없는 것'으로 취급되어 무시된다는 것이다.[16]

비슷한 실험 결과에 따르면 고양이, 원숭이, 개 등의 고등동물도 훨씬 더 복잡한 방법으로 반응하기는 하지만, 이들 역시 자기들에게 필요한 것에만 반응하고 나머지 것들에 대해서는 무신경하다.

사람의 경우도 물론 정도의 차이는 있지만 마찬가지다. 쉬운 예를 들면, 우리 눈이 전자기 파장electromagnetic spectrum에서 지극히 좁은 범위의 파장만을 감지하는 것과 같다. 우리가 감지하는 이 파장의 범위 옆으로 자외선, X선, 적외선 혹은 라디오 파장 같은 무한히 다양한 길이의 파장이 있지만 그것은 우리 눈에 보이지 않는다. 마찬가지로 우리 귀는 일정한 범위 내의 주파수만 듣지, 고주파나 저주파에는 아무런 반응도 하지 않는다는 것은 이미 다 알고 있는 사실이다.[17]

이처럼 감각기관은 각각의 생물학적 제약 때문에 사물을 있는 그대로 다 감지하는 것이 아니라 사는 데 필요한 것, 생물학적 생존에 불가결한 것만 골라 받아들인다. 영국 철학자 올더스 헉슬리Aldous Huxley 같은 사람은 우리의 뇌나 신경조직에는 일종의 선별 밸브가 있어서 수많

은 감각 대상 중에서 그 밸브를 통해 나온 것만 감지하도록 되어 있다고 생각한다.[18]

관심이 없으면

한편, 감각 범위 내의 것이라고 다 감각하는 것도 아니다. 눈에서 너무 멀어도 안 보이고 너무 가까워도 안 보이는 것은 말할 것도 없지만, 볼 수 있는 범위 안에 있는 것도 관심 있는 것만 보게 된다. 길가의 진열장 속에 수많은 물건이 있어도 배가 고플 때는 그중에서 먹을 것만 눈에 들어온다. 안경을 맞추러 가는 날 아침에는 거리에서 안경 가게나 안경 낀 사람만 보인다. 그때그때의 관심에 주파수를 맞추는 것이다.

신발 장수와 모자 장수가 서울 구경을 하고 와서 친구에게 서울 이야기를 하는데, 신발 장수는 서울 어디를 가나 신발 가게만 잔뜩 있더라고 하고, 모자 장수는 모자 가게만 잔뜩 있더라고 했다는 이야기가 있지 않은가? 둘 다 남대문에 문턱이 있더냐는 질문에는 얼버무리고 말았다는 것은 당연한 일이다.

이 비슷한 예는 주위에서 얼마든지 볼 수 있다. 갓난아기 옆에서 아기 엄마가 자동차 소리, 기차 소리, 사람들 떠드는 소리 등에는 아랑곳없이 세상모르고 자다 가도 아기가 바스락 소리만 내면 금방 깨는 것도 같은 이치다.

어릴 때 자전거 타기에 한창 재미를 붙여 자전거를 가지고 싶어 할 때는 길거리에 보이는 것이라고는 자전거밖에 없었다. 그러다가 자라서 자동차가 필요할 때쯤이면 이제 자동차만 눈에 들어온다. 결혼을 하고 아이가 생기고 집을 장만해야 되면, 그제야 집이 보이기 시작한다.

되풀이되면

이렇게 관심에 따라 처음부터 사물이 의식되느냐 그렇지 않느냐 하는 문제도 있지만, 이와는 달리 처음에는 의식하다가 자꾸 되풀이되면 나중에 가서 달리 의식되거나 아주 무심해지는 경우도 있다. 앞에서 말한 것처럼, 듣기 좋은 꽃노래도 한두 번, 처음 몇 번은 신기하고 재미있었는데 계속 되풀이되면 듣기는 듣되 시큰둥하게 듣거나 아예 의식하지도 못하게 되는 것이다. 이런 현상은 우리 후각에서 가장 두드러지는 것 같다. 향기 가득한 꽃밭에 가든, 악취가 지독한 화장실에 가든, 조금만 지나면 그것이 향기인지 악취인지 분간도 못하고, 더 이상 의식하지도 못하지 않는가? 처음 자동차를 배울 때는 브레이크나 액셀러레이터를 밟든지, 핸들을 돌린다든지, 기어를 바꾼다든지 하는 행동 하나하나에 신경 쓰고 의식해가며 움직였지만, 일단 익숙해지면 손발이 '자동적'으로 움직인다. 이것이 앞서 설명한 자동화 현상이다.

주관에 따라

우리 의식은 이와 같이 사물을 의식하느냐, 의식하지 않고 걸러버리느냐 하는 선택의 문제만이 아니라 의식하기는 하되 선입관, 이해관계 등 각각의 주관에 따라 다르게 혹은 비뚤어지게 의식하게 마련이다. 다 같은 크기의 콩인데도 욕심 때문에 '남의 밥의 콩이 굵어' 보일 수밖에 없다는 것이다. '놓친 고기가 크게 보인다'거나 '자라에 놀란 사람 솥뚜껑 보고도 놀란다'는 것, '자기 눈에 있는 대들보는 보이지 않고 남의 눈에 있는 티끌이 대들보처럼 크게 보이는 것' 등은 주관에 따라 사물이 달라 보이는 것을 지적하는 사례들이다.

야구 경기 도중에 공을 친 선수가 달려가서 아슬아슬하게 첫 베이스를 밟을 경우, 그것이 상대편 선수면 꼭 아웃처럼 보이고 자기편 선수면 꼭 세이프처럼 보인다. 대부분의 경우 양편이 엇갈린 주장을 하면서 싸우는 것은 거짓말을 하겠다고 해서가 아니라 자기들이 '본 대로' 주장하지만 서로에게 '다르게 보이기 때문'이다. 여야 국회의원이 똑같은 사건을 놓고 정반대 의견을 나타내는 것도 이해할 수 있는 일이다. 우리의 주관이나 입장 때문에 사물이 반드시 나쁘게만 보이는 것은 물론 아니다. '저 물도 내 안 같아야 울어 밤길 예놋다'라고 한 왕방연王邦衍의 경우처럼 마음이 울적하고 슬플 때는 기적 소리, 비 오는 소리 등 모든 것이 그저 '우리를 슬프게 하는 것들'로 들릴 따름이다. 그러나 첫사랑의 환희에 들뜬 소녀에게는 온 세상이 온통 자기만을 위해 존재하는 것 같고, 세상 모든 사람이 다 행복에 가득 차 보인다.

물에 떠내려오는 낙엽 한 잎을 보고 화가는 그 잎의 색깔·광택·모양 등에 주목할 것이고, 물리학자는 물의 흐름과 잎의 움직임과의 상관관계 같은 것에 관심을 기울일 것이며, 어느 여인은 나도 저 낙엽처럼 춤추며 어디론가 가봤으면 하는 생각에 젖을 것이다. 또 철학자는 저 잎이 어디서 와서 어디로 가는 것일까를 골똘히 생각할 것이고, 몽상가라면 자신의 생각과 환상에 빠져 나뭇잎이 떠내려오는지 눈여겨볼 겨를도 없을지 모른다.

어떤 물체의 영상이나 글자나 숫자가 스크린 위에 잠깐씩 나타났다가 지나가도록 하는 순간 기억 측정기tachistoscope라는 실험 장치가 있다. 브루너Jerome Bruner라는 심리학자가 실험적으로 트럼프 카드에 이례적으로 '검은' 하트 몇 장과 '빨간' 스페이드 몇 장을 섞어 넣은 다음, 이 장치를 이용해서 카드를 한 장 한 장 잠깐씩 스크린에 비췄다 지나가도록 하면서 사람들에게 그것을 보게 했다. 그런 다음 그중에서 검은 하트와 빨간 스페이드가 몇 장씩 들어 있더냐고 물으니 그런 것을 보았다는 사람이 아무도 없었다. 당연히 하트는 모두 빨갛고, 스페이드는 모두 검을 수밖에 없다는 '틀에 박힌 생각'이나 '고정관념' 때문에 실제로 검은 하트가 눈에 들어와도 그대로 지나치고, 그것을 우리 식대로 고쳐 '빨간' 하트로 보고 만 것이다.

실험자는 다시 사람들에게 검은 하트와 빨간 스페이드를 일부러 몇 장 만들어 섞어 넣었으니 이번에는 유심히 보고 그것들이 몇 장씩 있는지 알아내라고 일러준 다음 다시 한 장씩 보여주었다. 그제야 모두 검은 하트와 빨간 스페이드가 몇 장씩 있다는 것을 발견해낼 수 있었다.[19]

이 경우 '보아야 믿을 수 있다Seeing is believing'는 말 대신 '믿어야 보인다Believing is seeing'고 할까, 당연하다고 믿어오던 것을 버려야 보인다고 할까. 아무튼 '내 눈으로 똑똑히 봤다'고 하는 것이 얼마나 신빙성이 희박한 말인지 알 수 있게 하는 대목이다.

문화적 요소

한편, 우리의 의식을 결정해주는 요소로 문화적·사회적 요인을 생각할 수도 있다. 개 짖는 소리가 우리 귀에는 틀림없이 '멍멍'이라고 들리는 데, 영어를 사용하는 문화권 사람에게는 '와우와우'로 들린다. 우리에게는 새가 '우는 것'으로 들리지만 그들에게는 '노래하는 것'으로 들리고, 우리에게 종소리는 '땡땡'이지만 그들에게는 '딩동'이다.

보통 한국 사람 귀에는 영어의 'r'이나 'l'이 같은 소리로 들려 'rice(밥)'를 먹는다고 하건 'lice(이)'를 먹는다고 하건 조금도 다르거나 놀랍게 들리지 않는다. 'Jew(유대인)'나 'zoo(동물원)'도 같은 발음으로 들린다. 한국 사람 중에는 'sit'와 'shit'를 구별하지 못해서 영어를 모국어로 하는 사람의 얼굴을 붉히게 하는 경우도 많다. 우리말에서는 이런 발음상의 구별이 명확하지 않기 때문이다. 물론 영어를 따로 정확히 배운 경우라면 아까 그 트럼프 카드를 보던 사람들처럼 각각 발음이 다르니 정신 차려 들으라고 주의를 받았기 때문에 구별되지만, 보통 한국 사람으로서는 도저히 구별할 수 없는 발음들이다.

구태여 구별을 하지 않는 한, 우리는 들판이나 하늘이나 다 같이 '푸르다'고 한다. '저 푸른 초원 위에 그림 같은 집을 짓고'는 물론이지만, '푸른 하늘 은하수'라고 해도 하나도 어색하게 들리지 않는다. 우리 고유의 말에는 빨강, 노랑 등은 있는데, 이상하게도 초록에 해당하는 말이 없다. 초록은 주위에서 보는 색깔 중 가장 흔한 것인데, 이에 해당하는 말이 없다는 것은 도저히 이해할 수 없는 일 아닌가? 일설에 의하면 본래 '푸르다'는 말은 '풀'에서 나온 것으로 '풀색'을 뜻하는 말이었다고 한다. '파랑'이 영어의 'blue'에 해당하는 색인데, 이 두 말을 혼동해서 써왔다는 것이다. '푸른 하늘 은하수'나 '파란 들 남쪽에서' 하는 말은 잘못된 것으로 '파란 하늘', '푸른 들'이라야 한다는 말이다. 아무튼 혼동 때문에 한국 사람은 그동안 청록 색맹으로 산 셈이다.[20]

에리히 프롬Erich Fromm이라는 심리학자는 우리가 어떤 일을 경험하더라도 그것이 모두 의식 속으로 들어오지 못하고 대부분 억제repress되고 마는데, 이것은 특히 우리가 지금 사용하는 말, 논리, 사회 규범이라는 삼중의 '사회적 필터' 때문이라고 한다.[21] 잠깐 살펴보고 지나가자.

첫째, 어느 문화나 사회에 형성된 '말'에 따라 거기 속한 사람들이 보고 듣고 맛보는 것 등이 달라진다는 것이다. 일반적으로 거기에 해당되는 말이 없는 경험은 의식 속으로 들어오지 못한다는 이야기다. 예를 들면, 우리말에는 달짝지근하다, 간간짭짤하다, 시큼털털하다 등 미각을 표현하는 말이 발달해 그런 맛을 즐기면서 먹지만 그런 말들이 없는 문화권에 속한 사람은 그 맛이 있는지조차 잘 의식하지 못하며 산다. 우리는 겨울에 오는 눈이면 그저 눈인 것으로만 알지만 일 년 내내 눈과 함께 생활하는 에스키모인들에게는 눈에도 열 가지 정도의 다른 이름이 있다고 한다. 그렇게 다른 종류의 눈이 있는지, 우리는 생각도 못한 채 산다.

둘째, 어느 사회에서 일반적으로 통용되는 논리에 의해서도 의식이 좌우된다고 한다. 아리스토텔레스의 이분법적 일반 논리학이 통용되는 서양 사회에서는 동양에서 흔히 쓰는 역설의 논리에 담긴 뜻을 완전히 이해하기가 곤란하다. 어떤 사물이 이것이든 저것이든, 둘 중 이것이나, 저것이나 하는 '냐냐주의'적 사고방식을 가진 사람에게는 그것이 이것도 되고 저것도 될 수 있다는 '도도주의'적 논리는 납득되지도 않고, 그런 일이 있을 수 있다고 여겨지지도 않는다는 것이다. 그야말로 '말도 안 되는 소리'일 따름이다.

셋째, 한 사회에서 금기taboo시하는 일은 그 사회 구성원의 의식 속에 들어오지 못한다는 것이다. 예를 들면, 한국 전통 사회에서 이혼이나 동성애 같은 것은 도저히 용납될 수 없는 일이었다. 그럴 경우 대부분의 경우 이혼하고 싶다든가 동성애 관계를 맺고 싶다는 생각마저도 의식에 나타나지 않고 만다. 그야말로 '생각도 못할 일', '상상할 수도 없는 일'로 취급되어 의식 밖으로 벗어나는 것이다.

실상과 허상

하나하나 예를 들자면 정말 한이 없다. 지금까지 이야기한 것을 간추리면, 우리의 일상적인 의식이라는 것은 이와 같이 인간 전체의 생물학적 조건, 개인의 주관적 심리 상태 그리고 사회 집단의 문화적 제반 요인 등에 의해 좌우되는 극히 제약되고 비뚤어진 것, 불완전하고 가변적인 것이라는 사실이다. 우리가 무엇을 보고 듣고 느끼는 감각이나 지각 현상은 이렇게 우리 속에 이미 결정되어 있는 틀 혹은 범주를 통해서 이루어지는 것이지, 실재 자체를 그대로 접하는 것이 아니라는 이야기이다. 따라서 우리가 이런 불완전한 의식을 통해 알고 있는 세계, 접촉하고 있는 세계는 사실 실재의 극히 일부에 지나지 않는 것, 그것도 불완전하고 제약된 의식이 그때그때 제멋대로 구축한, 그야말로 허구적인

것에 불과하다고 할 수 있다.[22]

사람들 대부분은 이런 사실을 전혀 모르고 살아간다. 자신의 그 좁아터진 의식에 비친 세계만이 유일하고 절대적인 것으로 확신하며 거기에 안주하려 한다. 그리하여 이 인위적으로 구축된 '일상적 의식이라는 우물 안'에 갇혀 평생을 지내는 신세가 된다. 결과적으로 참 실재의 세계에서 '분리되고 소외된 상태', '실낙원 상태'에서 사는 셈이다. 이 어두운 우물 안에서 때로는 '새끼줄을 뱀으로' 잘못 보아 놀라기도 하고, 더러는 돌멩이를 금덩어리로 착각하여 희희낙락하기도 하는 소용돌이의 연속에서 살아가는 것이다.

'의식의 폭'을 넓혀가는 과정, 곧 우리가 지금까지 지니고 살아온 이런 불완전한 의식 구조에서 해방되어 제약받거나 비뚤어지지 않은 실재 그 자체, 있는 그대로의 실상의 세계, 실재 세계의 다른 차원들을 계속 'real'한 것으로 발견하고 깨쳐가는 'realization(실재화, 현실화, 의식화, 자각, 깨달음)'의 과정, 이것이 곧 구도의 길, 진리의 길이라 믿고 싶다.

4

열어놓음의 길

종교적 진리를 추구하는 길이든 과학적 진리를 추구하는 길이든 '진리의 길' 그것은 곧 '열어놓음'의 길이다. 열린 마음 문을 통해 지금껏 가지고 있던 고정된 편견이 나가고 새로운 자각이 들어오는 일, 부단한 깨우침의 길이다.

장님이 코끼리 만지는 이야기. 장님 A는 코끼리의 코를 만져보고 아하! 코끼리는 구렁이처럼 생긴 동물이구나 한다. 장님 B는 코끼리의 배를 만져보고 아하! 코끼리는 바람벽처럼 생긴 동물이구나 한다. 장님 C는 다리를, 장님 D는 귀를 각각 만져보고 역시 나름대로 해석한다. 여기서 우리는 누가 맞고 누가 틀렸다고 꼬집어 말할 수가 없다. 이들은 각각 자기의 입장에서 만져본 대로의 코끼리를 이야기했을 뿐이다. 모두 코끼리의 일면을 말하고 있다. 진실에서 동떨어진 이야기는 하나도 없다.

그야말로 모두 '일리' 있는 말이다. 이럴 경우 네 사람이 함께 서로 자기가 본 코끼리 상을 이야기해 서로의 지식을 나누어 갖는다면 모두 어렴

풋하게나마 실재의 코끼리에 좀 더 가까운 그림을 그릴 수 있을 것이다.[23]

장님들의 태도가

그런데 이 중에서 장님 A가 코끼리는 절대적으로 구렁이처럼 생긴 동물이다, 따라서 코끼리를 달리 표현하는 다른 모든 이론은 거짓이다, 이것은 직접 코끼리를 만져본 내 자신의 체험에서 우러나온 증언이요 만고불변의 진리다, 다른 사람들의 말은 절대 믿지 말라고 한다면 문제는 자못 심각해진다.

우선 이 사람 자신이 진실의 다른 측면에 대해서는 마음의 문을 닫고 자기 견해와 다른 것을 말하는 모든 사람을 정죄하고, 이단처럼 여기고, 상종조차 못할 사람으로 취급하고 만다. 한 걸음 더 나아가 이런 식으로 자기만 옳다고 주장하는 사람이 어찌어찌하여 위대한(?) 지도자가 되면 우리는 그의 말을 따르게 되어 자연히 코끼리의 다른 면을 이야기하는 사람을 위험시하고, 백안시하고, 심지어는 박해하기까지 한다. 이럴 경우, 혹시 '코끼리에 대해 다른 이야기를 하는 사람도 있다는데, 그 이야기도 한번 들어보고, 몇 가지 다른 입장에서 본 것들을 종합해서 코끼리의 실상에 더욱 근접한 코끼리 상을 갖도록 하는 것이 어떨까' 생각하는 사람이 생길 수도 있지만 웬만한 확신과 용기가 아니고서는 감히 그 생각을 입 밖에 낼 수가 없다.

'구렁이같이 생긴 코끼리'라는 '하나의 견해'를 절대시하여 여기에 철두철미 신실하게 되면, 다른 견해를 정죄할 뿐만 아니라, 어떤 일이 있어도 인정하지 않으려 한다는 데 문제의 심각성은 더욱더 깊어진다. 설령 어떤 사람이 직접 우리 손을 잡고 코끼리의 배를 만져보게 하더라도 이렇게 바람벽처럼 생긴 것은 코끼리가 아니라고 단언한다. 머릿속에 이미 설정한 우리 식대로의 '코끼리 상'과는 들어맞지 않기 때문이다. 코끼리는 구렁이 같아야만 코끼리라는 생각이다.

이런 선입견과 편견에 사로잡힐 경우, 우리에겐 희망이 없다. 그 누가 무슨 말, 무슨 일을 하더라도 '코끼리는 구렁이 같다'고 하는 패러다임에 맞아떨어지지 않으면 결코 받아들이려 하지 않기 때문이다. 모두 '믿음'을 흔드는 속임수로만 여겨질 뿐이다. 그저 우리를 시험에 들지 말게 하옵소서만을 주문 외우듯 계속해서 외우고 앉아 있게 된다.

결국 이렇게 닫힌 마음 상태, 경직된 사고, 고정관념 때문에 있는 그대로의 코끼리, 곧 코끼리의 실상에 가까운 코끼리 상을 갖도록 발전하거나 성장하는 길을 스스로 막아버린 셈이다. 이런 경우라면 신이라도 어떻게 할 도리가 없다. 그러기에 성경에서도 '성령을 거스르는 죄'는 용서받을 수 없다고 한 것이 아닌가. 오직 끝없이 열린 마음, '수용적 태도'에만 계속적으로 '진리의 조명'이 가능하다.

열린 마음에

어떤 지혜로운 스승의 이야기. 하루는 그 스승의 제자들 중 A와 B 사이에 논쟁이 생겼다. 먼저 A 제자가 스승에게 와서 무엇이 이렇지 않습니까? 하고 물었다. 그 스승은 네 말이 옳다고 했다. 조금 있다가 B가 와서 정반대되는 의견을 말하면서 저렇지 않습니까? 하고 물었다. 그 스승은 또 네 말이 옳다고 했다. 뒤에서 시종 이를 지켜보던 C라는 제자가 말하기를, A가 옳든지, B가 옳든지 둘 중 하나만 옳아야지, 어떻게 둘 다 옳을 수가 있습니까? 그렇지 않습니까? 하고 따졌다. 그랬더니 스승은 또 네 말도 옳다고 했다는 이야기다.[24]

어느 고정된 견해의 옳고 그름의 문제가 아니라 모든 견해는 결국 어느 특정한 '관점'에서 본 상대적인 무엇이라는 것, 따라서 각각 다 맞을 수도 있고, 다 틀릴 수도 있다는 것을 꿰뚫어 보고, 언제나 새로운 각도, 새로운 차원에서 사물을 관조할 수 있는 마음이 중요하다는 것이다. 이렇게 열린 마음의 소유자에게는 절대적인 의미의 '시비是非'가 있을 수 없다.[25] 오로지 얼마큼 더 높은, 더 깊은, 더 넓은, 더 많은 관점에서 실상을 볼 수 있느냐 하는 '길' 혹은 '방법'이 문제일 뿐이다.

'진리의 길'은 산을 오르는 것과도 같다. 산을 오르기 전에는 시야에 들어오는 몇 그루의 나무와 풀만이 전부인 줄 알고 그것만 주장하지만, 점점 높이 올라가면 갈수록 시야는 점점 넓어져서 저 너머에 강이 있는 것도, 호수가 있는 것도, 저 멀리 바다가 있는 것도, 섬이 있는 것까지도 알게 된다. 점점 높이 올라갈수록 새로운 것, 실상의 새로운 측면을 발견하게 되는 것이다.

이른바 '아하! 체험'의 연속이다. 이전에 가졌던 좁은 소견, 한정된 시야에서 얻은 한정된 생각, 일방적 견해, 선입견, 해석들을 하나하나 비워버리는 과정의 연속이다. '날마다 없애감[日損]'의 작업이다.[26] 계속하여 옛것을 버리고 새것을 입는 일이다. 과거에 대해 죽고, 새것에 대해 부활하는 죽음과 부활의 체험이기도 하다. 이렇게 내적·정신적으로 계속 성장하도록 완전히 '열어놓음', 이것이 곧 '진리의 길'이다.

끊임없는 탐구

코끼리가 있는 줄도 모르던 장님이 코끼리 코를 만져보았을 때 그 감격은 대단한 것이다. 야! 코끼리라는 짐승이 있었구나, 꼭 구렁이같이 생겼구나, 참 놀라운 일이로다 하는 감탄의 마음을 금할 수가 없다. 그야말로 '놀라우신 그 은혜Amazing Grace'다.

그러나 장님이 이 놀라운 체험을 그대로 절대적인 것, 최종적인 것으로 착각하고 계속적인 탐구 자세를 버리게 되면, 그 장님은 '구렁이처럼 생긴 코끼리'라는 코끼리의 한 면만 아는 것으로 일생을 마친다. 계속해서 점점 더 큰 '놀라우신 그 은혜'의 감격을 노래할 기회를 놓쳐버리고 마는 셈이다. 자연히 삶은 다람쥐 쳇바퀴 돌듯 단조롭고 시들해진다.

많은 종교 집단이 처음 가입한 사람에게 뭔가 다른 것을 보게 하므로, 이런 감격의 노래를 부르도록 해준다는 데에 대해서는 조금도 의심의 여지가 없다. 문제는 우리가 거기 들어가 그들의 가르침에 따라 코끼리의 코를 만져보고 일단 감격의 노래를 불렀으면, 그 처음 노래로 종지부를 찍으라고 강요하는 것이다. 이제 진리를 찾았으니 우리는 부자라, 부유하여 부족한 것이 없다고만 생각하고 절대 다른 데 눈을 돌리면 안 된다고 한다. 우리가 가진 것이 진리의 전부요, 다른 것은 모두 오류이므로 어떤 일이 있든지 다른 데 관심을 갖거나 호기심을 보여서는 안 된다고 못을 박는다. 어떤 일이 있더라도 계속해서 코끼리의 코만 만지고 있을 것이지, 그 이상의 것은 생각도 하지 말고, 말도 하지 말라는 것이다. 설령 누가 와서 코끼리에게는 바람벽처럼 생긴 배가 있다거나 기둥처럼 생긴 다리가 있다고 하더라도 그런 '기만'의 소리는 몇천 년 전부터 내려오는 것이므로 그런 데는 귀도 기울이지 말고 그런 사람과는 상종도 해서는 안 된다고 한다. '사단이 틈타지 못하게' 해야 하는 것이다.

자동화 습관화를 막아라

그러나 계속해서 코끼리 코만 만지며 언제까지나 그 처음 노래만 계속할 수 없다는 데 문제의 심각성이 있다. 코를 만져서 놀라고 감격하는 것도 한두 번이지, 매일 매주 몇 년을 한결같이 그것만 만지고 있다면 처음의 감격은 옛 기억으로만 남아 있을 뿐, 이젠 만지는 것조차 지겨울 따름이다. '듣기 좋은 꽃노래도 한두 번'이라는 속담처럼, 무엇이든 무의미하게 되풀이되면 감격이나 감탄은 곧 사라져버리게 마련이다. 감격이나 감탄만 사라지는 것이 아니라 의식 속에 들어오지도 않게 된다. 무얼 만지고 있는지조차 모르는 무감각 상태가 되어버리는 것이다. 이렇게 되는 현상을 심리학적으로 자동화automatization 혹은 습관화habituation라고 부르는 사람도 있다.

　아름다운 그림 한 점을 사서 응접실 벽에 걸어놓았다. 처음 얼마 동안은 그것 때문에 온 방이 훤해지는 것을 느낀다. 그 앞에 서서 감상도 해본다. 이런 그림을 구할 수 있었던 것을 다행으로 여기고 그것을 오래

오래 간직하면서 두고두고 감상하는 기쁨을 맛보리라 다짐한다. 그러나 몇 주가 지나고 몇 달이 지나면, 그림이 벽에 걸려 있는지조차 의식하지 못하게 된다. 하루에 몇 번이고 들락날락할 때마다 눈길이 그림에 가 닿기는 하지만 그것을 의식하지 못한다. 그야말로 시이불견視而不見이다. 자동화, 습관화된 것이다.

처음 미국이나 캐나다에 왔을 때는 보이는 것이 모두 신기하고 놀라울 뿐이었다. 길거리의 사람, 차, 간판들, 특히 어디에나 펼쳐진 푸른 잔디. 그러나 몇 달이 지나고 몇 년이 지나자 신기하고 신통해 보이던 것들이 서서히 사라져버렸다. 북미에 온 지 몇십 년이 지난 사람이 아침에 차를 타고 출근하면서 출근길에서 보게 되는 사람, 간판, 집들을 처음 이 땅에 발을 디뎠을 때와 같은 정도로 감격하며 볼 수는 없다. 직장에 도착해 누가 그런 것에 대해 물어보면, 오는 길에 그런 것들이 있었는지조차 의식하지 못했음을 알게 된다.

시간이 지나도 코끼리 코만 만지면서 계속 감격하라는 것은 무리다. 감격은 새로운 차원, 새로운 면을 발견했을 때만 가능하다. 코끼리에게는 코뿐만 아니라 배도 있고, 다리도 있고, 꼬리도 있고, 귀도 있다는 사실, 나아가서는 코끼리뿐 아니라 다른 동물들도 존재한다는 사실을 하나하나 발견해감으로써 얻을 수 있는 감격의 길을 모두 막아버리고, 계속 '처음 믿음', '처음 열성'대로 감격만 하라는 것은 모순이요 자가당착이다. 인간으로서는 불가능한 일을 강요하는 것이다.

박람회 같은 데서 원숭이 재롱을 보여주고 돈을 받는 사람은, 돈 받는 재미 때문에 한 달이고 몇 년이고 진력나지 않게 한자리에 앉아 살아갈 뿐 아니라 다른 사람에게도 자꾸 와서 구경하라고 권할 수 있지만 구경하는 사람으로서는 단 하루라도 내내 원숭이 재롱만 보면서 계속 감격하고 계속 박수를 보낼 수가 없다. 그렇게 해야 한다면 그야말로 고역이고 고문일 것이다. 이럴 경우 자기를 속여가며 감격하는 척할 의무가 있을까? 몇 푼 던져주고 다른 데 가서 다른 동물을 구경하든가, 혹은 집에서 책을 뒤적이며 원숭이의 또 다른 면을 연구한다든지 해서 원숭이에 대한 새로운 사실을 계속 발견해나가는 것이 오히려 바람직한 일일 것이다.

날마다 새롭게

참 목자는 계속 한자리에서만 양을 먹이지 않는다. 양들이 풀을 다 뜯어 먹었으면 풀이 많은 데를 찾아 인도한다. 다 뜯어 먹어 풀도 없는데 양을 묶어놓고 계속 거기서만 맨땅을 파라고 강요하는 것은 양을 '먹이는' 참 목자가 아니라 양을 '먹는' 나태한 삯꾼의 짓이다. 먹을 것을 찾아 푸른 초원으로 나가려 해도 이리 막고 저리 막아서 편리하게 한군데 모아놓고, 가만히 앉아 시간만 보내다가 삯이나 받아먹는 것이 삯꾼의 유일한 관심이다. 이런 삯꾼의 이기적 관심에 희생되어 저 건너 '푸른 초원, 잔잔한 물가'가 있는데도 울안에 갇혀 계속 굶고 있어야 한다면 슬픈 일이다. 이런 데서 성장이란 있을 수 없다. 굶주림과 시듦만이 있을 뿐이다. 이런 속박을 뚫고 과감히 푸른 초원을 향해 힘찬 발걸음을 옮길 때만이 자유와 해방, 풍성한 삶이 가능해진다.[27]

진리는 코끼리 코가 아니다. 진리는 정해진 무엇이 아니다. 어떤 '결론'이 아니라는 것이다. 코끼리 코를 발견하게 하는 것, 이어서 배도, 다리도, 꼬리도, 귀도, 나아가 다른 짐승도, 다른 사물도 있다는 것을 '끊임없이' 추구해가도록 하는 것, 바로 그것이 진리다. 이런 끊임없는 탐구, 추구, 실험, 구도의 길을 제시하지 않고 우리가 발견한 어느 한 면만 '참 진리 바로 그것!'이라고 하여, 어느 한때 인간의 필요에 의해 주어진 인간적 견해와 이론을 최종적인 것, 절대적인 것으로 주장하면서 사람을 붙들어놓는 것은 엄격한 의미에서 올무다.[28]

이것이 이른바 '폐쇄 사회', '폐쇄 집단'의 고질적 생리다. 사실 이렇게 최종적인 것, 절대적인 것이라고 주장하는 것 자체가 진리의 길에서 얼마나 멀리 떨어져 있는가를 스스로 드러내는 셈이다.

바울은 '선 줄로 생각할 때 넘어질까 조심하라(고린도전서 10:12)'고 했다. 진리의 한 면을 발견했다고 생각할 때 거기에 만족해 안주하지 말고 또 다음의 차원을 위해 자신을 열어두라는 뜻이다. 바울처럼 '형제들아, 나는 아직 내가 잡은 것으로 여기지 아니하고 오직 한 일, 즉 뒤에 있는 것을 잊어버리고 앞에 있는 것을 잡으려고 좇아가노라(빌립보서 3:14)' 하는 매일 '좇아감press on'의 태도가 필요하다. 한군데 달라붙거나 정지해서는 안 된다. 저 높은 곳을 향하여(혹은, 저 낮은 곳을 향하여) 날마다 나아간다 하는 것이 매일의 노래가 되어야 한다. 날마다 실상의 새로운 면을 발견함으로써 날마다 새로워지고, 날마다 자라게 하는 종교가 참된 의미의 진리의 길을 가르치는 열린 종교다.

5
외로운 길

조나단의 경우

《갈매기의 꿈Jonathan Livingston Seagull》이라는 유명한 소설이 있다. 1970년대 초반 리처드 바크Richard Bach라는 작가가 쓴 이 조그마한 책자는 그 당시 베스트셀러였다,

이 책의 주인공 조나단은 보통의 갈매기와는 다른 갈매기였다. 다른 갈매기는 눈만 뜨면 고작 어선 뒤를 따라다니면서 생선이나 주워 먹는 것으로 나날을 보내는데, 이 조나단만은 이것을 당연한 숙명으로 받아들이기를 거부하고, 더 높이, 더 빨리, 더 아름답게 나는 것, '비상飛上'의 신비스런 경지를 탐구하는 데 시간과 정력을 쏟는다.

조나단의 부모는 아들이 걱정스러워 제발 '다른 갈매기와 같이' 겨울이 닥치기 전에 어서 '먹는 것'에 열중할 것이지, '나는 것' 같은 허황한 것에 신경 쓰지 말 것을 권유하고 애원한다. 이왕 공부를 하려거든 좀

더 실제적인 것, '어떻게 해야 효과적으로 먹이를 얻을 수 있는가'에 대
해 연구하라고 타이른다.

그러나 웅비를 목적으로 하는 자기의 '실험'을 계속한 조나단은 마침
내 갈매기들의 한계를 넘어서는, 일반 갈매기는 상상할 수 없는 경지를
터득하는 체험을 한다. 그러고는 이 신나는 '돌출breakthrough', 참다운 삶
의 의미, 자유, 새로운 발견을 자기 부모, 친구와 나누려고 한다. 그러나
기대와는 전혀 달리, 결국 그는 갈매기 사회의 '위엄과 전통'을 파괴하
고 당치도 않게 이상한 소리를 하는 못된 갈매기라는 판결을 받고 갈매
기 집단에서 추방당하고 만다.

그는 한없이 슬펐다. 그 슬픔은 그저 고독하다는 것 때문만이 아니라
사랑하는 동료 갈매기들이 이 놀라운 비상의 기쁨을 거절했다는 것, 눈
을 뜨고 보기를 거부했다는 것에 대한 아쉬움 때문이었다. 할 수 없이
그는 홀로 계속적인 추구의 길을 떠나 점점 높은 차원의 실재, 진정한
의미의 자기를 발견하는 일을 계속한다.

예수님의 경우

예수님의 경우는 어떤가? 형제와 고향 친구, 심지어 그의 뜻을 받들겠
다고 따라다니며 동고동락한 제자나 어머니마저도 그의 속마음, 깊은
뜻을 헤아릴 수가 없었다. 이제 고난의 길, 자기 비움의 길, 형극의 길
을 선언하고 죽음을 맞으러 예루살렘으로 가는 길인데도, 제자들은 아
직 '누가 더 크냐', '누가 국무장관이 되고 누가 재무장관이 될 것인가'

를 놓고 서로 다투며 영달의 길, 자기 채움의 길, 주단 깔린 길에만 정신이 팔려 있었던 것이다

예수님은 주위 모두가 이해해주지 않는, 이해할 수도 없는 고독의 길을 걸으셨다. 남이 알아주지 않아서 슬픈 것보다 남이 알지 못하는 것이 더욱 안타까웠다. 나의 멍에는 가볍다는 것, 내가 쉼과 자유를 주겠다는 것도 모르고, 아직도 수고스럽고 무거운 짐을 진 채 자신을 거절하는 예루살렘 도성을 내려다보며 안타까워 '우셨다.'

노자님도 다른 사람은 봄철에 망루에 오른 것처럼 기뻐하고 즐거워하는데 자기만은 홀로 '정처 없이 떠다니는 멍청이'같이 느껴진다고 하셨다(《도덕경》 제20장). '내 말은 이해하기도 그지없이 쉽고 실행하기도 그지없이 쉬운데, 세상 사람이 도무지 알지 못하고, 실행하지도 않는구나. …… 나를 이해하는 이가 이렇게도 드문가(《도덕경》 제10장)' 하고 탄식하셨다. 공자의 경우도 마찬가지다. '아, 아무도 나를 이해하지 못하는구나. 하늘밖에 없구나(《논어》 14 : 37)'라고 하셨다.

눈 하나의 원숭이가 되어야?

우리는 모두 우물 안 개구리다. 우물 밖에 실재의 세계, 광명의 세계가 있다는 것을 전혀 의식하지 못한 채 이 우물 안 세계만을 유일한 것으로, 당연한 것으로 여겨 이 속에서 뭐가 좀 되어보겠다고 허우적거리며 살고 있다. 간혹 바깥의 참된 실재 세계를 본 개구리가 다시 우물에 들어와 이야기해주어도 그것이 무슨 말인지 이해하지 못하고, 또 이해하

려 들지도 않는다. 그뿐만 아니라 대부분의 경우, 그런 이야기를 하는 개구리를 헛소리꾼으로 취급해 아주 무시해버린다. 더욱 심하게는 평화스런 우물 세계의 기존 가치 체제, 전통, 현존 질서를 교란한다는 죄목을 씌워 파문하고 사회에서 매장하며 심지어는 죽여버리기까지 한다.

역사적으로 이런 무지막지한 일이 얼마나 많이 일어났는가? 바로 예수님이 이런 일을 당하신 분이었고, 소크라테스 같은 사상가, 갈릴레오 같은 과학자, 마틴 루터 같은 종교인, 최근에는 독일 신학자 한스 큉Hans Küng[29] 같은 이도 그 선구자적 눈뜸으로 인해 죽음이나 박해나 고난을 당했다. 그들에게 죄가 있다면 눈 하나만으로 보는 원숭이 고을에서 유별나게 두 눈으로 세상을 봤다고 말한 것뿐이다.

눈 하나밖에 없는 원숭이들의 고을에서는 눈이 둘인 원숭이를 병신이라고 놀려댄다. 눈 둘 달린 것이 병신이 아니요, 두 눈으로 보는 세계가 더욱 훌륭하다는 확고한 신념과 용사다운 기개가 없으면 이 눈 둘 달린 원숭이는 조롱과 멸시가 싫어서 조만간 자기 눈 하나를 멀게 해 다른 원숭이와 똑같이 되고 만다. 사실 이 눈 하나밖에 없는 원숭이 고을은 처음부터 눈 하나 달린 원숭이만 태어나서 그렇게 된 것이 아니라 이렇게 확신과 용기가 없는 원숭이들이 다른 원숭이같이 되고자, 의식적이든 무의식적이든 스스로 눈 한쪽을 쓰지 않거나 멀게 만들어 형성된 고을이다. 이런 고을에서 눈 둘을 가지고 산다는 것은 외롭고 괴로울 수밖에 없다.

언뜻 보면 우리 인간은 모두 '새것'을 좋아하는 것처럼 보인다. 다들 새로운 유행을 따르려고 기를 쓴다. 그러나 가만히 살펴보면 이것은 '새것'을 추구해서가 아니라 남에게 뒤지지 않고 발맞추겠다는, '남과 같아지겠다'는 마음에서 비롯된 행동이다. 어머니가 손수 만들어주신 새 양복이 실용성이나 품질에 있어서 '혁신적으로 새로운 것'이라 해도 남은 안 입는데 자기 혼자 입고 다녀야 하는 형편이면 '꼴사나워서', '창피해서' 입고 다니려 하지 않는다. 우리는 유행에 뒤진 옛것만 싫어하는 것이 아니라 유행보다 너무 앞선 새것도 마찬가지로 싫어한다. 중요한 것은 남이 다 입는 것, 다 생각하는 것, 다 행동하는 것 등에 따라 모든 일에 '남처럼' 되어야 속이 편하다는 것이다. '떼거리 본능'이라고 할까, 어떤 무리에 속해서 그 무리가 같이 떠받들어오는 것에 동조할 때 안전과 편안함을 느끼고 그것에서 벗어나면 창피함, 불안, 쓸쓸함을 느끼도록 훈련되어 있다. 우리는 어쩔 수 없이 기본적으로 '보수주의적'이게 마련이다. '고기도 놀던 물이 좋다'는 것처럼 우리는 익숙한 환경, 알려진 사물, 몸에 밴 일, 해오던 일에 친근감을 느낀다. 전혀 새로운 것, 전혀 모르는 것에 대해서는 우선 불안감과 두려움이 앞선다.

이런 '새것 기피증'을 융C. G. Jung 같은 심리학자는 인류학에서 쓰는 'misoneism'이라는 말로 표현한다.[30] 우리 범속한 인간은 대부분 어쩔 수 없이 이렇게 남 하는 데 따라 그냥 그대로 어물쩍거리며 하루하루를 산다.

진리의 길은 모든 사람이 다 같이 떼를 지어 가는 넓은 신작로가 아니라 이런 인습적인 태도를 버린 외롭고 '좁은 길'이다. 모두가 고깃배 뒤를 따라다니며 고기를 주워 먹는 것으로 만족하며 살아가는데, 거기서 의미를 찾지 못해 '자기 길'을 가는 것이다. 이제 삶의 목적과 방향이 달라졌다. 전통 사회가 주는 설명이나 의미 체계가 무의미하다는 것을 발견한 것이다. 자연히 남과 보조를 맞추어 갈 수가 없다. 남이 다 좋다고 따라가는 쭉 뻗은 대로가 아니라 참으로 새로운 의미의 샘터로 인도할 것 같은 오솔길을 찾게 된다. 행동과 생각 모두가 보통 사람과 다르고 이상하다. 그래서 그 집단에서 비웃음을 사고, 끝내 '왕따'를 당하는 것이다.

이제 세상에 자기 혼자 서 있음을 발견하게 된다. 외롭다. 육지에서 떨어져 있는 외딴 섬처럼 느껴진다. 남이 다 타고 가는 큰 연락선을 버리고 망망대해에서 혼자 조각배를 저어 가는 듯한 기분이다. 무한한 우주 공간 속에 본부에서 오는 지시가 갑자기 무의미한 잡음으로 변했음을 발견한 우주인이 사방을 살피며 스스로 자기 길을 찾아 나서야 하는 것과 비슷한 심정일 것이다. 그야말로 '단독자'의 입장이다.

아무리 진리를 찾아 힘찬 발걸음을 내디딘 사람이라도 이런 경우를 당하면 어쩔 수 없이 불안한 마음, 주저하는 마음, 의심하는 마음, 도피하고 싶은 마음이 생기게 마련이다.

계속 이 길을 갈 것인가? 당장 집어치우고 남처럼, 남과 같이 '적당히' 사는 것이 좋지 않을까? 이 험난하고 외로운 길을 끝까지 갈 힘이 있을까? 간다 한들 무슨 신통한 것이 있을 것인가? 하는 등 온갖 의심과 질문이 마음속에서 솟아오름을 발견하게 된다. 이것이 이른바 진리의 길에서 일반적으로 겪게 되는 '시험'이다.

시험

아무도 없는 황량한 광야에서 혼자 처량하게 앉아 생각해본다.[31] 내가 왜 이런 짓을 하고 있나? 미친 짓이 아닌가? 부모와 친척과 친구가 다 반대하고, 모두가 조롱하는 이 짓을 뭘 먹자고 죽자 살자 하고 있는가? 이런 짓을 한다고 떡이 나오나, 빵이 나오나, 누가 밥을 먹여주나, 돈이 한 푼이라도 생기나? 일찌감치 속 차리고 '돌로 떡을' 만들 수 있는 기술, 실제적이고 경제성이 있는 일에 시간과 정력을 쏟는 것이 좋지 않을까? '너보다 재주가 없는 놈도 그런 데 신경 쓰지 않고 모두 자기 살 궁리를 해서 지금은 잘도 사는데, 어째 너는 그 모양이 되었느냐'고 하시던 어머님의 말씀이 사실 아닌가?

아니지, 사람이 배만 부르면 다인가? 배부른 돼지가 고뇌하는 소크라테스보다 나을 수 있을까? '사람이 빵으로만 살 것이 아니라' 의미와 보람을 찾아야 되는 것, 한번 내친걸음 끝까지 이 걸음으로…….

그러다가도 곰곰이 생각할수록 또 의심이 생긴다. 도대체 이 죽을 놈의 고생을 해서 무슨 '등천'할 일이라도 생긴단 말인가? 성전 꼭대기에서 뛰어내려도 다치지 않을 신통력이라도 얻을 수 있다는 것인가? 이 길을 걷는다고 나중에 하늘을 날고 물속을 헤엄칠 수 있는 능력이라도 생긴단 말인가? 신출귀몰하는 재주가 생기는 것도 아니고, 한번 멋들어지게 써먹을 수 있는 것도 아닌데 뭘 위해 이 짓을 하고 있는가? '야, 진리다 뭐다 떠들지만 말고 그 누구처럼 병도 고치고, 기적도 행하고, 뭐 좀 화끈한 것을 보여 봐라' 하던 그 친구에게 무슨 말로 대답하랴. 더 가기 전에, 더 늦기 전에 여기서 그만둘까?

아니다. 이런 초자연적 능력을 발휘하는 것만이 최고가 아니다. 이 길의 목적은 그런 기적이나 마술, 병 고치는 일이 아니지 않은가? 직업 마술사나 병 고친다고 야단하는 '신유神癒' 전문가는 인생의 모든 문제를 다 해결했다는 말인가? 이런 것으로 '신을 시험'할 수는 없지. 참고 견디자, 끝까지 나가자. 진리 그 자체, 진정한 나를 찾는 것, 그것이 궁극 목적이 아닌가.

그래도 또다시 의문이 생긴다. 그래, 설령 이 길을 끝냈다고 하자. 누가 내 앞에 무릎을 꿇을 것인가? 나를 떠받들 것인가? 누가 알아준다는 것인가? 모두가 황금과 권력 앞에만 무릎을 꿇어 경배하는 세상에 이런 것쯤으로는 콧방귀도 뀌지 않을 것이다. '천하만국과 그 영광'을 위한 것이라면 다른 방법을 써야지. 진리니 정의니 뭐니 해가면서 이렇게 꼿꼿하게 나갈 것이 아니라 대나무도 휘어지는 법, 적당히 고개 숙일 줄도 알고, 갖다 바칠 줄도 알고, 타협하고 어울릴 줄도 알아야 되는 것. 아직도 이런 식으로 혼자 뻗대고 나가서 어쩌자는 것인가? 아! 지금이라도 때려치울까? 이 힘겹고, 외로운 길을…….

아니다. 궁극 관심이라는 것이 무엇인가? 천하만국과 그 영광? 이것이 경배의 대상일 수는 없지 않은가? 신, 궁극 실재, 이것만이 최종적 충성과 경배의 대상일 수밖에. 이에서 우리의 관심을 돌리려는 건 단호히 물리쳐야 한다. 사탄아, 물러가라!

여기까지 버티고 견딜 수 있어야 계속 진리의 길을 갈 수 있다. 정말 어려운 시험이요 유혹이다. 보통의 용기로는 당해낼 수 없는 일이다. 이런 온갖 유혹은 '마귀'처럼 흉악한 괴물이 가져오는 것이 아니라 사랑하는 부모, 처자식, 친구, 사회의 관습, 권력, 조직 등 온갖 형태를 통해 계속 다가온다. 그러나 무엇보다도 무서운 것은 우리 자신의 마음속 깊은 데에 아직도 도사리고 있는 유혹의 씨앗이다.

조지프 캠벨Joseph Campbell이 《천의 얼굴을 가진 영웅*The Hero with a Thousand*

Faces》에서 잘 묘사하고 있듯이,[32] 진리의 길에 나섰던 모든 용사의 옛이야기에서 그 앞길을 막고 나타나는 유혹자, 괴물은 사실 우리 모두의 마음속에서 발견되는 본능적인 면, 즉 자기 보존을 위해 일상성, 무사안일주의, 당연지사에 달라붙으려는, 그리고 거기서 떨어진 듯하면 그리로 되돌아가 붙으려는 우리의 본능을 상징하는 것이다. 내 심성 속에 뿌리박힌 이런 유혹자를 물리치고 괴물을 쳐 죽일 수 있는 용기와 힘을 가진 사람, 천 개의 성을 치기보다 더 힘들다는 자기 마음속의 이 어두운 부면部面을 극복할 수 있는 사람만이 진리의 길을 향해 계속 나아갈 수 있는 용사요 영웅이다. 정말 어려운 일이다.

믿음이 필요

이럴 때 필요한 것이 바로 '믿음'이다. 성경에 보면 '믿음의 조상' 아브라함은 하느님의 부르심을 받았을 때 하느님의 약속 하나를 붙잡은 채 '갈 바를 알지 못하고(히브리서 11 : 8)' 나갔다고 했다. 믿음은 알고 있던 것, 익숙했던 것에서 떠나 '알지 못하는 것'에 자기를 던지는 일이다. '알지 못하는 것에 대한 두려움', '남과 같지 않은 것에 대한 불안', '홀로 있음에 의한 쓸쓸함'을 극복하는 일이다. 현상에 안주하려는 유혹을 물리치고, 계속 새로운 곳, 알지 못하는 곳을 향해 홀로 나아가는 모험을 감행하는 일이다.[33]

이것을 종교적 용어로 바꾸면 '이 세상적인 것'을 떠나는 것, 과거에 대해 죽는 것, 그리하여 '새 하늘과 새 땅'에 새로 나는 것, 부활하는 것이다.

프로이트의 말로 하면, 아직 심리적으로 어머니에 붙어 있는 탯줄을 끊고 완전한 성인으로 자라는 일이다. 많은 종교에서 발견되는 이른바 '통과제의the rites of passage'라는 것은 이런 변천의 과정을 상징적으로 무리 없이 이루어보려는 노력이었다.

길벗이 있으면

이 외로운 길에서 올바른 '안내자'를 만난다면 얼마나 마음이 든든하고 힘이 되겠는가? 수많은 사람을 인도해서 목적지에 무사히 닿도록 도와주었다는 것이 역사적으로 실증된 안내자, 참 스승을 만나 가르침을 받는 것은 우리 대부분에게 필요 불가결의 조건이다.

이 외로운 길에서 '길벗'을 만나는 것 또한 얼마나 반갑고 즐거운 일일까? 이스라엘 천지에서 '나 홀로' 야훼 하느님만을 섬기는 줄 알았는데 그런 사람이 7,000명이나 더 있음을 발견한 선지자 엘리야처럼, 세상에 혼자 동떨어져 있는 것으로 생각하다 구름같이 둘러싼 허다한 증인이, 방향이 같고 뜻이 같아 서로 이해할 수 있는 보이지 않는 친구가 과거, 현재, 미래에 걸쳐 무수히 많다는 것을 알고 나면 그야말로 큰 기쁨과 용기를 얻는다.

《논어》 제1장 1절에 보면 '배우고 때를 따라 익히는 것이 즐겁지 않은가? 먼 곳에서 친구가 찾아오면 이것 또한 반갑지 아니한가? 사람들이 알아주지 않아도 언짢아하지 않으면 얼마나 군자다운가?[學而時習之, 不亦

說乎. 有朋自遠方來, 不亦樂乎. 人不知而不慍, 不亦君子乎]' 하는 공자의 말씀이 나온다.

　진리의 길에 발을 디딘 경우를 가장 적절하게 요약한 말씀이 아닌가 생각된다. 이 길에 들어선 사람은 그것이 비록 힘들긴 하지만 계속 골수를 쪼개고 들어오는 깨우침과 조명을 얻는 기쁨을 맛본다는 것, 이 외로운 길에서 그래도 의기투합하고 목적지가 같은 벗을 여기저기서 만나게 될 때의 기쁨이란 형언할 수 없이 크다는 것, 그리고 이런 길을 걸을 때 주위의 모든 사람이 알아주지 않고 멀리하더라도 그 몇 사람의 친구와의 사귐 때문에 그 외로움을 참고 의연히 걸어갈 기개가 생길 수 있음을 명쾌하게 지적했기 때문이다.

　진리의 길은 다른 모든 사람이 마다하는 좁은 길, 외로운 길을 홀로 걷겠다는 각오가 되어 있는 사람만이 걸을 수 있다. 이런 각오 아래 용기와 믿음과 확증을 가지고 계속 나아가면, 그래서 참된 안내자와 길벗을 만나고 더 이상 외로움의 여부가 문제되지 않는 경지에까지 이르면, 또 위대한 '하나'와 '하나 됨'이라는 것을 발견하면, 이 길도 생각처럼 그렇게 외로운 길만은 아니라는 위대한 역설을 발견하게 된다.

　여기에 진리의 길만이 가져다줄 수 있는 신비한 매력이 있다. 이 매력에 끌려 계속 그 길을 '한 걸음씩' 나아가는 것, 이것이 열린 종교가 가르치는 참된 의미의 '진리의 길'이라 생각해본다.

경제적 가치를 넘어

"바보야, 문제는 경제야!(It's the economy, stupid!)" 미국의 전 대통령 빌 클린턴이 선거전에서 내건 기치다. 클린턴의 말이 아니더라도 경제적 가치를 무시할 사람은 거의 없다. 인간이 살아가기 위해 필요한 기본이 바로 '의식주'라는 경제적 요인이 아니던가? '금강산도 식후경'이란 말처럼 삶에서 우선적으로 충족시켜야 할 이런 경제적 필요를 부인할 사람은 거의 없을 것이다. 그런데 좀 다른 시각에서 더욱 큰 문제는 근래 한국 사회에서 경제적 가치가 사물을 판단할 때 채택되는 거의 절대적 가치, 절대적 가치가 아니라면 적어도 가장 중요한 가치로 부상되고 있다는 점이다.

요즈음은 결혼 상대자를 구할 때도 외모나 성격, 장래성 같은 것들보다 경제적 조건을 가장 중요한 결정 요인으로 본다고 한다. 경제적 가치 이상을 추구해야 할 종교에서마저도 잘 믿으면 복을 받아 잘살 수 있다고 하는 경제적 원리를 추구하고 있는 것 같다. 좋은 직업이냐, 좋은 직장이냐를 따질 때도 그것을 통해 얻을 수 있는 월급액의 고하가 판단 기준인 경우가 허다하다. 심지어는 인간 자체, 사람의 됨됨이마저 그가 버는 돈의 액수로 저울질된다. 아무리 경제적 가치가 중요하다고 해도 이처럼 모든 것을 경제적 가치라는 관점에서 보려고 하는 것은 문제다.

저쪽 언덕바지에 나무 한 그루가 서 있다고 하자. 경제적 가치만을 최고의 가치로 여기는 사람의 입장에서 보면 그 나무를 잘라 가구를 만들어 팔면 몇백만 원의 소득이 있을 수 있다는 생각에 골몰하게 된다. 자기가 원하는 경제적 이익을 얻기 위해 그 나무를 싼값에 사서 서슴지 않고 베어 간다. 자연히 나무가 가진 경제 외적 가치에 대해선 무관심하거나 무시할 수밖에 없다. 그 나무가 뿜어내는 산소량, 그 나무에 의한 산사태나 홍수 위험의 감소, 멀리서 그 나무를 보았을 때의 아름다운 경관, 그 나무를 보금자리로 하고 살아가는 벌레들, 그 나무에서 쉬어 가는 새들, 그 나무 밑에서 자라나는 풀들, 그 나무 그늘 밑에서 돗자리를 깔고 한여름 더위를 식히는 노인들……. 이런 것은 전혀 고려 대상이 되지 않는다.

물론 가구도 필요하다. 그러나 정말 가구가 필요해서라기보다 오로지 경제적 이윤을 극대화한다는 목적 하나로 모든 것을 마름질한다면 우리의 삶에서 이처럼 잃어버리는 것이 얼마나 많은가? 심지어 경제적 가치를 추구하면서 불철주야 부산하게 쫓아다니느라 건강하고 여유 있는 삶을 즐길 수 있는 기회마저 빼앗겨버리고 생을 마감할 수도 있다. 끊임없는 욕망을 충족시키기 위한 경제, 경제 자체를 위한 경제는 이처럼 우리의 삶을 메마르게 하고, 심지어는 고사시킬 수도 있다. 그러기에 인류의 위대한 스승들은 하나같이 맹목적으로 경제적 가치를 최우선으로 삼으려는 우리의 본능적 충동을 경계하라 하였나 보다.

부처님은 우리의 고통이 집착에서 오는 것이므로 재물을 비롯해 일체의 것에 대한 집착을 버리라고 했다. 예수님도 '사람이 빵으로만 살 것이 아니라 하나님의 입에서 나오는 모든 말씀으로 살 것'이라 하여, 빵이 우리의 삶에 필요조건이긴 하지만 충분조건은 되지 못하므로 더 높은 '의미(로고스)'를 찾아야 한다고 하였다. 노자님도 '넘치도록 가득 채우는 것보다 적당할 때 멈추는 것이 좋다'고 하였다. 기본적으로 먹고살 것이 있는데도 계속 무엇을 먹을까, 무엇을 마실까 걱정하며 허기진 상태로 사는 것은 귀중한 한평생을 낭비하고 만다는 이야기가 아닌가? 불교적으로 말하면 아귀餓鬼의 상태로 산다는 뜻이다.

다행스럽게도 사람들이 이제 경제적인 풍요 자체가 자동적으로 행복을 가져다주는 것은 아니라는 사실을 자각하기 시작하고 있다. 점점 많은 사람이 이제 경제를 위한 경제가 아니라 '인간을 위한 경제', 국민총생산(GNP)보다는 행복지수(GNH)를 증진시키려는 데 초점을 맞추는 경제에 관심을 갖기 시작하고 있다. 경제가 다른 문화적ㆍ정신적 가치를 창출하는 밑거름이 될 때 경제가 진정으로 의미 있는 것으로 승화될 수 있을 것이다.

**What
is
Religion?**

2

자유에의 길

학문의 길은 하루하루 쌓아가는 것
도의 길은 하루하루 없애가는 것

爲學日益
爲道日損

《도덕경》 제48장

결국 여기서 강조하고 싶은 것은 세 가지 길이든, 네 가지 길이든, 여섯 가지 길이든 이 모든 길에서 가장 공통적이면서 기본적인 요소는 바로 나를 비우고 잊어버리고 부정함으로써 자아에서 해방되는 것이라는 점이다. 깊은 명상, 신에 대한 절대적인 헌신과 사랑, 남을 위해 자기를 던지는 거룩한 행위, 신을 향해 무릎 꿇는 경건한 의례儀禮, 신과의 합일에서 맛보는 황홀함 등은 지금의 나를 가지고 있는 한 불가능하다는 것이다. 다시 한번 나로부터의 해방이 참된 변화와 자유의 전제 조건임을 확인하게 된다.

1

종교란?

'종교'란 무엇일까? 이건 사실 너무도 엄청난 질문이다. 당장 어떻게 대답해야 할지 잘 모를 만큼 큰 질문이다. 종교에 대한 정의는 문자 그대로 수백 가지에 달한다. 사람마다 각자 보는 관점에 따라서 자기 나름대로 내린 종교의 정의가 종교학 교과서 첫 부분에 수두룩하게 쏟아져 나온다.[1] 물론 우리는 여기서 이런 사변적이고 이론적인 면을 살피기 위해 종교가 무엇이냐고 묻는 것이 아니다. 종교를 학문적으로 정의하는 것에는 별로 흥미가 없다. 그러나 이 많은 종교와 종교 현상 중에 진정으로 종교적인 것, 진정으로 핵심적인 것이 무엇이냐 하는 질문은 피할 수 없는 것 같다. 이 질문에 직접 대답하는 대신 우리가 잘 아는 이야기에서 논의의 실마리를 끌어내보도록 한다.

우물 안 개구리

'우물 안 개구리'의 이야기다. 우물 안 개구리는 세상이 그저 우물 속 그 것뿐이고, 하늘이라는 것도 머리 위에 보이는 손바닥만 한 것 그뿐인 줄로만 알고 믿고 주장한다. 또 그 지식과 믿음과 주장에 따라 생각하고, 행동하고, 말하며 살아간다. 이것이 개구리의 세계관이랄까, 정저관井底觀이랄까 하는 것이요, 개구리의 인생관이랄까, 와생관蛙生觀이랄까 하는 것이다.

우물 밖의 다른 개구리 친구가 와서 세상이란 우물 속만이 아니라고, 또 하늘이란 저렇게 손바닥만 한 것이 아니라고 해도 도무지 곧이들으려 하지 않는다. 삶이 이 좁은 우물에 국한되어서는 안 된다고, 더 넓은 세상, 더 참된 세상에서 삶의 의미를 찾아야 한다고 해도 이 우물 안 개구리는 도저히 알아듣지를 못한다. 오로지 이 우물 속에서만 삶을 계획하고 이 우물 속 사정에 맞추어서만 모든 것을 설계하는 데 만족한다. 거기에서 삶의 의미와 목적을 찾고 계획하고 설계한다. 그리고 그것이 잘 되어가는 것같이 보일 때는 살맛 나는 것처럼, 모자란 것이 없는 것처럼, 행복의 문어귀에 들어선 것처럼 생각하며 '남 보라는 듯' 살아간다.

한참 이렇게 행복하게 생각하며 사는데 어쩐지 우물 안 사정이 그렇게 순조롭지만은 않다는 것을 느끼기 시작한다. 자기가 생각했던 대로의 이상적인 상태가 쉽게 이루어지지 않는 것을 발견했을 뿐만 아니라 설령 그 이상이 각고의 노력 끝에 이루어졌다 하더라도 거기에서 궁극적인 만족을 얻지 못하고 더 큰 것, 더 많은 것, 더 재미있는 것, 더 좋은 것을 향해 끊임없이 치닫는 자기를 발견하게 된다. 또 자신이 그런 끝없는 욕구를 충족시킬 수 있는 무한한 능력을 소유하지 않은 것도 통감한다. 점점 자기의 한계성, 유한성을 깊이 절감하게 되면서 우물 안 세계에 회의를 품기 시작한다. 조금씩 뭔가 모자라는 듯한, 뭔가 구속된 듯한 것을 감지하며 우물 안의 삶이 궁극적으로 그렇게 행복한 것이 아니라는 사실을 깨닫게 된다.

이 개구리는 점점 이런 생각에 몰두한다. 이제 삶의 의미와 방향과 목표가 무엇인가에 대해 심각한 의문을 품고, 마침내 깊은 좌절의 구렁텅이에 빠진다.

이때쯤 비로소 그 바깥세상을 보고 왔다던 친구의 이야기가 생각난다. 자기도 이 좁은 속박의 세계에서 벗어나 그 자유로운 세상을 한번 볼 수 있었으면 하는 마음이 들고 차차 그 동경하는 마음이 깊어간다. 드디어 결단을 내리고 용기를 내 크게 한번 뛰어본다. 정말 일생일대의 도약이다.

어떻게 된 영문인지 자기 힘만으로 된 것 같지 않다. 인력의 법칙이 잠시 그 기능을 중단했는지, 우물이 거꾸로 뒤집어졌는지, 아무튼 불가능할 것 같아 보이던 일이 기적처럼 성취되어 이 개구리는 바깥세상에 나오게 된 것이다. 눈이 번쩍 뜨였다. 지금껏 자기가 보고 생각해오던 우물 속만이 진짜 세계라던 생각에서 벗어나 이제 자기 앞으로 무한히 뻗은 들판, 무한히 넓고 높은 창공, 망망한 대해, 이것이 참 실재라는 것을 발견한다. 이런 실재를 발견하고 체험한 개구리는 이제 새로운 개구리로 바뀌어 삶의 목적과 방향과 태도가 달라지고 새로운 의미 체계, 새로운 가치관을 갖게 된다.

인간의 조건

이야기가 좀 길어진 것 같다. 종교 이해에 조금이라도 도움이 될까 해서 《장자》에 나오는 우물 안 개구리 이야기에다 나름대로 살을 좀 붙여 보았다.[2] 그렇다. 나 나름대로의 관찰에 의하면 거의 모든 종교는 우리가 어느 면에서는 이 우물 안 개구리와 같다는 것을 강조한다. 주위에 보이는 것, 만져지는 것, 들리는 것, 감지되는 것만 이 세상의 전부인 줄 알고 그것을 위해, 그것에 의해 살아가고 있다는 것이다. 성경 말씀대로 모두 먹고 마시고 장가가고 시집가는 것이 삶의 전부인 줄 알고 산다는 이야기다. 우물이 세상 전부가 아니라는 사실을 전혀 모른 채 그 안에서 일어나는 조그마한 일에 따라 희로애락의 소용돌이 속을 정신없이 살아간다는 것이다.

이런 무지 상태를 두고 예수님이나 공자님이나 노자님은 여러 번 되풀이해서 '보아도 보지 못하고, 들어도 깨닫지 못한다'고 하셨다. 예수님의 비유 하나가 생각난다.

어떤 부자가 있었는데 밭에 곡식을 심어 쌓아둘 곳이 없을 정도로 큰 수확을 거두었다. 속으로 생각하기를 곳간을 헐어 더 크게 짓고 거기에 곡식과 물건을 잔뜩 쌓아두면 안심하고 먹고 마시고 즐길 수 있으리라고 했다(누가복음 12 : 16~20). 우리 대부분이 이 부자 농부와 같다는 뜻이다. 이 세상일이 순조롭게 이루어져, 그야말로 '등 따습고 배부르면', 그것이 행복의 전부라 생각하며 사는 것이 사실 아닌가?

우물 안 개구리같이 이러한 무지 속에서 허우적거리며, 서로 지지고 볶으며, 물고 뜯으며, 안달하며 사는 모습을 종교에서는 여러 가지로 표현하고 있다. 기독교에서 말하는 죄 된 상태, 타락한 상태, 낙원을 잃어버린 실낙원의 상태, 죄에 속박된 노예의 상태, 불교에서 말하는 무명의 상태, 전도망상의 상태, 깨치지 못한 상태 혹은 유교에서 말하는 소인배小人輩의 상태 등이 이를 두고 하는 말이다. 이것을 요즘 표현으로 고치면 철학자나 심리학자가 말하는 이른바 소외된 상태, 비본래적인 상태, 고향에서 떠나 있는 듯한 상태, 절망의 상태, 자아 상실의 상태, 자아 분열의 상태 등이기도 하다.

사실 많은 사람은 자신이 이런 상태에 처해 있는 줄도 모르고 산다. 사는 것이 아니라 '살아져 간다'고 할까, '사라져간다'고 할까, 아무튼 이런 와중에 그래도 더러는 우리의 삶이 뭔가 모자라고 올바르지 못하다는 것을 느끼는 경우가 있다. 톱니바퀴가 맞물려 돌아가듯 삶이 착착 돌아가지 못하고 뭔가 기름 치지 않은 기계처럼 빡빡하고 삐걱거리는 것을 느끼는 것이다. 인생 만사가 생각처럼 그렇게 간단하지 않다는 것을 발견한다. 눈에 보이는 것만으로 사물의 전체가 해결될 수 없다는 것, 무엇인가 인간의 삶은 한계가 있고 제한되어 있다는 것, 무엇인가 불완전하다는 것, 한마디로 말해 '인간적 곤혹human predicament'을 의식하게 된다.[3]

이렇게 자기가, 그리고 자기의 삶이 무엇인가 불완전하고 제대로 되지 않았음을, 그러면서도 어쩔 수 없음을 깨닫는 것이 종교의 출발점이라 할 수 있다. 이런 깨달음, 이런 의식이 움트지 않는 곳에는 종교가 성립할 수가 없다.

이것이 모든 사람에게 다 생길 수 있는 것은 아니다. 앞서 말한 것처럼 우리 대부분은 현실적인 부분만 만족되면 모든 것이 다 해결되는 줄 알고, 또 그것만 가능하면 모자랄 것이 없는 줄로 생각한다. 이런 사람에게 성경은 '네가 말하기를 나는 부자라 부요하여 부족한 것이 없다 하나 네 곤고한 것과 가련한 것과 가난한 것과 눈먼 것과 벌거벗은 것을 알지 못하도다(요한계시록 3 : 17)'라고 말하며 그에 대한 처방을 말해준다.

예수님도 《마태복음》에 나타난 산상수훈에서 제일 먼저 '심령(마음)이 가난한 자', 곧 뭔가 자기에게 부족한 것이 있다는 것을 깨닫는 자가 복이 있다고 하지 않았던가?(마태복음 5 : 3) 부처님도 첫 설법인 초전법륜에서 이 세상 모든 것이 완전하지 못하고 우리의 삶이 이상적인 것이 아니라는 것, 일체개고一切皆苦를 깨닫는 것이 '네 가지 거룩한 진리들[四聖諦]' 중 첫째가는 진리라고 하였다. 철학자 키르케고르S. Kierkegaard의 말을 빌리면 절망은 '죽음에 이르는 병'임과 동시에, 한편으로 진정한 절망을 통해서만이 진정한 생명에 이를 수 있다는 의미에서, 절망은 궁극적으로 생명에 이르는 병이기도 한 셈이다.

변화의 체험

이제 이렇게 우물 안 세계가 전부가 아니라는 것, 우리가 처해 있는 이 상태가 뭔가 잘못되었다는 것을 깨달은 사람들이 일대 '신앙의 도약'을 해본다. 어떻게 어떻게 해서(이 '어떻게'는 매우 중요한 문제이므로 나중에 자세히 이야기하기로 한다) 정말 요행히 우물 밖으로 나와 신천지를 보게 된다. 더 넓은 안목에서 세계를 본다. 그것이 너무나 다행스럽고 벅찬 것이어서 도저히 자기 힘으로 되었다고는 믿을 수가 없다. 그래서 흔히 '하느님의 은혜로’ 혹은 ‘불보살의 공덕으로’라는 말을 쓸 수밖에 없다.

아무튼 이렇게 옛 상태에서 탈피하여 더 깊은 차원의 세계, 나아가 궁극적인 실재에 접해본 사람은 옛것에서 ‘해방’되어 ‘참 자유’를 누리는 새로운 사람으로 ‘변화’하게 된다.

여기서 이런 주관적인 이해가 절대적이거나 최종적인 것이라고 주장하는 것은 절대 아니다. 다만 좁은 소견이지만 지금껏 이 방면에 종사해오면서 듣고, 읽고, 사색한 것을 종합해서 생각해볼 때, 현 시점에서 내릴 수 있는 임시적인 결론은 종교의 핵심이란 다름 아니라 이 ‘궁극 실재와의 관계에서 이루어지는 자각과 변화의 체험’ 같은 것이 아닐까 하는 생각이 든다.

지나치게 일반화한, 너무 소박한 환원주의자의 입장이라고 탓할지 모르겠지만, 여기서는 종교의 정의 같은 것을 내리려고 시도하는 것이 아니다. 그저 단순히 주관적 견지에서 관찰한 바로는, 세계의 거의 모든 종교, 그 종교의 경전, 상징이나 신화가 한결같이 공통적으로 지적하고 있는 것은 실재의 다른 차원을 발견함으로써 가능해지는 이 ‘변화의 체험’이 종교의 핵심이라 가르치는 것 같다는 것이다.

몇 가지 예를 들면, 기독교 경전 《요한복음서》에 나타난 ‘거듭남’의 체험이나 바울이 그의 편지에서 그렇게도 힘차게 강조한 ‘새것’, ‘새로운 피조물’, ‘변화’, ‘새사람’ 등의 표현은 이런 변화의 체험을 지적하는 것으로 여겨진다.[4]

또 불교의 경우 이 새로 됨의 체험을 ‘깨침’이니 ‘각’이니 ‘해탈’이니 하는 여러 가지로 표현하고 있고, 유교, 특히 신유학에서는 우주의 원리 그리고 그것과 조화하는 근본적인 질서에 합일함으로써 소인小人의 위치에서 군자君子(사람다운 사람) 상태로, 더 나아가 궁극적으로 '성인聖人'의 경지로 이행하는 것을 말하고 있는데, 이것이 바로 그 근본적인 '변화'를 가리키는 것이다. 인도의 힌두교에서는 일반적으로 이렇게 새로워진 상태를 '목샤moksha', 즉 해탈·해방·자유·놓임 등으로 표현한다.

그 밖에 종교적 상징이나 신화에서 몇 가지 예를 들면, '어둠에서 빛으로', '벌레에서 나비로', '계란에서 병아리로', '죽음에서 생명으로', '실낙원에서 복낙원으로', '얽매임에서 놓임으로', '눈먼 상태에서 눈뜬 상태로' 등을 주제로 하는 이야기나 예식이나 상징이 모두 이 변화, 이 탈바꿈을 표현하고 있다. 또 땅과 하늘을 연결하는 '우주 나무'나 사닥다리, 피안彼岸과 차안此岸을 연결하는 다리나 나룻배, 죽음으로부터 새로운 삶을 상징하는 세례(침례), 끊임없이 탈피를 거듭한다는 뱀 등은 모두가 이 변화를 구체적으로 상징하는 것이라 할 수 있다.

한꺼번에 너무 많은 것을 늘어놓았지만 여기서는 '이런 예들이 있구나' 하는 정도로 해두고 지나간다. 결국 우리가 말하고 있는 맥락에서 요점을 이야기하면, 종교의 진수랄까 핵심이 되는 부분은 지금 '이대로의 나'에서 '새로운 나'로 바뀌는 엄청난 '변화의 체험'이라는 것이다.

이것은 우리의 전 존재를 뒤흔들고 뒤바꾸는 체험이다. 루돌프 오토Rudolf Otto가 말한 대로 정말 '떨리고도 끌리는 신비'의 체험이다.[5] 이 세상 모든 것의 바탕이 되는 근본 실재, 이 궁극 실재의 더 깊은 차원을 체험한 이상 우리의 삶은 전과 같을 수가 없다. 이제 삶과 세계를 보는 관점, 삶의 진로, 의미, 원칙, 방향, 태도, 가치 체계, 사고방식, 보는 법 등 모든 것이 '완전 변화'를 일으킨 것이다. 이런 변화를 현대 용어로 바꾸면, '비본래적인 실존에서 본래적인 실존으로', '찌들고 병든 삶에서 건강하고 풍성한 삶으로’, ‘회색 존재에서 녹색 생명으로의 환원’ 등이라고 나 할까?

요단강에서 침례를 받고 물에서 나올 때 겪은 예수님의 체험, 다메섹 도상에서 일어난 바울의 체험, 그 외에 오순절 때 겪은 예수님 제자들의 체험, 어거스틴, 토마스 아퀴나스, 파스칼, 루터, 칼뱅, 성 테레사 등 수많은 그리스도인의 체험, 부처님의 보리수 아래에서의 성불의 체험, 맹자님이 말한 하늘과 자기가 합일되는 경지의 체험, 주희가 말한 어느 날 아침 홀연히 밝음[明]에 이른다고 하는 체험, 한용운 시인이 강원도 산골 백담사에서 겪었다는 체험, 종교사 어디를 들춰도 나오는 이런 것이 바로 이 엄청난 종교적 변화의 체험인 것이다.

기독교적 배경에서 성장한 이의 귀에는 아마 이 같은 종교 이해가 이상하게 들릴지 모른다. ‘종교’라 하면 우선 하느님의 존재, 성경의 계시성, 예수님의 신성과 인성, 천당·지옥 등에 관한 교리나 이론 체계를 믿는 것으로 생각하고 이런 이론 체계가 없는 종교 전통은 종교가 아니라고 생각하기 쉬운 것이 사실이다. 그러나 다시 한번 분명히 말하고 싶은 것은 종교란 무슨 ‘설명explanation’이 아니라 ‘체험experience’이라는 것을 명심하자는 것이다. 바울도 말하지 않았던가? 하느님의 나라는 말에 있지 아니하고 능력에 있다. 여러 종교 전통에서 지적하고 있듯이 말은 사실 말이 쓸데없다는 것만을 말하기 위해 필요한 것이다.

2

경전이란 무슨 책인가?

지금까지 종교에서 가장 근본적인 것은 인간이 '궁극적인 실재와 올바른 관계를 통해 겪게 되는 변화의 체험'이 아닌가 하는 이야기를 했다. 이런 종교적 의미의 진정한 체험이야말로 우리를 옛 상태에서 해방시켜 진정한 의미의 자유와 평화를 누리는 삶으로 바꿔준다는 것, 이렇게 사는 삶이 바로 종교가 우리에게 해줄 수 있는 인간답게 사는 삶일 것이라는 이야기를 했다.

이제 종교에서 경전經典이란 무엇인가, 그것을 어떻게 이해해야 할까 하는 질문이 생긴다. 중요한 질문이다. 사실 경전을 어떻게 이해하느냐가 많은 사람의 종교 생활, 종교관에 큰 영향을 주고 있기 때문이다. 우선 이해를 돕기 위해 우물 안 개구리 이야기로 되돌아간다.

감격과 자비

개구리가 처음 우물 밖으로 나와 무한한 들판, 망망한 바다, 하늘로 치솟은 나무, 장엄하고 웅대한 산악을 보았을 때의 느낌은 어떨까? 놀랍고 감격스러울 것이다. 좀 정신을 차리고 나면 '왜 진작 이것을 알지 못했을까? 왜 이렇게 놀랍고 신기한 것을 모르고 그 좁고 어두운 우물 속에서 허송세월을 했을까?' 하는 생각이 들 것이다. 말로 다할 수 없는 환희심이나 감격에 겨워 저도 모르게 환희의 노래나 찬송이 흘러나올 것이다.

'놀라우신 주 은혜Amazing Grace!'나 '주 하나님 지으신 모든 세계'라는 찬송이나, 뭐 그 비슷한 것들이 마음속 깊은 곳에서 용솟음쳐 나옴을 발견할 것이다. 기쁨의 눈물이 흐른다. 한편 아직도 그 좁고 컴컴한 우물에서 그것을 삶의 전부로 알고 사는 동료를 생각할 것이다. 그들이 그지없이 불쌍하다. 연민의 눈물이 흐른다. 가서 가르치리라. 이 찬란하고 황홀한 세계를! 그들도 나 같은 체험을 하도록 도와주리라, 굳게 결심하고 우물 속으로 다시 첨벙 들어간다. 마치 갈매기 조나단이 자기 동료 갈매기들에게 찾아갈 때와 같은 심정으로.

동료 개구리가 모여든다. 이 개구리는 바깥 세계에서 본 넓은 들판, 푸른 바다, 끝없이 뻗은 신작로, 나무, 산 등을 말해준다. 그러나 불행하게도 동료들은 꿀 먹은 벙어리처럼, 깜깜 귀머거리처럼 이 친구가 하는 말을 한 마디도 알아듣지 못한다. 우물 안 개구리에겐 무한한 들판이니 웅장한 산악이니 하는 것에 대한 개념조차도 없다. 아무리 넓은 들이라 하더라도 우물 바닥 이상 넓을 수 없고, 아무리 큰 바위라고 해도 우물 벽에 붙어 있는 돌멩이 이상 클 수 없으며, 아무리 큰 나무라 해도 우물 벽에 붙어 자라는 풀 이상 높을 수 없다고 생각한다. 그러니 그의 말을 알아들을 수 없는 것은 당연하다.

표현 불가능한 것을 표현

이 개구리는 생각다 못해 동료 개구리들이 이해할 수 있는 언어, 용어, 표현 양식, 사고방식, 이야기들, 역사, 신화, 몸짓, 표정 등을 이용해서 그 엄청난 세계를 '상징적으로', '유추적으로' 표현할 수밖에 없다고 결론을 내린다. 예를 들어, 무한한 들판을 설명하기 위해 자기의 배를 가리키며 푸른 들판은 내 배의 두 배, 세 배도 더 되는 것이라고 말해본다. 물론 그보다 말로 할 수 없이 더 큰 것인 줄 알지만 개구리의 수학에는 셋 이상 되는 숫자 개념이 없기 때문이다. 자기 배의 '두 배, 세 배보다 더 크다'는 부적절한 표현밖에 달리 말할 도리가 없음을 알고 낙심도 했지만, 오로지 바라는 것이 있다면 이런 부적절한 표현을 통해서라도 다른 동료들이 이 좁고 어두운 우물 안 속박의 세계에서 튀어나와 그 광활하고 밝은 바깥 세계를 체험하고, 진정으로 해방과 자유의 삶을 살 수 있게 돕는 것뿐이다. 자기의 표현이나 설명이 실재와는 너무도 큰 격차가 있음을 알지만, 그런 부적절함을 뼈저리게 인식하지만, 어쩔 수 없다. 오로지 동료 개구리들에 대한 사랑으로, 그들의 눈이 그 실재를 향하도록 돕는 가냘픈 손가락으로서, 그들의 발이 그 실재를 향해 나갈 수 있도록 돕는 디딤돌로서, 그들이 그 실재라고 하는 참 목적지를 찾아가도록 안내하는 어설픈 지도로서, 말이나 글이나 몸짓으로 자기가 본 실재의 세계를 표현해보는 것이다.

어설픈 예지만, 말하려는 의도가 조금이라도 쉽게 전달될까 하여 들어보았다. 궁극적인 실재가 무엇이냐의 문제는 나중에 별도로 상세히 이야기하겠지만, 여기서 강조하고 싶은 것은 이 궁극적 실재의 더 깊은 차원과의 관계에서 이루어지는 변화의 체험, 여기서 가능해지는 해방과 자유의 체험 같은 종교적 체험은 너무나도 엄청난 신비의 체험이기 때문에 인간의 말이나 용어로는 도저히 표현될 성질의 것이 아니라는 것이 거의 모든 종교의 공통적 가르침이라는 점이다. 영적 안목이 있는 사람, 제3의 눈이 열린 사람이 본 실재의 세계, 참된 현실의 세계는 뭐라 말로 표현할 영역이 아니라는 것이다. 그것은 너무나 초월적이고 압도적이며 절대적이어서 본질적으로 일상에서의 사물을 묘사하기 위해 고안된 인간의 평범한 말로는 도무지 형언할 수 없다. 이른바 언설言說을 이離한다느니, 언어도단言語道斷이라느니, 필설筆舌을 절絶한다느니, 현묘玄妙하다느니 하는 것이 이를 두고 하는 말이다. 정말 이 엄청난 실재 앞에서는 오로지 침묵할 수밖에 없을 것이다.[6]

상징적으로밖에

그럼에도 불구하고 이 궁극 실재의 세계를 접한 사람은 우선 그 억제할 수 없는 감격 때문에 그냥 가만히 있을 수만은 없다. 아무리 부적절하고 모자라는 표현이라 하더라도 그 감격을 침묵의 얼음장 밑에 묻어

둘 수만은 없다. 환희의 찬가, 감사의 시, 흥겨운 춤 등으로 표현해내지 않고서는 견딜 수가 없다. 다른 한편, 비록 불완전한 표현일 수밖에 없음을 잘 알지만 아직 이런 감격을 체험하지 못하고 어둠에서 살고 있는 동료들에 대한 연민의 정, 사랑, 자비 때문에 뭔가 이런저런 방법으로 표현하려고 노력하지 않을 수 없다는 것이다.

이렇게 종교적 체험 자체가 표현하지 않고 있기에는 너무나도 역동적이라는 점, 또 그것을 체험한 사람이 동료에게 전달하지 않고 그냥 지나치기에는 그 사랑이 너무나도 뜨겁다는 점, 이 두 가지 이유 때문에 그것을 마침내 '상징적으로나마' 표현하기에 이르는데, 주로 다음 세 가지로 나타나지 않나 생각된다.

첫째, '개념화'를 통한 방법이다. 신화라든가 교리라든가 종교 이론, 교설 등 말이나 개념의 형식을 빌려 이를 표현하는 것이다. 둘째, '행동화'를 통해 표현하는 것으로, 예배나 예식이나 헌신과 같은 종교적 윤리 활동 등이 여기에 속한다. 셋째, '예술화'라 할 수 있는 표현 방법으로, 음악, 미술, 시와 같은 예술적·심미적 방법을 사용하는 것이다. 요점은 깊은 통찰과 직관으로 우리가 보지 못하는 다른 차원의 세계를 본 혜안의 소유자가 자기가 본 것을 불완전하나마 여러 가지 상징적 표현 양식을 통해 기록해놓은 것이 소위 경전이라는 것이다.

다양한 표현

이 표현은 천차만별일 수밖에 없다. 우선 '누가' 표현하느냐 하는 것 때문에 표현의 차이가 생긴다. 표현하는 사람의 특수 사정에 따라 표현도 달라진다. 설령 두 사람이 동일한 사물을 목격했다 하더라도 시적인 소양이 깊고 언어 구사에 능통한 사람이라면 산문적인 성향의 사람과는 판이하게 다른 방식으로 표현하는 것이 당연하지 않은가?

또 '누구를 위해' 표현하느냐에 따라 차이가 생긴다. 똑같은 일을 놓고도 세 살 난 아들에게 이야기할 때와 대학 다니는 동생에게 말할 때, 당연히 각각 다른 표현 방법을 쓰게 된다. 듣는 사람의 눈높이에 맞추어 대상이 이해할 수 있는 용어와 개념을 사용하게 마련 아닌가?

그리고 '왜' 표현하느냐에 따라서도 차이가 생긴다. 똑같은 일을 똑같은 동생에게 말한다 하더라도 동생의 그때그때 사정에 따라 달리 말해야 할 것이다. 가령 건강의 중요성을 강조하고 건강한 청년으로 자라도록 도우려 할 때 동생이 너무 밥을 적게 먹으면 밥을 많이 먹어야 건강해진다고 할 것이고, 반대로 너무 많이 먹으면 적게 먹어야 건강해진다고 타이를 것이다. 이와 마찬가지로 종교적 체험의 표현은 개인이나 단체의 역사적·문화적·사회적·지리적 제반 특수 사정에 따라, 또 시대와 장소에 따라 다르게 나타나는 것이 사실이고, 우리는 이런 사실을 자연스러운 것으로 받아들일 수밖에 없다.

궁극 실재와의 관계에서 이루어진 이 종교적 체험의 표현, 그 기록은, 이처럼 역사적·사회적·심리적 요인 같은 여러 가지 내적·외적 특수 요건에 의해 형성되는 '상대적인 무엇'임이 여기서 분명해졌다고 생각한다. 종교적으로 체험한 궁극 실재의 세계 그 자체는 비록 영원불변의 것이라 하더라도 그에 대한 상징적 표현은 어쩔 수 없이 역사적 산물로 상대적일 수밖에 없다는 사실을 명심할 필요가 있다.

성경 우상 숭배

이런 말이 혹자들에게는 조금 이상하게 들릴 것이다. 그렇더라도 탐구 정신, 열린 마음을 가진다면 곧 이 말의 진의를 파악할 수 있으리라 생각한다. 사실 이 말이 이상하게 들리는 것은 우리가 그동안 일부 종교 지도자의 가르침을 깊이 숙고해보지 않고 그냥 따라온 탓이 크다. 기독교의 경우, 성경을 절대적인 하느님의 말씀이자 일점일획도 틀림이 있을 수 없는 책으로 여길 뿐 아니라 우리만 성경을 잘 믿고 우리만 성경대로 산다고 주장하는 것은 우리도 모르게 성경을 불변하는 하느님처럼 모시는 '성경 우상 숭배Bibliolatry'에 깊이 빠진 상태다. 하느님 자체를 믿는 대신 성경에 나타난 하느님에 대한 특수한 역사적 표현 양식, 하느님에 대한 특정 관념이나 상징을 절대적인 것으로 여겨 이것을 하느님 자신 이상으로 떠받드는 우상 숭배자가 된 셈이다.

기독교인들의 경우, 흔히 여타 종교가 나무나 돌로 새겨진 우상을 섬긴다고 정죄한다. 그러나 다른 종교의 지각 있는 신도는 결코 나무나 돌로 만든 형상을 그대로 하느님이나 절대자 자신으로 여기고 그것을 섬기거나 믿지 않는다는 사실, 우리 자신이야말로 '말이나 문자에 새겨진 하느님의 형상'을 하느님 자신보다 더 중하게 여기는 미묘하고 위험한 우상 숭배에 빠질 위험이 있다는 사실을 전혀 모르는 셈이다.[7]

성경이나 기타 경전이 거룩하다는 것은 인정해야 한다. 그러나 성경이나 기타 경전이 거룩한 것은 그것이 '거룩한 것'을 표현하고 있기 때문에 거룩한 것이지, 그 자체가 그대로 거룩한 것이 아님을 분명히 해야 한다. 거룩한 것 자체와 거기에 대한 표현 사이에는 넘나들 수 없는 구별이 있어야 하기 때문이다. 이를 혼동하는 것은 상대적인 것을 절대화, 신성화하는 우상 숭배에 지나지 않는다.

경전의 의도, 즉 그것이 표현하는 거룩한 것, 궁극적인 것으로 우리가 이끌려 가도록 돕는다는 본래의 의도를 떠나 그 자체가 거룩한 것으로 나타나 우리를 지배하는 입장에 서는 순간, 그것은 괴물로 변모해 우리에게 군림하고 만다. 틸리히Paul Tillich는 이와 같이 '거룩한 것에 대한 특수 표현이 그 거룩한 것 자체와 동일시'되는 과정을 '악마화demonization'라고 불렀다.[8]

문자주의에서 해방

성경을 비롯한 모든 경전은 무엇을 위한 것인가? 그것은 우선적으로 무슨 '정보information'를 주기 위한 것이 아니고 '변화transformation'를 가져다주기 위한 것이라는 사실을 깊이깊이 명심할 필요가 있다. 따라서 성경 같은 것을 놓고 거기서 역사적·과학적·고고학적 지식을 얻어내려는 것은 무모한 짓이다. 성경에 과학적·역사적 진리가 전혀 없어서가 아니라 본질적으로 성경은 과학책이나 역사책이 아니기 때문이다. 그러기에 성경 속의 이야기를 우주의 기원이나 인간의 시초에 대한 과학적 역사 지식을 제공하는 만고불변의 교과서처럼 여겨, 그에 따라 창조설이니 진화설이니 논쟁하는 것은 처음부터 논의의 초점을 빗나간 것이라고밖에 볼 수 없다. 과학적으로 따져 진화냐 창조냐 하는 것은 종교적 영역 밖의 일이다. 신앙이 그런 외적인 사실에 기초해 우왕좌왕할 수는 없다.[9]

예를 들어, 히브리 성서[10]《창세기》1장과 2장에 나오는 창조 이야기들을 역사적·과학적 사실의 기록인 것처럼 문자적으로 받아들여야만 신앙인이라고 생각하기 쉽지만 이럴 경우 우리는 성경을 성경으로 받아들이지 않고 한낱 케케묵은 과학, 역사의 고서 내지는 마술에 관한 책으로 취급하는 우를 범하는 셈이다. 이런 것이 어찌 신앙일 수 있겠는가? 창세기의 창조 설화에서 배워야 할 것이 있다면 우리는 한낱 피조물에 지나지 않는다는 것, 무한한 능력의 창조주 앞에 극히 제한된 인간은 겸허하게 옷깃을 여미고 고개 숙여 자기를 낮출 수밖에 없다는 것 등 우리 영혼의 눈을 뜨게 할 수 있는 영적·종교적 진리를 찾아내는 일이다. 성경은 잠자는 영혼을 깨우는 자명종 소리와 같다. 종소리를 분석, 해석하는 것이 아니라 잠에서 깨는 것만이 우리가 해야 할 일이다.[11]

16세기의 어느 시인이 하느님에 대한 사랑을 표현하기 위해 '오! 불타는 이 가슴이여!'라는 시를 읊었다 하자. 이 말을 두고 '아하, 가슴은 가연성 물질이다'라는 과학적 결론을 유추해내려 한다거나, '16세기에 어느 시인의 가슴이 불탄 적이 있다'는 역사적 진리를 찾아내려 한다면 이를 듣고 웃지 않을 사람이 없을 것이다. 두 눈이 부분적으로 겹쳐 있고 귀가 머리 위에 붙은 얼굴을 그린 피카소의 인물화 앞에 서서, '아하! 스페인에는 이렇게 골상학적으로 특별한 인물도 있는가 보다' 하여 생물학적·역사적 사실을 증명하기 위해 피카소가 살던 스페인 마을의 공동묘지를 파헤치려 한다면 이것이 피카소의 그림을 바르게 감상하는 방법일까? 그러나 우리는 성경을 이런 식으로 읽어야 하는 것처럼, 이런 식으로 믿어야 하는 것처럼 생각하고 있는 것이 아닌가? 그런가 하면 또 이렇게 유치하게 읽고 믿기에는 머리가 너무 커졌다고 생각할 경우 성경을 아주 등져버리거나 심지어 종교를 버리기까지 하는 어리석음을 범하고 있지는 않은가?

스스로 성경 같은 경전을 곧이곧대로 믿어야 한다는 고집은 그 동기가 어떻든 간에 아이러니컬하게도 오히려 경전을 말할 수 없이 왜곡시키고 그 효용성을 모두 없애는 데 공헌한다. 나중에 다시 논의하겠지만, 예수님의 동정녀 탄생에 대한 부분을 '종교적 진리'로 받아들이지 않고 무슨 '생물학적 진리'를 가르치려는 이야기로 받아들이는 것은 성경을 성경으로 인정하지 않는 행위다. 우리의 이 무지막지한 성경관의 고집이 걸림돌이 되어 참된 종교적 진리에서 영영 떠나버린 영혼이 얼마나 많은가?[12]

달을 가리키는 손가락

우리는 경전에 나오는 여러 가지 고대 신화, 설화, 역사 이야기, 전설에서 오로지 문자적 진리만을 찾으려는 노력을 버려야 한다. 그 대신 이런 상징체계가 상징하는 바로 그것에 눈을 돌려야 한다. '상징'이란 언제나 그것 뒤에, 그리고 그 너머에 있는 무엇을 가리키는 것이다.[13] 즉 달을 가리키는 손가락이다. 중요한 것은 손가락이 가리키는 달을 보고 그 아름다움에 감격해보는 것이다. 성경이나 기타 경전의 교리를 따지고, 연대를 계산하고, 누가 더 정확히 잘 알고 있나를 논쟁하는 것도 물론 학문적으로는 필요한 일일 수 있다. 그러나 영적 성장이라는 종교적 측면에서 본다면 마치 손가락이 가리키는 달은 잊은 채 그 손가락의 길이, 굵기, 색깔, 거기에 난 털의 개수 등만을 따지며 누가 더 정확히 아느냐 모르느냐 논쟁을 일삼는 것과 마찬가지다. 달을 보는 것만이 중요하다. 달을 가리키는 손가락의 경우, 달을 보게 하는 목적 외에 손가락 자체가 가진 다른 요소의 중요성이란 있을 수 없다.

중국의 장자는 이런 경우를 두고 '득어망전得魚忘筌'이라고 하여 일단 물고기를 잡았으면 그물을 버릴 줄 아는 사람만이 진리를 추구할 자격이 있다고 했다. 부처님도 뗏목을 타고 여울을 건넜으면 그 뗏목을 뒤에 두고 가는 것이 현명하다 하였다. 뗏목이 아니었으면 물을 건너지 못했을 것이라는 감사의 마음 때문에 뗏목을 언제까지나 등에 지고 다니면서 그것을 금과옥조로 여기는 사람이 있다면 정말 곤란하지 않은가? 목적과 수단을 분명히 해야 한다. 성경은 어디까지나 우리로 하여금 궁극 실재를 만나도록 하기 위해 기록된 수단이다. 이 목적을 망각한 성경 연구나 토의는 종교적 차원에서는 전혀 무의미할 뿐만 아니라 사람을 오도하는 결과를 가져온다.

성경 등 경전의 문자에 사로잡히지 않도록 하자. 그 정신을 찾아 그대로 살기로 하자. 사도 바울이 말한 대로 '문자는 사람을 죽이고 정신은 사람을 살린다(고린도후서 3 : 6).' 성경이 쓰일 당시, 가령 밥을 잘 먹지 않는 사람에게 밥을 많이 먹어야 건강해진다고 말했다 하자. 이걸 본 어느 '신실한' 사람이 자신의 비만증에도 불구하고 이 말씀의 전후 문맥도 고려하지 않은 채 덮어놓고 성경을 문자대로 믿어 그저 밥만 많이 먹는 데 온 정성을 들인다면 어떻게 되겠는가?

성경이나 경전 자체에 사로잡히지 말자. 더군다나 그 문자文字나 자구字句에 사로잡히면 안 된다. 손가락에서 눈을 돌려 그것이 가리키는 실체를 바라보자. 기독교의 제2창시자라 할 수 있는 바울도 하느님의 나라가 말에 있지 않다고 했다. 기독교인이라면 성경을 성경으로 대접하고, 불교인이라면 불경을 불경으로 대접해야 하리라. 결코 우상으로 받들면 안 된다. 특히 기독교는 어디까지나 '성경을 믿는 종교가 아니라 예수님을 믿는 종교'다. 성경이 가리키는 예수님의 그리스도 됨을 발견하는 체험을 갖도록 하자.[14] 이럴 때 성경은 우리를 얽어매는 괴물이 아니라 진정한 해방과 자유의 세계로 인도하는 안내서가 될 것이다.

배타적 태도는 곤란

이런 말을 하고 있으면 몇몇 분, 특히 기독교 지도자들 중에는, 이런 말이 이단이나 사단이라며 분노할 수도 있다. 이단, 사단 단수가 높아져 가는 것을 그렇게 싫어할 것도, 신경 쓸 것도 없지만, 안타까운 일이다. 왜 기독교에만 하느님의 특별 계시, 참 계시를 가지고 있다고 확실히 단언하지 않느냐는 것이다. 그러나 생각해보라. 무엇이 계시인가? 계시란 엄밀히 말하면 깊은 직관에, 의식 심저에, 혹은 맑은 형안에 나타나 보이는 것, 그 궁극적 실체에 대한 영적·신비적 체험 그 자체지, 그것을 '글로 써서 내보인 것'은 아니다. 글로 내놓은 것은 정확하게 말하면 계시 자체가 아니라 계시의 한 가지 특수한 표현일 뿐이다.

물론 여기서 기독교에 참 계시가 없다고 말하려는 것은 절대 아니다. 오로지 기독교가 가진 표현만이 반드시 유일한 표현이어야만 된다는 주장은 설득력이 없다는 이야기다. 내 가게 물건만 진짜 물건이고 다른

가게의 것은 모두 가짜라고 악선전하며 장사하던 옛 상업주의적 패턴의 시대는 지났다. 마찬가지로 내 종교, 내 교회가 아니면 모두 거짓이요, 내가 믿는 교리 체계나 상징체계가 아니면 모두 이단이라고 말하는 시대도 지나갔다.[15] 아직 망령이 주위를 배회하면서 많은 사람을 위협하거나 유혹하는 것이 사실이다. 그러나 결국은 사라질 것이다.

분명한 것은 종교나 교파의 문제가 아니라 어떤 종교든, 어떤 교파의 상징체계든 심층에 깔린 참된 의미를 찾아내 그것을 통해 참된 종교적 체험을 갖는 것이 중요하다는 것이다. 내 어머니만 진짜 어머니이고 다른 사람의 어머니는 모두 거짓 어머니라고 떠들며 다니는 혼 빠진 사람이 되어서는 곤란하다. 어머니를 바꾸는 것이 중요한 것이 아니라 각자 자기 어머니를 진정으로 사랑하고 진정으로 효도하여 참된 모자 관계를 유지함으로써 기쁨과 행복을 누리는 것이 중요한 것이다.

우리만 성경을 그대로 믿고, 우리 해석만이 옳은 해석이요, 그렇지 않은 모든 이는 이단이라고 말하는 교회나 목사가 있다면, 그런 교회나 목사야말로 사람들에게 참 하느님·참 예수님을 믿게 하는 대신 자기나 자기 해석을 믿어야 구원받을 수 있다고 가르치는 진짜 이단이요, 오로지 자기에게만, 자기 교회에만 사람들을 얽어매고 참된 자유의 길로 가는 것을 막는 거짓 선지자라 단언해도 거의 틀림이 없다.

말하다 보니 어느 특정 부류에 관해 좀 심한 말을 많이 한 것 같아 씁쓸하다. 그러나 남의 마음을 상하게 하자는 것이 절대 본의가 아니었음을 잘 이해해주시리라 믿는다. 진정한 염원이 있다면 그 마음이 성경 같은 경전을 삶에 의미를 주는 '살아 있는 말씀'으로 받아들이는 터전이 되었으면 하는 것이다.

3

하느님은 누구신가?

종교란 본질적으로 '궁극 실재와의 관계에서 이루어지는 자각과 변화의 체험'이며 이로 인해 '해방과 자유의 삶'이 가능해진다는 것, 그리고 '성경'과 같은 경전이란 이것에 의해, 또 이것을 위해 기록된 글이라 볼 수 있다고 말했다. 지금까지 그 '궁극 실재' 혹은 '실재의 세계'가 무엇인가에 대한 언급은 회피해왔다. '하느님' 문제에 대답하면서 한꺼번에 이야기할까 해서였다.

이론을 넘어

그렇다. '궁극 실재'라는 것을 우리에게 익숙하고 손쉬운 말로 표현하면 '하느님'이다. 그러나 이 '하느님'이라는 말이 지금 여러 가지 판이한 뜻으로 사용되고 있기 때문에 가능한 한 그 뜻을 분명히 하고서 그 말을

쓰고 싶었다.[16]

'하느님' 혹은 '신'이란 무슨 뜻인가? 잘 알려진 바와 같이 하느님에 대한 이론은 너무나도 많다. 내가 가르치던 과목 중에 'The Concepts of Deity(신성의 개념)'라는 것이 있었는데, 하느님에 대한 이론만을 1년 내내 살펴보는 과목이다. 하느님에 대한 이론의 형태로서 일반적으로 말하는 유신론, 무신론, 유일신론, 다신론, 단일신론, 변증법적 유신론, 이신론, 범신론, 회의론, 일원론, 이원론, 절대론, 상대론, 범재신론, 무슨론, 무슨 론……. 그야말로 종교적 전통에 따라 개개인의 생각에 따라 천차만별의 이론이 있음을 발견하게 된다.

물론 여기서는 이런 유형을 학술적으로 토의하는 데 시간을 쏟을 생각이 전혀 없다. 그저 허심탄회하게 '하느님'이라는 문제를 우리 나름대로 한번 이야기해보자.

나중에도 거듭거듭 강조하겠지만 하느님은 결국 이론의 대상이 아니다. 파스칼의 유명한 말처럼 하느님은 '철학자나 학자의 하느님'이 아니라 '아브라함과 이삭과 야곱의 하느님', 곧 나의 개인적 체험의 하느님이다. 나의 그릇된 하느님 생각이 그 체험의 하느님께로 가는 길을 막고, 현재의 삶을 어두운 속박과 노예의 삶으로 전락시키지 않도록 하기 위해서라도 진지하게 하느님의 문제를 다시 생각해볼 필요가 있다. 말하자면 하느님에 대한 우리의 생각을 검토하여 떨쳐버릴 것은 떨쳐버리고 보수할 것은 보수하는 재정리 작업이다.

달 숭배의 두 가지 형태

여기 A씨라는 사람이 있다. 달을 숭배하는 사람이다. 그는 이제 정화수 한 그릇을 떠놓고 그야말로 마음과 뜻과 정성을 다해 달을 향하여 지금까지 자기를 인도해주신 것을 감사하는 기도를 드린다. 또 날이 새면 떠날 먼 여행길에 함께하셔서 여행을 무사히 끝내고 오도록 해주십사, 가서 하는 모든 일에 정직하고 성실하도록 도와주십사 하는 간절한 기원을 아뢰고 있다. 이런 사람에게 뒤통수를 치며 '이 어리석은 A씨, 당장 그 바보 같은 짓일랑 집어치우시오, 달이 뭐라고, 정신 좀 차리시오' 라고 말할 수 있겠는가? 달에 대한 A의 생각은 모든 일에 자신감을 가지고 임할 수 있는 마음, 의롭고 성실하게 살아가려는 마음의 근원이다. 이런 사람에게 당장 달 숭배를 못하게 하는 것은 마음의 안정, 삶의 의미와 기쁨을 한꺼번에 모두 앗아가버리는 것이 되고 말 것이다. A씨 스스로 달이 여행길을 보호해줄 수 있는 그 무엇이 아님을 깨닫고 언젠가 돌이켜 뭔가 새롭고 차원 높은 의미의 근원을 찾아 나설 때까지 좀 인내심을 가지고 기다려줄 필요가 있다.

그런데 B씨는 같은 달이지만 전혀 다른 생각과 태도를 가지고 있다. 이 사람은 '달을 똑바로 쳐다봐서도 안 된다. 환한 달밤에는 반드시 밖에서 한 번씩 체조를 하거나 춤을 추어야 한다. 달이 없는 그믐에서 초승까지는 여행이니 뭐니 일체 아무 일도 할 수 없고, 그저 가만히 앉아서 먹는 것까지도 특별히 정해진 것 이외에는 먹지 말아야 하며, 초승달이 되거든 절약해둔 일정량의 양식을 달이 뜨는 쪽 언덕배기에 뿌려야 한다. 월식뿐만 아니라 달이 이상한 구름에 가리기라도 하면 달이 진노하여 큰 재앙이 내릴 것이고 그것은 세상 끝에 이를 징조니 그때를 위해 두려움과 떨림으로 준비해야 한다'고 생각한다. 또 이루 말할 수 없이 자질구레한 금지 사항, 준수 사항, 기억 사항 등을 어디서인가 주워듣고, 이런 모든 것을 어김없이 철저하게 지켜야만 농사도 잘되고, 병도 안 나며, 자식도 잘되고, 원수도 쉽게 갚을 수 있고, 반대로 이 중 하나라도 어기면 달님의 분노를 사서 불운이나 횡액橫厄을 면할 수 없을 것이라고 생각하며 산다.

B씨는 이런저런 생각에 사로잡혀 사느라 옆에서 보기에 불쌍하기 그지없을 정도로 괴롭고 고달픈 삶을 산다. 자유가 넘치는 풍성하고 아름다운 삶이 아니라 찌들고 뒤틀리고 뒤얽힌 속박과 노예의 삶이다.

더구나 이 B씨는 자기같이 생각하지 않는 사람은 모두 위험한 이단적 사고방식, 생활 방식을 가진 사람으로서 조만간 달의 진노를 사 모두 멸망할 악의 자손이라고, 따라서 죽으면 영원히 지옥 불에서 고통을 당하리라 믿는다. 그러니 회개시켜야 한다고 생각하고 동네방네 돌아다니며 자기 생각, 자기 생활 태도를 받아들이라고 귀찮기 그지없을 정도로 강요한다. 결국 그 동기가 어떻든 간에 자기만의 문제를 지나 남까지 구속과 속박의 삶으로 끌어들이는 것이 되고 만다.

이런 B씨가 우리 주위에 있다면 우리는 어떻게 해야 하는가? 조용히 가서 'B씨, 달이란 그런 것이 아닙니다. 달이 무엇이냐 완전히 알 수는 없지만 그것이 우리가 생각하듯 그렇게 마구잡이로 인간을 축복하거나 진노할 수 있는 무엇이 아닌 것만은 분명합니다. 전 지금 저 달을 쳐다봅니다. 그래도 아무 탈이 없지 않나요? B씨도 달을 한번 똑바로 쳐다보십시오. 무슨 일이 생겼습니까? 얼마 전에는 인간이 달에 간 적도 있습니다. 달은 하나의 큰 바윗덩어리라고 했지요. 안심하십시오. 달에 대해 가지고 계신 오해 같은 것은 내던져버리고 두려움 없이 사세요. 삶의 방향과 의미는 달이 구름에 가리느냐 아니냐와는 상관이 없습니다. 이제부터 달을 쳐다보고 계수나무 토끼 한 마리를 노래하며 즐기십시오'라고 일러줄 필요가 있지 않겠는가?

지금 우리가 생각하고 있는 대로의 '하느님'을 그대로 모심으로써 삶에 희망과 용기와 안위가 이른다고 마음속 깊은 곳에서 확신할 수 있다면, 여기서 하는 이야기를 더 이상 계속할 필요가 당분간은 없을 것이다. 누구도 성급하게 우리의 뒤통수를 치며 어리석은 생각을 버리라고 강요하지는 않을 것이기 때문이다.

그러나 불행하게도 많은 종교인, 특히 기독교인은 고백한다. 지금 가진 하느님에 대한 생각 때문에 어쩐지 현재의 삶이 빽빽하고 뒤틀어진 듯한 감이 있다고, 솔직한 심정대로 말하면 차라리 '무신론자'가 되고 싶다고. 사실 이것은 비단 몇몇 사람만의 고민이 아니라, 생각이 있고 사리를 분별할 줄 아는 사람이라면 거의 모두가 공통적으로 가진 문제다. 말이 나온 김에 '하느님'에 대한 우리의 일반적인 생각이 바른 것인지, B씨의 달에 대한 생각처럼 비뚤어지고 터무니없는 것은 아닌지 살펴보기로 하자.

유신론적 신관

다시 묻는다. 기독교의 경우를 예로 들어, 하느님이 무엇인가? 기독교적 배경을 가진 이라면 잘 아는 것처럼, 전통적 기독교의 입장은 성경의 문자와 말에 새겨진 '하느님 형상'을 '하느님 자신'과 동일시하고 그것을 그대로 받아들여야만 한다고 믿는다. 성경에 하느님이 인간을 자기 형상대로 만드셨다고 했으니 하느님 형상도 우리와 비슷할 것이고, 하느님도 우리처럼 기뻐하고, 슬퍼하고, 진노하고, 질투하고, 번제를 흠향하고, 찬양받으면 즐거워하는 등, 한마디로 '저 높고 높은 하늘 보좌에 앉아 낮고 천한 저희 인생을 굽어보시는 분'쯤으로 생각하는 것이다. 이것을 좀 고급한 말을 써서 '전지전능全知全能하시고, 무소부재無所不在하시며, 초월적인 인격적 존재로서의 하느님'이라 묘사하기도 한다.

대략 이런 식으로 하느님을 생각하는 것을 유신론(有神論, theism)이라 하고 이런 분이 오직 한 분밖에 없음을 강조하는 입장을 유일신론(唯一神論, monotheism)이라 한다. 또 하느님이 근본적으로 우리와 같은 모양, 같은 마음을 가지고 계시리라 믿는 입장을 신인동형론(神人同形論, anthropomorphism)이라고 한다. 이런 용어를 꼭 알고 있어야 할 필요는 없다. 단지 말하고 싶은 것은, 유신론 중에서도 통속적으로 이해되어온 이런 식의 초자연론적supernatural 유신론이 과거 전통적 기독교에 속한 많은 사람이 일반적으로 가지고 있던 입장이며, 이것이 바로 고대 교부나 중세 신학자 대부분이 소위 '신의 존재 논증'이라는 여러 가지 논증을 통해 '증명'해보려고 노력했던 신관神觀이라는 것이다.

여기서 이 고전적 논증을 하나하나 설명할 생각은 없다.[17] 또 이런 식의 유신론적 신관 자체가 나쁘다고 말하려는 것도 아니다. 그동안 여러 세기를 통해 하느님을 이렇게 생각함으로써 많은 사람이 A씨처럼 나름대로 거기서 얻을 수 있는 용기와 위로를 받으며 이 세상을 살아갈 수 있었을 것이다. 그러나 오늘을 사는 많은 사람은 이런 신관이 어쩐지 격에 어울리지도 않고 경우에 따라 여러 가지 부작용마저 가져온다고 생각하게 되었다.[18]

장난감을 세상 어떤 것보다, 심지어는 부모보다 더 귀한 것으로 알고 그것을 마치 삶의 유일한 의미처럼 여기는 어린아이에게 그런 생각은 잘못된 것이라고 나무라거나 타이를 사람은 없을 것이다. 그러나 이 아이가 자라서 어른이 된 뒤에도 어릴 때 가지고 놀던 그 장난감만이 세상에서 가장 중요하다고 고집 부리면서 더 중요하고 의미 있는 다른 일을 모두 마다한다면 안타깝지 않겠는가? 자기의 착한 일 때문에 산타클로스 할아버지가 크리스마스 전날 밤 굴뚝을 타고 내려와서 선물을 주고 간다고 믿는 어린아이에게 그런 믿음은 헛된 것이라고 말할 사람은 없을 것이다. 그러나 마흔이 되어서도 크리스마스만 되면 산타 할아버지를 생각하고 굴뚝 청소에 여념이 없다면 뭐라 하겠는가?

우리 중에도 이 '성숙한 세상world come of age'[19]에 살면서 아직도 장난감을 신주 모시듯 하는 사람, 산타를 위해 굴뚝을 쑤시고 있는 사람이 있지 않은가? 어릴 때를 떠올리려는 다소 복고적 취미 때문이라거나, 일 년에 한 번씩 굴뚝 청소를 하는데, 이왕이면 산타를 위해서 크리스마스 때 하자고 하는 것이라면, 그런대로 별 상관이 없다. 그러나 장난감에 대한 절대적 애착 때문에, 산타에 대한 문자적 믿음 때문에, 어른으로서 해야 할 다른 건전한 일을 등한시할 뿐 아니라, 그렇게 하지 않았다가는 당장 벼락이라도 떨어지는 줄 알고 벌벌 떨며 산다거나, 남에게도 자기처럼 살라고 강요하는 일이 있으면 곤란하다. B씨와 마찬가지로 우리를 속박과 노예의 삶에 붙들어 매는 것이기 때문이다.

비뚤어진 유신론의 피해

초자연론적 유신론이 장난감 기능을 지나쳐 성인에게 의미 있는 삶을 영위하지 못하도록 하는 경우를 두 가지만 생각해본다.

첫째, 잘못 이해된 유신론이 가져올 수 있는 왜곡된 신관으로, 하느님께 그저 빌기만 하면 복이 하늘에서 뚝뚝 떨어진다고 기대하는 기복적·주술적 신관이다. 여기서는 하느님을 요술 방망이쯤으로 생각한다. '금 나와라 뚝딱' 하고 두드리기만 하면 금을 가져다주는 방망이처럼 궁할 때 찾게 되는 하느님이다. 궁할 때만이 아니라 한술 더 떠 온갖 이기적인 야망을 충족시키기 위해 찾기도 한다. 장사가 잘되게 해주셔서 남보란 듯이 살게 해주십시오. 자식 놈들 남부럽지 않게 출세 좀 시켜주십시오. 저 보기 싫은 옆집 김가 놈 집에 벼락이라도 떨어지게 해주십시오. 오늘 축구를 하는데 상대편을 꺾고 꼭 이기게 해주십시오, 하는 등 무엇이든 빌기만 하면 되는 줄로 안다.

이런 신관의 소유자는 하느님께 자신을 맡기고 그 뜻에 순종하려는 생각 대신, 어떻게 해서든지 하느님을 달래고 아첨하고 주물러서 그 힘으로 나의 이기적인 욕심을 이루어보려는 자기중심적 생각뿐이다. 결국 하느님과 상업적인 관계가 된다. 좀 심하게 말하면, 몇 번의 찬양, 어느 정도의 헌금이나 제물 등으로 하느님을 잘 구슬려 그 몇 배로 잇속을 채우려는 장사꾼의 심보와 다를 것이 없다.[20]

또 한 가지 비뚤어진 유신론의 형태는, 하늘에서 내 행동 하나하나를 눈을 부릅뜨고 지켜보는 감독관, 형사, 검사, 재판관쯤으로 하느님을 생각하는 율법주의적 신관이다. 이런 하느님을 모시는 사람은 언제나 불안하다. 혹시 하느님의 명령을 어기다 들키면 호되게 벌을 받지나 않을까 노심초사다. 그래서 될 수 있는 한 하느님이 주셨다고 믿는 율법을 문자 그대로 지키겠다고 죽을힘을 다하고, 그럼으로써 하느님의 형벌도 피하고, 그 공로로 현세와 내세에 큰 보상까지 받을 생각을 한다. 이런 이에게는 우리 인간이 처한 곤경, 비극적 얽힘, 소외되고 무의미한 삶, 헛된 자아에 매임, 그러한 데서 연유되는 온갖 개인적·사회적 비참한 현실이 바로 죄악의 상태로서, 이런 상태에서 벗어나 참 실재, 참 하느님과 만나고 자유로 안내하는 지침서가 바로 율법이라는 생각이 전혀 없다. 죄란 그저 어떤 형식적인 율법 규정을 범하는 것이요, 그 규정을 일점일획이라도 범하지 않는 것이 의로운 삶이라고 여기는 철저히 율법주의적인 생각뿐이다.

그런 신은 죽어야

19세기 말 독일의 철학자 니체F. Nietzsche(1844~1900)가 포이어바흐(1804~1872)의 뒤를 이어 '하느님[神]은 죽었다'고 선언했을 때, 그 하느님이란 바로 이렇게 비뚤어진 신관에 비친 그런 가짜 하느님이었다. 궁극 실재로서의 하느님 자체가 아니라 일반 사람의 머릿속에 그려진 하느님, 그리하여 사람을 속박하고 노예화하는 그런 종류의 '하느님'은 죽었고, 아직 죽지 않았다면 죽어버려야 마땅하다는 것이었다.

1960년대 사신신학(死神神學, the death of God theology)이라는 것이 한참 떠들썩했지만 그 '하느님은 죽었다'는 주장도 결국 하느님에 대한 잘못된 관념ideas이 이젠 고물처럼 낡았고 천박하고 거추장스러운 것이 되었으므로 그런 식의 하느님은 죽어 마땅하고, 또 많은 사람에게는 이미 죽었다는 것을 뜻한다. 사실 그런 '하느님'은 죽었기 때문에 문제가 아니라 아직 완전히 죽지 않고 있어서 문제다. 우리는 어쩔 수 없이 표층 신앙으로 시작할 수밖에 없지만 이런 표층 신앙에서 말하는 문자주의적 하느님은 우리가 장성하면서 머리에서 깨끗이 사라지도록 해야 한다. 그래야 새롭고 건전한 삶, 해방과 자유의 풍성한 삶을 살 수 있기 때문이다.[21]

이런 것을 주장하는 사람, 또 정통적 기독교의 고전적 유신론有神論을 받아들이지 않는 사람을 일반적으로 무신론자(無神論者, atheist)라고 한다. 그러나 사실 이들은 궁극 실재로서의 신 자체를 부정하는 것이 아니라 특정 시기, 특정 필요에 따라 특정한 부류에 의해 형성된 어느 특정 이론을 거부하는 것뿐이다.

엄격한 의미에서 이들은 무신론자가 아니라 비유신론자(非有神論者, non-theist)다. 주로 기독교에서 전통적으로 주장하는 유신론에 대해서만 반대한다는 뜻에서 반유신론자(反有神論者, anti-theist)라 할 수도 있고, 더 정확히 말하면 신에 대한 이론 자체를 거절한다는 의미에서 무이론자(無理論者, a-theorist)라 해도 좋을 것이다. 이것은 참 신, 참 하느님을 가리고 우리를 오도하는 잡다한 이론의 장막을 제거함으로써 그 참 신, 참 하느님을 재발견하려고 하는, 어떤 의미에서는 참으로 종교적인 태도라 할 수 있다.[22]

하느님을 믿는다는 것, 종교를 갖는다는 것, 그리스도인이 된다는 것이 '하느님에 대한 어느 특정한 이론이나 생각'을 받아들인다는 뜻은 절대 아니다. 좀 심한 말같이 들릴지 모르지만 만약 특정 신관을 반드시 받아들여야 신앙인이요, 종교인이요, 그리스도인이 된다고 주장한다면 이것은 독일 신학자 본회퍼의 말처럼, 신앙이 무엇인지, 종교가 무엇인지, 그리스도인이 무엇인지 전혀 모르는 시대착오적인, 비종교적인, 비기독교적인 무지와 억지의 소치 때문이다.

하느님은 말이나 이론이나 생각에 갇혀 있을 존재가 아니다. 하느님은 절대적이고 영원하다. 개념이나 이론이나 관념이나 견해는 오로지 이런 하느님에게 우리의 눈을 돌리도록 하는 수단으로서 개인적·사회적 성장 정도에 따라 부단히 의미 있는 '양식models'으로 개조되고 수정되고 대치되어야 한다.

바울은 '어렸을 때는 말하는 것이 어린아이와 같고 깨닫는 것이 어린아이와 같고 생각하는 것이 어린아이와 같다가 장성한 사람이 되어서는 어린아이의 일을 버렸노라(고린도전서 13 : 11)'고 했다. 이제 더 이상 어릴 때의 장난감을 절대적인 무엇처럼 대롱대롱 달고 돌아다니지 말자. 본회퍼의 말처럼 이제 장성한 사람으로서 그에 맞게 사고하고 행동해야겠다.

이제 너나 할 것 없이 모두 다 깰 때가 된 줄로 안다. 아직도 성장하는 중이거나 장난감으로 장사하여 치부致富할 마음이 있어 장난감을 버릴 수 없는 사람을 제외하고는 모두 훌훌 떨치고 일어나 지속적인 영적 발전을 위해 발돋움해야 한다. 진정으로 의미 있는 성인의 삶을 살려면 개인적으로나 인류 정신사적으로 유아적 단계의 신관에서 탈피해야 하기 때문이다. 더 이상 그런 신관에서 가르치는 '그런 신은 없다.'

궁극 실재

다시 물어본다. 하느님은 누구신가? 아니 좀 더 정확히 말해서 '하느님'은 무엇을 의미하는가? 우리는 '하느님'이라는 말 대신에 '궁극 실재'라는 말을 써왔다. 무슨 말을 써도 좋다. 우물만이 진짜 세계인 줄 알았다가 밖에 나와 진짜로 존재하는 실재 세계를 본 개구리처럼, 감각을 통해 감지되는 것만이 진짜인 줄 알던 사람이 좁은 감각 세계에서 벗어나 새롭게 보고 체험한 '진짜 세계', '가장 진짜로 진짜인 것', '그대로인 것', '전적으로 다른 것', '절대적인 것', '무조건적인 것', '성스러운 것', '무한한 것' 등이 바로 통상적으로 쓰는 '하느님'이라는 말 뒤에 숨은 뜻이라는 것만 바로 이해하면 구태여 무슨 말에 구애될 것은 없다고 본다.[23]

틸리히는 이를 현대식으로 '존재의 바탕the ground of being'이라 했고, 야스퍼스Karl Jaspers는 '모든 것을 포괄하는 것, 포괄자the all-encompassing'라 했으며, 오토는 새 말을 만들어 '숭경스러운 것the numinous'이라고 했다. 중세의 에크하르트Meister Eckhart 같은 신비 신학자가 '신성Godhead, Deitas'이라고 부른 그런 것이다. 노자나 장자는 이를 일컬어 '도道'라고 했고, 힌두교에서는 브라흐만(梵, brahman)이라고 했으며, 불교에서는 '사물의 본성dharmatā', '실재의 세계' 혹은 '존재의 근거dharmadāhtu', '실상tathatā', '공(空, Śūnyatā)' 등 여러 가지로 불렀다. 뉘앙스는 각각 조금씩 다르지만 이 모든 이름이 각 종교에서 나름대로 체험하고 파악한 그 '궁극적 실재'를 가리키고 있다고 보면 별로 틀릴 것이 없다.

체험의 영역

이 궁극 실재가 무엇이냐에 대한 물음에 모든 종교가 이구동성으로 강조하는 것은, 그것은 말이나 이론의 영역이 아니라 어디까지나 체험의 영역이라는 것이다. 그야말로 엄청나게 다르고 초월적이며 절대적이어서 인간의 말이나 범주나 이론이나 개념이나 교설로는 도저히 뭐라 표현할 수가 없다는 뜻이다. 우리의 모든 언어화, 범주화, 이론화, 개념화, 교리화를 불가능하게 하는 그 무엇이라는 얘기다.[24] 우리의 합리적인 생각을 넘어서는, 칸트가 말한 순수 이성의 한계를 넘어서는, 초합리적인, 초감각적인 무엇, 그야말로 오토의 말대로 '엄청난 신비' 그것이다.

궁극 실재는 우리가 경험하는 이 현상 세계의 사물과는 너무나도 판이하여 무어라 이름 붙일 수도 없다. 무명無名이다. 도저히 무슨 유有라고 할 수가 없다. 그런 의미에서 이것은 차라리 무無다. 영어 식으로 한다면 도저히 무슨 'thing'이나 'being'이라 할 수가 없다. 그런 의미에서 'nothing'이요 'non-being'이다. 그 안에는 인간의 표현이나 술어로 형용할 수 있는 특성이 전혀 없다. 그런 의미에서 이것은 차라리 '빈 것[空]' 그대로다. 그렇다고 정말 없다거나 텅 비었다는 뜻이 아니다.[25]

존재한다/안 한다, 찼다/비었다 하는 이원적 범주를 초월해서 우리가 알 수도, 생각할 수도 없는 신비한 방법으로 진짜 절대적으로 존재하고, 진짜 절대적으로 차 있는 무엇이다.[26] 틸리히가 말한 대로 이것은 여러 존재 중에 최고인 하나의 존재a being가 아니라 시간과 공간의 제약을 넘어서는 존재 자체being-itself요, 모든 존재가 존재하게 하는 존재의 근원the ground of being, 그 바탕이라는 것이다.[27]

이 무한히 다른 궁극의 실재를 뭐라 묘사해야겠는가? 뭐라 묘사할 수 없다고 하는 수밖에는 달리 묘사할 도리가 없다. 《도덕경》 첫 장 첫 줄에 보면, '도라고 말할 수 있는 도는 영원한 도가 아니라'고 했다. 이론이나 말의 대상이 되어 그것으로 설명할 수 있는 무엇은 진정한 의미의 궁극적 실재의 도가 아니라는 것이다. 테르스테겐Tersteegen이 표현한 것처럼 '파악된 하느님은 하느님이 아니라'는 것도 이를 두고 한 말이다. 《도덕경》 제56장에 지적된 대로 '(도가 무엇인지 진정으로) 아는 사람은 말하지 아니하고, 말하는 사람은 알지 못하는 것이다' '여호와는 그 성전에 계시니 온 천하는 그 앞에서 잠잠할지니라(하박국 2 : 20)'고 한 것처럼 그 엄청난 실재 앞에서는 오로지 잠잠할 따름이다.

앞 장에서 경전의 뜻을 논하면서 이야기했지만, 이 엄청난 신비, 궁극의 실재에 접한 체험을 그래도 어떻게든 표현하지 않고는 못 견뎌서 말한다면, 이것은 어디까지나 인간의 제한된 언어 영역 안에서 어쩔 수 없이 '상징적으로symbolically', '유추적으로analogically' 시도해보는 수밖에 없다. 이런 의미에서 틸리히는 '하느님을 하느님이라고 할 때 상징적인 것 이외에는 아무것도 말할 수 없다'고 했다.[28]

'하느님'이라는 말 자체도 결국은 상징이다. 하느님이라는 말을 통해 그것이 상징하고 있는 그 뒤의 것, 그 말에 갇힐 수 없는 궁극 실재를 보도록 해야 한다는 것이다. 이런 뜻에서 '하느님의 범주를 넘어선 하느님God beyond God', '하느님을 초월한 하느님God above God'이라는 말도 가능하고 '하느님은 하느님의 상징이다God is the symbol of God'라는 말도 이해된다.

하느님의 사랑, 자비, 공의, 지혜, 전지전능, 인격적임, 살아 계심 등도 모두 유한한 인간의 속성 중에서 유추한 상징적 표현이다. 궁극 실재는 남성, 여성, 중성, 그 어느 것에도 속하지 않지만 상징적으로 표현할 때는 '아버지'라 해도 좋고, 《도덕경》에서처럼 '어머니'라 해도 좋고, 철학적으로 논할 때처럼 '그것'이라 해도 좋다.

사랑과 자비의 하느님 아버지라고 인격적으로 불러서 안 될 것은 전혀 없다. 단 그것이 하느님 자체가 어떠하다는 것을 그대로 기술하는 심리학적 보고서가 아니라 하느님에 대한 인간의 종교적 태도를 유추적으로 표현해보려는 상징적 고백으로 이해하기만 하면 된다. 이것은 스위스 바젤대학교의 하인리히 오트Heinrich Ott 교수가 말한 대로 '하느님에 대해' 말하는 것이 아니라 '하느님을 향해' 말하는 것이다. 하느님과 인격적 관계를 유지할 수 있으나 하느님이 하나의 인격은 결코 아니라는 사실을 명심해야 한다.[29]

변증법적 태도

지금까지 논의한 것을 듣고 이런 입장에 대해 불가지론이니 범신론이니 하는 딱지를 붙이려는 분이 혹 있을지 모른다. 하지만 구구하게 불가지론이니 범신론이니 하는 것이 무엇이고, 그것이 여기서 제시하는 태도와 근본적으로 어떻게 다른지를 밝힐 겨를이 없다. 구태여 무슨 입장이라는 것이 있다면, 하느님에 대해서는 궁극적으로 말해, 무슨 '론'이건 특정한 이론이나 교리, 입장을 절대화해서는 안 된다는 것을 강조하는 입장 없는 입장이다. 좀 전문적인 용어를 쓰면 어느 쪽이

고 한쪽을 절대시하여 거기에 달라붙으려는 태도를 거부하는 변증법적 입장과 비슷하다.[30]

약간 복잡하고 추상적이 된 것 같지만 요점만 말하면, 하느님에 대한 이론은 어디까지나 상징적인 것에 불과하다는 것, 그리고 신앙이란 이런 상징체계를 문자 그대로 믿는 것이 아니라 그것이 상징하는 그 궁극 실재와의 올바른 관계로 들어가는 것이라는 점이다. 상징symbol이 문제가 아니라 상징되어진 것the symbolized이 중요하다.

누누이 지적한 바와 같이, 상징을 상징으로 받아들여 그것이 가리키는 바를 보아야 하는데, 그것은 제쳐놓고 낡은 상징체계 자체를 그냥 그대로 불변의 것, 거룩한 것, 진실된 것으로 절대화시키면 그 상징은 곧 괴물로 둔갑하여 그 상징되어진 것을 보지 못하도록 앞을 가로막고 결국은 우리를 집어삼켜버리고 말 것이다.

궁극 실재, 하느님에 대한 모든 이론이나 관념이 이렇게 괴물로 둔갑해 우리를 붙들어 맬 위험성이 있기 때문에 여러 종교에서는 이런 이론 체계, 입장, 견해, 관념, 개념, 말, 논리 등을 깨끗이 씻어버리고 직접 참 하느님께 나아갈 것을 권유한다. 인도의 위대한 불교 사상가 나가르주나[龍樹]는 참 실체에 대한 우리의 모든 견해는 결국 허무하고 공허한 것이므로 이를 모두 비워버려야 한다고 누구보다도 힘차게 역설한다. 《도덕경》 제48장에도 학문의 길은 하루하루 쌓아가는 것, 도의 길은 하루하루 없애가는 것[爲學日益, 爲道日損]이라고 했다. 우리의 선입견, 비뚤어진 생각을 하나하나 버리는 것이 도의 길이라는 것이다. 장자도 이런 길을, 모든 것을 '잊어버리는 길[坐忘]' 혹은 '마음을 굶기는 길[心齋]'이라고 했다.[31] 하느님에 대한 모든 이론을 깨끗이 비우고, 허물고, 잊어버리고, 씻어버릴 때 비로소 직관과 통찰과 혜안을 통해 하느님의 실재로 곧바로 뚫고 들어갈 수 있다는 것이다. 이렇게 해서 이루어지는 하느님 체험, 즉 하느님과 하나가 되고 하느님의 뜻과 합일되어 내가 하는 일은 하나도 없고 도와 함께 흘러갈 뿐이라는 무위자연無爲自然, 자발적인 자유의 상태 혹은 '아버지의 하시는 일 외에는 내가 아무것도 스스로 할 수 없나니(요한복음 5 : 19)'라고 하는 절대 귀의의 상태에 이르는 것만이 중요하다.

하느님에 대한 개념이나 이론에만 신경 쓰고 그것만 따지는 사람은 평생 남의 돈만 세는 은행원이다. 음식점에서 음식을 먹는 대신 메뉴만을 훑어보고 있는 사람이다. 하느님에 대한 이론 너머를 보자. 어느 특정한 신관에 매이지 말자. 그것은 목적지를 가르쳐주는 지도일 따름이다. 지도 자체는 목적지가 아니다. 지도를 통해 직접 하느님을 체험하는 경지로 들어가는 데 노력을 기울이기로 하자. 오래전 만들어진 이상스런 지도 때문에 밤낮 쳇바퀴만 돌게 되거든, 그 지도를 과감히 버리고 참 목적지를 향해 갈 수 있는 새 지도를 구하자. 목적지에 도착하는 것, 이것이 궁극 관심이다. 이것이 지금 여기에서 우리에게 풍성한 삶을 가져다주는 체험이고, 이런 체험을 가르치는 종교가 참으로 해방과 자유의 길을 열어주는 종교다.[32]

지성의 한계를 넘어

지성知性이 할 수 있는 최대의 역할은 지성에 한계가 있다고 하는 사실을 자각하는 것이다. 지성이 지성을 발휘하여 스스로가 가지고 있는 오만(휴브리스)을 보게 되었다고 할까? 아무튼 지성이 자기의 한계성을 절감한다는 것은 지성으로서 최고 경지에 이른 것이다.

선불교의 임제종臨濟宗 계통에서는 우리가 가지고 있는 지성으로 사물의 진수를 파악하려는 오만을 없애주기 위해 공안公案이라는 방법을 사용했다. 제자들에게 '한 손으로 치는 박수 소리[隻手]' 같은 문제를 주고, 그것을 지성을 가지고 풀어보라고 한다. 스승은 '문답'을 통해 제자들에게 그 소리의 특성, 부피, 색깔, 넓이 등을 말해보라고 윽박지른다. 질문에 대해 나름대로 머리를 굴려 대답을 하면 야단을 맞고 쫓겨난다. 이렇게 하기를 계속하다가 결국 지성으로서는 대답할 수 없는 질문이라는 것을 절감하고 지성에 대한 우리의 절대적 신뢰를 내려놓을 때, 지금껏 지성으로써는 보지 못했던 새로운 차원의 실재를 볼 수 있게 된다. 이런 경지에 이름을 일러 불교에서는 '깨우침'이라고 한다.

지성의 한계를 절감할 때 이른바 '신앙의 도약 leap of faith'을 감행하게 된다. 지성의 영역에서 튀어나오게 된다는 뜻이다. 튀어나오게 될 때 어디로 튀느냐, 그 튀는 방향이 중요하다. 쉽게 두 방향으로 나누어보면, 지성에도 못 미치는 지성 이전 단계로 튀느냐, 지성을 초월하는 지성 다음 단계로 튀느냐 하는 것이다. 예를 들어, '지성의 한계 내'에서 자기 나름대로 도출한 어떤 신관을 가지게 되었다고 하자. 지성을 활용하여 내린 결론이 아무래도 찜찜하다. 무신론이라고 확신할 수도 없고 유신론이라고 믿을 수도 없다. 이럴 경우, 지성을 최대한 활용하여 지성의 한계성을 인정하게 되었다면 무신론이나 유신론 중 하나를 택할 것이 아니라 이 둘을 넘어서야 하는 것이다. 아직도 유신론이냐 무신론이냐 하는 것을 따지는 것은 여전히 지성의 한계 내에서 이루어지는 지적 작업에 불과하기 때문이다. 세계 종교들의 심층에서 신에 대한 이론을 모두 버리라는 말과 일맥상

통하는 이야기다.

　신앙은 지성에도 못 미치는 맹신이나 광신이나 미신이 아니다. 신앙은 지성을 넘어서는 것이다. 영어로 'against reason'이 아니라 'beyond reason'이다. 구체적으로 신을 우리의 기도나 들어주는 신쯤으로 믿는 믿음은 사실 우리의 지성에도 못 미치는 믿음이다. 약간의 지성만 발휘해도 우리가 부탁한다고 특별히 잘 봐주고, 우리가 믿어준다고 특별히 구원해주는 신이라면 그런 좀생이 같은 신은 우리가 받들 만한 가치가 없는 신에 불과하다는 사실을 금방 알아볼 수 있다. 인간 아버지도 자녀들 중 자기에게 특별히 잘해주는 자식만 밥을 주고 나머지는 팽개쳐두는 일이 없거늘 하물며 하늘 아버지가 기도를 드리고 안 드리고, 믿고 안 믿고 하는 차이로 자기 자녀들을 그렇게 심히 편애할 수 있겠는가?

　생각해보라. 기도해서 병이 나았다 하는 것은 임상 실험이나 통계 수치와 관계없는 이야기다. 목사가 병이 나서, 온 교인이 목사를 위해 24시간 '릴레이 기도'를 드려도 그 목사가 병이 나을 수 있는 확률은 일반 사람과 다르지 않다. 영국 애국가에 나오는 대로 '여왕이여 만수무강하소서Long live the Queen'하며 모든 영국 국민들이 매일 기도하지만 영국 왕실의 평균수명은 일반인들과 크게 다르지 않다. 심지어 환자들에게 기도해준다고 말하는 것이 환자들의 건강에 도리어 악영향을 끼친다는 연구 발표까지 있다.

　지성의 한계를 절감하고 지성의 영역에서 튀어나와 병을 고쳐주시는 하느님의 품에 자기를 맡기는 일은 지성을 초월한 것이라고 보기보다 지성을 포기한 것이라고 하는 편이 더 적절하지 않을까 생각한다. 지성의 한계를 넘어서는 믿음을 가진다면 적어도 류영모 선생이나 함석헌 선생처럼 신을 '없이 계신 이' 정도로는 생각할 수 있어야 한다. 우리 주위의 지성인들 중에서 이런 식의 신앙으로 넘어가는 사람들을 더 많이 보고 싶다.

4

얽매이지 않는 삶

이제 '어떻게' 해야 하느님 혹은 궁극 실재와 접하는 종교적 체험을 할 수 있는가 하는 문제가 남았다. 우물 안 개구리가 어떻게 그 좁고 어두운 우물 안 속박의 세계에서 뛰어나와 밝고 자유로운 바깥 세계, 그 무한히 놀랍고 아름다운 궁극 실재의 세계를 볼 수 있을까 하는 문제다.

이 우물 안 개구리가 해야 할 첫 번째 일은, 눈앞에 보이는 우물 안 세계만이 유일한 세계, 진짜 세계라고 당연하게 생각해온 지금까지의 사고방식을 뒤엎는 것이다. 이 개구리가 지금까지 진짜로 여긴 것만이 진짜라 생각하고 거기에 최대의 관심을 쏟고 있는 한 정말로 진짜인 것, 무한의 세계, 궁극 실재의 세계에는 자연히 무관심할 수밖에 없다. 무관심할 뿐만 아니라 이런 개구리는 설령 어떻게 해서 밖으로 나오게 됐다 하더라도 지금껏 굳게 믿어온 그릇된 생각에 완전히 사로잡혀, 눈에 비치는 진짜 세계를 알아보려고도 하지 않고, 또 알아보지도 못한다. 말하자면 다른 차원의 실재를 볼 수 있는 영적 눈이 그릇된 선입관의 베일 때문에 완전히 가려버린 상태다. '보아도 보지 못하고, 들어도 깨닫지 못하는 것'이다.

이렇게 눈먼 상태가 바로 우리 인간이 어쩔 수 없이 지니고 있는 이른바 근본적 '무지無知' 혹은 '무명無明'이라는 것이다. 여기서 눈을 떠 정말로 진짜의 것, 참 실재, 궁극 실재, 참 하느님을 알아보는 통찰이 바로 '지혜'다.

실재의 여러 가지 차원

'진짜'라는 것이 무엇인가? 영어의 'reality'를 우리말로 딱 꼬집어 뭐라 해야 할지 모르겠다. 경우에 따라서 '현실'이라고도 하고 '실재' 혹은 '진실'이라고도 할 수 있을 것이다. 흔히 쓰는 말대로 '정말인 것', '진짜인 것', '현실적인 것', '있는 그대로의 모습', '실상實相'이라 해도 좋을 것 같다. 그런데 우리는 흔히 지금 눈으로 볼 수 있고 머리로 생각할 수 있는 것만을 정말인 것, 진짜인 것, 현실적인 것, 있는 그대로라 믿으며 그것에 관심과 주의를 모두 쏟는다. 그러나 사실 진짜 자체가 아니라 진짜라고 '여겨진 것', 그렇게 '착각되어진 것'을 그대로 믿고 거기에 붙잡히는 경우가 대부분이다.

이것이 바로 병집의 근원이다. 어느 입장에서 진짜같이, 정말같이, 현실적인 것같이, 실상인 것같이 보이는 것을 그대로 진짜로 진짜인 것, 정말로 정말인 것, 궁극적으로 실재적인 것으로 여긴다면, 상대적인 것을 절대적인 것으로 절대화하거나 신성시하면, 궁극적 진리에의 길은 막혀버리고 말기 때문이다. 거기에서는 정신적 발전이나 성장 같은 것을 기대할 수가 없다. 바로 정신적 발달장애 상태다.

쉽게 말하면 우리가 지구를 보는 입장과 비슷하다. 지금 서 있는 곳에서 보면 지구는 판판한 것처럼 보이고 그 판판한 지구 위에 사람이 똑바로 서 있는 것처럼 보인다. 이것이 우리가 서 있는 입장에서 본 지구의 현실 혹은 실재다. 그러나 비행기를 타고 보면 지구는 둥그스름하다. 이것이 비행기에서 볼 때 우리 눈앞에 또다시 진짜로 나타나 보이는 또 하나의 현실 혹은 실재다. 또 우주선을 타고 가서 본다면 지구는 동그란 공같이 보이고, 인간은 지구 위에 서 있는 것만이 아니라 옆에 붙어 있기도 하고 밑에 달려 있기도 한 것으로 생각할 수밖에 없다. 이것이 우주선에서 본 현실 혹은 실재다.

좀 더 확대해서 몇 광년 밖에서 지구를 본다면 지구는 모래알이나 먼지보다도 더 작은 무엇일 것이다. 이것도 거기에서 본 진짜요, 현실이다. 이렇게 보는 층 혹은 측면에 따라 여러 가지의 실재, 현실, 진실이 있을 수 있다. 그런데 만약 지금 서 있는 곳에서 본 ‘판판한 지구’를 절대적인 현실이나 궁극 실재로 받아들여 그것을 고집하고 있으면 그 옹고집 때문에 ‘둥그런 지구’라고 하는 또 다른 현실을 볼 수 없게 되고, 마찬가지로 ‘둥그런 지구’라는 것을 절대적 진리로 받아들이면 또 다른 차원에서 발견할 수 있는 진실을 볼 수 없다. 절대적인 차원에서 지구를 볼 수 있을 때까지, 소위 ‘영원의 차원’에서 혹은 도道의 빛 아래서 지구를 볼 수 있을 때까지는 어느 한 관점에서 본 상대적이고 부분적인 현실을 절대적인 것으로 절대화하거나 신성화해서는 안 된다는 것이다.

높이 올라갈수록 달리 보일 뿐 아니라 속으로 깊이 들어가도 다르게 나타나는 실재의 측면이 있다. 여기 쇳덩어리 하나가 있다고 하자. 육안으로 보고 손으로 만져보면 무겁고 딱딱한 무엇이다. 이것이 일반적이고 상식적인 쇠의 실재다. 그러나 화학자는 이 쇳덩어리에서 Fe니 뭐니 하는 화학적 실재를 볼 것이고, 물리학자는 똑같은 데서 양자, 전자, 중성자 등이 서로 관련을 지어, 밤하늘에 별이 떠다니듯 떠다니는 엉성하고 유동적인 무엇을 실재적인 것으로 여길 것이다. '신과학'에 속하는 물리학자 중 더러는 이 쇳덩어리의 원자 이하의 세계가 이것도 저것도 아닌, 종래까지의 수학적·논리적 공식으로는 표현해낼 수 없는 무엇, '무엇'이라고도 할 수 없는 그 어떤 '관계'가 정말로 실재적인 것이라 주장할 것이다.[33]

말이 점점 더 복잡해지는 것 같지만, 여기서 지적하려는 요점은 우리가 일반적으로 실재적이라고 생각하는 상대적 실재에 얽매여 그것을 절대적 궁극 실재로 절대화하면 결국 더 높은, 혹은 더 깊은 차원에서 볼 수 있는 다른 실재를 들여다볼 수 없게 되고 만다는 이야기다.

더군다나 궁극 실재를 본다는 것은 상상도 못할 절대 불가능한 일이 된다. 독단이 무섭다는 것이 바로 이 점이 아니겠는가? 이 궁극 실재에 접하려면, 틸리히가 말한 대로, 궁극적ultimate이 아닌 모든 것, 준궁극적penultimate인 것, 준준궁극적antepenultimate인 것에 대한 그릇된 관심을 절대화하면 안 된다. 궁극적인 것에 대한 '궁극 관심ultimate concern'만이 우리의 절대적 관심이어야 하고 그 나머지 모든 것은 절대적 위치에서 퇴위시켜야만 한다.

조건적이고 상대적인 모든 실재와 무조건적이고 절대적인 궁극 실재와는 하늘과 땅이 서로 다른 것보다 더욱더, 아니 절대적으로 다르다는 것을 분명히 기억하도록 하자. 이것은 조건적이고 상대적인 것의 상대적 존재 가치를 전적으로 부정하자는 말이 아니다. 절대적이 아닌 것을 절대적인 것으로 착각하는 편견과 무지에서 해방되어, 어디까지나 조건적인 것은 조건적인 것으로, 상대적인 것은 상대적인 것으로, 그것들이 차지하는 바른 위치를 바르게 인식하자는 것을 의미한다.

'아하! 체험'의 연속

종교의 길은 어떤 면에서 보면 상대적인 것을 상대적으로 인정해가는 과정이다. 절대적인 것은 이 세상에 단 하나 '진짜로 절대적인 것', '그것' 혹은 '그분'뿐이라는 것을 깨달아가는 과정이다. 기독교의 용어를 빌리면 창조주와 피조물의 질적 차이를 인식하는 과정이요, 불교적 용어로 말하면 일체개공一切皆空, 즉 우리가 지금 감지하는 대로의 현상 세계의 모든 것이 모두 독립적인 실체 혹은 '자성自性'을 결여한 상대적인 무엇에 불과하다는 것을 통찰하는 과정이다. 지금까지 우리의 좁은 관점으로 보아 진짜라고, 진리라고 여겨오던 것을 좀 더 높은 혹은 깊은 차원에서 관찰함으로써 그것이 궁극적 진짜, 궁극적 진리가 아니었구나 하는 것을 깨쳐가는 과정, 그리하여 전에 가졌던 고정된 개념, 이론, 관념들을 계속해서 버리고 끊임없이 새로운 것으로 옮겨가는 진정한 의미의 변증법의 과정이라는 뜻이다. 이를 일상적인 용어로 고치면 눈뜨는 과정, 눈이 밝아지는 과정이라 할 수 있을 것이다.[34]

말하자면, 산꼭대기를 향해 높이 올라가면 올라갈수록 시야가 넓어지고, 그에 따라 주위에 대한 종래의 이해가 자꾸만 새로워지는 것과 같다. 이런 경우, 종교의 길은 실재에 대한 우리의 안목을 끊임없이 넓혀가는 과정이다. 한마디로 '아하! 체험'의 연속이다. 최종적으로 산꼭대기에 올라가서 최후의 '아하!'를 외칠 수 있을 때까지는 중간 지점에서 형성된 관념이나 생각을 절대로 절대화하지 말아야 한다. 이것은 진정한 의미의 과학적 탐구 정신이기도 하다.

아이러니컬하게도 참된 의미의 종교가 이처럼 개방적·진취적·발전적 자세를 취하는 것임에도 불구하고 이런 자세를 취하는 사람들이 종교라면 마치 융통성 없음, 옹고집, 닫힌 마음이 종교의 본질이나 되는 것처럼 착각하는 일부 종교 정통주의자로부터 역사적으로 얼마나 많은 박해와 고난을 받아왔고, 또 받고 있는가.

궁극적이지 않은 것을 궁극적인 것으로 착각하고 거기에 궁극적 관심을 쏟는 것을 흔히 쓰는 종교적 용어로 표현하면 '우상 숭배'라고 한다. 이는 절대적이 아닌 것을 절대적인 것으로, 하느님이 아닌 것을 하느님으로 떠받들고 거기에서 의미와 보람을 찾으려 목숨을 거는 일이다. 인간이란, 마음에 무엇인가 의미와 보람의 원천이 될 만한 것을 모시고 숭배하며 살게 마련이다. 그런 것이 없으면 뭔가 빈 것 같고 허전해서 살맛이 안 난다는 것이다. 돈이든, 명예든, 권력이든, 이성異性이든, 무슨 주의主義든, 뭔가 자기 마음과 뜻과 정성을 다 바쳐서 경배할 대상이 있어야 하고 거기에서 또 살맛을 찾는다. 그것이 생의 의미와 목적이다.

돈을 위하여 물불을 가리지 않고, 돈이 모든 문제를 해결해줄 수 있는 전능자, 보호자라고 믿는 절대적 믿음에서 모든 일을 결정하고 처리하는 사람에겐 돈이 궁극 관심이요, 돈이 곧 하느님이다. 그러나 이렇게 상대적인 것을 절대적인 것으로 섬기는 우상 숭배에 빠져 있는 한 최고의 의미, 진정한 궁극 실재, 참 하느님을 볼 수 있는 희망은 전혀 없는 것이 아니겠는가?

상대적인 것이 관심을 독차지해버리기 때문에 궁극적인 것에 쏟을 관심은 모두 없어져버리고 만다는 이야기다. 따라서 궁극적인 것은 궁극 관심을 가지고 찾을 때만 가능하고 그렇지 않을 경우, 참다운 자유와 기쁨, 의미와 보람의 종교적 체험에 접할 가능성은 다 없어지는 것이다. 말하자면 우상이 우리를 사로잡고, 우리를 지배하고, 우리를 질질 끌고 다니는 한 우리가 우물 안에서 해방되어 바깥 세계로 나가는 것은 불가능하게 되고 마는 셈이다.

우리를 얽매는 세 가지

이렇게 정말로 진짜가 아니면서도 절대적으로 진짜인 것처럼 여겨져 우리를 얽매기 쉬운 것을 크게 세 가지로 나누어 생각해볼 수 있다. 나중에 확실해지겠지만, 이 세 가지는 사실 서로 불가분의 관계를 가진 한 가지의 세 가지 측면에 불과하다. 여기서는 무슨 철학적·학술적 체계 같은 것을 세우자는 것이 아니라 그냥 편리하고 알아듣기 쉽게 세 가지로 나누어 생각해보자는 것뿐이다.

첫째, 오관으로 감각되는 것, 다시 말해, 우리가 보고, 듣고, 냄새 맡고, 맛보고, 만져볼 수 있는 것을 그대로 진짜라고 잘못 생각하는 것이다. 그래서 감각 세계, 현상 세계에 절대적 관심을 쏟고 거기에만 맹목적인 애착을 느끼는 경우다. 앞에서도 지적했지만, 다시 강조하자면 이 현상 세계가 전혀 실재하지 않는다는 이야기가 아니다. 문제는 너무도 많은 사람이 이 감각 세계의 상대적 실재와 정말로 진짜인 절대적 궁극 실재를 뒤바꿔놓고, 그 상대적인 것에 몸과 마음과 뜻과 정성을 다 바쳐 섬기고 있다는 것이다. 우리의 뜨이지 않은 마음의 눈에는 이 감각적 세계만이 진짜같이 여겨지고 다른 것은 전혀 보이지 않기 때문이다.

노자는 《도덕경》 제12장에서 오관으로 감지되는 오색五色, 오음五音, 오미五味 등이 실재의 전부인 것으로 잘못 알고 거기에 집착하면 그것의 참 근원이 되는 궁극 실재에는 장님처럼, 귀머거리처럼 완전히 영적 무감각 상태에 빠져버리게 된다고 했다. 허상을 좇는 동안에는 실재를 생각할 수도, 그리워할 수도, 찾을 수도 없다. 서로 싸우고 미워하고 부대끼며 살아가는 우물 안 같은 이 '현실' 속에서 돈을 버는 것, 집을 꾸미는 것, 남 보란 듯이 살아보는 것, 호의호식하며 편하게 사는 것, 남을 부리며 사는 것, 호령하며 살아보는 것 등의 가치관을 가장 현실적인 것으로 여기며, 또 그것을 떠받들고 살아가는 한, '너희는 먼저 그의 나라와 그의 의를 구하라(마태복음 6 : 33)', 그 바깥 실재의 세계와 의미를 우선적으로 추구하라는 예수님의 말씀 같은 것은 실재와 완전히 동떨어진, 비현실적인 헛소리로밖에 들리지 않는다. 이 세상의 부귀, 명예, 권력 같은 것만이 가장 실감나는 현실이요, 삶의 보람이요, 경배받기에 합당한 하느님이다. 틸리히의 용어를 빌리면 '의사疑似 종교pseudo-religion'에 빠진 상태다.

둘째, 우리를 얽매는 또 하나의 그릇된 생각은 이성으로 깨달을 수 있는 것, 우리의 머리로 사고하고, 추리하고, 논리화하고, 체계화한 것을 정말 '진짜'인 것으로 보는 것이다. 그래서 사상이나 논리나 체계나 교리나 견해나 전통 등을 절대적인 진리로 여기고 거기에 부동의 충성과 정열을 바치는 것이다. 어느 특정 종교의 고정된 교리, 어느 문화의 철학 체계, 어느 사회의 정치 이념이나 제도 등을 상대적인 가변성의 무엇으로 생각하지 않고, 영구불변의 '보편타당'한 절대적인 무엇으로 우상화하는 일이다. 이런 우상 숭배에 빠질 경우, 교파중심주의, 교리중심주의, 교회중심주의, 정통주의, 보수주의, 근본주의, 계시절대주의, 국수주의, 민족제일주의, 공산주의 등등 소위 '주의' 혹은 '이데올로기'라는 것을 신성시하고 거기에 궁극 관심을 기울이게 된다.

틸리히는 이런 것을 '유사類似 종교quasi-religion'라고 불렀다. 이는 거룩하고 숭고하고 신비스러운 것처럼 보이는 것이 사실은 '진정으로' 거룩하고, '진정으로' 숭고하고, 절대적으로 신비스러운 최고의 실재로 우리를 이끄는 수단에 불과하다는 것을 모르기 때문에 이런 것들을 그대로 하느님처럼 모시고 다니느라 다른 볼일을 못 보고 지나치는 것이다.

셋째, 두 종류의 우상 숭배를 예거했지만 사실 가장 근본적인 것, 모든 우상 숭배의 바탕이 되는 것은 비본래적인 지금의 '나' 혹은 '자기(self, ego)'를 절대적인 자리에다 올려놓고 숭배하는 것이다. 우리 대부분은 이처럼 자신이 생각하는 지금의 '나'라는 것을 최고의 현실, 가장 진실한 실재, 궁극적인 무엇으로 착각하며 산다.

사실 너무나 가깝고, 너무나 진짜 같아 보이는 이 '나'라는 현실을 궁극적이지 않다고 생각하는 것이 보통 사람에게는 정말 어려운 일이다. 이 세상의 모든 것이 다 의심스럽다 하더라도 이 의심하고 있는 '나'라는 존재는 아무래도 의심할 수 없을 것이다. 그래서 그토록 많은 사람이 이렇게 현실적이고 실재적인 '나'를 모든 생각과 말과 행동의 중심으로 삼는 '자기중심주의'의 원리에 따라 살고 있는지도 모르겠다. 이 어쩔 수 없는 생래적 무지와 미망 때문에, 눈을 떠서 그 참된 궁극적 실재를 보지 못했기 때문에, 우리는 마음속에 깊이 자리 잡고 있는 자기 보존, 자기 확대, 자기 추구, 자기 영광, 자기 만족 등의 본능을 충족시키려 발버둥 치며 살아간다.[35] 우리는 나를 높이고, 나를 떠받든다는 철두철미 자기중심의 원리에 따라 생각하고 행동하고 말하고 판단한다. 그렇게 하는 것만이 삶의 의미요, 행복의 근원이라고 생각하며 거기에 최고의 가치를 부여하는 것이다.

그리하여 끊임없이 물질적으로, 사회적으로, 정치적으로, 학문적으로, 가정적으로 자기 위신과 체면을 세우고 남에게 거들먹거릴 수 있는 지위에 오르려고 안간힘을 다한다. '오르고 또 오르면 못 오를 리 없건만'을 믿고 남을 밟든지 끌어내리든지 무슨 일을 해서든 수단과 방법을 가리지 않고 필사의 노력을 경주해서 오르려고만, 높아지려고만 애를 쓴다.

고달픈 삶

이렇게 자기를 궁극 실재로 여기고 거기에 궁극 관심을 쏟으며 신주 모시듯, 하느님 섬기듯 떠받들고 사는 '자기 우상 숭배'의 삶은 사실 얼핏 보면 진취적이고 의욕적이며 적극적으로 행복을 추구한다는 현대인의 바른 자세처럼 보일 수 있다. 그러기에 오늘 많은 사람이 이런 자세로 살고 있다. 그러나 그 내면 깊이에서 보면 이것은 그야말로 고달프기 그지없는 삶이다. 나의 바탕이 되고 나의 근원, 나의 참 의미가 되는 참 실재와의 관계에서 발견되는 본질적이고도 본래적인 '참나[眞我]'가 아니라, 뜨이지 않은 눈에 잘못 비친 '나라고 하는 의식[假我]'에 얽매여 거기에 복종하며 살고 있기 때문이다. '나'라고 하지만 진정한 '나'가 아닌 '나'로 착각된 자의식을 '나'로 오해하고 있을 따름이다.[36]

이런 경우 나의 삶은, 내 마음대로 하는 것이 아니라 나의 말과 행동과 생각이 이 좁아터진 자의식의 소망인 욕심, 정욕, 갈구, 증오, 위신 세우기 등 자기중심적·이기적 요인에 의해 강요당하는 삶이다. 진정한 의미의 주체적 삶이 아니라 '타의 아닌 타의'에 의해 지배되는 얽매인 삶이다. 내가 나의 주인으로 나를 위해 온갖 일을 함으로써 즐거움과 행복과 자유를 가져다주는 것으로 생각했지만 결국 내가 내 정욕의 종이 되어, 목줄에 질질 끌려다니는 개처럼 그렇게 끌려간다는 어처구니없는 아이러니를 보게 되는 것이다.[37]

이런 삶은 그야말로 자유를 빼앗긴 얽매임의 삶이요, '수고하고 무거운 짐 진 자'의 삶이다. 무지의 삶이요, 맹목의 삶이다. 그뿐만 아니라 궁극 실재인 하느님과 분리된 상태요, 따라서 동료에게서도, 자기의 참 자아에서도 떨어져 겉도는 상태다. 이 근본적인 떨어짐, 소외(alienation, estrangement)의 상태가 기독교에서 말하는 원죄의 상태,[38] 혹은 불교에서 말하는 무명의 상태라는 것이 아닐까?

깨달음의 길

이렇게 감각으로 감지되는 현상 세계, 머릿속에 떠오르는 소견, 그리고 의식 속에 박힌 '나'라는 의식 등이 결국 이 세상의 궁극적인 실재가 아님을 깨닫는 것이야말로 이런 상대적인 것에서 해방되어 궁극적인 것에 관심을 향하게 하는 데 절대적으로 필요한 선결 조건임을 알게 되었다. 이것을 종교적 용어로 바꾸면, 우리 마음에 모시고 있는 모든 우상을 때려 부숴야 한다는 말이다. 궁극 실재와 상대적 실재를 혼동하는 데서 생기는 부정한 우상 숭배의 마음이 우리로 하여금 그 음울하고 좁은 우물 안의 세계를 벗어나지 못하게 만들고, 또 그 속에서 뺑뺑 도는 신세로 머물게 하기 때문이다.

우상 숭배에 빠져 있는 한 참된 구경究竟의 실체, 참 하느님께 나아간다는 것은 절대로 불가능하다. 하느님과 나 사이에는 영원한 분리, 심연만이 있을 뿐이다.

이제 히브리 성서 《출애굽기》 20장에 나오는 십계명 중에 왜 제일 먼저 우상을 금하는 조항이 나오는가 하는 것도 이해할 수 있을 것 같다. 무엇보다도 먼저 우리의 관심을 사로잡고 있는 우상 숭배의 미망에서 벗어나 마음의 눈을 떠서 사물을 그대로 보고, 나아가 궁극 실재, 참 하느님, 참나를 발견해야 한다는 뜻이 아니겠는가? 이렇게 될 때 나에게는 참 하느님과 하나가 되는 참된 의미의 '화해' 혹은 '속죄at-one-ment(하나 됨)'가 이루어진다는 것이다.

이렇게 마음을 깨끗이 함으로써 마음의 눈이 떠져 사물의 실재를 실재 그대로, 상대적인 것은 상대적으로, 절대적인 것은 절대적으로 보게 되는 것을 전에 언급한 대로 ‘밝아짐enlightenment’, ‘깨침awakening’, ‘깨달음realization’ 등의 단어로 표현하는 것이다. 예수님은 특히 이것을 ‘메타노이아metanoia’라고 했다. 복음의 주제가 되는 ‘회개하라, 천국이 가까웠느니라(마태복음 4 : 17, 마가복음 1 : 14)’는 말씀 중 ‘회개悔改’란 한자가 뜻하듯 ‘전의 잘못을 뉘우치고 고친다’는 정도의 것이 아니다. ‘메타노이아’라는 그리스어 원문 어원은 생각하고 보는 방법 자체가 바뀌는 것 혹은 새로운 의식, 모든 형태의 자기중심적인 것에서 근원 되시는 분으로 완전히 돌아섬, 완전히 다른 차원의 실재에 접함으로써 가치 체계, 의식 구조 자체가 근본적으로 바뀌는 것 등을 의미한다. 예수님의 초청은 바로 이런 종교적 체험을 갖도록 하는 메타노이아에의 초청이다(여기에 대해서는 나중에 별도로 이야기하기로 한다).

예수님의 산상수훈의 팔복 중 우리 모두 잘 아는 ‘마음이 청결한 자는 복이 있나니 저희가 하나님을 볼 것임이요(마태복음 5 : 8)’라는 말씀이 생각난다. 마음속에 있는 부정한 온갖 찌꺼기를 씻어내는 대청소 작업, 헛것, 궁극적으로 진짜가 아닌 것을 위해 안간힘 쓰고, 아등바등하고, 안달복달하고, 애태우고, 집착하는 모든 우상 숭배의 일을 벗어버리는 것, 헛된 자기를 잊어버리는 것, 자기를 부정하는 것, 자기를 비우는 것, 그리하여 새로운 중심으로 하나 되는 일을 통해 하느님을 보게 된다는 말씀이 아닌가?

‘오직 마음을 새롭게 함으로 변화를 받아(로마서 12 : 2)’라고 한 바울의 말씀도 기억난다. ‘하나님이여, 내 속에 정한 마음을 창조하시고 내 안에 정직한 영을 새롭게 하소서(시편 51 : 10)’라고 한 다윗의 고백도.

비단 이렇게 기독교나 유대교뿐 아니라 불교, 유교, 도교에서도 우리 모두의 마음을 깨끗하게 하고 바로잡는 것이 모든 일의 근본임을 한결같이 이야기하고 있다. 구체적인 예들은 나중에 기회가 올 때 하나하나 설명하기로 하고, 오늘은 시원한 유행가 한두 가락으로 우리 이야기의 끝을 맺도록 하자. 먼저 흐르는 삶, 맑은 마음을 노래한 것이다.

> 인생은 나그네 길
> 어디서 왔다가 어디로 가는가.
> 구름이 흘러가듯 떠돌다 가는 길에
> 정일랑 두지 말자. 미련일랑 두지 말자.
> 인생은 나그네 길…….

최희준이 부른 〈하숙생〉이다. 가사가 정확한지 모르겠지만 '구름이 흘러가듯'이란 구절이 마음에 든다. 나에겐 '구름 떠가듯, 물 흐르듯' 그렇게 정신적으로 얽매이지 않고 자유로운 삶을 사는 '운수雲水'의 생활 태도가 일종의 이상이기도 하기 때문이다. '정일랑 두지 말자 미련일랑 두지 말자' 하는 구절도 이런 운수의 삶을 이상으로 하지만 그래도 정이나 미련을 두지 않는다는 것이 현실적으로 얼마나 어려운 일인가를 역설적으로 강조하는 말이라 가슴이 저린다.

또 하나 기억나는 노래는 오래전 한국에 왔을 때 들은 것인데, 〈팔도강산〉 중에서 '잘살고 못사는 게 팔자만은 아니더라, 잘살고 못사는 게 마음먹기 탓이더라' 하는 구절이다. 지금도 귀에 이 노랫가락이 쟁쟁 울리는 것 같다.

여기서 '잘살고 못사는 게 마음먹기 탓이더라'를 문맥에 맞추어 해석하자면, 그동안 우리는 물질적으로 몹시도 못살면서 이 모든 것을 팔자 소관으로 돌리고 가난을 운명처럼 당연한 것으로 감수하며 살아왔는데, 이제 '잘살아보자'고 굳게 마음먹고 악착같이 일한 결과 팔도강산에 퍼져 있는 아들, 딸 모두가 다 잘살게 되었다는 말이 아니겠는가?

그러나 그것을 좀 더 종교적·정신적 의미에서 이해하고 우리 생활의 지침 비슷한 것으로 받아들일 수도 있을 것 같다. 내 귀에는 그것이, 내가 잘산다 못산다 하는 것은 경제적·사회적 요인 같은 외부적인 것에 의해 좌우되는 객관적인 것이 아니라 궁극적으로 내 마음 상태에 따라 결정되는 주관적인 무엇이라는 것으로 들린다. 행복의 판단 기준이 결국 마음에 있다는 뜻이다.

또 한편으로는 마음을 어떻게 먹느냐 하는 것, 마음을 닦고, 바르게 하고, 깨끗이 하고, 비우고 하는 것이 결국에는 우리의 잘삶, 못삶을 결정하는 가장 중요한 요건이라는 것이다. '무릇 지킬 만한 것보다 더욱 네 마음을 지켜라, 생명의 근원이 이에서 남이니라(잠언 4 : 23)'고 한 말씀처럼 마음먹기 하나에 우리의 영원한 행·불행이 결정된다는 뜻으로 이해할 수 있다.

이 세상 어떤 일도 사실 따지고 보면 모두 '마음먹기 탓' 아닌가? 이 세상에는 먹을 것도 많고, 또 잘 먹어야 하는 것도 많다지만, 정말 마음 잘 먹는 일, 이보다 더 중요한 일이 어디 있을까? 궁극적이지 않은 것을 궁극적인 것으로 착각하는 일에서 벗어나는 마음, 헛된 나, 내 욕심, 이기심이 아니라 오로지 궁극적인 것만 앙모하는 마음, 그 앞에 먹구름· 비바람·화나게 하는 일·슬프게 하는 일 등 온갖 것이 지나가도 거울처럼 고요히 비추기만 할 뿐 그 때문에 그 자체가 조금도 구겨지거나 더러워지지 않는 맑은 마음, 하늘 같은 마음, 큰마음, 한마음maha-tma, 거룩한 마음, 저 너머를 뚫어 보는 마음, 이런 마음을 가진 사람에게 두려움이나 불안이나 어둠의 그늘이 들어갈 자리가 어디 있겠는가? 이렇게 부드러운 마음, 깨끗한 마음, 새로워진 마음을 갖는 것이 '새로 남' 혹은 '어린아이와 같이 됨'이다. 또 심리학 용어로는 새로운 의식, 우주 의식cosmic consciousness, 변화된 의식 상태를 갖는 것이라고 볼 수도 있을 것이다. 많은 종교인은 바로 이런 마음을 가지고 주어진 삶을 평화롭고 아름답게, 맑고 향기롭게 살고 싶어 하는 것이다.

노파심에서 마지막으로 한마디 덧붙이고 싶은 것은, 우리 모두가 이제 정신을 차리고 깰 때가 됐다는 것이다. 궁극적인 것에만 궁극 관심을 쏟는 것이 진정한 의미의 열린 종교요 자유의 길임에도 불구하고, 우리 주위에는 궁극적이지 않은 것을 마치 궁극적인 것처럼 믿게 하고, 그것을 미끼로 우리를 마음대로 주무르려는 닫힌 종교의 사람들이 얼마나 많은가? 물질적이든, 정신적이든, 이론적이든, 교리적이든, 조직이든, 인간 자신이든 그 무엇이든 간에 자신이 가진 그 무엇이 무조건 절대적으로 진실되고 참되다고 주장하며 거기에 절대적인 충성과 정열을 바치라고 강요한다면 이것은 모두 닫힌 종교, 표층 종교에서 떠받드는 '우상 숭배'를 가르치는 것이라고 봐도 무방하다.[39] 천백 번 '주님을 찬양하라'고 손가락을 하늘로 향하지만 실제로는 한 손가락만 하늘을 가리키고 나머지 손가락은 자기 자신에게 향하게 하는 것이다.

이런 사람들의 올무에 걸리면 곤란하다. 걸렸으면 거기서 벗어나도록 서로 도와야 한다. 미혹되지 말라고 한 예수님의 말씀에 귀를 기울이자. 누가 우리를 노략질할까 조심하자. 예수님 말씀대로 하나님 한 분 외에는 선한 이가 없다(누가복음 18 : 19). 궁극적인 실재 거기에만, 그에게만 궁극 관심을 쏟는 참 신앙을 갖도록 서로 도와야 한다. 이것이 얽매이지 않는 삶이요, 진리와 자유에의 길이다.

5

자아에서의 해방

궁극 실재와의 관계에서 이루어진 변화를 체험하고 참 해방과 자유의 삶을 살기 위해서는, 궁극적이지 않은 것을 궁극적인 것처럼 착각하고 거기에 매달려 살아가는 우리의 무지한 태도를 버려야 한다고 이야기했다. 지금껏 이야기한 것 중에서 특히 우리가 잘못 생각하고 있는 '나'라는 것을 어떻게 보아야 하는지에 대해 좀 더 구체적으로 이야기할 필요가 있는 것 같아, 이제 그 문제에 초점을 맞춰보도록 한다.

세계 여러 종교를 살펴보면 거의 모든 종교에 표층表層이 있고 심층深層이 있다. 물론 종교 전통에 따라 그 두께의 비율은 다를 수 있다. 어느 종교는 표층이 심층보다 어느 정도 더 두껍고, 어느 종교는 표층이 심층보다 압도적으로 더 두꺼울 수 있다. 그러나 거의 모든 종교는 표층 불교와 심층 불교, 표층 기독교와 심층 기독교, 표층 유교와 심층 유교처럼 표층과 심층을 같이 가지고 있다고 보아 틀릴 것이 없다.

그러면 표층 차원의 종교는 무엇이고 심층 차원의 종교란 무엇인가?

이 둘을 특징짓는 여러 가지 요소들이 있지만 표층 차원의 종교가 가지는 가장 큰 특징을 들라면, 지금의 나를 위해서 총력을 다하는 종교라 할 수 있다. 모든 것을 지금의 나, 이기적인 나를 중심으로 생각한다. 종교를 가지는 것도 지금의 내가 잘되기 위한 것이다. 다석 류영모 선생님의 말씀을 빌리면 '몸나', '제나'를 어떻게라도 확대하고 꾸미고 연장하려는 데 관심을 가지는 종교다. 이를 한마디로 표현하면 종교를 지금 내가 가지고 있는 욕심이나 욕망을 충족시키기 위한 수단으로 보는 태도라 할 수 있다.

이와 대조적으로 심층 차원의 종교는 지금의 나에서 벗어나 새로운 나로 거듭나는 것, 변화되는 것, 새로운 나를 발견하는 것을 목표로 한다. 류영모 선생님이 말하는 '얼나', '참나', '큰나'로 부활하는 것을 이상으로 삼는 종교다. 그리고 궁극적으로 이렇게 새롭게 된 얼나, 참나가 바로 내 속에 계신 신성神性 혹은 불성佛性이라는 것을 깨닫는 것이다. 이런 측면을 강조하는 심층적 종교를 종교의 '밀의적(密意的, esoteric)' 차원으로 보고, 표층적 차원인 '현교적(顯敎的, exoteric)' 차원과 대비시킨다.

거의 모든 종교는 그 신도들에게 표층적 차원에서 심층적 차원으로 넘어가라고 가르치고 그 길을 구체적으로 이야기해주고 있다. 이처럼 표층적 종교인에서 심층적 종교인으로 넘어가는 '변화transformation'야말로 거의 모든 종교가 표방하는 가르침의 핵심이라 해도 과언이 아니다. 그러기에 미국 종교학자 프레드릭 스트렝Frederick J. Streng은 '종교'를 '궁극 변화를 위한 수단'이라 정의할 정도였다.

자기 비움 : 심층 종교가 제시하는 영적 테크닉

그러면 어떻게 해야 표층적 종교에서 심층적 종교로 변화될 수 있을까? 어떻게 해야 궁극 실재, 곧 하느님을 체험하고 새사람이 될 수 있는가 하는 구체적이고 실제적인 여러 가지 세부 테크닉의 문제를 보면, 각 종교가 각각 다른 면을 강조하고 있고, 또한 같은 종교 안에서도 사람마다 개성에 따라 다르게 가르치는 것이 사실이다. 그러나 모든 종교적 추구에 있어서 가장 기본적이고 필수적인 것이 바로 우리가 지금 그릇되게 생각하고 있는 이 '나', '자기', '자아'를 없애는 일이라고 하는 점에서는 모든 종교, 모든 성인들이 이구동성으로 일치하여 강조하고 있다고 해도 과언이 아니다.

자기를 없애는 것, 자기를 비우는 것, 자기를 잊는 것, 자기를 부정하는 것, 무아無我 등으로 표현되는 '자아에서의 해방'이 종교적 삶의 기본 태도가 되어야 한다는 것이다.[40]

몇 가지 사례

예수님은 우리가 자기의 제자가 되기 위해 해야 할 첫째 일이 우리 자신을 부인하는 것이라고 했다. '아무든지 나를 따라오려거든 자기를 부인하고 자기 십자가를 지고 나를 좇을 것이니라(마태복음 16 : 24, 마가복음 8 : 34)'고 하신 말씀, 너무나도 잘 알려진 말씀이 아닌가? 흔히 여기서 '자기를 부인하고 자기 십자가를 진다'를 두고 예수님을 따르려면 웬만한 고생이나 수모나 희생쯤은 각오해야 한다는 식으로 윤리적 혹은 사회적 의미로 이해하는 경우가 많다.

그러나 예수님의 이 가르침에는 이런 윤리적·사회적 의미를 넘어서는 더 심오한 '종교적' 의미가 있다. 이것은 우리가 가져야 할 종교적 태도의 기본을 지적하고 있는 말이기 때문이다. 지금 우리가 그렇게도 중요시하고 위하고 모시고 섬기는 이 '나'를 부인하는 것, 곧 그것을 십자가에 탕탕 못 박아버리는 것이 종교의 기본 요건이라는 것을 단도직입적으로 말씀하고 계신 것이다. 이렇게 자기를 부인하고 자기를 죽이는 것이 바로 새로운 삶, 영원한 삶으로 부활하기 위한 필수 조건이라는 뜻이다. 지금껏 자기를 중심으로 이기적으로 목숨만을 위해 도사리고 챙기며 살아오던 생활 태도에서 훌훌 벗어나야만 참된 나, 참된 삶의 의미를 찾을 수 있다는 것이다. 그러기에 예수님은 계속하여 누구든지 제 목숨을 구원코자 하면 잃을 것이요, 누구든지 나를 위하여 제 목숨을 잃으면 찾으리라고 하셨던 것이다.

이렇게 이해할 때 예수님이 진정을 다하여 하신 말씀, '내가 진실로 진실로 너희에게 이르노니 한 알의 밀이 땅에 떨어져 죽지 아니하면 한 알 그대로 있고 죽으면 많은 열매를 맺느니라. 자기 생명을 사랑하는 자는 잃어버릴 것이요 이 세상에서 자기 생명을 미워하는 자는 영생하도록 보존하리라(요한복음 12 : 24~25)' 하신 것, 정말 의미 있는 말씀으로 들린다.

여기서도 한 알의 밀이 땅에 떨어져 죽는 것을 남을 위해 희생한다는 정도의 윤리적 의미에서 보기보다는, 지금까지 자기중심적으로 도사리며 살던 이 딱딱한 껍데기 '나'를 두드려 부수고 내 속에 숨어 있는 새 생명이 움터 나오도록 한다는 신비스런 종교적 역설의 차원에서 보아야 한다는 것이다. 우리의 참된 나, 대문자로 시작하는 Self가 아니라 소문자의 self, 이것을 중심으로 한 목숨 혹은 생명을 붙잡고 썩히지 않으려고, 죽이지 않으려고, 그대로 보존하려고 발버둥 치며 안간힘을 쓰는 한, 그것은 언제까지나 소문자의 self, 한 알의 밀알 그대로 남아 있을 뿐이다. 정말 새로운 목숨, 의미 있는 생명을 얻으려면, 지금 이대로의 나, 이대로의 목숨, 이대로의 생명을 땅에 떨어뜨려 죽이고 그 껍데기에서 해방되는 것이 선결 조건이라는 뜻이다.

옛사람을 벗어버리고 새사람을 입으라는 바울의 표현(에베소서 4 : 22~24)이나 굼벵이의 상태를 벗어버리고 훨훨 새로운 경지를 날아다니게 되는 나비를 닮으라는 종교적 상징은 이를 두고 하는 이야기다. 지금의 나에 대해 죽음으로써 새로운 나로 되살아난다는 '죽음과 부활'의 종교적 역설을 의미하는 것이다.

노자님의《도덕경》제7장에 보면 이런 말씀이 있다.

하늘과 땅은 영원한데
하늘과 땅이 영원한 까닭은
자기 스스로를 위해 살지 않기 때문입니다.
그러기에 참삶을 사는 것입니다.

성인도 마찬가지.
자기를 앞세우지 않기에 앞서게 되고,

자기를 버리기에 자기를 보존합니다.

또, 제 16장에서

완전한 비움에 이르십시오.
참된 고요를 지키십시오.
온갖 것 어울려 생겨날 때
나는 그들의 되돌아감을 눈여겨봅니다.

온갖 것 무성하게 뻗어가나
결국 모두 그 뿌리로 돌아가게 됩니다.
그 뿌리로 돌아감은 고요를 찾음입니다.
이를 일러 제 명을 찾아감이라 합니다.
제 명을 찾아감이 영원한 것입니다.
영원한 것을 아는 것이 밝아짐[明]입니다.[41]

이렇게 자기를 비우는 것, 자기를 버리는 것, 자기의 껍데기를 뚫고 그 뿌리, 그 근원 '도'로 돌아가는 것, 그리하여 영원을 아는 참 지혜를 갖는 것, 도와 하나 되는 것, 이것이 《도덕경》 전체의 일관된 중심 사상을 이루고 있다. 비본래적인 자기를 중심으로 사는 이 가짜 목숨을 초월하여 참 근원, 본래적인 자기에 이르는 것이 영원한 참 삶이라는 것, 이것이 《도덕경》의 골자다. 껍데기 자기와 그것에 관련되어 일어나는 온갖 번거롭고 산란한 마음을 없애고 고요를 되찾은 사람, 욕심이나 이기적인 생각에서 벗어난 사람, 참 실재·진리에 주파수를 맞춘 사람, 모든 잡다한 외부 조건에서 해방된 사람은 자기 스스로 하는 일이 하나도 없고 모두가 '저절로' 되어지는 법이다. 이것이 《도덕경》에서 중심적으로 강조하는 '무위자연無爲自然', '자기가 하지 않고도 저절로 됨'의 뜻이다.

무아無我, 곧 내가 없다는 것, 산스크리트 말로 anātman이라는 것이 부처님 가르침의 근본을 이루고 있음은 잘 알려진 사실이다. 우리가 그렇게도 진짜라고, 실체라고 굳게 믿고 있는 이 '나'라는 것이 사실은 우리 생각이 꾸며놓은 허구요, 참 실재가 아니라는 것을 깨닫고, 거기에서 해방되어 자유를 누리라는 것이 적어도 초기 불교의 기본 가르침이다.[42] 착각된 '나'에 매달려 그것을 위해 허우적거리며 사는 정욕의 불길을 훅하고 '불어서 꺼버린' 상태가 바로 '열반(니르바나)'이다. 나를 중심으로 살아가는 욕심, 그 '목마름'을 없애버림으로써 맛볼 수 있는 시원함이다.

자아에서 해방되어야 한다는 것은 이처럼 예수님이나 노자님이나 부처님만 말씀하신 것이 아니다. 기독교사를 통틀어 깊이 영적 심원에 접한 사람들이 일반적으로 말하는 것도, 자아를 발견하고 '자아를 정화시키는 것self-purification'이 영적 성장 과정에서 밟아야 할 기본 단계라는 것이다. 이 첫 단계가 이루어져야 두 번째 조명illumination 단계와 마지막 합일unity의 단계가 가능해진다는 이야기다.

예를 들면, 성 아우구스티누스Augustinus는 영혼이 자신을 생각하는 일을 그만둠으로써만 자신을 초월할 수 있다고 말했고, 에크하르트는 만일 영혼이 하느님을 알려고 한다면 먼저 자기 스스로를 잊어버려야 한다고 하였다. 즉 자신을 의식하는 한 결코 하느님을 보거나 의식할 수가 없다는 것, 영혼이 진정으로 자신을 의식하지 않고 모든 것을 버렸을 때 비로소 하느님 안에서 자신을 새로 찾게 된다는 것이다. 토마스 아 켐피스Thomas à Kempis도 '또 한 가지 확실한 사실은 우리가 스스로를 죽이는 삶을 살아야 한다. 사람이 자신에 대해 더욱 완전히 죽으면 죽을수록 그만큼 더 많이 하느님에 대해 아는 것이라'고 했다. 이렇게 수많은 성자가 '자기 죽이기'의 중요성을 체험에서 우러나온 증언으로 강조하고 있다.

종교의 길을 이 방면에서 요약한다면, 종교란 결국 껍데기 자기가 궁극 실재가 아니라는 사실을 깨닫고 이를 죽이는 체험을 통해 본래적 자기 존재의 근원, 궁극 실재, 하느님을 발견해가는 체험의 과정이다. 이것이 바로 전에 지적한 '자기 변화의 체험'이고, 가짜 자기에서 진정한 자기를 발견하는 이 변화의 과정이 종교의 길, 자유의 길이다.

희생의 길?

자기를 부정하라, 자기를 비우라, 자기를 잊으라, 자기를 죽이라, 자기가 실재인 것처럼 생각하지 말라고 가르치는 종교의 길을 두고 형극의 길, 고난의 길, 엄청난 희생의 길이라 한다. 그지없이 '바보' 같은 짓이라고도 한다. 어느 면에서 맞는 말이다. 그러기에 우리같이 소인배의 생활 태도에 젖은 범속한 인간으로서는 실로 요원하게만 보이는 길이요, 또 불가능하게 보이는 목표다. 예수님의 말씀처럼 '사람은 할 수 없고 하나님만 하실 수 있는 일(누가복음 18 : 27)'이다. 그러기에 대장부다운 용기와 하느님에 대한 확신을 바탕으로 남이 바보라 하든 병신이라하든 개의치 않을 사람만이 결단할 수 있는 일이다.

그러나 엄격히 따져보면 사실 아무것도 '희생'하는 것이 없다. 자기를 묶고 있던 쇠사슬을 끊어버리는 것, 숨통을 막아온 입마개를 떼어버리는 것이 어째서 희생인가? 나비가 그 번데기를 벗어던지고 새 생명을 얻는 것, 누더기 같은 껍데기 나를 벗어던짐으로써 자유의 새 생명이 태동되는 것이 어떻게 희생인가? 자기중심주의의 깜깜한 미망에서 참 자기, 참 하느님의 밝은 세계를 발견하게 되는 것은 결코 희생이아니다. 욕심에 사로잡혀 서로 물고 뜯으며 사는 싸움과 증오의 삶에서벗어나 고요와 평화를 누리며 서로 사랑하는 화해와 조화의 삶을 찾는것, 찌들고 병든 삶에서 풍성하고 건강한 삶으로 옮겨오는 것, 수고하고 무거운 짐 진 자의 삶에서 쉼을 얻는 것은 절대로 희생일 수 없다. 이런 변화의 체험을 찾아 나서는 것은 그것이 어떤 의무라서, 마땅히 해야 되기 때문에 한다거나 혹은 먼 장래를 바라보고 하는 것이 아니라,안 하고는 못살겠기에 그저 '저절로' 하게 되는 것이다.

무언가를 희생하고 그리하여 나중에 누구로부터 그 보상을 받는 그런 통속적 인과응보의 공식이 아니다. 이런 식으로 보상이나 형벌을 따지는 것은 흔히 정통적이라고 자처하는 율법주의적 사고방식이다. 예수를 믿어'줘서' 나중에 하느님으로부터 구원인지 뭔지를 받아보겠다든지, 적선을 많이 해서 내세에 어디 간다든지 하는 따위, 다시 말해 '이세상에서 무턱대고 희생하라, 고생하라, 뭔가 지불하라, 바쳐라, 그러면 네가 투자한 것을 나중에 몇백 배로 튀겨서 받게 될 것이다' 하는 따위의 종교관은, 종교에서 그렇게도 배격하는 자기중심주의에서 한 발짝도 떠나지 않은 이기주의적 기회주의, 상업주의, 시장원리의 발상이다.

종교의 경지는 그것을 위해 뭔가 치르고 받는다는 거래가 아니다. 희생의 대가가 아니라 뭔가 안 하고는 못 배기겠기에 하고, 그렇게 하다 보니 저절로 주어지는 '그저 주어지는 것', '은혜' 혹은 '은사'로 여겨질 뿐인 무엇이다. '죽어서 천국 가기 위해 예수 믿는다'는 얄팍한 일차 방정식이 아니라 '사망이나 생명'이 문제되지 않는 경지에서, '누가 우리를 그리스도의 사랑에서 끊으리오(로마서 8 : 35)' 하는 심정으로, '지금 여기' 그리스도를 사랑하지 않을 수 없어서 믿고 따르는, 그러다 보니 이 모든 것이 그 위에 더해진다고 하는 신앙의 공식이다.

자기를 부정함으로써 자아에서 해방되기를 가르치는 종교의 길은 엄격한 의미에서는 결코 희생의 길이 아니다. 옆에서 보면 고난의 길, 바보의 길로 보이지만 본인에게는 자유와 해방의 길이요, 창조와 발견, 자각과 성장, 평화와 기쁨의 길, 더할 수 없이 아름답고 보람된 길이다. 자기를 잊어버리는 길이 어떤 것인가를 이제 잠깐 우리의 일상생활, 윤리, 신앙의 차원에서 각각 생각해본다.

참으로 행복한 순간들

일상생활에서 우리가 정말 행복하고 기쁘다고 여겨지는 순간은 언제인가? 우리 스스로를 완전히 까맣게 잊어버리는 그 순간이 아닌가? 독서에 깊이 몰두해 있거나 아름다운 음악에 심취했을 때 우리는 자신을 의식하지 못하는 상태에 이른다. 이때야말로 말할 수 없는 행복감이 온몸을 감싸고 있는 순간이 아니던가?

독서하고 음악을 듣는 데 시간과 정력을 바치는 것이, 나중에 시험 점수를 잘 받기 위한 보상 때문이라면 희생으로 여겨질 수도 있고 지겨울 수도 있다. 그러나 독서나 음악을 통해 행복에 젖고 그야말로 삼매지경까지 이르는 사람에게는 희생은커녕 오로지 즐거움과 기쁨일 뿐이다. 독서나 음악이 이렇게 즐거운 것은 그것을 통해 자기를 잊어버리는 것, 자기와 관계되는 모든 것, 예를 들어 나중의 보상이니 뭐니 하는 따위를 완전히 잊어버리는 데서 온다. 마찬가지로 영화를 보고 재미있다는 것, 여행이 즐겁다는 것, 한 폭의 그림에 도취된다는 것, 축구가 재미있다는 것 등 우리를 신나게 하는 것은 모두 따지고 보면, 우리에게 나 자신을 잊게 하는 것들이다. 일상적 자의식에서 다른 차원의 의식으로 들어가게 혹은 나오게 하는 것이라고도 할 수 있다.

또 기도와 명상 혹은 그와 유사한 방법을 통해서도 그야말로 깊숙이 자기를 잊어버리는 경지에 들어가게 되는데, 이보다 더 행복한 경험이 없다는 것은 동서 모든 종교에서 다 같이 이야기하고 있다. '내 기도하는 한 시간 그때가 과연 즐겁다'라는 찬송은 기도하다 그런 체험을 해 본 사람만이 의미 있게 부를 수 있는 찬송이다. 어떤 사람들은 또 술을 마시거나 도박을 하거나 이상스런 약물을 사용하는 데에 몰두함으로써 자기를 잊는 상태에 이르고자 한다. 아무튼 어디엔가 빠지거나 미쳐보지 않은 사람은 아직 인생의 참맛을 모르는 사람이라고 하는 것은 일리 있는 말이다.

수많은 청중 앞에서 기타를 치며 노래하는 가수는 청중이나 기타나 악보나 손가락이나 자기 자신 등 외부적인 것을 완전히 잊어버리고 몰아의 경지에서, 오로지 음악 자체와 하나가 되어 '음악 속에서' 연주할 때 가장 훌륭한 연주를 할 수 있다는 것은 악기를 다루어본 사람은 누구나 잘 아는 일이다. 이뿐 아니라 우리가 타자를 칠 때, 골프를 칠 때, 노래를 부를 때, 무슨 일을 할 때건 가장 창조적이고, 능률적이고, 생산적이고, 예술적으로 할 수 있는 순간은 '나' 혹은 자의식에서 벗어난 때임을 우리는 경험을 통해서 잘 알고 있다.

앞에서도 언급했지만 황홀경이라는 뜻의 ecstasy는 '밖에 서 있음', 곧 나라는 의식, 일상적인 의식 밖에 서게 되는 몰아沒我의 경지를 뜻한다. 동양에서 하는 궁도(활쏘기), 검도 등의 무도나 꽃꽂이, 서예, 그림 그리기 등은 그 근본 의도가 몰아의 경지를 터득하는 훈련이다. 퍽 흥미로운 일은 서양에서도 요즘 유행하는 골프나 테니스를 통해 이런 경지에 이르려는 노력이, 동양 사상에 영향을 받은 사람들의 몇몇 책에서 보인다는 사실이다.[43]

윤리의 완성

자기를 잊는다는 것, 자기를 비운다는 것은 '윤리'를 참다운 의미의 종교적 차원으로 끌어올리기 위해서도 절대적으로 필요한 요소다. '나'라는 헛된 자기중심 원리를 벗어버려야만 욕심, 증오, 질투, 교만, 기만, 고집 등 온갖 비윤리적인 것에서 헤어날 수 있다는 것은 두말할 나위도 없고, 심지어 윤리적 차원에서 일반적으로 건전하고 바람직한 일로 여겨지는 것도 거기에 '나'를 앞세우는 의식이 잠재해 있지 않을 때에만 비로소 진정으로 종교적 의미를 지닌 행위가 된다.

자기를 비우는 것, 자기를 죽이는 것을 적극적으로 표현하면 종교에서 말하는 '사랑' 혹은 자비가 아니겠는가? '사랑'이란 말 속에는 너무나도 많은 뜻이 들어 있다는 것을 우리 모두 잘 알지만 종교에서 말하는 참다운 사랑이란 결국 '자기를 주는 사랑', 그리스어로 '아가페'라는 것이다. 이것은 지금껏 '나'에게 쏟았던 관심을 사랑의 대상에게만 몽땅 쏟아붓는 절대적인 사랑이다. 이와 반대로 남을 '사랑'하되 자기를 위해서 하는 '사랑'을 그리스어로 '에로스'라고 한다. 이는 자기중심적 사랑, 자기 유익을 추구하는 사랑이다. 후일의 대가를 염두에 두었거나 남의 칭찬이나 인정을 바라고 하는 상대적 사랑이다.

이런 에로스적 사랑은 엄격한 의미에서의 종교적 사랑과 반대된다. 아무리 남을 도와주고 사랑한다고 해도 그것이 자기를 위하는 행위에서 벗어나지 못할 때 그것은 결국 종교와는 상관이 없다는 뜻이다. 흔히 '하느님을 사랑한다'거나 '내 이웃을 사랑한다'고만 하면 무조건 참으로 종교인이요 신앙인이라고 여긴다. 그러나 하느님이나 이웃을 사랑하는 것이 의식적으로든 무의식적으로든 내 썩게 될 일신상의 이해관계를 위한 것이라면 그것은 결국 나를 사랑하는 것에 지나지 않는다. 나를 사랑함이 중심이요, 하느님 사랑, 이웃 사랑은 그것을 위한 수단에 지나지 않는다는 뜻이다. '하느님을 사랑한다'고 하면서 이렇게 '거짓말하는 사람'의 위치에 떨어지기란 얼마나 쉬운가? 따라서 진정한 사랑이란 결국 자기를 죽이는 것, 자기를 버리는 것, 자기를 내어주는 것,

자기를 잊어버리는 것에서만 우러나오는 마음가짐이요, 행위라고 볼 수밖에 없다. 몇 가지 예를 들어본다.

어느 장로는 전 시간을 바쳐 교회 일을 돌보았다. 어느 유지는 전 재산을 털어 불우한 낙도 도민을 위해 의료 사업, 고아 사업 등을 벌였다. 어느 애국자는 생명을 던져 국가의 독립과 자유를 위해 헌신했다. 셋 모두 윤리적·사회적으로 정말 훌륭하고 장한 일을 했다. 그러나 만에 하나라도 그 마음속에 '호랑이는 죽어서 가죽을 남기고 사람은 죽어서 이름을 남긴다는데, 이런 일을 통해 내 이름을 청사에 남김으로써 후손이나 남들이 길이길이 나를 우러러보고, 또 그 덕으로 내 자손도 존경받도록 해야겠다'는 식이나 그 비슷한 '나' 중심의 생각이 있었다면 이 것은 결국 이기적인 에로스 사랑이 행동으로 표현된 데 불과하다.

남을 열심히 돕는 것은 교회로도, 사회적으로나 국가적으로도 아름다운 일이다. 교회의 일꾼이요, 사회 봉사자요, 국가 유공자로 우대를 받아 마땅하다. 그러나 종교적 차원에서 보면 사실 이들은 교회나 낙도민이나 국가를 이용하여 자기를 앞세우고 높이는 일을 했을 뿐이다. 진정한 의미에서 볼 때 타인 중심의 절대적·종교적 사랑의 행동이 아니다. 이런 경우를 두고 바울은 '내가 내게 있는 모든 것으로 구제하고 또 내 몸을 불사르게 내어줄지라도 (아가페) 사랑이 없으면 내게 아무 유익이 없느니라(고린도전서 13 : 3)'고 했다.

주위에서 부부 간이나 친구 간에 '내가 그렇게도 사랑하고 도왔는데 그 사람은 그것도 모르고 배은망덕하게 군다'는 식의 불평을 많이 듣곤 한다. 이렇게 불평하는 자체가 벌써 무의식적으로라도 상대방에게 무엇을 바랐다는 증거다. 남을 돕거나 사랑할 때 의식적이든 무의식적이든 그것을 통해서 내가 그의 환심을 산다든가, 그를 내 사람으로 만든다든가, 또 남의 인정을 받는다든가, 공로를 세운다든가, 남에게 본을 보인다든가, 설교할 때 떳떳하게 공표하거나 통계 숫자를 올린다거나, 천국에서의 보상을 생각하고 적선하는 등의 마음에서 한 것이라면 이는 진정한 의미의 사랑으로 도운 것이 아니라 남을 돕는 일을 통해 자기를 돕고 자기를 사랑한 것이다.

이러한 사랑이나 도움은 사실 곧 구린내가 나게 되고, 이러한 도움이나 사랑을 받은 사람으로서는 엄격한 의미에서 배은망덕이고 뭐고 할 것도 없는 셈이다. 구태여 감사해야 할 사람이 있다면 그들을 이용하여 나를 사랑한 나 자신일 것이다.

아무튼 이런 종류의 '사랑' 때문에 서로 배은망덕이니 뭐니 말썽이 나고, 누가 더 잘났다 못났다 싸움이 벌어지며, 누구의 공이 더 크다 작다 문제가 생기는 것이다. 이것은 긴 안목으로 보면 결국 우리에게 덕보다 해를 더 주는 행위다.

공자님은 '남이 나를 알아주지 않아도 섭섭해하지 않는 것이 사람다운 참사람(군자)이 되는 기본 조건(《논어》 제1장)'이라고 하셨고, 노자님도 '모든 것에 이로움만 줄 뿐 그것과 겨루거나 자기의 공로를 세우려 하지 않는 물이 으뜸으로 아름다운 것(《도덕경》 제8장)'이라고 하셨다.

진정으로 사랑하는 것은 진정으로 자기를 비우는 것이다. 진정으로 사랑할 때, 진정으로 자기를 비울 때, 우리는 진정한 자아自我, '하느님의 형상imago Dei', 영원한 실재, 하느님 자신을 보게 된다. 이것이 사랑의 극치요 사랑의 신비다. 윤리를 넘어서는 사랑의 종교적·신앙적 차원이 바로 여기에 있다. 진정한 사랑, 진정한 자기 비움에 도달한 사람은,

진정한 실재인 하느님과 본래적인 나 사이를 가로막고 있던 모든 장애물을 제거함으로써 하느님과 내가 '하나'가 되는 합일의 경지에 이른다.

정말 사도 요한의 말씀처럼 '사랑 안에 거하는 자는 하나님 안에 거하고 하나님도 그 안에 거하시느니라(요한일서 4 : 16)'고 하는 상태가 그대로 성립된다. 또 이 경지는 바울이 표현한 대로 '내가 그리스도와 함께 십자가에 못 박혔나니 이제 내가 산 것이 아니요 그리스도께서 내 안에 사신다(갈라디아서 2 : 20)'는 그런 상태이기도 하다. 이런 사람에게는 자기의 뜻이라는 것이 따로 없다. 모든 것이 그대로 하느님 뜻이다. 모두가 하느님이 하시는 일이다. '내가 아무것도 스스로 할 수 없노라(요한복음 5 : 30)'고 한 예수님의 말씀이나, '내가 내 뜻하는 바대로 따르나 (하늘이 뜻하는 바와) 어긋나게 나가는 일이 하나도 없다'고 한 공자님의 '불유구不踰矩'의 경지나, 무엇이든 '도'에 어긋나게 나가는 일은 전혀 '하지 않음'의 상태를 가르치신 노자님의 '무위'의 체험은 모두 이 궁극 실재와 하나 되는 데서 가능한 종교적 경지를 단적으로, 웅변적으로 이야기하고 있다.

이런 경지에 이를 때 가장 아름답게, 남모르게, 힘 있게, 부드럽게, 향내 나게, 진정으로 이웃과 사회를 위해 일할 수 있는, 일하지 않고서는 견딜 수 없는, 역동적 능력의 소유자가 된다. 자기를 도사리지 않고 자기를 계산에 넣지 않는 하느님 중심, 타인 중심의 순수한 사랑, 순수한 희생의 행동이 여기에 용솟음쳐 나와, 밀반죽에 들어간 효모처럼 이웃으로, 사회로, 국가와 세계로 퍼져 나갈 수 있다.

봉사의 전제 조건

유교의 경전 《대학》에 보면 우리 인간이 밟아가는 여덟 가지 단계가 나온다. 즉 사물을 궁구하고, 앎의 시야를 넓히고, 뜻을 성실히 하고, 마음을 바르게 하고, 인격을 도야한 사람만이 올바로 가정을 꾸리고, 사회를 다스리고, 궁극적으로 세계에 평화를 가져올 수 있다고 했다. 한자로 格物 致知 誠意 正心 修身 齊家 治國 平天下다.

　예수님도 선지자 이사야의 체험을 인용하여 자신의 할 일을 말씀하실 때 '주의 성령이 내게 임하셨으니, 이는 가난한 자에게 복음을 전하게 하시려고 내게 기름을 부으시고 나를 보내사 포로 된 자에게 자유를, 눈먼 자에게 다시 보게 함을 전파하며 눌린 자를 자유케 하고 주의 은혜의 해를 전파하게 하려 하심이라(누가복음 4 : 18~19)'고 했다. 여기서 먼저 주목할 것은 이웃과 사회를 위한 참된 봉사의 활동은 주의 성령이 내게 임하신 체험이 있은 후에 가능하게 되었다는 것이다. 또 예수님은 제자들에게 '오직 성령이 너희에게 임하시면 너희가 권능을 받고 예루살렘과 온 유대와 사마리아와 땅 끝까지 이르러 내 증인 되리라(사도행전 1 : 8)'고 하셨다. 자기를 비운 후 그 자리에 하느님의 성령이 채워지므로 능력을 받고 비로소 참다운 주의 증인이 될 수 있다고 말씀하신 것 아니겠는가?

　《장자》 제4장에 보면, 공자님과 제자 안회와의 대담이 나온다(여기에 공자님이나 안회의 이름이 쓰이긴 했지만 역사적 사실과는 상관없이 장자 자신의 사상을 그들의 입을 빌려 표현했을 뿐이다). 위나라에 젊은 임금이 들어서서 폭정을 하므로 백성들이 말할 수 없는 고통을 당하는 것을 보고, 안회는 자기가 가서 어떻게 좀 해보겠으니 그것을 허락해주십사 공자님께 요청을 드린다. 요즘 식으로 표현하자면 안회는 자신이 지적으로, 정치학적으로, 철학적으로, 도덕적으로 여러 가지 훌륭한 자격을 갖추었으니 가서 한번 이 병든 사회를 고쳐보겠다는 결의를 표명한 셈이다.

그러나 공자님은 그의 청을 거절한다. 이유는 그의 해박한 지식, 용기, 정의감, 도덕적 수준, 부지런함 등에도 불구하고 아직도 부족한 것이 하나 있다는 것이다. 안회는 그 모자라는 것이 무엇인지 자기로서는 알 도리가 없다며 그것을 말씀해달라고 한다. 그러자 공자님은 '굶는 것'이라고 대답한다. 안회는 자기 집이 가난하여 몇 달씩 제대로 먹지 못했는데, 그것이 굶는 것이냐고 반문한다. 공자님은 그것은 제의적·형식적 굶음에 지나지 않는 것, 자기가 의미하는 것은 바로 '마음을 굶기는 것[心齋]'이라 대답한다. 이어서 마음을 굶긴다는 것은 바로 '도道가 들어올 수 있도록 자기를 비우는 것[唯道集虛 虛者心齋也]'이라고 말하고 이것이 가능하거든 그때 위나라로 가라고 한다.

여기서 종교인은 사회 문제나 정치 문제에 관여하지 말아야 한다고 주장하는 것이 절대 아니다. 오히려 그와는 정반대다. 진정한 종교인이라면 관여 안 할 수가 없다. 다만 우리의 현실 참여가 진정으로 자기를 비우고 자기를 죽인 종교적·신앙적 무아의 경지에서 이루어진 것인가, 적어도 그런 자각 위에 기초된 것인가, 혹은 이웃과 사회를 위해 봉사한다는 미명 아래 자기의 유익을 추구하는 자기중심적 목적을 성취하려는 것은 아닌가 등을 냉철히 검토할 것을 지적하고 싶을 따름이다.

사실 자기를 비우고 하느님과 하나 된 사람이 할 일은 궁극적으로 이웃과 사회를 위해 몸 바쳐 일하는 것이다. 사회 참여나 정치를 직업으로 하는 그런 정치꾼이 된다는 뜻이 아니라 관심과 사랑과 활동이 정치적 영역을 포함하는 모든 인간의 영역까지 뚫고 들어가고 그것을 포괄하는 것이다. 엄격한 의미에서, 앞서 수차 지적했듯이, 그가 하는 모든 것은 그가 하는 것이 아니라 하느님이 하시는 것이요, 그는 단지 하느님의 도구로 쓰일 뿐인 것이다. 사회 참여를 하느냐 안 하느냐가 문제가 아니라 어떤 원리에 입각해서 하느냐가 문제다.

간디의 말, '종교가 정치와 무관하다고 말하는 사람은 종교가 무엇인지 모르는 사람이다'라는 말이 생각난다. 종교는 '참아라, 눈감아라, 그리고 천국 갈 꿈이나 꾸어라' 하는 식의 창백하고 얼빠진 무사안일주의, 내세지향주의로 자기를 도사리는 태도가 아니다.

자기를 비운 참사랑은 온 우주를 감싸는 역동적인 힘으로 작용한다. 이렇게 자기를 비우고 하느님과 하나가 된다는 것이 참 종교의 알파와 오메가요, 진정한 종교적 삶의 바탕을 이루는 기본 원리다. 종교란 '자기중심주의의 극복'이라고 단적으로 꼬집어 말한 영국의 유명한 역사가 아놀드 토인비Arnold Toynbee의 말이 생각난다.

종교라고 했을 때 내가 의미하는 것은, 우주를 초월하는 영적 실재와의 관계에 들어감으로써 그리고 우리의 의지를 그것과 조화시킴으로써 개인과 단체에서 자기중심주의를 극복하는 것을 말한다. 이것이 평화를 위한 유일한 열쇠라고 생각한다. 그러나 우리는 이 열쇠를 집어서 사용하는 것과는 너무나도 거리가 먼 입장에 있다. 우리가 이 열쇠를 집어서 사용하게 되기까지에는 인류의 존속이 항상 의심스러운 상태를 면치 못하게 될 것이다.[44]

나무는 그 열매를 보고 안다. 종교인, 신앙인이라는 사람들이 참 종교인, 참 신앙인인지 아닌지를 알아보는 것은 비교적 간단한 일이다. 아무리 청산유수로 말을 잘하고, 설득력 있고, 위세 당당하고, 하느님을 사랑한다 하고, 예수님의 이름으로 교회와 사회를 위하여 훌륭한 일을 많이 하고, 심지어 초자연적인 능력을 발휘할 수 있는 사람이라 해도 아직도 그 말과 행동과 생각이 자기중심주의 원리에서 이루어지고 그 속에 '나'라는 의식이 생생히 살아 있으면, 그는 아직도 참 종교와 상관이 없는 사람이라 보아도 틀림이 없다. 잎만 무성한 무화과나무요, 종교의 껍데기만 쓴 비종교인, 비신앙인이다.

예수님께서도 분명히 말씀하셨다. '그 날에 많은 사람이 나더러 이르되 주여 주여 우리가 주의 이름으로 선지자 노릇하며 주의 이름으로 귀신을 쫓아내며 주의 이름으로 많은 권능을 행치 아니하였나이까 하리니 그때에 내가 저희에게 밝히 말하되 내가 너희를 도무지 알지 못하니 불법을 행하는 자들아 내게서 떠나가라 하리라(마태복음 7 : 22~23).' 아무리 예수님의 이름으로 온갖 훌륭한 일을 다 했어도 그것이 자기를 잊고 자기를 비우는 진정한 사랑에 근거한 것이 아니라 오로지 자기 자신이나 자기 교파나 자기 집단의 이익을 위해 결국 예수님의 이름을 팔아 자기 뱃속만 불리는 것이었다면 그들은 모리배 같은 불법자라는 것이다.

기독교에 속했다거나 예수님의 이름으로 무슨 일을 한다거나 하면 다 되는 것이 아니다. 근본적인 문제는 예수님의 이름을 떠받들고 외우며 다니느냐 아니냐가 아니라 예수님처럼 우리의 헛된 자아를 없앰으로써 참 자아를 찾는 데 힘을 쓰는 참된 종교적 태도를 갖추었는지 아닌지다. 진정으로 자기를 빼버린 순수한 사랑, 이 신비스런 참사랑을 터득하고, 실천하고, 가르치는 사람만이, 입으로 예수님의 이름을 외우든 말든, 심지어 그리스도인이든 유대인이든, 할례 받은 이든 아니든, 야만인이든 아니든, 종이든 자유인이든(골로새서 3 : 11), 인종, 종교, 교육, 사회적 신분에 상관없이 참으로 예수님이 지적해주신 '자유에의 길'을 걷는 참 신앙인이 아니겠는가?

자유에 이르는 여러 가지 길

한 가지 참고로 자유에 이르는 몇 가지 가능한 길에 대해 언급하고 이 장을 끝내고 싶다. 힌두교 전통에 의하면, 참 자유(목샤)에 이르는 길, 우리가 여기서 말하는 '얽매이지 않는 삶'에 이르는 길은 세 가지라고 한다. 누구나 자기의 성향에 따라 그중 하나를 골라 가면 궁극적으로는 자유에 이르게 된다고 한다. 첫째는 지혜智慧의 길jñāna-mārga, 둘째는 신애信愛의 길bhakti-mārga, 셋째는 행위行爲의 길karma-mārga로서, 지혜의 길은 사색적인 자세를 가진 사람에게, 신애의 길은 감성적인 사람에게, 행위의 길은 활동적인 사람에게 적절한 길이다. 지혜의 길은 예지와 직관을 통해 궁극 실재와 하나가 되기 위해 수행하는 것으로, 어느 면에서 가장 효과적인 지름길이라고 할 수 있지만 동시에 가장 가파른 길이기 때문에 많은 사람이 엄두를 못 내는 길이기도 하다. 신애의 길은 궁극 실재를 인격적인 신으로 상정하고 자나 깨나 신의 이름을 외우는 등 그 신을 지극 정성으로 사모하고 사랑하는 수련으로, 가장 많은 사람이 따르는 길이다. 행위의 길은 일상생활에서 주어진 의무를 성실히 수행

하고 남을 위한 봉사에 최선을 다하는 길이다.[45]

미국 종교학자 캐넌Cannon은 세계 여러 종교를 검토한 다음 이런 힌두교의 전통적 분류법을 좀 더 세분하고 있다. 그에 의하면 세계의 여러 종교는 나름대로 생각하는 바의 궁극 실재Ultimate Reality로 나아가는 길, 그 궁극 실재와 '하나 됨at-one-ment'을 향한 길이 여섯 가지라고 한다. 이를 간단히 예거하면 1) 의식儀式을 통한 길the way of sacred rite, 2) 바른 행동을 통한 길the way of right action, 3) 경배를 통한 길the way of devotion, 4) 무속적 중재를 통한 길shamanic mediation, 5) 신비적인 추구mystical quest, 6) 예지적 탐색reasoned inquiry이다.[46]

결국 여기서 강조하고 싶은 것은 세 가지 길이든, 네 가지 길이든, 여섯 가지 길이든 이 모든 길에서 가장 공통적이면서 기본적인 요소는 바로 나를 비우고 잊어버리고 부정함으로써 자아에서 해방되는 것이라는 점이다. 깊은 명상, 신에 대한 절대적인 헌신과 사랑, 남을 위해 자기를 던지는 거룩한 행위, 신을 향해 무릎 꿇는 경건한 의례儀禮, 신과의 합일에서 맛보는 황홀함 등은 지금의 나를 가지고 있는 한 불가능하다는 것이다. 다시 한번 나로부터의 해방이 참된 변화와 자유의 전제 조건임을 확인하게 된다.

3

믿음의 길

오, 주님
제가 주님을 섬김이
지옥의 두려움 때문이라면
저를 지옥불에 태워버리시고
그것이 낙원의 소망 때문이라면
저를 낙원에서 쫓아내버리시옵소서

수피의 성녀 라비아

-

그런데 우리는 왜 하느님을 사랑하는 것인가? 여기서 하느님을 사랑하는 것이 궁극적으로 무엇을 위한 것인가를 한번 깊이 생각해볼 필요가 있다. 하느님을 사랑함으로써 하느님의 사랑을 되돌려받자는 것인가? 은총이나 은혜를 받아보자는 뇌물 공세 같은 것인가? 나중에 무슨 형벌을 피해보자는 예방책으로 아양을 떠는 것인가? 하느님을 사랑한다는 것은 결코 이렇게 하느님의 사랑이나 총애나 주목을 끌기 위한 얄팍한 공리주의적 목적 때문일 수가 없다.

1

믿는다는 것

이제 종교에서 '믿는다'는 것이 무엇인지 한번 생각해보았으면 한다. 그리고 계속해서 믿는다는 것과 관계되는 몇 가지 문제, '믿음의 길'에서 어쩔 수 없이 짚고 넘어가야 할 징검다리에 대해 함께 생각해본다. 한인 교포 중 70~80퍼센트가 교회에 나가는 현실을 감안해서 여기서는 기독교를 예로 들어 이야기를 펼쳐가기로 한다. 그러나 그 원리만큼은 다른 종교에도 원용될 수 있으리라 믿는다.

'주 예수를 믿으라 그리하면 너와 네 집이 구원을 얻으리라(사도행전 16 : 31)'고 한 말씀, 너무나도 귀에 익은 말씀이 아닌가? 지금도 여전한지 모르겠으나 예전에 한국을 떠나기 전 종로에서 이 말씀을 큰 글씨로 써서 몸에 붙이거나 깃발처럼 들고 다니며 큰 소리로 외치던 사람의 모습이 떠오른다.[1] 그렇다. '주 예수를 믿으면 구원을 얻는다는 것, 그를 믿는 자마다 멸망치 않고 영생을 얻게(요한복음 3 : 16)' 된다는 것은, 올바로 이해되고 실천되기만 한다면 더할 수 없이 진실된 말씀임을 많은 사람이 믿듯이 나도 굳게 믿는다.

그런데 요는 어떻게 하는 것이 '주 예수를 믿는 것'인가 하는 문제다. 이런 말을 꺼내면 믿음이 독실한 분 중에는 '그저 덮어놓고' 혹은 '무조건' 믿으라는 분이 있다. 우리도 덮어놓고 무조건 단순히 믿고 싶지만 어떻게 해야 그렇게 할 수 있는지라도 알아야 그렇게 할 수 있을 게 아닌가? 덮어놓고 믿기 위해서라도 도대체 예수를 믿는다는 것이 구체적으로 무엇을 뜻하는지 좀 생각해보지 않을 수 없다.[2]

앞에서 제안했듯이 어느 교파나 전통의 공식 입장에 매이지 않고 '우리 나름대로' 허심탄회하게 이 문제를 한번 두드려봄으로써, 믿는다는 것, 특히 예수를 믿는다는 것이 우리에게 진정으로 어떤 의미를 주는 것인가 더욱 분명히 했으면 한다.

교회에 나가는 것

그리스도교를 예로 들어 믿는다고 하면 우리는 우선 교회에 나가는 것부터 생각한다. 교회에 나가는 것이 곧 예수를 믿는 것이라 생각하는 것이다. 그러나 교회에 나가는 구체적 이유를 물으면 무슨 대답들을 할까? 사람에 따라서 다르겠지만 대략 이런 답이 나오지 않을까 생각한다.

첫째, 세상살이로 여러 가지 골치 아픈데 일주일에 하루쯤이라도 그동안 하던 일을 깨끗이 잊어버리고 푹 쉬어볼 수 있다는 것, 특히 이민 교회의 경우 이민 생활에서 오는 쓸쓸하고 울적한 마음을 그래도 일주일에 한 번쯤은 한국 사람끼리 모여 시원스럽게 한국말로 실컷 이야기해볼 수도 있고, 직장 생활이다 뭐다 서로들 바빠 만나지 못하던 사람들이 편리하게 한자리에 모일 수도 있기 때문일 것이다. 또 가끔씩 같이 소풍도 가고, 오락회도 하고, 바자회도 열고, 각종 경기도 할 수 있다는 것, 또 대부분 사회에서 눈치코치 보아가며 일하다가 그래도 하루쯤은 기를 펴고 집사님, 권사님, 장로님, 구역장님, 이도 저도 아니면 성도님이니 하는 대접을 받을 수도 있다는 것, 사회적·경제적으로 번쩍거리는 경력을 가졌거나 가지고 있는 사람인 경우, 그로 인해 교회에서 목사님, 장로님들까지 특별 대접을 해주는데 적어도 살맛이 그만큼 더 증가된다는 것 등등 사교적·오락적 유익을 위해 교회에 나간다는 사람들이 있다.

둘째, 교회에 나감으로써 지적으로 발전할 수 있어서 좋다는 사람도 있을 것이다. 목사님의 설교 중에서나 교우 간의 토론 과정에서 가끔씩 유식한 말씀도 들을 수 있고 또 더러는 서양 문화의 기틀인 기독교를 그래도 상식적으로는 알아야 현대 사회에서 교양인으로서의 체모를 유지할 수 있기에, 교회에 가면 이런 것도 배울 수 있고, 교우끼리 생활에 필요한 정보도 교환하고, 기타 견문도 넓히고 등등, 지적·교양적 유익을 얻을 수 있다는 것이 그 이유라고 지적하는 사람도 있다.

셋째, 교회에 가면, 나쁜 짓 하지 말고 착한 일 많이 해서 좋은 사람 되라는 말씀을 많이 듣게 되고 경우에 따라서는 지금껏 계속해서 마시던 술, 하루가 멀다 하고 하던 부부 싸움 같은 것도 끊을 수 있으므로 기타 도덕적·윤리적인 면에서 도움을 받을 수 있어서 교회에 다닌다는 사람도 있을 것이다.

넷째, 좀 활동적이고 적극적인 사람에게는 교회야말로 한데 뭉쳐서 집단 활동을 할 수 있는 가장 편리한 기관이기도 하다. 같이 모여서 구제 사업, 사회 정의 구현, 교육 사업 등 사회 참여와 봉사를 위한 기회를 가질 수 있어서 교회에 나간다고 하는 사람도 있을 것이다.

다섯째, 경제적인 이유도 있을 수 있다. 직업으로서의 목사직 때문에 교회에 나가는 상당수의 목사와 그 식구들은 말할 것도 없고, 교우 상대로 사업을 하는 사람들도 교회에 나감으로써 더 많은 '고객'과 접할 수 있고, 그 때문에 생기는 금전적·경제적 이익을 계산에 넣어 교회에 다니는 경우가 있을 것이다.

여섯째, '뭐니 뭐니 해도 복을 많이 받아야 잘사는 것, 복 받기 위해 교회에 다닌다'고 하는 사람들이 많다. 교회에 가서 헌금 열심히 내고 새벽 기도, 통성 기도, 합심 기도, 안수 기도 등 기도 많이 하고, 부흥회에 열심히 참석하고, 교회의 가르침대로 지킬 것 잘 지키고, 교회와 목사님을 위해 '교회 봉사' 많이 하고, 전도 열심히 하면 거기에 비례해서 재물, 무병, 출세 등 복이 떨어지고 또 그 복을 쌓을 곳이 없도록 많이 받아 한번 남 보란 듯 잘살아보자고 하는 마음 때문이다.

일곱째, '구원'을 얻으러 교회에 나가는 것이다. 순수하게 인간의 한계를 깨닫고 이를 극복하기 위한 수단으로 교회에 나가는 사람들도 있다. 그러나 상당수 사람들의 경우, 인생살이는 고달파지고, 여러 가지 좌절과 문제에 부딪혀 이제 이 세상에는 희망이 없는 것 같으니, 교회에 열심히 다니며 예수 잘 믿어서 죽어서나 한몫 보자는 생각이다. 심지어 지금 이 세상에서 예수 안 믿고도 나보다 더 잘됐다고 거들먹거리며 꼴사납게 굴던 친구들, 나중에 지옥 불에 훨훨 타는 것을 보면 '그것 봐라' 하고 통쾌하게 한마디 던져줄 수 있으리라는 기대와 꿈으로 교회에 다니는 이도 더러 있다.

이외에도 잡다한 다른 이유가 있을 것이다. 앞에서 말한 이유 중 한두 가지 때문에 다니는 분도 있을 것이고 다목적적인 것을 좋아하는 경우, 여러 목적을 동시에 충족시키기 위해 다니는 수도 있다. 그런가 하면 구태여 무슨 뚜렷한 이유나 목적이 있어서가 아니라 친구 따라 장에 가듯 모두 간다니 어영부영 다니고, 그러다 보니 이런 것 저런 것 다 될 수 있다고 해서 건성으로나마 그렇겠지 하며 다니는 사람도 있다.

심리학자 에리히 프롬은 기독교의 본래 정신에 입각해서 살지도 않는 많은 사람이 '마음의 변화'는 없이 오로지 '교회에만 종속'되어 사는 이유가 어디 있는지를 분석한다. 그가 지적한 몇 가지 이유 중 하나는, 예수님을 믿는 것을 일종의 편리를 위한 도구쯤으로 생각하기 때문이라는 것이다. 우리가 하지 못하는 것, 하려고도 하지 않는 것을 예수님이 모두 나 '대신' 해주셨고 또 해주시리라는 편리한 믿음을 가지고 살아간다는 뜻이다. 나 대신 고난을 당하시고, 나 대신 남 사랑하는 일 다 하시고, 나 대신 십자가 형벌을 받으셨으니 나는 그저 그의 공로로 편히 놀고먹을 수 있다는 생각이다. 따라서 끊임없이 '예수님의 공로', '예수님의 은혜'만 찾고, '그저 믿습니다'만 연발하면 되는 줄로 안다.[3]

본회퍼가 말한 대로 '제자 됨의 값the cost of discipline'은 생각하지 않고 '값싼 은혜cheap grace'만 좋아하는 것이다. 구원은 무상이지만 값싼 것이 아니라는 걸 모르고 있다. 십자가를 '지고 간다'는 생각은 꿈에도 없고 오로지 '타고 가겠다'는 생각뿐이다.

오해하지 마시기 바란다. 나는 앞에서 말한 교회에 대한 구체적 기대라든가, 실제적으로 교회가 제공하고 있는 이런 기능을 모두 부정적으로만 보는 것이 절대로 아니다. 교회의 3대 기능으로서 설교(케리그마)와 함께 친교(코이노니아), 봉사(디아코니아)를 들고 있지 않는가? 이런 친교적·봉사적, 심지어 기복적 기능을 필요로 하는 일부 사람에게는 교회가 그 필요를 충족시켜줄 수 있어야 한다고 믿는다. 장난감은 어린아이에게 나쁜 것이 절대로 아니다.

그러나 예수를 믿는다는 것이 이런 사교적·지적·윤리적·경제적·사회적·기복적·초자연적인 이유만을 위해 교회에 나가는 것을 의미할까? 이런 식으로 우물쭈물 교회에 다니는 것이 예수를 믿는 것이고, 이렇게 하다 보면 달이 가고 해가 가서 언젠가 세상이 끝나는 날 예수님 계시는 곳으로 옮겨져 거기서 세세토록 왕 노릇하며 살게 되는 것이 이른바 '구원'을 얻는 것일까?[4]

교리를 받아들이는 것

우리 중 어떤 분은 '예수 믿는다'는 것을 좀 더 신학적·교리적인 면에서 이해하려 하는 것 같다. 이런 분은 예수님을 믿는다는 것을 예수님에 대한 전통적 교리를 믿는 것으로 이해한다. 〈사도신경〉에 있듯이 '그 외아들 우리 주 예수 그리스도를 믿사오니, 이는 성령으로 잉태하사 동정녀 마리아에게 나시고, 본디오 빌라도에게 고난을 받으사, 십자가에 못 박혀 죽으시고, 장사한 지 사흘 만에 죽은 자 가운데서 다시 살아나시며, 하늘에 오르사 전능하신 하나님 우편에 앉아 계시다가, 저리로서

산 자와 죽은 자를 심판하러 오시리라'는 것을 문자 그대로 수납하는 것이 곧 예수님을 믿는 것이라는 생각이다.

따라서 예수님의 인성, 신성, 성육신, 하느님의 아들 되심, 삼위일체, 동정녀 탄생, 고난, 십자가, 부활, 승천, 중보, 재림 등에 관한 복잡다단한 교리를 금과옥조처럼 외우고 따지고 해설하고 주장한다. 이것이 기독교 신앙의 근본이며 표준이라고 역설한다. 이것을 문자대로 수납하고 그대로 고백하면 그리스도인이요, 그렇지 않으면 비그리스도인이고, 또 그렇게 하더라도 자기 교회에서 전통적으로 가르친 교리에 어긋남 없이 바로 하지 않으면 이단, 사단이라고 판정한다. 예수님에 '관한' 교리를 절대화하고 그것을 만고불변의 '진리'로 수납하는 것이 곧 예수를 믿는 것이라는 주장이다.

여기서 이런 교리를 두고 왈가왈부하거나 이런 교리가 모두 틀렸다고 지적할 생각은 조금도 없다. 다만 예수님을 믿는다는 것이 과연 예수님에 대한 특정 신조나 교리를 고백하는 것만일 수 있을까 하는 것을 지적하고 싶을 뿐이다.

세례를 위한 문답 시간에 목사님이 어느 할머니에게, 예수님이 누구 죄 때문에 십자가에서 돌아가셨나요? 하고 물었는데, 할머니가 얼른 대답을 못했다. 옆에 있던 며느리가 할머니 옆구리를 찌르면서 작은 목소리로 '저의 죄를 위해 돌아가셨다고 그러셔요' 하고 일러주었다. 그러자 할머니는 얼른 알아차렸다는 듯이 '내 며느리 죄 때문에 돌아가셨다'고 대답했다는 우스개 이야기를 들은 적이 있다. 그 할머니가 나중에 어찌 되었는지는 모르겠지만 설령 말을 바꿔서 며느리 죄가 아니라 내 죄 때문에 돌아가셨다고 고백하게 됐다손 치더라도 그런 고백이 할머니가 예수님을 믿는 것과 얼마나 큰 관계가 있겠는가?

하느님의 아들이 인간이 되어 내 죄를 위해 피 흘리심으로 내가 죄 사함을 받고 구원을 얻는다는 것을,[5] 지금 진정으로 의미 있는 말씀으로 받아들일 수 있다면 그것은 실로 큰 믿음의 은사다. 이런 믿음을 통해 삶이 바뀌고 삶의 의미와 기쁨과 보람을 찾는 방향으로 나아가게 된다면 그보다 다행스런 일이 없을 것이다.

그러나 불행한 사실은 이제 이런 교리가 대다수의 사람들에게 그렇게 의미 있는 것으로 여겨지지 않는다는 것이다. 사실 이런 것이 믿어지지 않는다고 고민할 필요는 없다. 이는 신학자 한스 큉도 지적했듯이 로마 시대의 형법 사상을 기초로 성립된 이런 특수 해석을 믿고 안 믿고가 기독교의 핵심 문제도 아닐뿐더러, 성경의 기본 메시지도 아니기 때문이다.[6]

예수님이 완전한 하느님이시고 동시에 완전한 인간이셨다는 교리, 신성神性과 인성人性을 동시에 겸유하셨다고 주장하는 이른바 양성론兩性論이라는 것도 마찬가지다. 4세기 이후 8세기까지의 교회 공의회에서 제정, 공포된 이 같은 고전적 기독론은 그 당시 서양 세계의 가장 보편적 세계관이었던 그리스 철학의 도움으로 형성된 하나의 역사적 산물이라는 것을, 교리사를 올바로 읽은 사람이면 누구나 알 수 있다. 지금 입장에서 보면 사실 이런 교리는 신약에 나타난 예수님의 본래적 메시지를 그리스적으로 번역한 '빈약한 번역'에 불과하다.[7]

물론 이 교리가 그 당시 제약된 철학적 바탕에서 형성된 것 중 그래도 가장 광범위하게 수용된 형식이었겠지만 이제 그리스 세계에 살지도 않고, 그리스적 사고 양식이나 범주에 의존해 사고하지도 않는 현대인이 이것을 그대로 이해하고 믿으리라고 기대하는 것은 무리일 뿐만 아니라 그렇게 기대해서도 안 된다. 예수를 믿는 것은 이렇게 역사적 조건에 의해 고정된 특수 교리를 받아들이느냐 거절하느냐와는 직접적인 연관이 없다. 역사적 문맥과 상관없이 이런 교리를 '덮어놓고' 받아들이면 오히려 진정으로 예수님이 오늘 우리에게 어떤 의미를 주시는 분인가 하는 것을 이해하지 못하게 되는 위험에 빠질 수도 있다.

이 문제와 관련하여 도미니크회 신부 그레이엄Dom Aelred Graham의 다음 말은 의미심장하다.

예수님과 그의 메시지에 대한 전통적 해석 그리고 그 해석에 대한 교회의 성찰은 지금까지 알려지지 않은 시각에서 재검토되어야 할 필요가 있다. 기독교는 그 유산 중에서 진정으로 종교적인 것을, 예루살렘, 아테네, 로마에서 흘러나온 문화적 종합의 소산으로부터 분간해내려면 어쩔 수 없이 근본적인 자기 성찰을 감행하지 않을 수 없을 것이다.[8]

여기서 구체적으로 예수님의 인성, 신성을 어떻게 믿어야 한다고 제시할 수는 없다. 이 문제는 절대적으로 객관적이며 보편적인 무엇을 찾아낼 성질의 것이 아니기 때문이다. 각자 자기 믿음의 길에 도움이 되는 대로 이해하고 고백하면 좋을 것이다.

예수님을 하느님 아들로 믿음으로써, 어느 할머니가 말씀하신 것처럼 '하느님 아들마저도 이 세상에서 그런 수모와 고생을 겪으셨는데 나라고 그런 고생을 당하지 않고 지내라는 법이 어디 있겠어요. 어떤 어려움이 닥치더라도 예수님을 바라보며 참고 견디지요, 뭐' 하는 식의 마음을 갖게 된다면 그 믿음은 할머니의 삶에 큰 도움을 주는 것이므로 그대로 믿는 것이 좋다고 생각한다.

반면 그 할머니 아들의 경우를 보자. 그는 '하느님의 아들이 자기가 사흘 만에 살아날 것을 미리 다 알고 외계에서 잠깐 이 세상에 나들이 하러 온 기분으로 내려와서는 잠시 사람의 모양을 쓰고 고난을 당했다는 것이 뭐 그리 대단할 것 있는가? 잠깐 내려와 가면극 같은 쇼만 하고 올라가버린 그런 식의 예수라면 별 신통한 것이 없다. 그런 짜고 치는 고스톱 같은 짓은 나도 하겠다. 예수고 뭐고 이제 다 집어치워버리겠다'고 생각할 수도 있다. 그 젊은이의 경우 예수님이 전적으로 우리와 같은 인간으로서 그처럼 숭고하고 멋있게 고난을 이기셨고 그러기에 우리도 그를 바라보며 고난을 극복할 수 있는 힘을 얻는다는 식으로 믿는 것이 영적 발전에 도움이 되리라 생각한다.

다시 강조하지만, 성경에서 말하는 믿음이란 예수님을 믿는 것이지 그의 인성을 믿느냐 신성을 믿느냐, 혹은 둘 다를 믿느냐 하는 등의 교리 논쟁과는 직접적인 관계가 없다.

백부장의 믿음, 예수의 믿음

성서 복음서에 이런 이야기가 있다. 예수님이 가버나움에 이르렀을 때 로마 군대의 한 백부장이 예수께 나와 자기 종이 중풍으로 누워 몹시 고생하고 있으니 좀 고쳐달라고 간청했다. 예수님은 이를 응낙하고 같이 그의 집으로 가자고 하셨다. 그러자 백부장은 "주님, 저는 주님을 제

집에 모실 자격이 없습니다. 말씀만 하십시오. 그러면 제 종이 낫겠습니다. 저도 상관을 받드는 사람이고, 제 밑에도 군인들이 있어 제가 이 사람더러 '가라' 하면 가고 '오라' 하면 옵니다. 또 제 종더러 '이것을 하라' 하면 합니다"고 했다. 예수님은 이 말을 듣고 감탄하면서 "지금까지 내가 이스라엘 사람들 가운데서 '이런 믿음'을 본 일이 없다"고 했다.[9]

여기서 주목할 것은, 예수님에 대해 인성이니 신성이니 하는 특정 교리를 배운 일도 없고 더구나 그런 것을 받아들인 적도 없는 이방인 백부장을 보고 '이런 믿음'이라고 하신 예수님의 말씀이다. 적어도 여기서 말하는 믿음은 예수님께서 하느님의 아들이냐 아니냐 하는 따위의 사변적 문제를 따지는 등, 예수님의 신분의 어떠함에 관한 것이 아니라는 사실이다.

여기서 다시 한번 강조한다. 예수를 믿는다는 것은 교회가 특정 시기에 특정 필요에 따라 채택한 '예수님에 관한 교리'를 믿는 것이 아니라는 것이다. 예수를 믿는 믿음은 궁극적으로 '예수님에 관한 믿음faith about Jesus'이 아니라 '예수님의 믿음faith of Jesus'을 우리도 그대로 받아들인다는 것이다. 예수님과 더불어 믿는 것, 예수님을 따라 믿는 것, 예수님처럼 믿는 것, 예수님과 같은 믿음을 갖는 것이다. 그리스도론Christology의 문제가 아니라 '그리스도를 본받음imitatio Christi'의 문제라는 것이다.[10]

사실 공관 복음서(마태복음, 마가복음, 누가복음)에 나타난 대로의 예수님은 자기 스스로를 선포하신 일이 없다. 내가 하느님의 아들이요, 하느님이니 너희는 나를 그렇게 믿으라고 하시지 않았다. 공허한 이론을 따지며 예수님이 누구신가를 형이상학적으로, 본체론적으로 캐고 앉아 있는

것은 예수님이 우리에게 요구하신 일이 아니다.[11]

그리스도인이 된다는 것은 결국 '그리스도같이Christ-like' 되는 것이다. 예수님을 믿는다는 것은 예수님도 인간적 제약을 극복하고 삶에서 승리하셨으니 우리도 그렇게 할 수 있다는 굳은 믿음을 가지고 그를 따라가는 것, 그리하여 그가 실존의 한계를 초월하여 자유를 얻은 것처럼 우리도 그 자유의 세계를 향해 나가겠다는 마음이 그 핵심이라고 본다.

이렇게 말하면 예수님은 하느님의 아들이셨으니까 우리와는 다르지 않은가? 우리가 감히 어떻게 그가 사신 삶의 원리대로 살 수 있단 말인가? 이것은 엄두도 못 낼 일이요, 이를 시도하는 것은 우리의 분수를 모르는 교만이라고 생각하며 꽁무니를 빼고 싶은 것도 사실이다.

그러나 이런 마음을 갖는 것은 예수님이 '참으로 하느님vero Deus'이시요, '참으로 사람vero homo'이시라는 교리에도 어긋나는 일이고, 예수님은 모든 일에 '우리와 한결같이 시험을 받은 자(히브리서 4 : 15)'라는 성경의 가르침에도 맞지 않는다. 예수님은 '철두철미 완전한 사람'으로서 우리처럼 슬픔과 고독과 절망과 고뇌와 고난과 유혹을 다 당하시고 우리처럼 넘어지고 좌절할 수밖에 없는 처지에서 이것을 이기신 분, 성경의 용어대로 하면 '죄 없으신 분'이었다.

예수님이 철저히 인간적 처지에서 시험을 당하셨다는 것을 부정함은 예수님의 시험이 하나의 우스갯거리에 지나지 않았다고 주장하는 것과 다를 바가 없다. 예수님의 그리스도 되심은 이처럼 모든 면에서 우리와 '한결'같으셨지만 그런 만큼 우리와 다르셨다고 하는 점이다. 그리스도인의 최대 과업은 이 둘 사이에 있는 간격을 메우는 일이다. 좀 거창한 용어로 말하면, '지금의 우리 실존existence'으로부터 '되어야 할 우리 본질essence'로 옮겨가는 변화의 원형을 예수님의 그리스도 되심에서 찾아 이를 실현하려는 것이라 할 수 있다.[12]

메타노이아

지금까지 예수님을 믿는다는 것은 예수께서 삶과 죽음을 통해 몸소 가르치고 실증하신 그 방법, 그 스타일대로 사는 것이 아니겠는가 하는 이야기를 했는데, 이런 경우 우리가 묻지 않을 수 없는 첫째 질문은 예수님이 가르치신 것이 무엇인가, 그가 전하신 복음의 핵심은 무엇인가 하는 점이다.

복음서의 기록에 의하면 예수님이 가르침을 시작할 때 제일 먼저 외치신 것 그리고 그의 말과 행동과 생각의 중심을 이룬 것은 '회개하라 천국이 가까웠느니라(마태복음 4 : 17)' 하는 것이었다.

전에도 잠깐 언급했지만, 여기서 '회개悔改'란 과거의 잘못을 '뉘우치고 고친다'는 정도의 것이 아니다. 예수님의 '회개치 아니하면 다 이와 같이 망하리라(누가복음 13 : 3)'고 하신 말씀처럼 이는 우리의 사활에 관계되는 문제다.

원문의 '메타노이아'가 의미하는 것은 '의식 구조의 개변'이다. 보는 눈이 달라지고 가치관과 세계관이 변화되는 것이다. 실재를 꿰뚫어 보는 눈을 뜨는 것이다. 허상을 벗기고 실상을 찾는 일이다. 일상적인 용어를 쓰면 '사물을 있는 그대로 보는 것' 혹은 '사물의 본성'을 보는 것이요, 성경의 용어로 하면 '그의 계신 그대로 볼 것(요한일서 3 : 2)' 혹은 '얼굴과 얼굴을 대하여 볼 것(고린도전서 13 : 12)'이다. 예수님의 표현대로 하면 '어린아이처럼 되는 것(마태복음 18 : 3)', '마음이 청결해지는 것(마태복음 5 : 8)' 등이다. 심리학적 용어로 하면 '새로운 의식' 혹은 '우주 의식cosmic consciousness'을 갖게 되는 것, 철학적으로는 '특수 인식 능력의 활성화'이며, 시적으로 표현하면 영국 시인 윌리엄 블레이크William Blake가 말한 대로 '감각의 문들the doors of perception'을 깨끗이 하는 일이다.

요점은 결국 예수님이 우리에게 전하는 기본 메시지가 결국 참 실재, 참 하느님, 그의 빛, 그의 생명으로 들어가라는 이 '메타노이아'로의 초청이라는 것이다.

하느님의 뜻

그러면 예수님은 '메타노이아'를 이루기 위해 스스로 어떤 삶의 스타일, 마음의 태도를 취하셨을까? 여기서 예수님의 생애와 사상을 가지고 길게 이야기할 수는 없지만 적어도 우리가 복음서에서 읽는 바대로 그리고 지금 말하고 있는 맥락에서 말한다면, 예수님은 철두철미 '하느님의 뜻'을 따라 사셨다고 보고 싶다.

그는 모든 일에 하느님의 뜻을 첫째로 삼는 삶의 방식을 택하셨다. 먹든지 마시든지 하느님의 영광을 위해, '그의 뜻이 하늘에서 이루어진 것처럼 땅에서도 이루어지도록' 하기 위해 사셨다. '주여 주여 할 것이 아니라 하느님의 뜻을 행해야 될 것'이라고 하시고 '하느님의 뜻을 행하는 자가 바로 그의 형제요, 자매요, 어머니라'고 생각하며 사셨다. 하느님의 뜻을 받드는 일 그리하여 그것이 하느님의 뜻이라면 그 어떤 고난의 가시밭길이라도 마다하지 않으시고, 친구나 친척이나 부모와의 결별도 각오하셨으며, 심지어 죽음의 쓴 잔이라도 받아 마시는 삶을 사신 것이다.

하느님의 뜻을 받든다는 것은 무엇을 의미하는가? 하느님의 계명을 자구字句에 따라 지키는 것 혹은 그 계명에 대한 어느 교회의 '유권적' 해석을 그대로 따르는 것인가?

하느님의 뜻을 따른다는 것은, 뒤집어 말하면, 하느님의 뜻과 반대되는 '나의 뜻'을 버리는 일이다. '당신의 뜻이 이루어지이다' 하는 것은 '나의 뜻이 아니오라' 하는 것이다. '당신의 나라가 임하옵시며' 하는 것은 '나의 나라는 사라지게 하옵시며' 하는 것이다. 예수님처럼 하느님의 뜻을 100퍼센트 그대로 행하도록 노력한다는 것은 지금까지 지니고 살아온 욕심, 이기심, 자기 뜻 추구, 자기 이익 추구, 자기 확대, 자기 자랑 등 '우리를 얽매기 쉬운 모든 것'을 완전히 버리는 것이다. 한마디로 자기중심주의를 버리는 것, 자기를 부인하는 것, 자기를 비우는 것이다.

그러기에 예수님 스스로도 '아무든지 나를 따라오려거든 자기를 부인하고 자기 십자가를 지고 나를 좇을 것(마태복음 16 : 24)'이라고 선언하신 것이 아닌가? '메타노이아'의 체험을 갖는다는 것, 실재를 본다는 것은 '나'를 비우는 작업이 없고는 불가능함을 말해준다.

20세기 인도 최고의 철학자 중 한 사람인 라다크리슈난 교수는, '종교는 실재를 파지把持하려는 부단한 노력이다. 궁극 실재를 파지하는 것은 극기와 자제의 생활을 통해서만 가능하다'고 했다.[13] 여기서도 나를 비움이 메타노이아의 길에 필수적인 선행 조건임을 강조하는 셈이다. '나'와 관련되는 기대, 필요, 소원 등은 모두 의식 구조에 영향을 주어

사물의 실상을 그대로 보지 못하게 하므로 이런 것을 점점 줄여가는 과정, 이것이 소위 사는 연습이요, 영적 훈련이 아닌가 한다.

하느님의 뜻만을 전적으로 이행한 예수님의 생애는 시종 자기를 비우는 일로 일관되었다. 하느님을 위하여, 인간을 위하여, 자기를 내어주고 마침내는 십자가에 매달리기까지 하셨다. 사도 바울도 예수님의 참모습을 소개하면서 '그가 비웠다'는 점을 강조하였다. 이런 관점에서 예수님을 보는 것이 이른바 '비움의 기독론kenotic Christology'이다.

> 너희 안에 이 마음을 품으라 곧 그리스도 예수의 마음이니 그는 근본 하나님의 본체시나 하나님과 동등됨을 취할 것으로 여기지 아니하시고 오히려 자기를 비워 종의 형체를 가져 사람들과 같이 되었고 사람의 모양으로 나타나셨으매 자기를 낮추시고 죽기까지 복종하셨으니 곧 십자가에 죽으심이라(빌립보서 2 : 5~8).

자기 뜻을 버리고 자기를 비우는 것은 심리적 자학이 아님은 물론 무관심한 정적주의靜寂主義나 운명론에 빠져 꾸는 백일몽도 아니다. 매 순간 모든 것을 바쳐서 하느님의 선한 뜻을 이루는 일에 유용하고 아름다운 도구로 쓰이는 것을 의미한다. '주여, 저를 당신의 평화의 도구로 삼아 주시옵소서' 하는 성 프란체스코의 기도처럼 그를 위해 일하는 것, 그러나 그것은 내가 하는 일이 아니라 하느님께서 하시는 일, '나는 아무것도 하지 않는다'는 '무위無爲의 행함'이라는 최고의 행함이다.

종교 철학자 키르케고르는 이런 생각을 다음과 같이 아름다운 필치로 묘사한다.

'너희는 먼저 그의 나라와 그의 의를 구하라.' 이것은 무엇을 뜻하는가? 하느님의 나라를 구하기 위해서는 무엇을 해야 하고 무슨 노력을 기울여야 한다는 것인가? 내 재능과 능력에 맞는 직업을 구해서 영향력을 미치도록 노력하는 것일까? 아니다. '먼저' 하느님의 나라를 구할 일이다. 가난한 자들에게 나의 재산을 모두 나누어줄까? 아니다. '먼저' 그의 나라를 구할 일이다. 그러면 세상에 나가 이 가르침을 전파할 것인가? 아니다. '먼저' 그의 나라를 구할 일이다. 그렇다면 어떤 의미에서 내가 할 일이란 아무것도 없지 않은가? 그렇다. 분명히 어떤 의미에서 그것은 하느님 앞에서 아무것도 아니고, 아무것도 아닌 것이 되는 것이고, 고요해지기를 배우는 것이다. 이 고요 속에 '먼저' 하느님의 나라를 구하는 것의 시작이 있다.[14]

한 가지 덧붙이고 싶다. 하느님의 뜻을 100퍼센트 따르기로 한 사람에게는 엄격한 의미에서 성공과 실패라는 것이 없다. 그의 영광만을 위해 자기의 최선을 다하고 그것이 성공적으로 끝나면 훌륭한 것으로 생각할 일이요, 실패한 것처럼 보이더라도 우리의 제한된 안목으로는 헤아릴 수 없는 뜻이 있음을 깨닫고 그것도 그대로 받아들이는 것이다.

잘되면 내 덕 못되면 조상 탓이라고, 실패하기만 하면 그것을 모두 하느님의 뜻으로 돌려야 한다는 얘기가 결코 아니다. 하느님은 당신의 자녀가 못되는 것, 그리하여 창백한 모습으로 고생하는 것을 보고 즐거워하는 그런 사디스트는 아니시다. 성공하든 실패하든, 그런 외부적인 성과에 초연할 수 있는 힘을 키우는 것이 삶의 연습이다.

하느님의 뜻을 100퍼센트 따르기로 한 사람은, 하느님과 상의도 없이 자기 마음대로 미리 5개년 계획 같은 것을 다 세워놓고 하느님의 옆구리를 찌르면서, 옷자락을 붙들면서, 자기 계획을 성공적으로 수행하도록 도와달라고 조르거나 애원하는 일이 없다. 계획이 있다면 하느님의 뜻에 맞추어 계획을 세우겠다는 것, 그리고 그의 뜻만을 전적으로 따르겠다는 계획이 있을 따름이다.

'하늘은 스스로 돕는 자를 돕는다'는 속담이 있다. 물론 감이 떨어지기까지 입만 벌리고 있어서는 곤란하다는 뜻으로 이해할 수도 있지만, 자칫 주제넘게 모든 일에 우리가 기선을 잡고 끌고 나갈 때만 하느님이 뒤에서 밀어주시는 것으로 오해하면 안 된다. 선두를 잡는 분은 어디까지나 하느님이시다. 우리는 겸허하게 가만히 서서 '오늘 그의 구원하심을 보라'는 데 응할 뿐이다.

지금까지 이야기한 것을 요약하면, 예수님을 믿는다는 것은 예수님이 보내신 메타노이아에의 초대에 응하기로 하고, 이를 위해 예수님이 그러신 것처럼 첫째, 하느님의 뜻을 받드는 것과 둘째, 자기를 비우는 것, 동전의 양면과도 같은 이중적 과업을 수행해가는 것, 그리하여 예수님과 함께 죽었다가 살아나고, 예수님과 함께 참 자유를 얻고, 예수님과 함께 참 인간, 참 하느님의 모습으로 재창조되는 것, 그러면서 예수님처럼 참으로 이웃을 위해 사는 것이다.

되풀이하지만, 이런 생각이 현재 기독교 어느 교파, 어느 교리에 합당한지 아닌지는 별 문제가 되지 않는다. 특정 교파의 공식적 교리 체계를 수납해야 참된 그리스도인이고, 그래야만 천당에 갈 수 있다는 생각은 이제 우리 모두에게 별로 설득력이 없기 때문이다. 바라는 것은 어느 교파의 교인이든, 심지어 기독교인이든 아니든, 지금 당면한 우리 자신의 실존적 물음 앞에서 예수님이 '오늘 내게' 어떤 해답을 주시고, 그의 삶과 죽음이 '지금 내게' 어떤 의미를 주는가를 정직하게 스스로 물어보는 것, 이와 비슷한 문제로 씨름하는 분들과 이런 생각을 같이 이야기하고 의견을 나누고자 하는 정도다.

'믿음의 길'을 이런 차원에서 이해하기로 하면서 이제 우리의 신앙생활과 관련되는 몇 가지 문제를 간략하게나마 하나하나 검토해서 나름대로 그 허와 실을 밝혀나가기로 하자.

2
경전을 믿는다는 것

경전, 특히 기독교의 경우, 성경을 읽고 그대로 믿는다는 것은 무슨 뜻일까? 우리는 흔히 성경을 있는 '그대로' 읽고, 있는 '그대로' 믿어야 한다고 생각한다. 성경을 모두 '그대로만' 읽고, '그대로만' 믿으면 모든 사람이 다 한 가지 결론에 도달할 것이고, 그러면 성경을 믿고 따르는 사람들 사이에서는 분쟁이나 싸움 등 모든 문제가 다 해결될 줄로 믿는다. 왜 사람들은 성경을 우리처럼 그대로 믿지 못하고 자기들 멋대로 읽을까 하고 안타까워하기도 한다.

이 문제를 좀 더 차근히 살펴보고 분명히 이해하는 것이 우리의 종교 생활을 건강한 방향으로 이끌어가는 데 매우 중요한 일이기에 여기서 다시 한번 성경에 대해, 특히 성경 읽기, 성경 해석을 중심으로 이야기 했으면 한다.

현재 개신교에서 많이 사용하는 개역판 성경에 보면 예수님이 '외식'하는 사람들을 못마땅해하셨다는 이야기가 자주 나온다. '또 너희가 기도할 때에 외식하는 자와 같이 되지 말라(마태복음 6 : 5)'는 말씀이나, '외식하는 자여, 먼저 네 눈 속에서 들보를 빼어라(마태복음 7 : 5)', 혹은 '화 있을진저 외식하는 서기관들과 바리새인들이여, 회칠한 무덤 같으니 겉으로는 아름답게 보이나 그 안에는 죽은 사람의 뼈와 모든 더러운 것이 가득하도다. 이와 같이 너희도 겉으로는 사람에게 옳게 보이되 안으로는 외식과 불법이 가득하도다(마태복음 23 : 25~27)' 하는 등이 그 예다.

어느 할머니가 예수님이 외식하지 말라고 하셨기에 그 말씀에 충실하느라 일평생 밖에 있는 음식점에 나가 식사하는 일을 하지 않고 사셨다고 한다. 무릇 예수를 믿는 사람이라면 예수님의 말씀을 어길 수 없는 것이 아니냐고 생각하신 것이다.

물론 이 할머니는 남이 보라고 행동하는 외면치레의 외식外飾을 밖에 나가 식사하는 외식外食으로 오해하셨던 것이다. 최근 나온 새 번역은 이런 오해를 없애기 위해 '외식'이라는 말을 '위선僞善'이라는 말로 고쳤다.

내가 쓴 책을 보고 어느 서평자가 한 말이다. "우리 할머니는 예수님을 따르느라 평생 밖에서 식사를 하지 않고 살아오셨는데, 그런 분에게 이제 와서 성경에서 말하는 외식이 밖에 나가 식사하는 외식과 다르다는 것을 말씀해드려 그분을 실망시킬 필요가 무엇인가?"

어느 면에서 맞는 말이다. 사실 요즘 음식점 중 상당수는 위생 시설도 좋지 않고, 음식에다 화학조미료를 너무 많이 넣어 건강에도 좋지 않고, 또 터무니없이 비싸다. 이런 환경에서 외식을 하지 않으신 것은 백 번 잘하신 것이라 볼 수 있다. 서양에서도 음식 중에서 무엇이나 좋은 것은 '홈 메이드'라고 하지 않는가?

그러나 이 할머니의 이야기를 조금 확대해보자. 이 할머니는 그의 확신 때문에 어느 호텔에서 열리는 친구의 생일잔치도 못 간다. 또 자식들이 할머니를 위해 밖에 나가 좋은 식사를 대접하려고 해도 그때마다 손사래다. 안타까운 일지만 개인적인 일이기에 별로 문제 삼을 일은 아니다.

그러나 이 이야기를 좀 더 확대해보자. 이 할머니가 자기가 가지고 있는 이런 확신 때문에 식당 앞에 가셔서 식사하고 나오는 사람들을 붙들고 "회개하라"고 외친다면, 심지어 식당 안에까지 들어가셔서 식사하고 있는 사람들을 향해 그렇게 외친다면, 어떻게 되겠는가? 만에 하나 이 할머니가 교계 지도자가 되어 교인 몇만 명을 동원하는 군중집회를 열고, 밖에 나가 식사하는 교인들의 회개를 촉구하고 심지어 전국 요식업체를 없애는 운동을 편다면…… 혹은 어느 나라 대통령이 되어 요식업으로만 먹고 사는 나라를 '악의 축'으로 규정하고 그 나라를 공격해야 한다고 주장한다면?

성경이 가르치는 것의 본의나 핵심을 꿰뚫지 못한 채 피상적인 관찰에 머물고, 이런 피상적인 관찰에 따라 형성된 개인의 확신이 도가 지나치게 된다면, 특히 그것이 종교의 영역에서 일어나는 일이라면, 그것은 한 개인에게도 힘든 일일 뿐 아니라 더 많은 사람에게 성가심이나 피해를 가져다줄 수 있다는 이야기가 아닌가? 영국 철학자 데이비드 흄

David Hume(1711~1776)도 말했다. "일반적으로 말해, 철학에서 오류는 우스꽝스럽지만, 종교에서의 오류는 위험하다."

모자 장수와 신발 장수

앞서 언급했듯이, 모자 장수와 신발 장수가 서울 구경을 갔는데, 모자 장수에게는 모자만 보이고 신발 장수에게는 신발만 보였다. 둘 다 있는 '그대로' 보았다고 생각했지만 서로 다른 결론에 도달할 수밖에 없었던 것이다.

이제 모자 장수가 성경을 읽으면 성경에서 '모자'만 보일 뿐 '신발'이라는 글자가 있는지조차 잘 모르게 된다. 자연히 '모자'라는 낱말 아래에만 붉은 줄을 그어놓고 밤낮 그것만 따로 외우면서 자신은 성경을 '그대로' 읽고 '그대로' 믿는다고 생각한다.

신발 장수도 마찬가지. '신발' 밑에만 빨간 줄을 긋고 그것만 찾아본다. 그도 성경을 '그대로' 믿는다고 확신하며 산다. 모자 장수와 신발 장수 모두 성경을 '그대로' 믿지만 동일한 결론에 이르지 못하는 것은 당연하다.

한 걸음 더 나아가 세상에는 모자 장수와 신발 장수만 있는 것이 아니고 옷 장수, 쌀 장수, 떡 장수, 집 장수, 장난감 장수 등등 별의별 장수들이 다 있다. 이들도 성경을 읽으면서 모두 '그대로' 읽는다고 생각하지만 다 자기 식으로 읽고 있으며 따라서 천차만별의 결론이 나오게 되는 것이다. 또 모자 장수가 한평생 모자 장사만 하라는 법도 없다. 빵 장사,

엿 장사, 책 장사 등도 할 수 있는데, 그때마다 자기로서는 정직하게 그 대로 읽지만 눈에 보이는 것은 각각 다를 수밖에 없다.

‘그대로’ 읽는다고 해서 ‘모두’, ‘언제나’, 똑같은 식으로만 읽을 수는 없다. 따라서 모자 장수에게 신발 장수 식으로 읽기를 요구한다거나 신발 장수에게 모자 장수 식으로 읽기를 바라는 것은 무리다.

다른 모든 사물과 마찬가지로 성경 역시 ‘있는 그대로’ 완전히 객관적으로만 볼 수가 없고, 어쩔 수 없이 우리의 관심과 주관을 거기에 ‘주입’해 넣기 마련이다. 따라서 읽는 사람의 관심이나 필요에 따라 성경에서 어떤 것은 크게 부각되고 어떤 것은 아예 의식의 영역 안에 들어오지도 못한다. 또 각 시대의 조건, 그 시대의 문제의식에 따라 성경에서 어느 문제는 가장 심각한 것으로 나타나고, 어느 문제는 아예 논의의 대상이 되지 않는다. 이것이 소위 ‘전이해pre-understanding’라는 것이다. 우리가 어떤 것을 보고 그것을 의식하고 이해하는 것은 우리 속에 미리 그것과 상관되는 무엇이 있기 때문이다.

플라톤의 원칙에 의하면 합리적인 이해가 가능하려면 우리 속에 있는 로고스logos가 사물 속에 있는 로고스와 맞아떨어져야만 한다.[16] 물론 이렇게 말한다고 해서 사물을 본다거나 성경을 읽는 것이 완전히 주관적이고 상대적이기만 하다는 뜻은 아니다. 신발 장수가 아무리 자기의 주관을 가지고 본다고 해도, 완전히 신발에 미쳐 눈에 온통 신발만 헛보이는 경우라면 몰라도 처음부터 신발이 하나도 없다면 신발을 볼 수 없는 것이다. 우리의 정상적인 인식은 주관과 객관의 상관관계 속에서 이루어지는 것이지, 완전히 주관에 혹은 완전히 객관에 의해서만 좌우되는 것이 아니다.

기독교의 각 종파는 자기네야말로 성경을 '그대로' 믿는다고 입을 모아 말하지만 서로 다른, 심지어는 상충되는 해석과 주장을 하는 이유를 알 수 있을 것 같다. 이처럼 신발 장수가 자기처럼 성경을 읽는 것만이 바로 읽는 것이고, 다른 사람은 모두 틀렸다고 주장함은 성경을 읽는다는 것의 의미를 이해하지 못한 까닭이다.

성경의 의미는 무한하다. 정상적인 인간으로서는 혼자서 그것을 완전히 이해할 수 없다. 특정 시기, 특정한 필요에 따라 나 혼자 보게 된 것, 나 혼자 찾아낸 의미가 전부요, 최종적인 것으로 착각하는 어리석음을 범하지 말아야 한다. 서로 앉아서 각자가 본 것을 의논하고 '보충'해서 좀 더 깊게 그리고 넓게 그 의미를 파악하도록 노력하는 일이 중요하다.

따라서 우리가 성경을 가지고 이야기할 때 '성경에 보면 이렇다', '성경은 이렇게 말한다', '성경을 그대로 믿으면 이런 결론에 도달한다' 등의 단언적 진술보다는 '내가 읽은 대로의 성경은', '내가 이해한 바로는', '내가 해석하기로는', '내 눈에 비친 대로의 성경은' 하는 식으로 다른 해석의 가능성을 남겨두는 편이 더 정확하고 더 정직하며 말썽을 덜 일으키는 것임을 명심할 필요가 있다.

무엇을 위해 읽느냐?

이제 우리의 문제는 성경을 '그대로 읽느냐', '그대로 안 읽느냐'가 아니라 성경을 '무엇을 위해' 읽느냐 하는 것으로 옮겨져야 한다. 성경을 '그 대로' 믿기만 한다고 다가 아니라 무슨 목적으로 읽고 믿느냐 하는 것이 핵심이라는 이야기다.

'네 이웃을 네 몸같이 사랑하라'는 성경 말씀을 '그대로' 믿은 어느 사람이 목사를 찾아갔다. 목사님, 네 이웃을 네 몸과 같이 사랑하라는 말씀을 저는 굳게 믿습니다. 목사님도 믿으십니까? 믿죠. 저를 사랑하십니까? 사랑하죠. 그러면 저기 저 자전거를 제게 주십시오, 가져갑니다 했다는 이야기가 있다. 물론 우리는 이렇게 무모한 짓을 하지는 않지만 우리의 성경 이해가 근본적으로 이와 별로 다를 것이 없다는 점을 깊이 반성해야 할 줄로 안다. 이것은 성경 말씀을 '그대로' 믿기는 믿되 아전인수격으로 믿고 '이용'하는 것이다. 엄격히 말하면 안 믿는 것만 못한 것이다. 이기적 욕심을 위해 성경을 이용하고, 이 목적을 위해 성경의 거룩함과 권위를 강조하는 것일 뿐이다.

성경 〈갈라디아서〉 6장 2절에 보면 '너희가 짐을 서로 지라' 하는 말이 있고, 조금 지나 5절에는 정반대로 '각각 자기의 짐을 질 것임이니라'라는 말이 나온다. A라는 사람이 옳지! 서로 남의 짐을 지라고 했겠다, 내일 아침 등산을 가는데 B에게 내 짐을 지워야겠다, 그 친구도 나처럼 성경을 그대로 믿는다고 했으니 이 말씀을 들이대고 부탁하자, 성경의 가르침을 부정하거나 무시하지는 못할 터이니 꼼짝없이 내 짐을 지고 가겠지, 하고 읽는다. B도 '그대로' 읽되 같은 동기, 같은 태도로 읽는다. 다음 날 아침 서로 싸움이 난다. 서로 상대방만 보면서 성경을 제대로 믿어야 참 그리스도인이지라며 손가락질을 한다. 성경을 '그대로' 읽긴 하지만 이기적인 '나'를 위해서 읽기 때문에 성경이 욕심쟁이

194

들의 욕심을 채워주는 책으로 취급되고 만 것이다.

이럴 경우, 아하! 남의 짐을 지어주어라는 말씀을 미처 생각 못했구나, 내일 아침에는 내가 B의 짐을 져야겠다, 그는 나보다 약하니까, 하는 식으로 '남을 위해', '내가 희생하기 위해', '사랑을 베풀기 위해' 일깨움을 얻는 방향으로 성경을 읽는 것이 바람직한 성경 이해의 길일 것이다.

각각 자기 짐을 지라는 말씀도 마찬가지다. 상대방이 쓰러지든 말든 각각 자기 짐을 지고 가라고 했으니 내 알 바가 아니라는 식으로 '그대로' 읽는 것과, 자기 짐을 지라는 말씀이 생각나는구나, 무슨 일에든 쓸데없이 남에게 신세를 지지 않도록 해야겠다, 내 책임은 최선을 다해 내가 져야지, 하는 마음으로 읽는 것은 같은 성경 말씀을 받아들이는 상반된 태도다.

얼마 전 신문에 난 이야기. 두 그리스도인이 기차를 타고 마주 앉아 가는데, 한 사람이 자기의 샌드위치를 혼자 다 먹어 치웠다. 앞에서 침을 삼키던 상대방이 '나는 요즘 네 이웃을 네 몸과 같이 사랑하라는 말씀을 곰곰이 생각합니다'라고 했다. 그러자 샌드위치를 먹어버린 사람 왈, '그래요, 저는 남의 것을 탐하지 말라는 말씀을 좋아합니다'라고 대답했다는 것이다.

분명히 둘 다 성경 말씀을 문자 그대로 믿지만 '바로' 믿는다고는 할 수 없다. 이럴 경우 앞사람은 '남의 것을 탐내지 말라'는 말씀으로 자기를 제어하려고 애쓰고, 혼자 먹은 사람은 '네 이웃을 네 몸같이 사랑하라'는 말씀으로 이기심을 극복하려고 노력하는 것이 성경을 바르게 믿는 것이 아니겠는가?

바울에 의하면 '성경은 하나님의 감동으로 된 것으로 교훈과 책망과 바르게 함과 의로 교육하기에 유익하니(디모데후서 3 : 16)'라고 한다. '남을' 교훈하고 책망해서 남이 내게 꼼짝 못 하도록, 어쩔 수 없이 나를 사랑하도록 하는 데 유익한 것이라는 뜻이겠는가? 그와는 반대로 내가 '나를' 죽이고, 비우고, '남을' 사랑하도록 스스로를 교훈하고 책망하고 바르게 교육하여, 궁극적으로 하느님의 아름다운 자녀가 되기 위한 안내서, 지침서라는 뜻이 아닐까? 따라서 우리 자신의 입장을 변호하기 위해 성경을 끌어대거나 인용하는 것은 무의미할 뿐 아니라 전혀 설득력이 없다. 상대방도 똑같이 자기 입장에 유리하다고 생각되는 성구를 끌어다 붙일 것이기 때문이다. 그야말로 이현령비현령耳懸鈴鼻懸鈴, 귀에 걸면 귀걸이 코에 걸면 코걸이다.

성경은 상대방을 반박하거나 논쟁에서 이기도록 해주기 위한 책이 아니다. 성경이 이런 싸움에 이용되면 그 싸움은 '거룩한 성경'이라는 미명 아래 점점 더 복잡해지고 더욱더 치사해진다. 내가 교회에서 얌체같이 행동했다가 따돌림을 받는다고, 당장 강단에 올라가 형제를 사랑하라는 성구로 '훈계'한다면 교인들이 모두 눈물을 흘리고 회개하겠는가? 형제를 사랑하라는 말이 성경에 있는 줄 몰라서 사랑하지 않는 게 아니다. 형제를 사랑하라는 말씀이 있으면 그것을 우선 '나에게' 적용할 일이다. 그리하여 나 스스로가 먼저 교훈과 책망과 바르게 함과 의로 교육받아 변하는 것이다. 목사님이 자기를 쫓아내려는 교인에게 자기의 비위를 변호하려고 아무리 성경을 들추어 교인들의 잘못을 지적

해도 별 효과가 없는 것은, 자기의 잘못을 뉘우치기보다는 이익을 방어하기 위해 성경을 이용하는 것으로 받아들여지기 때문이다.

종교적 진리는 그것이 아무리 아름답고 훌륭한 것이라 하더라도 그것을 이용하려는 사람의 손에 들어갔을 때는 더없이 무서운 무기나 독약이 될 수 있다. 예를 들면, 고용주가 피고용인에게 성경을 펴서 '돈을 사랑함이 일만 악의 뿌리(디모데전서 6:10)'라는 구절을 보여준다. 그러면서 너희는 돈 같은 것에 신경 쓰지 말고 그저 일이나 열심히 하라고 훈계한다. 그러다가 혹시 임금 인상을 이야기하는 사람이 나타나면 너는 성경도 믿지 않느냐, 성경에 무어라고 했느냐? 어찌 일만 악의 뿌리를 네 속에서 뿌리 뽑지 못했느냐고 교훈조로 책망한다. 성경을 그대로 믿는 것이 정말로 사람을 죽이는 셈이다.

이럴 때 그 고용주가 성경을 '바로' 믿는다면, 내가 돈을 너무 사랑하는 것이 아닌가! '부하려는 자들은 시험과 올무와 여러 가지 어리석고 해로운 정욕에 떨어진다'고 했는데, 내가 지금 바로 그 지경이 아닌가? 너무 부당 이익을 올리려 하지 말고 허용하는 한도 내에서 피고용인들에게 최고의 임금을 주도록 해야겠다, 하는 식으로 '일깨움'을 얻기 위해 읽어야 할 것이다.

하느님은 용서의 하느님이라는 구절만을 믿고, 옳지 됐다, 이제 무슨 죄를 짓든 다 용서된다니 안심하고 나쁜 짓을 해야겠다, 그동안 공연히 가슴 졸이고 죄책감에서 고생했구나, 예수의 피 공로가 이렇게 편리한 것을 예전엔 미처 몰랐구나, 하는 식으로 이해한다면 어찌 되겠는가? 성경을 이기적 목적을 정당화시키기 위한 도구로 사용하면 아무리 나쁜 짓이라도 성경의 이름으로 정당화되지 못할 것이 없다. 개인적인 차원을 넘어서서, 사회적인 혹은 세계적인 차원으로 생각해도 마찬가지다.

몇 가지만 더 예를 들어보자. 가정불화로 대소가와 온 동리를 시끄럽게 만든 사람이 '나는 검을 주러 왔노라' 하는 예수님의 말씀을 들먹이며 스스로 믿음의 영웅임을 자처한다. 인종차별을 당연시하는 일부 그리스도인은 창세기에 나오는 노아의 세 아들 이야기를 들추고, 거기에 분명히 함이라는 아들의 자손은 마땅히 다른 두 아들의 자손을 '섬기라'고 했으니 인종차별이 성경의 가르침이라고 정당화한다. 남녀평등을 못마땅하게 여기는 사람들은 '아내들이여 남편들에게 복종하라'는 바울의 말을 들춰낸다. 자연 파괴, 생태계의 위협을 놓고도 '땅을 정복하라…… 모든 생물을 다스리라'는 말을 인용하고, 인구 폭발의 위기 앞에서도 '생육하고 번성하여 땅에 충만하라'는 《창세기》 말씀을 끌어들여 자신의 행위를 정당화한다.[17]

어느 종교가가 지적했듯이, '2,000년 가까이 성경은 특정한 부류의 개인이나 집단의 편협한 이해관계를 증진시킬 목적으로 왜곡되고 잘못 해석되어왔다'는 것이다.[18]

성경을 이런 식으로 읽어서 어쩌자는 것일까? 이런 식으로 성경 구절을 문맥이나 역사적 맥락과 관계없이 줄줄 외우면서 자기 편리한 대로 해석하면서도 성경 말씀을 충실히 따르고 그 말씀대로 산다고 주장하는 사람이 많아져서 어찌 될까? 진리의 이름 아래 자기와 해석을 달리하는 모든 이를 멸시하고 그들과 용감히 싸우기를 일삼는 '충성스런' 하느님의 종들은 이 세상을 위해서 무얼 하고 있는가? 성경을 읽는 사람이 많아지면 그만큼 세상이 좋아져야 하지 않겠는가? 이런 식으로 성경이나 기타 경전을 읽는 사람이 많아지면 정말로 세상은 좋아질까?

경전의 윤리적 해석학

지금 이 세상에 필요한 사람은 이런 식으로 경전을 이기적 목적이나 편리를 위해 둘러대는 데 명수가 된 종교인이 아니다. 좀 거창한 용어를 쓰면 오늘 이 세계를 위해 절실히 요구되는 것은 사랑, 평화, 정의, 평등, 자유 같은 윤리적 이상의 실현이다. 좀 더 구체적으로 이야기하면, 인종차별이 점점 줄어드는 세계, 남녀 간의 불평등이 점점 없어지는 사회, 생태적으로 건강한 지구, 생활에 알맞은 환경, 정치적·경제적 억압으로부터의 자유 등이다. 경전을 읽되 이런 기본적인 이상이 실현되는 방향으로 읽지 않으면 안 된다. 성경을 읽고도 이런 기본적·윤리적 이상에서 멀어지거나 그와 반대로 간다면 바로 읽지 못한 것이라고 단정해도 좋을 것이다.

현재 신학자 중에는, 아무리 성경을 바르게 읽었다고 주장하더라도 이런 윤리적 열매를 맺지 못하는 방향으로 해석한다면 이는 올바른 해석일 수 없다는 것, 그리고 기본적으로 이런 윤리적 가치나 기준에 비추어 해석해야 올바른 해석이 나올 수 있다고 강력하게 주장하는 이가 많다. 윤리적인 방향이 선행先行하고 그 방향에 따라 해석이 따르는 것이지 그 반대가 아니라는 뜻이다. 이런 식으로 성경이나 성경의 교리를 해석하는 방법을 '윤리적 해석학ethical hermeneutics'이라고 한다.[19]

이제 우리는 성경을 누가 '그대로' 읽느냐를 따지는 일에 시간과 정력을 낭비하지 말고, 모두 성경을 읽음으로써 우선 내가 나를 비워 자유를 얻는 체험을 하자. 다른 사람도 나처럼 자유를 얻는 기쁨을 누리게 된다면 얼마나 좋을지, 또 이로 인해 이 세상이 더 밝고 아름답고 부드러워진다면 얼마나 좋을지 생각하는 순수한 동기와 뜨거운 사랑에서 서로 성경을 가르치고 배우는, 이 더할 수 없이 아름답고 숭고한 일에 관심을 쏟도록 하자. 정말 우리 모두가 '변화'를 받아 '새사람'이 되는 참된 의미의 종교적 목적, 이 하나를 위해 경전을 읽고, 가르치고, 가르침을 받을 때 성경이 진정 '하느님의 감동으로 된' 말씀으로 우리에게 '그대로' 육박해옴을 체험하게 될 것이다.

좀 더 깊이 생각해야

요즘 들어 기독교에서 크게 논의되고 있는 몇 가지 문제라면, 동성애 문제, 낙태 문제, 안락사 문제, 여성 안수 문제, 종교다원주의 문제 등이라 할 수 있다. 만일 동성애를 인정할 수 없다, 낙태는 하면 안 된다, 안락사를 허용하면 안 된다, 여성에게 목사 안수를 주면 안 된다, 기독교만 참된 종교다 하는 등의 입장을 취하고 있다면, 우리는 그것이 성경을 그대로 믿고 따르는 그리스도인이기 때문이라고 생각하기 쉽다. 성경을 믿는 그리스도인인 한 우리는 어쩔 수 없이 이런 입장을 바꿀 수 없고, 바꾸면 바로 비성경적, 비기독교적 그리스도인이 되는 것이라고 여긴다. 그러면서 그리스도인이라는 사람이 혹시 우리와 다른 생각을 가지고 있으면 그는 참된 그리스도인이 아니라고 못 박는다.

그런데 이런 것이 과연 올바른 태도일까? 성경에 의하면 동성애나 낙태는 무조건 나쁜 것인가? 이런 문제에 대한 지금의 우리 생각이 정말로 성경의 가르침 그대로인가? 성경을 더욱 깊이 읽을 때 그리고 스스로 한 발짝 물러서서 더 깊이 생각할 때, 우리는 지금 우리의 생각이 그대로 성경적이라는 결론에 이를 수 있을까?

이런 문제를 스스로 자문하고 깊이 살펴보게 하는 글이 있기에 여기에 잠깐 소개한다. 미국의 세계적인 신학자 존 캅John B. Cobb, Jr.이 '동성애' 문제를 예로 들어 우리가 무의식중에 가질 수 있는 선입견을 스스로 재점검할 수 있게 도와주고 있다. 그의 이야기를 기초로 하여 우리 사정에 맞게 약간 편집하여 재구성한다.[20]

한 가지 지적하고 싶은 것은 여기서 동성애가 좋은가 나쁜가를 따지는 것이 아니라는 점이다. 우리가 관심을 기울이는 것은 동성애라든가 낙태 문제 등이 흔히 생각하는 것처럼 성경 말씀에 비추어 보기만 하면 그대로 명약관화明若觀火하게 확답할 수 있는 성질의 것이 아니라는 점이다. 이것을 보다 구체적으로 살피기 위해 동성애를 하나의 예로 제시하는 것뿐이다.

어느 날 저녁 아버지 이신실 씨와 그 아들 영식 군이 한자리에 앉아 이런저런 이야기를 하게 되었다. 영식 군은 누구보다 예수를 잘 믿는 그의 친구 호석 군이 동성애자라는 사실을 알고 이 문제를 아버지와 상의하려는 것이었다.

"아버지, 아버지는 동성애자를 아주 싫어하고 심지어는 경멸하기까지 하시는데, 그들의 생활 방식을 그렇게까지 심하게 혐오하시는 이유가 뭔지 좀 말씀해주시겠어요?"

"영식아, 무엇보다 내가 성경을 믿는 그리스도인이기 때문이지. 성경에서는 동성애를 극심하게 정죄하고 있거든."

"그래요. 성경에 그런 말씀이 있지요. 그런데 아버지, 동성애가 일종의 간음 같은 것인가요?"

"그럴 수도 있지. 그러나 동성애를 거부하는 것은 그보다 더 분명한 이유 때문이란다. 성경 《레위기》에 보면(20 : 13) 남자와 남자가 관계하면 반드시 둘을 죽이라고 했지."

"그럼 아버지는 그런 사람들을 정말로 죽여야 한다고 보시나요? 우리가 철두철미 성경에 충실하자면 죽여야 하는 것 아닐까요?"

"뭐, 꼭 죽여야 할 것까지는 없겠지. 그러나 이런 성경 구절을 보면 이스라엘 백성이 이 문제에 얼마나 강경한 태도를 취했는지를 알 수 있지 않겠니?"

"그렇지만, 아버지. 《레위기》에 나오는 그런 율법이 오늘 그리스도인에게 그대로 다 적용되지는 않는 것 아닐까요? 아버지가 인용하신 그 말씀 바로 아래 보면 월경 중인 여자와 동침하면 둘 다 공동체에서 쫓아내라고 했던데요. 심지어 '두 재료로 직조한 옷을 입지 말라(19 : 19)'고 해서 혼방으로 짠 천으로 옷을 해 입으면 안 된다는 말씀도 있고요. 성경에 나오는 법을 오늘날 그대로 다 적용해야 하나요? 왜 어떤 것은 적용하고 어떤 것은 무시하는지 모르겠네요."

"영식아, 그건 좀 복잡한 문제다. 율법에 대해서는 바울이 분명하게 가르쳐주고 있어. 그러니 바울의 가르침에 따르는 것이 좋겠지. 바울은 동성애를 우리 그리스도인이 멀리해야 할 죄목 중에 하나라고 했단다. 바울이 쓴 《로마서》 1장에 보면 동성애는 마음에 하나님 두기를 싫어할 때 생기는 극단의 경우라고 했지."

"그 말씀에 따르면 정말 동성애는 분명 멀리해야 할 것 같군요. 그러나 아버지, 호석 군이 그러는데 자기는 여자에게서 성적 매력을 느끼려고 무진 애를 썼지만 그렇게 되지 않더라는 거예요. 매일 밤 하느님께 매달려 눈물로 기도하고 호소했지만 어쩔 수 없더래요. 이런 호석 군을 놓고 마음에 하느님 두기를 싫어했기 때문에 그런 일이 생겼다고 보기는 힘든데요. 제 친구 중에서 가장 헌신적으로 예수를 믿는 호석 군이 그렇게 고백할 때 그 애가 하느님에게서 멀어지는 것이 아니라 오히려 하느님에게 가까이 나아가 이해와 용서를 구하는 부르짖음 같았거든요. 제가 보기로 호석 군이 마음에 하느님 두기를 싫어했기에 이런 일이 생긴 것 같지는 않아요. 마음에 하느님 두기를 싫어하는 것이 동성애적 감정이나 행동을 불러오는 유일한 원인이라고 본 바울의 분석이 틀릴 가능성은 전혀 없는 걸까요?"

"물론 그것이 동성애를 설명하는 유일한 이유일 수는 없겠지. 그러나 성경에 그렇게 분명히 기록되어 있는데, 어찌 동성애를 정죄하지 않을 수 있을지 나로서는 알 수가 없구나. 호석 군이 그런 감정을 가지고 있다고 해서 나쁜 아이로 취급할 수는 없겠지. 그러나 호석 군이 그런 감정을 행동으로 옮겨서는 안 된다는 것만은 분명히 해야 할 것 같다."

"그럼 호석 군이 한평생 육체적인 사랑을 경험하지 못한 채 살아야 한다는 말씀인가요? 제가 호석 군의 입장이라면 그런 가르침이야말로 정말 잔인하다고 여길 수밖에 없을 것 같은데, 아버지라면 어떻게 생각하시겠어요?"

이신실 씨는 한참 동안 조용하더니 드디어 입을 열었다.

"그리스도인 신앙은 우리에게 많은 것을 요구하는 것이 사실이야."

영식 군은 완전히 납득할 수 없었다. 영식 군은 호석 군이 스스로 다른 아이와 다르다는 것을 알고 얼마나 괴로워했는가를 잘 알고 있었기 때문이다. 영식 군은 호석 군에게 아버지가 지금껏 들려준 말보다 좀 더 적극적인 말을 해주고 싶었다.

"아버지, 전 그 말을 들으니 뭔가 억울하다는 생각이 드는데요. 물론 성경의 분명한 가르침에 의하면 호석 군이 한평생 성적으로 만족하며 살기는 포기해야 할 것 같네요. 그러나 아까도 잠깐 말씀드렸지만, 성경에는 다른 여러 가지 분명한 가르침도 있는데 우리가 하나같이 엄격하게 따르지는 않고 있잖아요? 예를 들면 예수님은 이혼을 반대하셨지요. 그래도 아버지는 절대적으로 이혼하면 안 된다고 주장하시지는 않잖아요? 또 예수님은 우리가 재물을 다 팔아 가난한 사람에게 주고 난 후에 예수님을 따라야 한다는 등 소유 문제에서 매우 극단적인 가르침을 주셨지요. 그러나 제가 그런 문제로 고민할 때 아버지가 말씀하셨잖아요. 그런 가르침은 오늘날 문자 그대로 적용될 수 있는 것이 아니라고. 성경에 충실하신 아버지가 이혼이나 돈에 대한 예수님의 분명한 가르침은 비껴가시면서 동성애를 반대하는 구약 몇 구절은 그렇게도 절대시하시는 이유를 모르겠네요."

아들의 질문에 이신실 씨는 스스로 묻지 않을 수 없었다. 지금 생각해보면 이것은 의도적으로 기피해오던 질문이었다. 동성애를 그렇게 강하게 반대하는 것이 정말로 자기가 인용한 성경 구절 때문이었는가? 혹은 성경과 관계없이 생긴 자신의 생각을 뒷받침하고 공고히 하기 위해 성경을 인용한 것인가? 하는 문제였다.

"네 말이 맞을지도 모르겠다. 내가 동성애를 정죄하라는 가르침을 성경의 다른 가르침보다 더욱 중요하게 보게 된 것은 아마도 전부터 나 스스로 동성애가 나쁜 것이라고 미리 생각하고 있었기 때문인 것 같구나. 그러나 그런 구절을 인용하지 않더라도 성경 전체를 놓고 생각해봐라. 동성애가 자연스런 것이라고는 할 수 없지 않겠니? 진화 과정 전체가 남녀나 자웅이 구별될 때 가능한 것이니까. 종족 번식이나 보존을 위해서는 남녀가 따로 구별돼야 하는 것이거든. 성경은 창조 이야기를 통해 이 점을 분명히 했지. 성경 기자들은 동성애가 부자연스러운 것이라고 보았고 나 역시 같은 입장이다. 동성애는 창조 질서에 어긋나는 것이거든.”

영식 군은 아버지의 진지함과 설득력에 깊이 감명을 받았다. 호석 군만 없었더라도 아버지의 말씀을 받아들이고 이 정도에서 이 문제를 덮었을 것이다. 그러나 호석 군에게 가서 네가 다른 남자에 대해 느끼는 감정이 실상은 ‘부자연스러운 것’이라고 알려주기만 하면 일이 다 해결되겠는가? 호석 군은 다른 여자에 대해 ‘자연스러운’ 감정을 가지려고 무진 애를 쓰지 않았던가? 아버지에게 다시 여쭤보았다.

“그렇지만, 아버지. 호석 군의 경우는 딴 남자에게 끌리는 것이 극히 ‘자연스러운’ 일인데요. 그 애에게는 남자에게 끌리는 것 이외에 다른 감정이 없는데, 지금 가진 그 감정이 ‘부자연스럽다’고 하면 어떻게 되는 거지요? 호석 군 자체가 부자연스럽다는 이야기인가요? 그렇다면 하느님은 왜 호석 군처럼 부자연스런 인간을 창조하셨을까요?”

“영식아, 그렇게 계속 따져 물으니 나도 어떻게 되는지 잘 모르겠구나. 나도 호석 군이 착실한 청년이고 성실한 크리스천이라는 네 말에 동의한다. 그런 호석 군이 동성애자라는 말을 듣고 나도 가슴이 아팠다. 나처럼 동성애를 거부하는 많은 사람은 동성애자란 자기 선택에 따라 자의적으로 동성애자가 되었다고 믿지. 그러나 읽어본 바에 의하면 그런 경우는 경계선에 있는 사람, 다시 말해 남자와 여자 양쪽에 비슷한 감정을 가진 사람에게만 해당되는 이야기라고 하더구나. 동성애자가 유전적으로 그렇게 태어났는지, 혹은 태어나서 처음 2년간의 영향으로 그렇게 되었는지에 대한 토론이 격렬하더구나. 그러나 어느 쪽이든 별 차이가 없겠지. 어느 쪽이든, 성적 감정을 느끼기 시작할 무렵에는 벌써 그런 감정을 스스로 어찌해볼 수 없는 처지에 처해 있는 거니까. 호석 군도 여자에게 정상적인 감정을 갖고, 데이트도 하고 결혼해서 아이도 낳고 살기를 바랐을 거야. 사실 그 애가 남자에게서 성적 매력을 느낀다는 이야기를 들었을 때 나 역시 무조건 반감만을 드러낼 것이 아니라 우선 동정하는 마음을 가져야 한다는 것쯤은 알고 있단다. 그러나 호석 군이 자기 감정을 행동으로 옮겨도 좋은가 하는 문제에 대해서는 난 아직도 회의적이라 하지 않을 수 없구나. 동성애자의 생활 방식에 대해 써놓은 글을 읽어보니 정말 역겨울 뿐 아니라 이건 완전히 난장판이더라고."

"아버지, 호석 군도 그 문제를 많이 고민하고 있더군요. 호석 군도 그런 글을 좀 읽어보았는데, 거의 대부분 여러 상대와 관계하는 것으로 나와 있더래요. 호석 군은 그런 걸 원하지 않는다고 했어요. 정말 어느 한 사람을 깊이 사랑하고 그에게만 성실하고 싶다는 이야기지요. 동성애자 중에는 이런 사람도 있다고 하더군요. 이런 경우도 동성애는 안 되는 건가요?"

"영식아, 성관계를 갖는다는 것, 한 상대에게만 성실하다는 것은 모두 가정을 이루고 유지하기 위한 것이지. 그러나 두 남자가 아기를 낳을 수는 없지 않겠니. 그러니 그건 하느님의 계획에 맞지가 않는 것이지."

이신실 씨는 자기 대답이 그렇게 신통한 것이 못 된다고 생각했지만 그렇다고 달리 뾰족한 답을 줄 수도 없었다. 영식 군이 이런 대답이나마 받아들이고 더 이상 캐묻지 말았으면 하는 마음이었다. 그러나 한편으로는 아들이 대견스럽다는 생각도 들었다. 영식 군은 친구 호석 군을 깊이 염려하고 관심을 두고 있는데, 사실 이보다 더 그리스도인적인 일이 어디 있겠는가? 자기가 영식 군에게 흡족한 해답을 주지 못했다는 것을 알았다. 그리고 마음 한구석에서는 영식 군이 계속 밀고 나가줬으면 하는 마음도 없지 않았다.

영식 군은 정말로 계속 밀어붙였다.

"우리 교회 성교육 시간에 강조하더라고요. 아이를 낳아 기르는 것은 성생활이나 가정생활의 일부에 지나지 않는 일이라고요. 부부가 무슨 이유로든 아이를 낳을 수 없다는 것을 알게 되더라도, 심지어 아이를 갖지 않기로 결정하더라도, 그 부부는 계속 함께 살아야 한다고요. 자녀가 없어도 서로 사랑하는 남자와 여자가 이렇게 함께 사는 것이 좋은 일이라면, 마찬가지로 서로 사랑하는 두 남자가 자녀 없이 함께 사는 것이 나쁠 이유가 뭔지 모르겠네요."

"영식아, 네 말을 들으니 아주 그럴듯하구나. 동성애자를 두고 평생을 동반자로 함께 살겠다는 사람들의 경우는 생각해보지 못한 것이 사실이다. 내가 인용한 성경 구절도 이런 사람들을 염두에 두고 한 말은 아닌 것 같구나. 난 그저 본능적으로 동성애 자체를 혐오했을 뿐이라는 사실을 인정하지 않을 수 없다. 호석 군이 동성애자라는 것을 안 이상 호석 군을 정상적으로 대한다는 것마저도 쉬운 일이 아니라 생각한다.

그러나 내가 참된 그리스도인이라면, 오히려 지금 힘들어하는 호석 군을 받아들여야 하겠지. 그리고 호석 군에게 한평생 동반자를 찾지 말고 독신으로 살라고 우길 수도 없을 것 같다. 단순히 내 감정이나 기분 때문에 독신으로 살 것을 주장한다면, 내 감정이나 기분이 올바른지부터 재고할 필요가 있을 거야. 그러나 솔직히 잘 모르겠다. 아무튼 교회는 이성 간의 결혼만을 인정하고 그 외의 모든 것은 반대해야 하지 않나, 하는 것이 아직도 내 입장인데, 지금 생각해보니 사실 이것도 물론 선입견에 지나지 않는 것 같다. 요즘 말하는 '동성애공포증homophobia' 같은."

"아버지, 이렇게 솔직히 다 이야기해주시니 고마워요. 이 문제에 대한 기독교의 공식 입장이 무엇이든 간에 이렇게 열린 마음으로 진지하게 얘기해보는 것, 저는 이것이 우리에게 필요한 참된 그리스도인 정신의 산 표현이라고 확신해요. 저는 아버지에게서 이런 정신을 발견하고 깊이 존경합니다."

3

사랑

중세의 위대한 종교 사상가 에크하르트는 인생의 목적이 '완전한 존재에 이르기 위해 아집과 나 중심의 질곡에서 벗어나는 것'이라고 했다.[21] 앞에서도 여러 번 언급했지만 여러 종교에서 가르치는 여러 예식이나 규례가 궁극적으로는 우리로 하여금 '나를 비우게' 하는 데 도움을 주기 위해 마련된 구체적 처방이나 테크닉이라 보아 틀릴 것이 없을 것이다.

나를 비운다는 이 중대한 과제를 이루어내기란 나 자신의 힘으로는 불가능하다. 예수님 말씀처럼 '사람으로서는 할 수 없고 하느님만 하실 수 있는 일(마가복음 10:27)'이다. 그러나 그렇다고 가만히 손을 놓고 앉아 있을 일도 아니다. 누군가 말했듯이 인간의 노력으로는 안 되는 일이지만 인간의 추구 없이 되는 일도 아니기 때문이다.

따라서 각 종교에서는 우리가 실행해야 할 구체적 실천 요목으로 사랑, 봉사, 선행, 헌금, 예배, 기도, 명상, 금식, 경전 연구, 각종 의례 등을 제시하고 있다. 여기서 이런 것을 다 다룰 수는 없고, 현재 우리와 밀접히 관련된 것 몇 가지가 믿음의 길, 자기 비움의 길에 어떤 뜻을 갖는 것인가 한번 생각해보기로 한다.

사랑은 왜?

우선 사랑에 대해 이야기하자. 하느님을 사랑하고 이웃을 사랑하는 것, 그중에서도 먼저 하느님을 사랑하는 것이 뭔가 살펴본다. 예수님이 가르치신 대로 '네 마음을 다하고 목숨을 다하고 뜻을 다하여(마태복음 22 : 37)' 하느님을 사랑하는 것이다. 그에게 내 전부를 헌신하는 것, '하느님이 기뻐하시는 거룩한 산제사로 드리는 것(로마서 12 : 1)'이다.

하느님을 사랑하되 경우에 따라서는 아버지로, 신랑으로, 친구로, 주인으로, (아기 예수의 경우처럼) 아기로 각각 생각하며 무조건 뜨겁게 사랑하는 경지에 이르는 것이다. 사랑 안에서 서로 하나가 되는 것을 맛본다.

그런데 우리는 왜 하느님을 사랑하는 것인가? 여기서 하느님을 사랑하는 것이 궁극적으로 무엇을 위한 것인가를 한번 깊이 생각해볼 필요가 있다. 하느님을 사랑함으로써 하느님의 사랑을 되돌려받자는 것인가? 은총이나 은혜를 받아보자는 뇌물 공세 같은 것인가? 나중에 무슨 형벌을 피해보자는 예방책으로 아양을 떠는 것인가? 하느님을 사랑한다는 것은 결코 이렇게 하느님의 사랑이나 총애나 주목을 끌기 위한 얄팍한 공리주의적 목적 때문일 수가 없다.

하느님은 사랑이시다. 우리가 당신을 사랑하든 말든 변함없이 우리를 사랑하신다. 우리가 사랑하면 당신도 우리를 사랑하는 그런 조건적 사랑을 가진 분이 아니다. 우리가 '오히려 죄인 되었을 때' 우리를 사랑하신 절대적 사랑의 화신이시다.

의인에게도 악인에게도 한결같이 햇빛을 주고 비를 내리시는 하느님은 그에 대한 우리의 사랑에 좌우되어 이랬다저랬다 행동하는 갈대와 같은 마음의 소유자일 수가 없다. 따라서 우리가 하느님을 사랑하는 것은 하느님이 우리를 사랑하시는 것과는 직접 관계가 없는 것이라 생각할 수밖에 없다. 그러면 하느님을 사랑하는 것은 먼저 우리를 사랑하신 하느님의 크신 사랑에 대한 반응, 감사와 찬양이라 생각할까?

그러나 가만히 생각해보면, 하느님은 우리의 찬양이나 감사, 사랑 같은 것도 필요로 하시지 않는다는 것을 깨닫게 된다. 하느님은 절대적으로 완전하고 절대적으로 충만하시므로 모자라거나 필요로 하는 것이 있을 수 없다. 감사와 찬양을 받아야만 기뻐하시고 그렇지 못하면 우울증에 빠져 괴로워하실 존재가 아니다. 우리가 드리는 번제를, 특히 몸으로 드리는 산제사의 고기 냄새를 흠향하셔야 눈을 스르르 감으며 살맛이 난다고 하시거나 우리가 올리는 찬송의 노랫소리를 들으셔야만 자장가를 듣는 기분으로 쉽게 잠드시는 그런 분일 수 없다. 따라서 우리의 사랑이나 이에서 우러나오는 감사와 찬송은 하느님 편에서 볼 때 꼭 필요한 것이 아니라는 이야기다.[22]

하느님을 사랑한다는 것은 그러면 무엇을 뜻하는가? 우리가 이야기하는 문맥에서 볼 때 나는 그것이 무엇보다도 먼저 '나를 비우는 일'이라고 본다. 역설 같지만 하느님을 사랑하는 것은 하느님을 위한 것이 아니라 나를 비우는 훈련을 하도록 마련해주신 하나의 처방이라고 생각된다. 지금까지 사랑의 대상은 오로지 나뿐이었는데, 이제 하느님을 사랑하게 되면 사랑의 초점이 나에게서 떠나 하느님, 곧 궁극적 의미, 최고의 실재로 옮겨진다는 것이다.

지금껏 자기에게 집착해서 욕심을 부리고 자기의 이해관계에서 사물을 보던 눈이, 궁극 가치에 최고 가치를 부여함으로써 기존의 가치관이 바뀌어 사물을 다시 보게 된다. 이기심으로 가득했던 마음이 청결해져서 맑은 양심, 뜨인 눈으로 세상을 관조하게 되는 것이다.

하느님을 사랑하는 것은 자기가 비워지고 하느님만을 사랑하는 것이다. '그의 나라와 그의 의'를 최초, 최고의 자리에다 놓는 일, 그의 뜻을 따르는 것이다. 다른 모든 것은 부차적 의미를 가질 뿐이다. 하느님에 대한 사랑이 깊으면 깊을수록 다른 데 달라붙으려는 마음이 그만큼 줄고 그만큼 자유로워진다.

예수님은 하느님을 사랑함과 동시에 '네 이웃을 네 몸과 같이 사랑하라'고 하셨다. 하느님을 사랑함으로써 하느님이 사랑하는 인간과 세상을 더욱더 사랑하게 되는 것은 자연스런 귀결이다. 여기서도 남을 사랑하는 것이 윤리적으로 바람직하다거나 나중에 심판대에 섰을 때 적선한 실적이 많게 하려는 노력이라기보다는 결국 '자기 비움'의 연습을 적극적으로 표현하는 일이라 생각할 수 있다. 이 문제는 전에 대략 이야기했기에 여기서는 중복을 피한다.[23]

사랑의 묘약

하느님을 사랑하든 동료를 사랑하든 진정으로 자기를 내어주는 사랑은 일단 나 자신을 비움으로써 가능하다. 우리의 사랑이 진정으로 최고 가치, 궁극적인 것에 쏠릴 때, 궁극적이 아니면서 궁극적인 것처럼 행세하던 온갖 우상에게서 해방된다. 그러면서 동시에 올바른 시각에서 모든 것을 직시하게 된다. 그리하여 궁극적으로 메타노이아의 체험에 이르는 것이다. '사랑하는 자마다…… 하나님을 알고(요한일서 4 : 7)' 이런 사랑의 묘약은 종교사적으로 볼 때 메타노이아의 길에서 가장 보편적으로 사용되는 중요한 처방이다.[24]

4

율법과 윤리

'십계', '오계' 하는 등의 율법과 계율을 지키는 것은 종교 생활에서 중요한 부분을 차지한다. 그러나 자칫 오해하면 율법이나 계율은 종교를 더할 수 없이 무기력하고 창백한 형식주의의 형태로 만드는 도깨비방망이가 될 수도 있다. 종교적인 여러 가지 명령, 예를 들어, 다른 신들을 섬기지 말라, 우상 숭배하지 말라, 하느님의 이름을 망령되이 일컫지 말라, 안식일을 지켜라, 부모를 공경하라, 살인하지 말라, 간음하지 말라, 도둑질하지 말라, 거짓말하지 말라, 탐내지 말라[25] 하는 것이라든가, 술 마시지 말라, 높은 침대에서 자지 말라,[26] 어떤 고기는 먹지 말라,[27] 헌금을 후하게 하라 등은 무엇을 가르쳐주기 위한 것인가? '믿음의 길'에서 이 명령들은 어떤 의미를 지니고 있는가?

율법을 왜 지키는가?

우리는 흔히 이런 계명이 우리의 행위를 판가름하는 척도로 주어진 것이요, 이것을 잘 지키면 무사하고 어기면 형벌을 받을 것으로 이해하는 경우가 많다. 이렇게 '율법을 지키면 구원, 어기면 지옥' 하는 식으로 계율을 받아들이고 받드는 것이 소위 '율법주의적' 태도다.

이런 태도를 유지하면 모든 종교적 행위는 최후 심판의 날을 무사히 통과하도록 준비한다는 목적 하나로 귀착되고 만다. 악착같이 법을 지키는 이 모든 것이 쉽게 말해서, '걸리는 일이 없도록' 하자는 심산이다. 고기를 먹고 싶은데 만약 율법에서 고기를 먹지 말라고 했으면, 걸리지 않게끔 식물성 단백질로 고기와 유사한 모양과 맛을 내는 음식을 만들어 먹고 법에 위촉되지 않는 것을 큰 다행, 큰 자랑으로 여긴다. 나중에 심판 때 문제가 생길지도 모르니 순식물성이라는 것을 입증할 수 있도록 성분 분석표를 잘 보관해야겠다고 생각할지도 모른다.

상당수 정통 유대인의 경우 안식일을 지키라고 했으면 지금 당장 죽는 한이 있더라도 손발을 금하고 지킨다. 안 지켰다가 영원한 멸망을 받으면 곤란하기 때문이다. 따라서 꼼짝 못 하고 지내야 하는 안식일이 돌아오는 것이 두렵다. '이 복된 안식일'이 아니라 '불안하고 불편한 안식일'이 되어 빨리 무사히 지나갔으면 하고 바라게 된다. 그래서 '해가 질 때까지 손과 발을 금하여 안식일을 범하지 않게 하여주십시오' 하는 것이 이 날의 주된 기도가 되기도 한다.

이런 경우 '법의 정신'이 문제가 아니라 법조문의 일점일획이 영생을 좌우하는 것으로 알고 그것을 문자 그대로 지키느라 필사의 노력을 경주하는 것이 문제가 된다. 이것은 그야말로 사람을 주눅 들게 하고 결국에는 죽이는 것이다. 바울의 말대로 '의문(문자)은 죽이는 것이요 영(정신)은 살리는 것(고린도후서 3 : 6)'이다. 틸리히의 해석에 의하면, 예수님이 '수고하고 무거운 짐 진 자들아, 다 내게로 오라'고 하셨을 때 이렇게 율법주의적으로 경직된 '종교의 멍에'에서 해방시켜주겠다고 초청하셨다는 것이다.[28]

율법의 기능

계명이나 율법은 이렇게 우리를 못살게 하려고 만들어진 것인가? 이제 계명이니 율법이니 하는 것들을 모두 집어치워야 하는가? 계명을 지킨다는 것은 물론 여러 가지 각도에서 볼 수 있겠지만 이 문제를 생각할 때마다 처음 자동차 운전을 배울 때가 생각난다. 처음 운전을 시작하면 자연히 운전에 관한 책을 보게 된다. 운전석에 앉을 때는 어떻게 앉는 것이 좋다, 운전대를 잡을 때 어떻게 잡는 것이 좋다, 평행 주차를 할 때는 이렇게 하라, 차선을 바꿀 때는 저렇게 하라, 운전 에티켓은 이렇게 지켜라 하는 등의 이야기가 많다. 그러면 초보자는 충실히 그 지시에 따른다. 그렇게 하는 것은 책의 설명과 다르게 앉으면 저자나 경찰에게 걸린다거나 무슨 최후의 심판에 통과하지 못하고 지옥에 떨어질 것이라고 생각하기 때문이 결코 아니다. 그것이 무슨 하늘에서 떨어진 절대적 명령이라서가 아니라 운전을 해본 사람들이 주는 조언을 따르면 나도 잘하게 될 것이라고 믿기 때문이다.

예를 들어 '간음하지 말라'는 계명을 준수하는 것은 그것이 절대적 명령이어서 그것을 어겼다가는 당장 하늘에서 벼락이 떨어지거나 죽어서 어떻게 된다는 것 때문이라기보다 그 권고를 따를 때 우리의 삶이 부드럽고 아름다워져서 그야말로 높은 차원의 의미에서 '잘살게' 될 것이라고 믿기 때문이다.

몇 가지 좀 정리하고 지나가자. 첫째, 계율이나 율법은 이와 같이 우선 우리의 삶을 풍요롭게 하기 위한 안내서, 안내자의 역할을 한다. 좀 복잡하게 말하면, 율법주의적·권위주의적 해석에서부터 '인간적 관심'으로 옮겨갈 때 법의 참된 기능과 의미가 이해된다는 것이다. 법이 사람을 위해 있는 것이지 사람이 법을 위해 있는 것이 아니기 때문이다.

둘째, 마음이 흐리고 양심이 마비되어 있으면 나쁜 짓을 하더라도 그것이 나쁜 줄 모르고 지나게 되는데 이럴 때 자신의 행위를 계명에 비추어보아 처참한 현실을 알게 될 수 있다. 이럴 경우, 율법은 우리의 굳은 마음을 일깨우는 '몽학 선생'이요, 더러워진 얼굴을 비춰주는 거울이다.

셋째, 뭐니 뭐니 해도 율법의 기능으로 가장 중요한 것은 율법의 준수를 통해 나를 비워가는 연습을 할 수 있다는 것이다. 계명을 지키는 것은 나의 뜻을 비우고 어디에 집착한다거나 고집하지 않을 수 있는 힘을 기르는 영적 훈련이다. 금식을 하라,[29] 재산을 바쳐라, 무슨 날을 지켜라 하는 등의 명령을 따르는 것이 우리 스스로 정욕의 노예가 되지 않고 그것을 제어하는 것을 습득하는 자기 훈련이라는 것이다.

한 가지 예로, 금연은 우선 건강에 좋고, 남에게 연기를 피우지 않으니 위생적으로 윤리적(?)으로도 좋고, 돈을 낭비하지 않으니 경제적으로도 좋고, 화재 날 위험이 적어지니 사회적으로나 국가적으로도 좋고……. 그러나 종교적 입장에서 볼 때 담배를 끊는 것은 이 이상의 의미가 있다는 뜻이다.

구르지예프Georgii Gurdzhiev라는 유명한 스승이 있었다. 어떤 사람이 찾아와 제자가 되기를 원했다. 그런데 그 사람은 골초였다. 구르지예프는 그에게 담배를 끊기 전까지는 제자가 될 수 없다고 선언했다. 1년이 지난 후 그가 다시 찾아왔다. 얼굴에 희색을 띠며 이제 담배를 완전히 끊을 수 있게 되었다고 했다. 구르지예프는 그제야 빙그레 웃으면서 자기 서랍을 열고 값진 시가 하나를 꺼내 그 사람에게 권했다. 담배를 끊는 그 자체가 아니라 흡연 습관에 노예가 된 상태, 눈에 '담배밖에' 보이는 것이 없는 상태에서 해방되어 모든 것에 자유로워지는 것이 더욱 중요하다는 이야기다.

종교에서 주장하는 선행은 윤리적으로 행동하도록 하는 것이 일차 목적이 아니다. 참된 목적은 윤리적 결단에 의해 나의 탐욕을 없애는 일, 그의 뜻을 받드는 일, 나를 죽이는 일, 곧 '경건에 이르기를 연습(디모데전서 4:7)'하는 일이다. 악을 피하고 선을 행함으로써 마음을 정결케 하라는 권고를 따르는 것이다. 이렇게 모든 외부적인 것에서 해방되고 마침내 나 자신에게서도 자유로워질 때 사물을 보는 눈, 의식 구조가 달라지는 메타노이아를 체험하게 된다.

물론 여기서 율법이 구원의 선행 조건일 수 없다는 명백한 진리를 기억해둘 필요가 있다. 우리는 스스로 율법을 완성할 수도 없고 율법으로 구원을 받을 수도 없다. 구원은 은혜이기 때문이다. 율법이라는 말이 나온 김에 평소 율법에 대해 생각해오던 두어 가지 문제를 조금 다른 관점에서 이야기하고 싶다.

불의한 자는 망하는가?

얼마 전 이곳 캐나다 교포 신문에 보니 K라는 어느 목사님이 한국 실업인협회 회원들의 '상도의商道義 확립'을 위해 한말씀하셨는데, 많은 성경 구절을 인용하여 결국 불의를 행하는 자는 불의의 보응을 받는다는 기본 메시지를 전하고 있었다. "세상에 비밀은 없습니다…… 불의의 씨를 뿌리면 불의의 열매를 거두는 것이 불변의 원칙입니다…… 《욥기》 22장에 '불의를 멀리하면 다시 흥하게 되리라'고 하였으니, 항상 공의公義로 다스리시는 하나님 앞에 바르게 일하고 바르게 사업을 경영하며 상도의를 확립하여 크게 성공하도록 해야겠습니다. 끝"이라고 쓰셨다.

'어느 면으로 보아서는' 여기에 전적으로 틀린 말씀은 없다. 근래에 많이 논의되는 어느 부류의 '불의한' 실업인들에게는 이 말씀이 무서운 경고가 되어 그 불의한 상행위를 중지시키는 데에 도움이 될 수도 있다. 따라서 이 목사님의 말씀을 여기서 전적으로 부정하거나 반박하려는 생각은 없다. 그러나 이런 글을 대할 때 자칫하면 범하기 쉬운 오해에서 우리 스스로를 보호하기 위해, '끝'이라는 글자를 분명히 붙이셨지만 몇 가지 나름대로 생각하는 바를 덧붙여보려 한다.

불의한 자는 정말로 망하는 걸까? 의로운 자는 정말로 흥할까? '콩 심은 데 콩 나고 팥 심은 데 팥 난다'는 이런 단순한 '인과응보'의 원리가 작게는 개인의 생활에서 크게는 인류 전체에 문자 그대로 맞아떨어지는 이야기일까? 상도의니 뭐니 하는 윤리적 문제를 따지는 것의 근거가 정말로 '공의로 다스리시는 하느님 앞에서' 상이나 형벌 받을 것을 염두에 두기 때문일까? 혹은 윤리적 행위란 본질적으로 우리 마음에서 비롯되는 자율적 자각이나 성찰에 의해 이루어지는 자발적 행위여야 하는 것일까?

역천자逆天者는 망하고 순천자順天者는 흥한다는 인과율의 공식이 그대로 보편타당한 철칙인가 하는 문제는 종교사를 통해서 볼 때 수많은 사람이 끊임없이 물어온, 그러나 아직까지 해답을 얻지 못한 한결같은 질문이었다. 그 대표적인 예가 히브리 성경에 나오는 《욥기》라는 책과 《시편》 73편이다. K 목사님이 인용하신 《욥기》는 바로 이 문제로 피나는 씨름을 했던 한 영혼의 기록이다. 그중에서 고난당하고 있는 욥에게 친구 엘리바스가 찾아와 한 말을 살펴보면 '욥, 당신이 지금 당하는 고난은 분명 그럴 만한 이유가 있소. 악인은 고난을 당하고 의인은 흥한다는 불변의 철칙이 있으니, 당신의 고난은 필경 당신이 잘못한 무엇이 있는 까닭이오. 회개하고 하느님의 복을 받아 흥성하시오' 하는 내용이다. 목사님이 인용하신 말씀, 불의를 멀리하면 다시 흥하게 되리라는 것도 바로 이 엘리바스의 말이다.

《욥기》 23~24장에서 욥은 하느님의 법도대로 행했는데 왜 이런 고난을 당하는지 모르겠다고 고민을 털어놓는다. 말하자면 통속적으로 받아들인 인과응보의 원리가 맞아떨어진다는 천박한 윤리관을 그대로 받아들일 수 없다며 이에 도전하는 것이다. 자신의 고난에는 반드시 인과응보 이상의 무슨 뜻이 있을 거라고 항변한다.

《시편》73편도 이 문제를 다룬 것으로 유명하다. 시편 기자는 여기서 자기처럼 조석으로 하느님을 찾는 사람은 이 모양 이 꼴이고, 반대로 하느님이고 뭐고 할 것 없이 저렇게 거들먹거리는 자는 모두 '항상 편안하고 재물이 더해가니 이게 웬일인가' 하고 고민한다. 그도 하느님을 잘 섬기면 잘살고, 불의하면 그 보응을 받으리라 생각하며 살았는데, 옆을 보니 도저히 그런 것 같지가 않아 '이거 믿어도 헛믿는 것 아닌가? 다 때려치울까?' 하고 생각했다. 이런 마음 상태를 두고 그는 '나는 거의 실족할 뻔하였고 내 걸음이 미끄러질 뻔하였다'고 표현한다.

《욥기》의 저자와 시편 기자는 둘 다 고난의 문제가 인과응보의 원리로 이해되는 그렇게 단순한 문제가 아님을, 다시 말해서 의로운 행위를 하면 고생 없이 남부럽지 않게 잘살고, 불의한 행위를 하면 온갖 고생을 겪으며 사회의 시궁창에서 살게 된다는 평면적·일차원적인 공식이 아님을 외치고 있다. 물론 궁극적으로는 의로운 자가 잘살고 참된 행복을 누리는 것은 사실이지만 이때 잘살고 못산다는 것은 물질적·경제적·사회적 관점에서 가늠할 수 있는 성질 이상의 무엇이어야 한다는 것을 체험적 증언으로 역설하고 있는 것이다.

독일 철학자 칸트는 악한 일을 한 사람은 불행해지고 선한 행위를 한 사람은 행복해지는 상태가 '지고선'의 상태다, 그러나 현세에선 이것이 이루어지지 않으니 너무나 억울하고, 또 그런 사회에서는 윤리고 뭐고 성립될 수 없으므로 어쩔 수 없이 '요청적으로' 내세가 있어야 한다, 그러므로 내세에는 모든 잘잘못을 가름해줄 전능자, 전지자로서의 신이 존재하는 것으로 믿어야 한다며 이것을 그의 윤리학과 종교철학의 시발점으로 삼고 있다. 사실 칸트 등을 들추지 않더라도 우리는 불의한

자가 망하지 않고 오히려 의로운 자가 고난을 당하며, 의로운 자가 흥하지 않고 오히려 불의한 자가 흥하는 경우를 얼마든지 볼 수 있다. 천박하게 이해한 대로의 '콩 심은 데 콩'이 이 고난의 문제에만은 그대로 딱 들어맞지 않는다는 것이다.

불교에서는 이럴 경우 역경이 축복이 되고 축복이 되려 화가 될 수 있다는 역설의 진리를 명확히 하고 있다. 이런 가르침을 가장 아름답게 강조하고 있는 문헌으로 일반인들에게도 많이 알려진 《보왕삼매론寶王三昧論》을 들 수 있다.

1. 몸에 병 없기를 바라지 말라.

몸에 병이 없으면 탐욕이 생기기 쉽나니,

병고로써 양약良藥을 삼으라.

2. 세상살이에 곤란함이 없기를 바라지 말라.

세상살이에 곤란함이 없으면 업신여기는 마음과 사치한 마음이 생기나니,

근심과 곤란으로써 세상을 살아가라.

3. 공부하는 데 마음에 장애 없기를 바라지 말라.

마음에 장애가 없으면 배우는 것이 넘치게 되나니,

장애 속에서 해탈을 얻으라.

4. 수행하는 데 마魔가 없기를 바라지 말라.

수행하는 데 마가 없으면 서원이 굳건해지지 못하나니,

모든 마군으로써 수행을 도와주는 벗으로 삼으라.

5. 일을 꾀하되 쉽게 되기를 바라지 말라.

일이 쉽게 되면 뜻을 경솔한 데 두게 되나니,

여러 겁을 겪어서 일을 성취하라.

6. 친구를 사귀되 내가 이롭기를 바라지 말라.

내가 이롭고자 하면 의리를 상하게 되나니,

순결로써 사귐을 길게 하라.

7. 남이 내 뜻대로 순종해주기를 바라지 말라.

남이 내 뜻대로 순종해주면 마음이 스스로 교만해지나니,

내 뜻에 맞지 않는 사람들로써 원림園林을 삼으라.

8. 공덕을 베풀려면 과보를 바라지 말라.

과보를 바라면 도모하는 뜻을 가지게 되나니,

덕을 베푸는 것을 헌 신처럼 버리라 하셨느니라.

9. 이익을 분에 넘치게 바라지 말라.

이익이 분에 넘치면 어리석은 마음이 생기나니,

적은 이익으로 부자가 되라.

10. 억울함을 당해서 밝히려고 하지 말라.

억울함을 밝히면 원망하는 마음을 돕게 되나니,

억울함을 당하는 것으로 수행하는 문을 삼으라.

표층 종교의 부작용

사실 종교사를 보면, 일반적으로 인과응보의 원리를 핵심으로 삼는 종교는 가장 표층적인 종교에 속하는 믿음이라 볼 수 있다. 통속적으로 받아들인 대로의 업業 사상이라든가 보상·형벌이나 축복·저주의 공식을 말하는 기복적 종교는 역사적 발전 과정에서나 개인의 정신적 성장 과정에서 가장 초보적인 종교로 취급되었다는 이야기다.[30]

이런 표층적이고 저급한 종교에서는 우리가 하느님의 계명을 잘 지키면 이 세상에서도 모든 면에서 꼬리가 아닌 머리가 되고 후세에서도 영생 복락을 누리며 살지만, 나쁜 짓을 하면 이 땅에서도 별 볼 일 없고 죽어서도 지옥에 떨어져 영원히 고생한다는 것을 가장 중심적인 진리로 받아들여 끊임없이 강조한다. 이런 '진리'만을 강조하는 데서 생길 수 있는 부작용을 한두 가지만 예로 든다.

이런 진리에 따라 사는 경우, '장사가 잘 안 되는데 예수나 믿어볼까? 자식들 잘되게 하느님을 찾을까? 후한 연보捐補를 내면 복을 쌓을 곳이 없도록 주신다는데 그래 볼까?' 하는 생각을 갖게 되고 또 '나도 처음엔 알거지처럼 처참한 생활을 했는데 예수를 믿으면서 남에게 적선도 좀 하고, 나쁜 짓도 덜하게 되면서부터는 어찌 된 영문인지 장사가 눈 뭉치 구르듯 잘되어 지금은 집이 몇 채고 자동차가 무엇이고' 하는 식으로 나가게 된다. '가난한 자가 복이 있다'는 말은 얼토당토않은 말이다. 예수를 믿든 윤리적 행위를 하든 모두 돈 벌어 '흥하게 됨'을 위한 디딤돌로 이해하는 것이다. 그러다가 내가 '투자'한 만큼 배당이 안 나오는 것 같으면 윤리고 뭐고 일찌감치 청산해버리는 것이다. 예수 믿어 복 받지 못하는데, 만사형통하지 않는데 믿어서 뭐하겠느냐는 것이다. 믿는 것, 윤리적으로 선을 행하는 것 모두 '성공'이라는 보상이 눈앞에 보이고 손에 만져져 실감 날 때만 계속한다는 지극히 계산적인 생각이다.

이 정도는 그래도 비교적 개인적인 문제에 그치는 것이지만 이런 인과응보식 윤리관을 좀 더 확대시키면 중요한 사회적·정치적 문제로 옮겨진다. 가난한 자, 버림받고 천대받는 자는 모두 자기 업보를 거두는 것, '당연하지!'라는 식이다. 부자, 높은 자리에 오른 분은 또 나름대로 자신이 뿌린 씨를 거두는 것, '그것도 당연하지!' 한다. 모두 잘못 믿어서 하느님이 복을 주시지 않는 것인데, 우리가 왜 하느님이 하시는 일에 개입해야 하느냐 하는 식으로 생각할 수 있기 때문에 자연히 사회복지 같은 데는 신경을 쓰지 않게 된다. 옛날 이利를 좇는 대신 의義로운 삶을 추구하느라 가난해진 이들이 자랑스럽게 생각한 청빈淸貧이란 있을 수 없다.

이런 윤리관을 다시 좀 더 확대시키면, 미국이 흥한 것은 그들이 윤리적으로 선해서요, 방글라데시나 아프가니스탄이나 소말리아 등 아시아, 아프리카, 남아메리카에 있는 제3세계국이 저 꼴인 것은 윤리적으로 그만큼 악해서라는 결론에 이르기도 한다. 따라서 미국같이 부강한 나라의 윤리 체계나 가치관을 무조건 숭상하게 된다.

어느 목사님이 하신 설교다. 미국이 이렇게 잘된 것은 다 까닭이 있는 것, 하느님이 위에서 보고 다 아셔서 축복할 나라는 축복하고 저주할 나라는 저주하신다, 아메리칸 인디언이나 흑인의 꼴을 보라, 그들이 하느님의 저주를 받은 것은 칠칠치 못하고 게으르고 악하기 때문이다, 만사가 다 사필귀정이니 우리가 어찌 감히 뭐라 하겠는가?

이런 종교나 윤리관을 가지고 있으면 어떤 불의한 수단을 쓰든, 권모술수를 쓰든, 무력이나 군사력을 동원하든, 경제력을 발휘하든, 묘하게 걸리지 않고 일단 '성공'하면, 부강해지기만 하면, 무조건 그것이 하느님께서 보호하고 인정하신 증거쯤으로 착각하게 된다. 이렇게 해서 이루어진 부유층, 권력층, 특권층 사람들 혹은 그런 나라는 하느님이 세우신 사도쯤으로 인정한다. 불합리한 사회 구조, 권력 구조, 다국적 기업체 같은 비인도적 처사 등 빈익빈 부익부의 구조악 때문에 희생된 계층에 대한 동정이나 그들을 위한 노력은 고사하고, 그런 형편에 처할 만한 이유가 있다고 취급하므로 그들을 멸시하고 짓누르는 것에 동참하는 지경에 이를 수도 있다. 그뿐만 아니라 가난한 사람은 복 받지 못할 짓을 했음을 의미하기에 결국 가난한 사람은 그 가난 때문에 스스로 죄책감을 느끼지 않을 수 없게 강요하는 일이기도 하다. '가난한 자는 복이 있나니' 하는 예수님의 말씀은 헛소리에 불과하게 된다.

누구든 종교나 윤리를 이런 일차방정식의 단순 원리로 이해하고 있는 한 자기도 모르게 어쩌면 숙명적으로 경제적·정치적 지배 세력에 빌붙어 그들을 옹위하고 그들을 하느님의 축복받은 백성이라 치켜세우며 살 수밖에 없는 것이다. 그들과 발맞추어 기존 가치 체계를 옹호하고, 구조적 개혁 같은 것을 이루어보려는 시도가 있으면 무조건 짓밟아버린다.

다시 묻는다. 과연 고난받는 종들은 모두 불의했기 때문일까? 소위 '성공'했다는 사람들은 모두 의로웠기 때문일까? 머리 둘 곳도 없으신 예수님이나 여러 번 굶고 춥고 헐벗었노라고 한 바울, 그리고 오늘도 사회 밑바닥에서 '이름도 없이 빛도 없이' 가난한 자, 눌린 자를 위해 일하다가 어두운 감방에서 이슬처럼 사라져가는 그 많은 사람은 불의의 씨를 뿌렸기 때문인가? 무수한 순교자의 피를 마시며 비대해졌던 왕후장상, 그리고 오늘날 다국적 기업으로 자자손손 그리고 사돈의 팔촌까지 으리으리한 저택에서 부귀영화를 누리는 사람들, 전자 교회electronic church나 대형 교회로 성공해서 솔로몬보다 더한 영화를 누리고 그것을 자식에게까지 대물림하려 하는 이들, 이들은 다 '불의를 멀리하고' 의로운 씨를 뿌렸기 때문인가?

참다운 종교, 심층 차원의 종교, 열린 종교는 이런 인과응보나 기복 종교의 원리에 머물지 않는다. 우리는 거의 대부분 이런 표층적인 종교관이나 윤리관에서 시작할 수밖에 없지만 우리의 영적 자라남을 계속함으로써 종교나 윤리의 참다운 뜻이 무엇인지 이해해나가도록 노력해야 한다. 이런 관점에서 필자 나름대로의 생각을 좀 더 부연해본다. 다 같이 좀 더 건전한 윤리적 행위의 '근원'을 규명해보았으면 하는 마음 때문이다.

무엇이 복인가?

　　설을 보내며 서로 주고받는 덕담 중 단연 1위를 차지하는 것이 '복 많이 받으세요'일 것이다. 요즘은 더욱 구체적으로 '돈 많이 버세요'라는 말을 하는 사람도 있다. 홍콩 사람들의 경우 설 인사가 '쿵하이팟초이恭賀發財'다. 새해에 재산이 불 일듯 일라는 뜻이다. 그러고 보면 '복 받는 일'이 결국 경제적으로 풍요로워짐을 뜻하는 말로 쓰이는 것이 아닌가 여겨진다. 그런데 '복'이라는 것이 이런 경제적 풍요로움만일까?

　　우리가 잘 알고 있듯이 성경에 보면 예수님이 '너희 가난한 사람들은 복이 있다. 하나님의 나라가 너희의 것이다(누가복음 6:20)'라고 했다. 부에 대한 우리의 집착을 경계하는 말임에 틀림이 없다. 부에 대한 집착을 끊고 자유로워진 삶이 바로 '하느님의 나라'에서 사는 복된 삶이라는 뜻이 아닐까? 유교에서도 소인배가 탐하는 이利가 아니라 군자가 추구하는 의義를 이상으로 삼기 때문에 외적 빈부에 상관하지 않고, 심지어 의롭게 살다가 어쩔 수 없이 가난해진다 해도, 이런 청빈淸貧이야말로 참된 청복淸福의 근원이라 가르친다.

　　종교사를 통해서 볼 때 여러 종교에서 재물을 탐하지 않는 것뿐 아니라 있는 재물이라도 이를 뒤로하고 이른바 '자발적 가난'으로 살아가는 것을 종교적 삶의 이상으로 삼는 경우가 많다. 부처님이나 성 프란체스코의 경우가 대표적이라 할 수 있다. 예수님의 경우 본래 목수 일을 하며 번 재산이 있었는데 스스로 가난해졌는지 모르지만 재산이 많은 어느 부자 젊은이에게 '가서 네 소유를 팔아서 가난한 사람에게 주라'고 충고한 것을 보면 자발적 가난을 선호했던 것이 분명하다.

그런데 이와는 대조적으로 요즘 우리 주위에서는 '잘살아보자'를 종교적 목표로 여기는 사람들이 많은 것 같다. 잘 믿으면 무엇보다 경제적으로 잘살게 되므로 남 보란 듯 살려면 잘 믿으라는 것이다. 이런 자세를 가진 종교인들의 기준으로 보면, 어쩌면 '가난한 자는 복이 있나니'라고 한 예수님이나, 욕심·성냄·어리석음을 삼독三毒이라 가르친 부처님은 실수한 분들이다. 지금은 성경이든 불경이든 현실에 맞게 개정판을 내야 한다고 주장할지 모른다.

종교를 이런 기복祈福 일변도로 받아들일 때 우리도 모르게 빠져들 수 있는 몇 가지 위험이 있다. 첫째, 우리가 가진 신앙은 나의 경제적 부를 축적하기 위한 한갓 수단으로 전락되고 만다. 하느님이든 부처님이든 결국은 우리가 두드리기만 하면 무엇이나 내놓는 요술 방망이나, 카드 넣고 단추 몇 개만 누르면 곧바로 현금을 내주는 현금인출기로 둔갑하게 된다. 둘째, 가난은 잘 믿지 못한 결과라는 생각을 가질 수 있다. 어떻게 살든 결과적으로 가난하면 불편함뿐 아니라 이제 죄책감까지 감내해야만 한다. 셋째, 더욱 문제 되는 것은 부함이 잘 믿은 덕이므로, 일단 부하게 되면 부를 모으면서 있었던 여러 가지 부정한 수단까지 정당한 것으로 착각할 수 있다는 것이다. 누가 뇌물을 주어도 그것이 위에서 축복해주시는 특별한 방법이라고 생각할 수도 있다. 정말 무서운 일 아닌가?

윤리적 행위의 율법주의적 차원

박씨가 네 살짜리 아들 복돌이를 데리고 옆집에 놀러온다. 주인집 송씨의 아들 순돌이도 비슷한 나이다. 어른들이 이야기하고 있는 동안 꼬마들은 주인집 아이 방에서 같이 놀도록 했다. 복돌이가 주인집 꼬마 순돌이의 장난감을 건드린다. 그동안 상자에 처박아놓고 거들떠보지도 않던 장난감이지만 순돌이는 복돌이가 건드리기만 하면 모두 '내 꺼야!' 하며 빼앗는다. 복돌이는 못 보던 장난감이 신기해서 빼앗기지 않으려고 한다. 빼앗겠다, 빼앗기지 않겠다, 싸움이 난다. 그러다가 울고불고 야단이 났다.

양쪽 아버지가 달려와서 서로 자기 아이를 붙들고 뭐라고 한다. 주인 송씨는 아들 순돌이에게 '너 장난감 갖고 욕심 부리면 이제 다시는 안 사줄 거야. 뭐든지 복돌이하고 같이 가지고 놀아, 알겠어?' 한다. 꼬마는 고개를 끄덕인다. 손님으로 온 박씨도 아들에게 '우리 착한 복돌이가 왜 그러지? 남의 장난감 함부로 건드리면 못쓰는 거야. 네 것은 집에 있잖아? 순돌이가 주는 것만 갖고 노는 거야. 싸우지 않고 잘 놀면 나중에 아빠가 가게에 같이 가서 더 좋은 장난감 많이 사줄게, 싸우지 말고 잘 놀아? 알았지?' 한다. 복돌이도 고개를 끄덕인다.

순돌이는 또 싸우면 다시는 장난감을 안 사주겠다는 위협이 무서워서, 그리고 복돌이는 싸우지 않고 놀면 장난감을 더 많이 사주겠다는 약속이 좋아서, 두 아이는 얼마 동안 그럭저럭 싸우지 않고 지낸다. 그러다 시간이 지나면 또 싸우기 시작한다. 그러면 아버지들이 또 달려와서 더 강한 위협과 더 큰 약속으로 싸움을 말린다. 아이들은 위협에 대한 두려움, 약속에 대한 기대와 희망 때문에 아버지의 말대로 싸움을 하지 않으려고 애를 쓴다. 억지로 참는다. 한참 동안 잠잠하다. 싸움이 없는 '윤리적 행동'이 나타나게 된 것이다.

물론 우리 어른들의 경우 이렇게 아이의 장난감을 가지고 서로 싸우는 일은 없다. 그러나 사실 '어른 장난감'을 놓고 빼앗겠다, 안 빼앗기겠다, 서로 더 갖겠다, 덜 주겠다, 서로 많이 갖겠다, 빨리 갖겠다 하면서 싸우고 있지는 않은지 심각하게 생각해봐야 할 것이다. 아이들의 '울고 불고'의 정도를 지나서 '물고 뜯고'의 지경에 이르는 경우가 허다한 게 현실 아닌가? 필사적으로 애를 쓰다가 빼앗으면 신나고, 빼앗기면 슬퍼하며 정신을 차리지 못한 채 사는 것이 현실이라면 지나친 과장일까?

인생살이에서 결국은 장난감에 지나지 않는 많은 일로 우리는 이렇게 서로 맞대고 으르렁거린다. 그러다가 가끔씩, 어느 저녁 조용할 즈음 좀 정신이 들면 '이렇게 살아도 되나' 하는 데 생각이 미친다.

내가 너무하는 것이 아닌가? 엄연히 법이 있는 세상인데 자꾸 이런 짓을 계속하다가는 큰코다치지 않을까? 또 인간으로서 지켜야 하는 인륜을 이렇게 밥 먹듯 어겨가며 사니, 모두들 나 보고 인간 축에도 끼지 못하는 놈이라 손가락질하겠지? 게다가 확실하진 않지만 만에 하나 지옥이 정말 있다면, 아이고 뜨거운 지옥 불, 생각하기도 싫구나. 또 어제는 그놈이 나 보고 당장 벼락에 맞아 죽을 놈이라고 저주했는데, 정말 그렇게 되면 어쩐다? 이럴 것이 아니라 이제 좀 선한 일을 해봐야겠는데. 이 정도로 먹고 살 만큼은 되었으니 너무 악바리처럼 굴지 말고, 슬슬 인심도 쓰는 척하고 동네일에도 자주 얼굴을 내밀고, '적선'하는 방향으로 할까? 교회에는 얼마를 바칠까? 그저 한 번 빌기만 해도 지난 잘못이 다 용서된다고 했으니, 어느 정도 바치면서 빌면 분명 하늘도 무심치 않아 내 어두운 과거를 말끔히 씻을 수 있으리라. 참 편리한 구 멍도 있구나. 그뿐인가, 보물을 하늘에 쌓아두라고 했겠다. 사실은 그 것이 긴 안목으로 보아서 최선의 투자인 것을. 살아서는 이 땅에 복을 쌓을 곳이 없도록 내려주시겠다니 그것도 좋고, 죽어서는 하늘에 간다 니 그것도 좋고, '일석이조'라는 것이 바로 이런 것을 두고 하는 말이렷 다. 하늘에 가서는 좀 편하게 살겠지. 내 사업적인 머리도 이만하면 가 히……. 왜 진작 이런 훌륭한 생각을 못했을까?

이렇게 해서 '선한 일', '윤리적인 행위'를 하기 시작한다. '이왕 하는 바에는 멋들어지게 해야지' 하는 생각에서 점점 더 열을 낸다. 열심이 너 무 지나쳐서 실수도 하고, 열심 없는 사람을 보면 '먼저 된 자가 나중 되 고 나중 된 자가 먼저 된다'고 하면서 나무라기도 한다. 누가 혹시 옆에 서 보다 못해 한마디하면, '거룩한 일, 하느님의 사업을 하는데 잔소리하 지 말라'고 위엄 있게 한번 큰소리도 쳐본다. 고고한 자세로 '너희도 그 저 나처럼만 되라'고 스스로의 의로움에 자부심을 가져보기도 한다.

그러다가 가끔씩 밑에 깔려 있는 욕심이 동할 때도 있다. 저놈이 물고 가서 혼자 먹는 것을 보니 속이 뒤틀려 죽겠구나. 저 못난 놈, 저 인간 같지도 않은 놈, 그냥 박살을 내줄까? 아니야, 그래도 이제 나처럼 점잖 은 위치에 오른 사람이 저런 더러운 놈과 상대할 수야 없지, 위신이 있 으니까. 이제 겨우 좀 '인간답다'는 소리를 듣기 시작하는데 다 된 밥에 콧물 빠뜨려서야 되나. 꾹 참자, 멀리 내다보고 살아야지. 지옥, 천당, 아이고…… 하면서 억지로 자신의 체면과 후일의 결과 등을 생각해보 며 가끔씩은 '윤리적 행위'를 정말 하기도 하고, 흔하게는 하는 척만 하면서 살아간다. 좀 유치하게 표현하긴 했지만 이것이 이른바 윤리적 행위의 율법주의적 차원이다.

율법주의적 윤리가 물론 전적으로 나쁜 것만은 아니다. 아이들에게 처음부터 장난감처럼 '시시한 것' 때문에 싸우지 말라고 타일러도 먹혀들지 않는다. 어린아이들에게 박씨나 송씨처럼 말하는 것은 어린아이들의 발달 과정 중 어느 단계에서는 당연하다. 율법이 분명히 '몽학 선생' 구실을 할 수 있다. 아이들의 지각이 발달될 때까지는 어느 정도 기다릴 필요가 있다. 문제는 끝까지 아버지의 위협과 약속, 형벌과 보상이라는 등식에 맞추느라 갖은 애를 쓰며 다른 일도 못하고 일생을 마치게 된다면 이것은 속박의 세월로 끝나는 비극이라는 점이다. 성인으로서의 자유로운 삶을 맛보지 못하고 죽는 것이다.

종교가 이렇게 율법주의적 관심으로 일관하면 그것은 단순히 하나의 밋밋하고 권태로운 윤리 체제로 전락하고 만다. 스스로 깊은 삶의 의미를 찾아 힘쓰는 '참삶how to live'이 문제가 아니라 윤리적 규범에 맞추어 겉으로 나타나는 행위만 꾸미는 '처신how to behave'이 주 관심이 된 '닫힌 종교'가 되고 만다.

이런 곳에는 자기 스스로 옳고 그름을 깨달아 옳은 것은 추구하고 그른 것은 배척하는 의연함이 아니라 무조건 그렇게 하라고 했으니까, 그렇게 안 하면 혼날 테니까, 모두 그렇게 하니까, 해야 하니까 하는 일률적인 획일성만이 있을 뿐이다. 개인의 창의력, 독창성, 자발성, 자유로운 사고력, 끝없는 성장, 잠재력의 계발 같은 건 기대할 수가 없다. 삶은 자연히 맥 빠지고 단조로운 암울의 나락으로 굴러떨어진다. 바울의 말대로 하면 '율법 안에서 의롭다 함을 얻으려 하는 너희는 그리스도에게서 끊어지고 은혜에서 떨어진 자로다(갈라디아서 5 : 4)' 하는 상태다.

더구나 의식적이든 무의식적이든, 이런 율법주의적 태도만이 유일한 길이라고 믿고 그렇게 사는 것만이 바르게 사는 것이라고 주장하며 가르치는 종교가 있다면 그것은 사람을 망치는 종교다. 예수님의 말씀대로 '천국 문을 사람들 앞에서 닫고 너희도 들어가지 않고, 들어가려는 자도 들어가지 못하게 하는(마태복음 23 : 13)' 일이다.

'수피Sufi'라는 이슬람 종파의 여자 성자 라비아가 한 기도를 여기 다시 인용한다.

오, 주님, 제가 주님을 섬김이

지옥의 두려움 때문이라면

저를 지옥 불에 태워버리시고

그것이 낙원의 소망 때문이라면

저를 낙원에서 쫓아내버리시옵소서.

그러나 그것이 제가 주님만을 위한 것이라면

주님의 영원한 아름다움을 제게서 거두지 마시옵소서.[31]

율법주의적 행위는 속으로야 어떤 생각이 오가든, 우선 겉보기에는 나무랄 것 없이 반지르르한 것이 사실이다. 예수님께서 지적하신 대로 그것은 가난한 자를 도와주고, 하루에 몇 번씩 기도하고, 십일조나 헌금도 많이 하고, 구제도 많이 하는 등 여러 가지로 그럴듯하다(마태복음 6 : 1~18). 또 그것이 그 집단이나 사회에서 규정한 규례와 형식에 맞게 행동하는 '모범적' 생활이다. 기도할 때마다 주제는 '남의 본이 되게 하여주십시오, 이웃에게 빛을 발하게 하여주십시오' 하는 것, 그리고 더욱 많은 사람에게 모범이 되도록, 더욱 선한 행위에 최선을 다하겠다는 결의를 다짐하기도 한다.

그러나 예수님은 이런 식의 율법주의적 '선행'을 가장 역겨워하신 것 같다. 차라리 창녀 같은 죄인과 '세리들'처럼 사회 시궁창에서 조롱과 천대를 받는 사람들과는 같이 식사도 하시고 친구도 되신 그 너그럽고 인자한 예수님이, 속은 변화되지 않은 채 외형에만 신경 쓰고 하늘에 갈 꿈만 꾸는 소위 그 당시 종교 지도자들, '잘 믿는다고 하던 사람들'만 보시면 가슴을 서늘하게 할 정도로 심한 욕을 퍼부으셨다. 뱀들아, 독사의 새끼들아, 너희가 어떻게 지옥의 판결을 피하겠느냐고 하신다.

화 있을진저 외식하는 서기관들과 바리새인들이여, 잔과 대접의 겉은 깨끗이 하되 그 안에는 탐욕과 방탕으로 가득하게 하는도다. 소경된 바리새인아, 너는 먼저 안을 깨끗이 하라. 그리하면 겉도 깨끗하리라. 화 있을진저 외식하는 서기관들과 바리새인들이여, 회칠한 무덤 같으니 겉으로는 아름답게 보이나 그 안에는 죽은 사람의 뼈와 모든 더러운 것이 가득하도다. 이와 같이 너희도 겉으로는 사람에게 옳게 보이되 안으로는 외식과 불법이 가득하도다(마태복음 23 : 25~28).

이런 율법 행위는 예수님의 판단에 의하면, 나무 자체가 좋은 나무가 되어 좋은 열매를 맺도록 노력하는 대신 열매만 좋은 것으로 보이려고 갖은 애를 쓰는 것 같은 억지라는 것이다. '좋은 나무가 나쁜 열매를 맺을 수 없고 못된 나무가 아름다운 열매를 맺을 수 없느니라(마태복음 7 :

18)', 혹은 '나무도 좋고 실과도 좋다 하든지 나무도 좋지 않고 실과도 좋지 않다 하든지 하라(마태복음 12 : 33)'고 한다. 마치 시계가 고장 났을 경우 시곗바늘만 가지고 구부렸다 폈다 하거나 그것만 호화롭게 꾸미는 일같이 무모한 짓이다. 여기에 율법주의적 윤리의 한계성이 있다.[32]

윤리적 행위의 영적 차원

예수님이나 기타 종교적 선각자들이 제시하는 길은, 우리가 '장성한 사람이 되어서는 어린아이의 일을 버렸노라'는 순리에 따라 살라는 것이다. 복돌이와 순돌이가 커서 대학생이 되었다. 서로 자주 만나 같이 어울리지만 이제 장난감 자동차나 공 따위 때문에 서로 싸우고 울고불고 하진 않는다. 아버지가 말씀하신 형벌의 위협이나 보상의 약속 같은 것 때문이 아니다. '장난감을 갖고 싸워서는 안 된다. 그러면 나쁜 사람이다. 난 착한 사람인데 그런 짓을 하면 아빠가 야단치실 것이다'는 식으로 결코 생각하지 않는다. 그저 그런 시시한 것을 놓고 싸운다는 사실이 우스꽝스러운 일임을 '깨달았기' 때문이다. 말하자면 '철이 들었기' 때문이다. '해야 된다thou-shalts' 혹은 '하면 안 된다thou-shalt-nots' 하는 율법주의적 등식이 아니라 '장성한 사람이 되어' 한 단계 높은 차원에서 사물을 보는 눈이 생겼기 때문에 자연스럽게 '어린아이의 일'을 버리게 된 것이다. 그리하여 율법을 완성하는 것이다.

아! 또 한 번 인생의 '철'이 든다면, 지금 우리가 처한 입장, 지금 우리가 하는 행동을 더 높은 차원에서 내려다볼 수 있는 형안炯眼이 있다면,

인생의 더 깊은 의미를 꿰뚫어 볼 수 있는 통찰력이 있다면, 사물을 더 넓은 시야에서 전체적으로 볼 수 있는 식별력이 있다면, 그리하여 실재를 옳게 깨닫게 된다면, 지금 문제 되는 얼마나 많은 것이 사실 문젯거리가 못 되는 것임을 알게 될까? 이런 것 때문에 공연히 괴로워하고 기뻐 날뛰고 하던 일들이 얼마나 우스운 것이었는지를 발견하게 될까?

체념이라는 말을, 우리는 일상적으로 보통 좋지 못한 의미로 쓰고 있다. '그 사람은 무엇이든지 체념을 너무 잘해, 박력이 없단 말이야', 혹은 '그렇게 쉽게 체념하지 말고 끝까지 추진하는 끈기를 가지라'고 한다. 이런 경우 '체념'이란 중도에서 게으름이나 능력 부족 등의 이유로 포기하는 것 또는 도중하차하는 것쯤으로 이해된다.

이솝 우화에 나오는 어느 여우. 높은 데 달린 포도송이를 따 먹으려 몇 번 껑충껑충 뛰어보았지만 거기에 닿을 수 없음을 발견했다. 할 수 없이 뒤로 물러서면서 그까짓 놈의 포도, 따 먹어봤자 시기만 할 것이라고 했다는 '신 포도' 이야기다. 원했지만 여건이 되지 못해 일찌감치 포기하는 것, 그리고는 그것을 적당히 정당화시키는 것이다. 그러나 이것은 엄격한 의미에서 '체념'이 아니다. 자기 무능력, 비겁, 두려움의 결과로 움츠리는 것에 불과하다. 체념이 아니라 '단념斷念'이다.

'체념諦念'의 체諦는 한국 불교에서는 '사제팔정도四諦八正道'에서처럼 '제'라 발음하는데, 그 본래 뜻은 진리나 실재라는 뜻이다. 진리나 실재를 통찰하는 마음[念], 그래서 시시하고 허망한 것에 달라붙어 울고불고하지 않는 의연한 자세, 이것이 본래 의미의 '체념'이다. 참된 의미의 체념이 우리에게 있다면 얼마나 홀가분해질까? 얼마나 자유로워질까?

얼마나 아름답고 늠름한 행동이 나오게 될까?

'어린아이의 일을 버렸노라'는 것은 물론 장난감을 무조건 정죄하면서 모두 버리고 다시는 거들떠보지도 말아야 한다는 뜻이 아니다. 경우에 따라서는 어린아이를 위해 돈을 주고 일부러 장난감을 살 수도 있고 손수 만들어줄 수도 있다. 체념한다고 해서 세상의 모든 일을 경멸하고 거들떠보지 말아야 한다는 것은 아니다. 참된 현실을 더 높은 관점에서 봄으로써 상대적인 것은 상대적으로 알고, 그 범위 내에서 그것을 올바로 인식하고 즐길 힘이 생기는 것을 뜻한다. 상대적인 것을 세상의 전부로만 알고 거기에 맹목적으로 집착하던 상태에서 벗어나 아름다움을 있는 그대로 보며 진정으로 즐기는 것이다.

이제 윤리적 행위는, 해야만 한다고 하는 '당위'나 '의무'로서의 영역을 지나 '윤리적 행위가 곧 좋은 일임'을 자각하고 저절로 선한 열매를 맺는 '저절로 됨spontaneity'의 영역으로 들어가는 것이다. 이럴 경우 윤리는 모두의 건전하고 생산적인 삶을 위한 수단으로 이해된다. 누가 시켜서, 보상이나 형벌 때문에 하는 것도 아니고, 오로지 내심에서 우러나오는 자각이랄까, 뼈대랄까 하는 것에 의해 스스로 알아서 하는 행위다.

너희 의가 바리새인들의 의와 같지 못하면 안 된다고 하신 예수님 말씀이 생각난다. 바리새인들과 같이 억지로 짜내고 꾸민 의가 아니라 저절로 '바리새인의 의' 정도는 다 이루고도 남을 정도는 되어야 참된 의미의 윤리적 완성임을 뜻한 것이라 생각한다. 바울의 표현대로 하면 '법 아래' 있기 때문이 아니라 '은혜 아래' 있는 상태에서 율법을 완성한다는 말이다.

진정으로 '철이 들어서' 하는 행위는 깊은 '속에서' 샘솟듯 솟아나는 참된 의미의 선행이다. 자유인으로서 누리는 자유롭고 자발적인 행동일 뿐이다. 정확히 말하면 내가 하는 것이 아니다. '나는 아무것도 하지 아니하노라'에서 나오는 참된 '함'이다. 하는지 안 하는지도 의식하지 못하고 하게 되는, '안 하는 것 같은 함'이다. '함이 없지만 안 됨이 하나도 없다[無爲而無不作]'의 경지다. '함이 없는 함[無爲之爲]'이다. 이것이 바로 윤리적 행위의 영적·종교적 차원이라 생각해본다.

What
is
Religion?

4

－

함께 가는 길

－

이제 '적자생존the survival of the fittest'의 관계가 아니라
'협력자 생존the survival of the most cooperative'의
관계로 넘어왔다.

폴 니터

현대 사회를 일컬어 '다원주의 사회'라 한다. 하나의 문화, 하나의 가치관만 있는 것이 아니라 여러 문화, 여러 가치관이 어울려 공존하는 사회라는 뜻이다. 특히 우리는 이제 다양한 종교가 서로 어깨를 비비며 이웃하고 있는 종교적 다원주의 사회 혹은 다종교多宗敎 사회에 살고 있다. 이런 사회에서는 자칫 잘못하면 서로 다른 종교들 사이에서 쓸데없는 오해나 긴장, 갈등이 야기될 수도 있다. 이런 바람직하지 못한 결과를 막기 위해서, 나아가 서로가 서로를 이해하고 조화로운 관계를 유지하기 위해서는 내 종교뿐 아니라 남의 종교를 진지하게 이해하려는 노력이 불가피하다. 사실 남의 종교를 이해하는 것은 곧 내 종교를 더욱 깊이 이해하는 길이기도 하다.

1

헌금은 왜 하는가?

종교의 계율이나 윤리강령 중에는 우리가 가진 것을 거룩한 목적을 위해 바치라는 조항이 들어 있고, 현재 이렇게 바치는 일이 종교적 삶에 중요한 부분임을 발견하게 된다. 따라서 이 문제를 좀 더 깊이 살펴보려는 노력은 '함께 가는 길'에서 꼭 짚고 넘어가야 할 일이라 여겨진다. 그리고 나서야 헌금을 하더라도 바른 자세, 바른 마음으로 하고 또 헌금을 통해 얻을 수 있는 참된 의미의 종교적 '축복'을 누리지 않겠는가 하는 뜻에서 여기서는 특히 교회에서 강조하는 '헌금'을 중심으로 이야기해보기로 하자. 불교에서 말하는 시주施主나 보시布施도 같은 원리에서 이해할 수 있으리라 생각한다.

면죄부

교회에 바치는 '헌금' 하면 제일 먼저 중세의 '면죄부免罪符'가 생각난다면 사물을 너무 부정적으로만 보는 것일까? 어쨌든 일단 부정적인 측면을 본 다음 긍정적인 쪽으로 넘어가보기로 한다.

대략 아는 이야기지만 16세기 가톨릭교회는 성 베드로 대성전을 호화찬란하게 짓느라 막대한 돈이 필요했다. 로마 교황청은 당대의 거부인 독일 및 이탈리아 은행가들에게서 돈을 꾸어 쓰고 엄청난 빚에 허덕이고 있었다. 정상적으로 들어오는 헌금으로는 그 이자를 갚기만도 벅찬 지경이었다. 결국 돈을 더 끌어들이는 방법을 궁리하게 되었는데, 이것이 바로 누구든지 죽은 사람을 위해 헌금하기만 하면 죽은 이들이 죄의 형벌을 면하게 된다는, 소위 면죄부를 파는 것이었다.

유명한 신학자와 설교자들은 방방곡곡에 다니면서 이 '위대한 진리'를 전했다. 그중에서 가장 유명한 사람이 그 유명한 수도사, 요한 테첼Johan Tetzel이다. 그는 '하늘에서 온 사자'와 같은 큰 위엄과 뛰어난 웅변으로 외쳤다. 누구든지 면죄부를 사기만 하면 '그 돈이 연보함에 딸랑하고 떨어지는 순간' 지금 연옥에서 고생하고 있는 죽은 부모와 친척, 친구의 영혼이 연옥의 고통에서 벗어날 수 있다고 했다. 사람들은 정말로 '하늘 가는 비자'라도 사는 줄 알고 가난한 주머니를 털고, 가진 것을 판 돈을 들고 줄을 지어 헌금함에 집어넣었다. 이렇게 모인 돈은 사전 협정에 따라 지방 대주교가 반을 가지고, 교황청이 반을 가졌는데, 교황청으로 올라간 돈은 곧바로 채권자 손으로 넘어가 그들의 치부致富와 사치 생활을 위한 경비로 쓰였다.

경건하고 사려 깊은 사람들은 이렇게 종교의 이름 아래 행해지는 기업 행위, 가난한 주머니를 훑어내는 행위에 경악을 금치 못했다. 하느님께서 정의보다도 돈을 더 사랑하신단 말인가? 교황이 죄의 형벌을 사할 능력이 있다면 왜 연옥에서 고생하는 영혼들을 한꺼번에 구해내지 않고 돈을 받는가? 하는 등의 질문을 던졌다. 영국의 존 위클리프John Wycliffe나 보헤미아의 존 후스John Huss 같은 선구자가 그런 사람들이었다.

그러나 이런 의문을 제기하고 일어난 사람 중에 가장 잘 알려진 사람이 바로 젊은 수도사요, 교수였던 마틴 루터였다. 그는 소위 95개 조항의 반박문을 발표하고 제28조에서 이를 반박하고 나섰다. 물론 여러 가지 정치적·경제적·정신사적 제반 요인이 작용했겠지만 적어도 이것이 불씨가 되어 일어난 것이 '종교개혁'이었음은 우리가 익히 알고 있는 터다.

현대판 면죄부

가톨릭교회에서도 그 후 곧 이런 식의 면죄부 제도의 잘못을 인정하고 판매를 중단했다. 누구나 그때 일을 돌이켜보면 잘못된 것으로 인정하리라. 역사가 샤프Phillip Schaff의 말을 빌리면 성 베드로 대성전은 로마 교황청의 영광과 동시에 수치를 드러내는 것이라고 했다.[1] 그러나 여기에 반대하고 일어선 프로테스탄트 교회는 현재 과연 얼마큼 이런 면죄부 제도와 근본적으로 다른 태도를 가지고 있는지 반성해볼 필요가 있다.

많은 교회가 헌금을 강조한다. 교회도 하나의 기관이니 그것을 운영하는 데(꼭 그렇게 운영해야 하느냐 하는 문제는 별도로 하고) 돈이 많이 필요한 것은 불가피한 일이다. 따라서 헌금을 강조할 수밖에 없다. 그러나 이때 어떤 방법을 쓰고, 어떤 이유를 내세우느냐 하는 것이 문제다.

많은 교회가 교리적으로나 신학적으로 복잡하게 여러 가지를 나열하지만 실제로는 헌금을 많이 내는 것이 '복을 쌓을 곳이 없도록' 받는 조건이라는 간단명료한 공식을 강조하는 일이 너무나도 흔하지 않은가? 복이라는 것이 무엇인지 모르겠지만 어쨌든 현실적인 번영과 안위와 건강을 돈으로 살 수 있는 무엇인 것처럼 선전하여 그것을 팔며 돈을 거두어들이는 현대판 면죄부가 기독교 일각에서 행해지고 있는 인상이라면 과장일까?

모르긴 해도 헌금을 많이 내야 할 첫째 이유를 복 받는 것으로 여기고 그것을 강조하는 일이 있다면, 일단은 이것이 면죄부를 팔던 시대와 조금도 다르지 않다고 봐야 할 것이다. 사실 면죄부는 죽어서 받을 죄의 형벌만 면해준다는 것이었는 데 비해 지금의 헌금은 내세뿐 아니라 현세에서도 잘되게 해준다는 양수겸장兩手兼將, 한술 더 뜨는 것이라 볼 수도 있다.

자본주의의 일반적 추세에 맞춰, 헌금을 거두어들이는 정도에 따라 교회가 얼마나 흥왕興旺하는가, 목회가 얼마나 성공적인가를 가름하는 경우가 대부분인 것이 오늘의 실정이니, 교회나 목사님으로서도 별 도리가 없을 것이다. 따라서 갖은 수단을 다해서 헌금 갹출에 열심이 되는 비극이 연출되기도 하는 모양이다.

예배 시간에 헌금자의 이름과 액수까지 불러주는 일, 도표를 그려 벽에 붙이는 일, 주보나 지상에 크게 공표하는 일 등으로 무슨 경매장 같은 데서나 볼 수 있는 경쟁 심리를 이용하는 것, 헌금 액수에 따라 장로직이나 집사직을 안배하는 매관매직 같은 것이 성행하는 것, 기회 있을 때마다 성경에 나타난 헌금에 관한 장절을 모두 끄집어내어 그것을 코걸이 귀걸이 식으로 해석하며 각종 헌금을 합리화하기도 하고 달래기도 하고 위협하기도 하는 것, 돈 잘 나오게 하기로 유명한 부흥사를 모셔와 부흥회를 열고 거기서 나온 돈을 계약에 따라 몇 할씩 나누어 갖도록 하는 것, 최근에는 헌금 봉투에 구멍을 내서 얼마짜리 지폐가 들어가 있는가 볼 수 있도록 하는 것, 모두 어쩔 수 없어서 하는 경우가 허다하리라 생각한다. 모두 이해가 가는 일이긴 하지만 그대로 인정할 수는 없다는 데 비극이 있다. 죄송스러운 일이지만 일단 면밀히 분석해보고 우리의 생각을 재정리해봐야겠다.

헌금의 성경적 근거

복을 쌓을 곳이 없도록 붓나 아니 붓나 보라, 하느님을 시험하라, 하느님은 즐겨 내는 자를 기뻐하시느니라, 도둑도 없고 녹슬 일도 없는 하늘 창고에 보관하라, 재물이 있는 곳에 너희 마음도 있느니라, 주는 자가 받는 자보다 복이 있다, 땅과 거기에 충만한 것이 다 야훼의 것이라……. 교회에서 얼마나 귀에 못이 박히도록 많이 들어온 말씀인가?

이런 말씀이 물론 모두 틀린 것은 아니다. 문제는 이것이 헌금을 많이 내게 하는 수단으로 아무렇게나 사용돼서는 곤란하지 않겠느냐는 것이다. 한 가지만 예를 들면, '땅과 거기 충만한 것과 세계와 그중에 거하는 자가 다 여호와의 것이로다(시편 24 : 1)'는 말씀이 있다. 이 말씀을 놓고 이 세상 모든 것이 하느님의 것이니 모두 하느님께 바쳐야 마땅하다는 뜻으로 해석하는 경우가 허다하지만 《시편》 24편 전체의 문맥을 보면 이것이 헌금과는 직접적인 관계가 없는 이야기임을 알 수 있다. '영광의 왕, 만군의 여호와'의 위대하심, 그 능력의 광대하심을 강조하기 위한 것이지, 모든 것이 그의 것이니 모든 것을 바치라는 이야기는 전혀 없다.

설령 이것이 헌금에 관한 말씀이라 하더라도 땅과 거기 충만한 것, 온 우주가 그의 것이니, 모자랄 것이 없으신 하느님께서는 우리의 코 묻은 헌금 같은 데 연연하지 않으신다고 해석하지는 않고, 모든 것이 그의 것이니 모두 내놓아라, 몽땅 바쳐라, 사정이 뭣하면 그중 일부라도 내놓으라는 식으로만 풀이하는 것은 곤란하다 하지 않을 수 없다.

하느님께 바치는 것과 교회에 바치는 것

또 설령 하느님의 것이니 하느님께 바친다고 하자. 그런데 어디다, 어떻게 바쳐야 하느냐가 문제다. 어느 재담가가 말한 것처럼 돈을 몽땅 하늘로 던져 하느님이 원하시는 대로 다 받으시게 하고 받지 않으셔서 땅에 떨어지는 것만 내 것으로 삼거나 수표를 끊어 하늘로 날려 보내든가 땅에 묻든가 하면 될까? 어디 누구에게 갖다주어야 하느님께 드리는 것이 될지 아리송해지지 않을 수 없다.

이렇게 어려운 문제에 쉬운 해결책을 제시하고 나오는 곳이 교회다.

하느님께 바칠 것을 교회에 바치라고 한다. 교회에 바치는 것이 곧 하느님께 바치는 것이라고 단언한다. 그러면서도 하느님께 바쳐진 헌금을 왜 교회가 중간에서 마음대로 유용해도 되는지에 대해서는 아무런 설명이 없다. 몇천 년 당연지사로 여겨왔기 때문이다.

가난한 신도들이 주머니를 털어 하느님께 바친 것을 교권 확장에 사용해도 좋다는 말씀이 성경 어디에 있는지 모를 일이다. 그뿐 아니라 하느님이 쓰시도록 하느님께 바친 헌금이 내 교회, 내 목회가 흥왕하고 성공하는 목회로 평가되어 목사나 교인의 자아ego를 확대하고 충족시키는 일에 써도 좋다는 말씀이 어디 있는지, 땀 흘리고 고생하며 한 푼 두 푼 모아 하느님께 바친 헌금이 목사들의 성지순례다, 바캉스다, 목회학 박사학위 취득이다, 총 회장이나 감독 선거다 하는 것의 경비나 매표에 사용되어야 한다는 말씀이 어디 있는지, 밤잠을 못 자고 일해서 번 돈으로 바친 헌금이 일주일에 몇 시간밖에 사용하지 않는 그 으리으리한 교회당을 건축하고 증축하고 유지하는 일에 쓰여야 한다는 말씀이 어디 있는지, 오로지 하느님만을 사랑하고 그에게서 맡은 바 청지기의 직분에 충실한 종이 정성을 다해 바친 헌금이 교회의 정치적 영향력을 확대하기 위한 로비 활동비나 정치 자금으로 유용되어도 좋다는 말씀이 어디 있는지, 한심하지만 그 해답을 찾을 수 있는 사람이 많지 않을 것이다.

가만히 따져보면, 하느님께 바쳐진 헌금을 우리 마음대로 사용한다는 것은 우리 스스로를 하느님의 위치에 올려놓는 셈이 아니겠는가? 하느님의 자리를 찬탈한다는 뜻이다. 우리 스스로를 하느님으로 착각하고 있다는 것이다. 그렇지 않고서야 어찌 하느님과 한마디 의논도 없이 하느님께 바친 것을 우리 마음대로 다 쓸 수 있겠는가? 이런 식으로 우리를 하느님 자리에 올려놓는 우상화된 종교, 절대적인 무엇으로 군림하는 종교, 특정 개인이나 집단의 치부를 위한 수단으로 전락한 종교는 민중의 고혈을 짜내기 위한 착취 기구라는 마르크스식 비판을 받아도 별로 억울할 것이 없다고 본다.

'하느님께' 드린다는 것, 내가 느끼고 믿는 바대로 말씀드리면 이렇다. 하느님은 지금 '인간과 생태계가 겪고 있는 아픔eco-human suffering'을 경감하기 위해 힘쓰는 사람, 이웃과 사회와 세계에 사랑과 정의와 평화가 깃들게 하기 위해 헌신한 사람, 이런 사람들을 통해 역사하고 계신다고 믿고, 하느님께 드리는 우리의 재물이 쓰인다면 이런 숭고한 '하느님의 일godly cause'을 하는 데 도움이 되도록 쓰여야 하지 않겠는가 하는 것이다.

헌금의 동기

쓰다 보니 너무 부정적인 측면만을 이야기하고 있는 것 같다. 그러나 내친걸음이니 조금만 더 계속하자, 용서를 빌면서. 앞에서도 이야기했지만, 헌금할 때는 헌금하는 이유랄까 동기가 지극히 중요하다고 본다. 그 헌금 동기 중에서 바람직하지 못한 것 몇 가지를 더 짚어보고 넘어가고 싶다.

첫째, 흔히 헌금하는 것을 일종의 '투자'처럼 생각하는 경우다. 쉬운 말로 하면 '되로 주고 말로 받겠다'는 심사다. '만 배로 갚아주시옵소서'

하는 기도에도 나타나듯 지금 얼마를 바치고 나중에 이 세상에서, 혹은 그것이 여의치 못할 때는 내세에서라도 그것을 튀겨서 받겠다는 장삿속이다. 이것은 가장 저열한 이기심의 발로라 해도 과장이 아니다. 순수 희생이나 사랑 같은 것과는 상관없이 하느님을 상대로 고리대금을 하겠다는 것, 따라서 하느님을 우롱하는 짓이라 할 수도 있기 때문이다.

둘째, 헌금할 때 과거의 잘못을 돈으로 탕감해보겠다는 심정이 움직인 경우다. 비정상적 수법으로 성공한 실업인, 이런저런 수단으로 부정 축재한 정치인, 피나는 투쟁에서 적을 많이 죽이고 권력을 잡은 사람, 이들은 아무리 강심장이라도 가끔씩은 뭔가 불안한 것이 있어서 마음 편히 그 재물, 그 권력을 즐길 수만은 없다. 이때 어느 정도를 하느님 사업이다, 교회 사업이다 하는 데 기증함으로써 심리적으로 좀 가벼워짐을 느끼고자 하는 것이다.

물론 이 경우, 모두 독차지하고 입을 싹 씻어버리는 것보다는 낫다고 하겠지만 이 역시 빗나간 동기에서 헌금하는 행위인 것만은 틀림없다. 어찌 보면 하느님과 뒷거래를 하자는 것이기 때문이다. 부정으로 100만 달러를 벌어서 10만 달러를 상납할 테니 나머지 것에 대해서는 눈감아주시라고, 눈감아주시겠지 하는 배짱이다. 이것은 어느 면에서는 황금만능주의의 발로다. 부정 축재, 권력투쟁의 과정에서 돈이면 안 되는 것이 없음을 보아온 터이므로 자기 과거의 죄과도 돈으로 속량할 수 있으리라는 심리가 움직인 것이다. 일종의 뇌물 공세다.

셋째, 헌금을 뭔가 의미 있는 일을 해보겠다는 마음에서 바치는 경우다. 의미 없는 삶은 견디기 어려운 삶이다. 악착같이 돈을 벌고 있을 동안에는 그 자체가 삶의 목적이요, 의미였기에 물불을 안 가리고 살아왔는데, 어느 정도 경제적 여유가 생기니 이것이 인생의 전부란 말인가 하는 허탈감과 회의가 찾아온다. 뭔가 새로운 의미를 찾아 방황한다. 개같이 벌었지만 정승처럼 쓸 길이 없을까 찾는다. 그러다가 우연히 교회를 알게 되면 거기에 온통 정열을 쏟고 재산을 갖다 바친다. 그렇게 함으로써 어느 정도 삶의 보람과 의미를 느끼게 된다. 어떤 면에서는 훌륭하다. 사회에 필요한 일을 하는 셈이니.

그러나 이것도 종교적인 측면에서 엄격히 따지면 앞의 태도와 크게 다를 바가 없음을 발견하게 된다. 재산을 바친다든가, 시간을 바친다든가, 뭔가 자기가 해보겠다는 것 그리고 그것으로 뭐가 될 것처럼 생각하는 것은 사실 자기의 행위로 구원을 받겠다는 공로주의일 수 있기 때문이다. '믿음으로만'이 아니라 선행을, 장한 일을, 남이 놀랄 일을, 본 때 있는 일을 함으로써 목적을 성취하겠다는 것은 어쩔 수 없이 이기적인 발상이 아닐 수 없다.

더구나 헌금에 비례해서 교회에서의 대우가 좋아진다든가 사람들이 우러러본다든가 집사, 장로 같은 감투가 떨어진다든가 하는 것을 인생 최대의 의미와 보람쯤으로 착각해서도 곤란하다. 깊이 들여다보면 형태만 다르지 허세를 부려보자는 몸부림이요, 에고를 충족시켜보자는 발버둥에 불과하기 때문이다. 앞에서도 지적한 것처럼, 헌금뿐 아니라 심지어 내 몸을 불사르게 내어준다 하더라도 나를 비우고 남만을 생각하는 그런 아가페적 사랑이 아니라면 '내게 아무 유익이 없다(고린도전서 13 : 3)'는 사랑의 원칙 때문이다.

역겨운 헌금

대략 이런저런 식으로, 헌금이 마치 인생사에 있어서 모든 것을 기계적으로 다 해결해주는 만능열쇠쯤으로 생각하고 충실히 헌금하는 사람에게 하느님은 준엄한 경고를 보내신다. 교회에서 자주 듣지 못하는 다음 성경 말씀을 깊이 음미하고 우리의 흐트러진 마음을 가다듬는 경고로 받아들여야 하지 않을까 싶다.

> 말씀하시되 너희의 무수한 제물이 내게 무엇이 유익하뇨. 나는 숫양의 번제와 살진 짐승의 기름에 배불렀고 나는 수송아지나 어린양이나 숫염소의 피를 기뻐하지 아니하노라. …… 헛된 제물을 다시 가져오지 말라. 분향은 나의 가증히 여기는 바요 월삭과 안식일과 대회로 모이는 것도 그러하니 성회와 아울러 악을 행하는 것을 내가 견디지 못하겠노라(이사야 1 : 11~13).

전체 문맥에서 보면 정의를 짓밟고 불의를 행하는 한, 우리가 드리는 이런 제물이나 기도가 하느님께는 다 역겨운 것이라는 사실을 강조하고 있음이 분명하다. 마음의 변화 없이 이기적 목적으로 갖다 내는 헌금 그리고 분향, 월삭과 안식일, 기도 등 모든 종교적 행사는 하느님께서 '가증히 여기는 바'요, '무거운 짐'이 된다는 말이다. 따라서 헌금을 바치는 자체가 중요한 것이 아니라 어떤 마음가짐으로 바치는가 하는 것이 중요하다는 뜻이다. 마틴 루터도 신자들의 마음을 변화시키는 일에 도움이 되지 않는 헌금은 전적으로 무익한 것이라고 못 박았다.

왜 헌금하는가?

지금껏 헌금을 해서는 안 된다고 설득하고 있는 것이 절대 아니다. 지금까지 한 이야기는 헌금의 음지, 우리가 헌금에 대해 갖기 쉬운 오해 중 몇 가지를 지적해본 것에 불과하다. 진정한 마음으로 바치는 헌금이 중요하다는 것, 그러기에 올바른 자세로 바칠 필요가 있다는 것을 강조하기 위한 전주곡쯤 되는 이야기인 셈이다.

그러면 어떤 것이 신앙적 자세에 근거한 바람직한 헌금 태도일까? 나는 이 문제에 대해 쓰기 위해 헌금에 관한 책을 별도로 읽지 않았다. 따라서 그저 평소 개인적으로 느끼고 생각해오던 상식적 범위에서 간단히 몇 가지를 이야기해보고자 한다.

첫째, 헌금은 진정한 의미의 '감사' 표현이어야 한다. 내게 주어진 사랑, 그 은혜를 깨달은 데서 생기는 감격에 대한 자연스런 반응이다. 앞으로의 보상이나 결과 같은 일체의 외부 요인에서 떠나 이미 주어진 은혜에 보답하는 마음으로 나의 일부, 나의 전부를 바친다는 뜻이다. 하느님이 내가 드리는 금일봉을 필요로 하시기 때문도 아니고 하느님의 비위를 맞추기 위함도 아니다. 내 속에 있는 감사의 마음을 확인하고 이를 새롭게 하는 일일 뿐이다.

둘째, 헌금은 다른 사람과 나누어 갖는 법을 연습하는 것이라고 생각한다. 내가 가진 것을 덜 가진 사람, 그것을 필요로 하는 사람과 나누는 것, 이것은 너와 나를 이어주는 고리다. 헌금을 통한 나누어 가짐은 가진 자와 안 가진 자가 아등바등하는 아귀다툼의 현실에서 벗어나 사랑과 평화와 호혜互惠의 원칙이 지배하는 삶으로의 발돋움을 의미한다. 인류의 공동체의식, 동류의식을 일깨우는 일이며 그것에 대한 자각을 표현하는 일이기도 하다. 사랑과 정의와 자유와 진리를 위해 힘쓰는 사람들을 지원함으로써 그들과 한 묶음이라는 것, 같은 하느님의 아들딸임을 확인하고 체험하는 일이다.

셋째, 무엇보다도 지금까지 이야기한 '함께 가는 길'이라는 관점에서 볼 때 헌금은 '자기 비움'을 위한 처방이라는 것이 가장 의미 있다고 생각된다. 헌금은 탐진치貪瞋癡의 삼독三毒을 없애는 데 가장 효과적인 해독제 중 하나다. 내 몸, 내 소유, 내 생명 모두가 '나의 것'이 아니라 나는 오직 하느님께서 맡겨주신 것을 관리하는 '청지기'임을 다짐하는 일이기도 하다.

어떻게든 움켜쥐고 무엇이나 소유하겠다는 일상적 태도에서 벗어나 아무런 이해관계 없이 인과응보나 상벌에 구애받지 않고 순수한 마음으로 자기의 일부를 투척하는 것, 이보다 더 힘든 일이 어디 있고, 이보다 더 효과적인 '자기 비움'의 훈련이 어디 있겠는가?

감사하는 마음에서 우러나는 순수 희생, 자기 투여, 참된 봉사, 사랑 등은 이렇게 자기 것, 자기의 일부 혹은 모두를 바치는 일에 훈련된 사람에게서만 기대할 수 있는 일이다. 또 매주 혹은 매달 이렇게 아무 사심 없이 자기 것을 내어주기를 연습한 사람, 자기를 비운 사람에게서만 가능한 일이다.

헌금이 이렇게 올바른 목적에서 이루어지고 올바른 대상에게 건너가게 되었을 때 헌금을 내는 사람이나 그것을 받는 사람이나 다 같이 '높은 차원의 축복'을 받게 되고 헌금 본래의 아름다운 의도가 실현되는 것이 아닐까?

2

전도

우리 주위에는 실로 수많은 전도자가 있다. 매주 정기적으로 TV를 통해 전국 혹은 전 세계를 상대로 전도하는 그 많은 수의 '위대한' 전도자들televangelists, 거리 모퉁이나 공항 구석에서 혹은 집집마다 방문하면서 자신이 발견한 빛을 나누어주려는 뭇 사람들, 산 넘고 물 건너 혹은 바다를 건너 '땅 끝까지' 이르러 증인이 되려는 그 많은 선교사들, 교회마다 찾아다니며 잠든 영혼을 일깨우겠다고 큰 소리로 외치는 부흥사들 등등 실로 셀 수 없이 많은 사람이 '오늘도 모두 너희는 가서 모든 족속으로 제자를 삼아(마태복음 28 : 19)'라는 명령에 따라 이렇게 '전도'에 힘쓰고 있음을 본다.[2]

이제 생각을 좀 가다듬어 이 '전도'라는 문제, 그 이상과 현실, 그 안과 밖을 좀 자세히 살펴보자. 무엇이 참된 의미의 전도인가? 순수한 의미의 전도는 어떤 동기에서 나오는 것인가? '전도'라면 무조건 다 긍정적으로 받아들이고 우리도 거기에 참여하거나 협력해야 하나? 어떻게 하는 것이 참 전도인가? 하는 등의 문제는 함께 가는 길을 걷기로 한 사람이면 모두 한 번쯤은 냉철하게 반성해볼 필요가 있는 문제다.

누구를 위한 전도인가?

우물 안만이 유일한 세계인 줄 알고 살던 '우물 안 개구리'가 바깥세상, 광명한 실재의 세계를 발견하고 '놀라우신 주 은혜'를 노래한다. 그리고 자기가 체험한 그 벅찬 감격과 기쁨을 동료에게 말해줌으로써 그들도 같은 체험을 하도록 돕고 싶은 것은 당연하다. 동료에 대한 사랑, 그들에 대한 연민의 정 때문에 자기 혼자 눈을 감은 채 가만히 있을 수가 없다. 어서 속히 그들도 그 흑암의 세계에서 해방되어 이 아름다운 새 하늘과 새 땅을 볼 수 있었으면 하는 간절한 소망이 용솟음친다. 이것은 그야말로 갸륵하고 숭고한 마음이다.

이 아름다운 마음 때문에 그 개구리는 이제 '복된 소식'을 전하는 '전도자'가 되는 것이다. '내가 여기 있나이다 나를 보내소서(이사야 6 : 8)' 하는 이사야의 심정이나, '나의 중심이 불붙는 것 같아서 골수에 사무치니 답답하여 견딜 수 없나이다(예레미야 20 : 9)' 하는 예레미야의 열성으로 자진해서 나가게 된다.

종교사를 들추어보면, 이렇게 자기가 받은 진리의 빛을 남에게 전하는 데 헌신하는 일이 어떤 물질적·사회적 봉사보다도 더욱 보람되고 값진 것으로 묘사되어 있음을 발견한다. 예를 들어, 기독교에서도 교회의 첫째가는 기능을 전도 혹은 선교로 보고 있고, 불교에서도 '물질을 나누어주는 일[財布施]'보다 '진리를 나누어주는 일[法布施]'을 더욱 높은 봉사로 여기고 있지 않는가?[3]

전도가 이렇게 숭고하고 아름다운 일임에도 불구하고 그것이 인간사의 다른 모든 것과 마찬가지로 오해되고 곡해되어 오용되거나 남용될 때 더할 수 없이 비열하고 수치스러운 일로 변할 수도 있다. 역사적으로 진리의 등불을 밝혀준 수많은 선각자의 업적, 동시에 '전도'라는 이름 아래 행해진 수많은 박해와 비참한 처사를 여기서 하나하나 예거할 수는 없다.[4] 단지, 지금 우리 주위에서 하루하루 벌어지는 일을 놓고 잠깐 생각해볼 기회로 삼았으면 하는 것뿐이다.

어째서 전도에 이렇게 양지와 음지가, 숭고한 면과 비열한 면이 동시에 병존하고 있을까? 겉으로 보아서는 똑같은 행동이 이렇게 상반되는 범주에 속하게 되는 것은 무엇보다도 '전도'하는 사람의 '마음가짐'이 어떠하냐에 달린 것이 아닌가 생각된다. 전에도 누차 언급한 것처럼 '나'를 비워버리고 '남'을 위한 순수하고 희생적인 사랑에서 우러나오는 모든 행동은 하느님이 받으시기 합당한 '향내 나는 산제사'에 속하지만, '나'를 내세우고 '나'를 만족시키기 위한 자기중심적 사랑에서 나오는 행위는 그것이 사회적으로 아무리 휘황찬란해 보일지라도 참된 의미의 종교적 행위와는 무관한 '세상적인 것'에 불과하다는 것이다. 바로 앞에서 지적했듯이 헌금, 전도, 구제, 봉사뿐만 아니라 '내 몸을 불사르게 내어줄지라도' 내 마음 바탕에 순수한 자기희생의 '아가페'적 사랑이 없으면 이 모든 것이 아무것도 아니라는 것이다(고린도전서 13 : 3).

물론 우리 주위에서 '전도'에 힘쓰는 분들 중에는 정말로 순수한 '아가페'적 사랑으로 온갖 고난을 무릅쓰고 애쓰는 분들이 많은 줄로 안다. 그러나 우리 각자 다시 한번, 내가 지금 하는 '전도'가 혹은 지금 생각하는 식대로의 '전도'가 진정으로 '아가페'적인 사랑에서 나온 것인지, 아니면 비록 무의식적으로라도 나의 이기적 목적을 충족시키려는 의도에서 나온 행위에 '아가페'적 사탕발림만 한 것인지, 정직하게 반성하고 재점검해봐야겠다.

전도의 동기

어려서 주일학교 다닐 때 선생님은 다음 주일에 친구를 인도하는 사람에게는 연필이나 사탕을 주겠다고 약속한다. 그 연필이나 사탕을 타고 싶어서 한 주일 내내 누구를 인도할까 궁리한다. 그러다가 제일 어리숙하고 내 말을 잘 들을 것 같은 친구에게 접근한다. 그러고는 다음 주일에 주일학교에 같이 갈 것을 권유한다. 이때 나는 사실 이 친구의 복지나 안녕이나 영적 축복 같은 것을 염두에 두는 것이 아니라 어떻게든지 그를 인도해서 사탕이나 연필을 타보려는 나 자신의 유익에 신경이 집중돼 있다. 더 직접적으로 말하면, 사실 '감언이설'로 그를 꾀는 것이나 다름이 없다. 내 이기적 목적을 위해 그를 이용하는 것이다.

물론 누이 좋고 매부 좋고, 그렇게 공생하면 두 사람에게 덕이 되지 않겠느냐고 생각할 수도 있겠지만, 또 실제로 그럴 수도 있겠지만, 아직 주일학교에 나가는 것이 내게 좋은지 확신 못 하고, 특히 그에게 좋을지는 더구나 불확실한 상태에서 이렇게 자기의 유익만을 위해 남에게 강요하는 것은 적어도 그 발상에 있어 지극히 불성실한 것이라 하지

않을 수 없다.[5]

물론 어른이라면 사탕이나 연필 때문에 사람들을 교회로 인도하는 일은 없을 것이다. 그러나 목사님이나 장로님이 자꾸 전도에 힘쓰라고 하니 내 체면을 위해서, 또 사람들을 전도해오면 다른 교우들이 모두 나의 헌신적인 전도열에 경의를 표하니까, 또 언제까지나 이렇게 조그만 교회로 지내느니보다 사람들이 많아서 흥성하면 교회 나와도 신이 나고, 다른 교회 교인들에게도 떳떳하고, 또 목사님 말씀대로 우리 교회가 커져서 사회적·경제적·정치적으로 '세상의 꼬리가 아니라 머리가 되어' 큰 소리를 치게 되면, 나도 거기에 한몫을 차지했으니…… 등등 모두 '나' 중심, '우리' 중심으로만 사고할 뿐, 전도받는 사람의 입장은 추호도 생각하지 않는 전도에 임하고 있지는 않은가 차분히 한번 살펴봄이 좋을 것으로 여겨진다.

우리 중에 한 영혼을 인도하면 하늘에 가서 받을 면류관에 별 하나가 늘어난다는 이야기에 의식적이든 무의식적이든 고무되어 '전도'에 힘쓰게 되는 사람이 있다면, 그것은 사실 연필이나 사탕을 위해 '전도'에 힘쓰던 유년기의 생각과 구조적으로 별다를 것이 없다고 본다. 이런 이기적 목적 때문에 전도에 전념한다면 면류관에 별을 더 달기는 고사하고 우선 하늘나라에 갈 수나 있을지 의문이다. 또 설령 어떻게 해서 하늘나라에 간다고 하더라도 그 많은 별로 무거워진 면류관을 늘 뽐내며 쓰고 다니느라 고개가 아파야 할 것을 생각하면, 그것은 천국이 아니라 그대로 지옥일 것이다.

이렇게 노골적인 이기심에서 나온 것은 아니지만 그래도 무의식적으로나마 여전히 이기적 동기가 그 바탕이 된 전도 활동도 있지 않나 생각한다. 누구를 '우리' 교회에 인도한다고 했을 때, 그렇게 직접적으로나 개인에게 '플러스'가 된다는 의식이 작용한 것은 아니지만, 무의식 심저에는 그가 '우리 편'에 가입하는 그 자체가 '우리 것'이 '그들의 것'보다 더 좋고, '우리'가 '그들'보다 우월하고, '우리'가 '그들'에 대해 승리한 것을 입증한다고 느끼는 경우가 있다. 이것은 일종의 집단적 우월감을 고취시키고 자기 그룹의 집단적 에고의 깊은 면을 만족시켜주는 일이다. 이런 집단적 쾌감이랄까 승리감이 전도에 다분히 심리적 자극제의 역할을 하는 것임을 부인할 수는 없을 것 같다.

종교적 진리는 숫자에 달린 것이 아니라고 주장하는 작은 종교 집단도 교인 수가 얼마고, 또 얼마로 늘어났다는 통계에 지대한 관심을 갖는다. 그래서 늘어난 숫자가 발표될 때마다 모두 기뻐한다. 이들이 기뻐하는 것은 일차적으로 하느님의 자녀가 그만큼 늘었다는 사실보다는 자신의 노력이 헛되지 않았다는 것, 특히 자기들의 주장이 사람들에게 먹혀들었다는 것, 그래서 '승리'했다는 것 등에 은근한 자부심과 안도감을 느끼기 때문인 것 같다.

이들은 '내 자녀들이 진리 안에서 행한다 함을 듣는 것보다 더 즐거움이 없도다(요한삼서 1 : 4)' 하는 것이 아니라 '저들이 우리 교회 교인이 되었다 함을 듣는 것보다 더 큰 즐거움이 없도다'라고 생각한다. 진리를 행하느냐 안 행하느냐, 새사람이 되느냐 안 되느냐 하는 것이 문제가 아니라 우리 교인이냐 아니냐, 우리 교회 통계 숫자에 들어가냐 안 들어가냐가 더 중요한 것이다. 교회에 오는 사람들의 머릿속에 무슨 아름다운 생각을 넣어주느냐 하는 것이 아니라 텅 빈 머리라도 그저 머리 숫자가 늘어나는 것만이 최대의 관심사다.

의식적이든 무의식적이든, 이상에서 논한 모든 포교 활동은 '나' 혹은 '우리'의 이익을 하느님의 영광이나 '남들'의 복리보다 앞세운다는 점에서 모두 이기적인 동기에서 나온 것이요, 그런 의미에서 완전히 '비종교적'인 것이라 보아도 지나칠 것이 없다고 여겨진다.

사실 이런 식의 '전도' 활동에 종사하고 있는 한, 스스로는 하느님이나 이웃을 위해 활동한다고 믿을지 모르지만 실상은 그것과 아무 상관없이 그저 '나'를 위한, '우리'를 위한 일에 몰두하고 있을 뿐이다. 이런 이기적·가식적 태도를 버리지 않으면 '전도'는 사실상 자신도 모르게 사람들에게 이익보다는 더 큰 해를 줄 수도 있다. 내가 끌어들인 사람도 나 같은 이기주의자가 될 위험이 있기 때문이다. 그래서 예수님도 우리에게 경고하셨다.

화 있을진저 외식하는 서기관들과 바리새인들이여, 너희는 교인 하나를 얻기 위하여 바다와 육지를 두루 다니다가 생기면 너희보다 배나 더 지옥 자식이 되게 하는도다(마태복음 23 : 15).

전도에 열심만 낸다고 상책이 아니라 어떤 동기와 어떤 목적에서 하느냐가 중요하다는 것이다. 똑같은 사업이지만 하느님과 사람들을 위한 '성업聖業'일 수도 있고 '나'나 '우리' 자신을 위한 '상업'이나 '기업'일 수도 있다는 이야기다.[6]

무지에서 나오는 전도열

전도 활동을 할 때 이기적 동기에서 비롯된 것은 아니지만 그래도 역시 바람직하지 못한 것, 그리하여 경계해야 할 것으로 여겨지는 것은 '무지'에서 나오는 열심이다. 배가 아파서 고생하다가 배 아픈 데 먹는 약을 먹고 건강을 되찾았다고 하자. 감사하고 감격스러운 일이다. 그 후 마침 감기에 걸려 고생하는 사람을 보고 '얼마나 고생할까, 나처럼 다시 건강해지도록 도와줘야지' 하고는 내가 먹고 나은 '배 아픈 데 먹는 약'을 먹으라고 자꾸만 강권하는 것과 같다.

원인도 모르게 시들시들 아프다. 의사가 처방해준 '플라세보(placebo, 밀가루나 설탕으로 된, 심리적 효과를 위해 고안된 약)'를 먹고 병이 나았다. 이것도 감사하고 감격스런 일이다. 그런데 이젠 아픈 사람만 보면 이 약이 '플라세보'인 것을 아는 사람이든 아니든 할 것 없이 다 이것을 먹으라고 강권한다. 곤란한 일이다. 더욱 곤란한 것은 아픈 사람뿐만 아니라 멀쩡한 사람, 혹은 병에서 회복되어 이제 약 없이도 잘사는 사람인데 자기와 안색이 좀 다르기만 하면 왜 이렇게 좋은 약을 먹지 않을까 안타깝게 생각하고는 무조건 '플라세보'를 강권하며 다닌다. 바로 '무지'에서 나오는 전도다.

이 문제를 생각할 때마다 떠오르는 이야기가 있다. 좀 오래전에 있었던 일. 시골 할아버지가 무거운 짐 보따리를 메고 길을 가고 있었다. 지나가던 버스 기사는 무거운 짐을 진 할아버지의 모습이 안타까워 그냥 지나치지 못하고 버스를 세워 할아버지에게 타라고 했다. 할아버지는 지금껏 버스를 보기는 했지만 타기는 처음이었다. 이렇게 차를 세워준 것이 너무나 고마워 차에 올라와서 기사에게 몇 번이고 고맙다는 인사를 했다. 그런데 차가 출발해도 이 할아버지는 그대로 선 채로 무거운 짐 보따리를 내려놓지 않았다. 기사가 짐을 내려놓고 자리에 앉아 밖이나 구경하며 가시라고 권해도 할아버지는 한사코 짐을 그대로 진 채 그 먼 길을 내내 서서 갔다. '이렇게 내 한 몸을 태워준 것만도 고마운데, 어찌 이 무거운 짐까지 무겁게 버스에다 내려놓을 수 있겠는가'라고 생각했기 때문이다.

이 이야기를 좀 더 연장시켜보자. 사실 할아버지로서는 짐 보따리를 메고 서 가는 것이 기사를 돕는 것이라고, 그렇게 함으로써 자기의 미안한 마음을 덜 수 있다고 믿었기 때문에 그것이 짐을 바닥에 내려놓고 가는 것보다 훨씬 마음 편한 일이었을 것이다. 마음 편한 쪽을 택해 가시는 것을 누가 뭐라고 할 수 있겠는가?

그런데 이 할아버지는 속으로 '내가 어찌 감히 짐을 바닥에 놓고 간단 말인가? 더군다나 자리에 앉아서 창밖을 구경하며 가라니, 어찌 그러면서도 부끄러워할 줄도 모르고 태연히 갈 수 있단 말인가? 내가 그런 시커먼 심보를 가진 철면피 인간인 줄 아는 모양이지' 하면서, 자기 결정이 얼마나 현명하고 인간적이며 마음 편하게 하는 일인가 재삼 확인한다.

그리고 나서 어찌 하다가 버스 안을 쓱 둘러보는데, 뒤쪽에는 새파란 젊은이들이 모두 자기의 짐을 내려놓고 각자 자리에 앉아 창밖을 보며 서로 이야기하고 즐겁게 여행하고 있는 것을 발견한다.

할아버지는 깜짝 놀랐다. 그는 속으로 또 중얼거렸다. '고얀 놈의 것들! 운전기사에게 고마워할 줄도, 미안해할 줄도 모르는 철면피 인간들. 이렇게 나처럼 짐을 지고 가보아라. 얼마나 마음 편한가? 아! 금수보다 못한 불쌍한 젊은이들, 저들을 옳은 길로 인도할 사람이 없을까?' 하고 애통해한다. 참다 못해 '그럼 이 늙은이라도 저 철모르는 놈들을 일깨워줘야겠다'고 결심하기에 이른다.

그리하여 할아버지는 한참 신나 있는 젊은이들에게 느닷없이 다가가서는 큰 소리로 호통을 친다. '이놈들아, 너희는 애비도 없는 호로자식들이냐? 양심을 어디에 놓고 다니느냐? 저 운전기사 아저씨가 너희를 태워준 것만도 고마운데 무거운 짐까지 여기 이렇게 내려놓고 이처럼 앉아서 히히거리며 간단 말이냐? 모두 나처럼 자기 짐을 지고 서서 가거라. 사람은 몸만 편하다고 다가 아니다. 마음이 편해야 하는 법, 천륜과 인륜을 어기면서 마음이 편할 수는 없다. 기사 아저씨에게 미안하다고 백 배 사죄하고 당장 각자 자기 짐을 지고 서서 가라.' 젊은이들은 기가 막혀서 멍하게 있을 뿐이었다. 할아버지는 더 큰 소리로 고함을 치고, 그러다가 안 되니 호소하기도 하고, 달래기도 하고, 별일을 다 했다. 젊은이들로서는 어처구니없을 뿐 아니라 성가시고 괴로운 일이기도 하다.

좀 과장된 예를 들긴 했지만 우리가 열성을 보이는 '전도'가 이렇게 일방적 단견과 무지 때문에 어처구니없는 일이 되지는 않는지 심각하게 생각해야 한다는 것을 강조하기 위해서였다. 우리의 동기가 다른 사람들에 대한 관심과 동정에서 나온 것이라는 데는 흠잡을 것이 없다. 그러나 쓸데없이 그들을 괴롭히는 일이 아닌가 하는 질문에 올바로 대답할 수 있도록 부단히 안목을 넓히고 자각을 일깨워 나갈 책임이 있다고 생각한다. 남에게 '전도'하기 전에 나 스스로 먼저 올바른 길, 참 방향을 바로 찾아내는 것이 중요하다. 그러기 위해서는 내가 지금 일방적 입장에서 발견한 것, 체험한 것만이 절대적으로 옳고 유일무이한 것이라는 억지에서 벗어나 서로 대화를 통해 실재의 이런저런 측면을 이해해나가는 자세가 필요할 줄로 안다.[7]

역사적으로 서양 선교사들이 아프리카, 남아메리카, 아시아에서 가만히 지내는 사람들을 공연히 못살게 굴고, 심지어는 식민지주의의 앞잡이 역할을 했다는 비판이 어느 정도 사실이기는 하겠지만, 나는 상당수의 선교사들이 성실했음에도 불구하고 무지 때문에 결과적으로는 그런 어처구니없는 일을 '성실하게' 수행하지 않았나 본다.[8]

미국 성공회 주교였던 스퐁John S. Spong 신부는 '최고의 의도를 가지고 선교 사업에 헌신한 아름답고 예민한 사람들이 있긴 했지만 그래도 본질적으로 우월주의, 권력 지향, 자기중심주의, 배타성과 증오 등에서 나온 기독교 선교 활동은 결국 악한 것'으로 이제 그만두어야 할 것이라 역설한다.[9] 어느 특정 민족이나 문화가 여타의 민족 혹은 문화보다 절대적으로 우월하다는 생각은 실제로 완전히 없어지진 않았지만 적어도 웬만한 사고력이 있는 교양인은 그것이 바람직하지 못한 생각이라 하여 버린 지 오래다. 말하자면 정치적 제국주의나 식민지주의는 구시대의 사고방식이라는 것이다. 그런데 아직도 종교 영역에서는 종교적 제국주의, 다시 말해 우리 종교가 저들 종교보다 절대적으로 우월하므로 그 종교에 속하는 사람들을 모두 이쪽으로 개종시키거나 적어도 종속시켜야겠다는 생각을 유지하는 사람들이 놀랍게도 많은 형편이다.[10] 미국의 사상가 윌리엄 제임스William James의 말처럼 지금 같은 복합 사회에서 '세계 시민'으로 서로 도우며 살기 위해서는 종교 문제를 포함한 모든 면에서 제국이나 왕국이 아니라 '연방공화국a federal republic' 같은 관계가 수립되어야 한다고나 할까?

세상을 위한 존재

이제 많은 사람이 참된 전도자 예수님께서 사람들을 '그리스도인'으로 만들기 위해서 오신 것이 아니라는 것, 예수님은 그런 이름을 쓰지도, 알지도 못하셨다는 것, 예수님은 어느 특정 종교를 선전하려는 것이 아니라 모든 억압적인 종교의 굴레에 매여 수고하고 무거운 짐 진 자들에게 해방과 자유와 용서함을 선포하기 위해 오셨다는 사실을 점차 깨닫기 시작했다. 그는 '세상을 위한 존재'였지, 교회를 위한 존재가 아니었다.[11]

흔히 '교회를 위해 정성을 다하라'고 말하지만 이때 주의해야 할 것은 '교회' 자체가 모든 가치에 우선하는 최고의 가치로 떠받들어져 오로지 그것에 우리의 모든 노력과 시간을 바쳐야 하는 것으로 오해해서는 곤란하다는 것이다. 예수님이 '남을 위한 존재'로서 오로지 다른 사람을 위해 봉사하는 존재였던 것처럼 교회도 세상 사람들에게 봉사하기 위해 있는 것이지, 결코 교회 자체가 그대로 목적일 수는 없다. 어디까지나 교회의 최고 가치는 세상 사람을 섬기는 일이다.

역사적으로 볼 때 처음에 교회는 세상을 위한 봉사 기관으로 시작했지만 얼마 안 가서 그 자체가 목적이 되어 '성스러운 것'으로 변하고 만 경우가 대부분이었다. 마치 공산주의 국가에서 당이 사람들을 위해서

창설되었지만 금세 당 자체가 최고의 가치로 둔갑한 것과 같다. 다시 한번 강조하지만, 교회가 사람들을 위해 있는 것이지, 사람들이 교회를 위해 있는 것이 아니다. 더구나 '하느님의 선교missio Dei'와는 별 상관도 없는 교권 확장이나 팽창주의를 위해 사람들이 희생될 정도로 인권이 유린되어서는 안 되겠다.

교회의 조직체나 거기에 속한 모든 직제는 인간에게 봉사하기 위한 존재요 그 수단이므로, 이 수단이 제대로 기능할 수 있는 방향을 찾아 거기에 정성을 바치고 그것을 위해 힘써야 한다는 사실을 명심해야 할 줄로 안다. 모든 수단의 경우처럼, 교회라는 수단도 그 자체가 우리의 봉사를 받는 최고의 초점이 되면 결국 우리를 지배하는 괴물로 군림하고 만다.

이제 참된 의미의 '전도'는 내 생각, 내 교리를 그대로 남에게 뒤집어 씌우는 교리중심주의도 아니고 남의 종교나 남의 교회에 있는 사람들을 무조건 내 교회로 끌어들이는 교회중심주의도 아니다. 게다가 사람들을 자기편으로 끌어들여 금전적·정치적 힘을 구축하고 교세를 확장하기 위해 작당하는 파당중심주의는 더더욱 아니다.

교회 자체는 우리를 구원해주지도, 무슨 노아 방주나 되듯 우리를 세파에서 건져주지도 않는다. 교회의 재정적·사회적 세력이 커진다고 유토피아가 건설되는 것도 아니다. 중요한 것은 나 스스로 궁극 실재의 더욱 깊은 차원을 발견해 들어감으로써 감격과 희열을 얻으면, 다른 사람도 각각 그런 체험을 통해 해방과 자유를 누리도록 '봉사하는 것', 그것이다. '나'의 혹은 '우리'의 유익을 구하는 것이 아니라 오로지 '그들'의 안녕과 행복에 관심을 쏟아붓는 것이다. 오늘의 상업주의적 '세일즈

맨십'으로서의 '전도'에 희생되지 않도록 스스로 경계하는 것은 물론 서로서로 그런 데 말려들지 않도록 막아주는 일, 그리고 무지에서 비롯된 열성으로 부산하게 외치고 다니는 '전도자'의 신파조, 카리스마적 허세에 압도되어 함께 무지의 전도자로 전락하지 않도록 서로 일깨우고 격려하는 일도 어느 의미에서 참 전도의 한 부분이 아닌가 여겨진다.

전도는 사실 말로 하는 것이 아니라 행동으로, 한 걸음 더 나아가 행동보다는 우리의 됨됨이로 하는 것이 정석이라 하지 않는가? 에크하르트의 말이 다시 생각난다.

무엇을 해야 할 것인가보다 어떤 인간이 되어야 할 것인가를 더 많이 생각해야 한다. 성결의 기초를 행위에다 두지 말고 됨됨이에 두도록 하라. 행위가 우리를 성화시키는 것이 아니라 우리가 행위를 성화시켜야 하기 때문이다. 누구든 본질적 됨됨이에 있어서 위대하지 못한 사람은 무슨 일을 하든 그 행위는 헛수고에 그치고 만다.[12]

우리 스스로 먼저 새로운 존재가 되어 변화된 삶을 살면 참된 의미의 전도는 저절로 이루어진다는 뜻이 아니겠는가? 이런 의미에서 참된 전도는 결코 부산하게 나발을 부는 것이 아니라 무엇보다도 우리의 꾸준한 내적 성장 그 자체가 아닌가 생각해본다.[13]

오늘날 필요한 전도의 두 가지 사례

▪ 사례 1. 화급한 인간화의 길

공자님은 우리가 따를 행동 원리로 의義와 이利를 대조시킨다. 인간으로서 마땅히 수행해야 할 올바른 일, 곧 의를 위해 사는 사람을 군자라고 하고, 자기나 자기 집단의 이해관계에 따라 이익이 되는 일, 곧 이를 위해 살아가는 사람을 소인이라고 했다.

지금 세계가 거의 의보다는 이를 좇고 있는 것이 사실이다. 특히 경제적으로 부富하다는 나라에서 경제적 가치를 최고의 가치로 떠받들고 경제지수(GNP)에만 신경을 쓸 뿐 이른바 '행복지수(GNH)' 같은 것은 거의 무시하는 것이 현실이다. 이것이 세계적 추세이기는 하지만 지금 경제 대국으로 발돋움하려고 혼신의 노력을 경주하는 한국에서 이렇게 경제적 이를 추구하려는 의욕이 더욱 극심하지 않은가 하는 생각이 든다.

우리 주위를 보면 대부분의 사람들이 사람을 사랑하고 물질을 이용하라는 기본 원칙과 반대로 물질을 사랑하고 그 물질을 얻기 위해 사람을 이용하고 있는 실정이다. 경제가 사람을 위해 있는 것이 아니라 사람이 경제를 위해 있는 것으로 믿는 사람들이 많다. 경제라는 신을 섬기며 그 신의 표정 하나하나에 따라 희비를 되풀이하고 있다. 공자님의 시각에서 보면, 지금 우리 대한민국은 의를 위해 사는 군자나 대인의 나라이기보다 모두 이에 올인하는 '소인배 공화국'인 셈이다.

맹자님도 마찬가지다. 맹자님이 양나라 혜왕을 찾아갔다. 왕은 '선생께서 이렇게 불원천리不遠千里하고 오셨으니 우리나라에 이利를 주시겠지요'라고 했다. 이에 맹자님은 왕을 향해 왕이 이를 말하면, 지금 말로 해서, 장관·공무원·국민들이 모두 이를 좇을 것이고 그렇게 되면 '나라가 위태로워질 것'이라고 하면서, 왕은 어찌하여 인의仁義를 말씀하지 않고 '하필 이를 말씀하십니까[何必曰利]?'라 했다.

맹자님은 한 걸음 더 나아간다. 우리 인간은 모두 '네 가지 실마리[四端]'를 가지고 태어났다고 한다. 측은지심惻隱之心, 수오지심羞惡之心, 사양지심辭讓之心, 시비지심是非之心이다. 맹자님은 이 네 가지가 우리 속에 있어야 하는데, 이 중 하나라도 결하게 되면 우리는 '인간이 아니다[非人也]!' 고 단언했다.

우리 주위에서 지금 남의 아픔을 보고 측은히 여기는 마음을 가진 사람들이 얼마나 될까? 나를 포함하여 일반인들은 물론 정치인, 종교인, 경제인, 사회 지도자들 중 진정으로 남의 아픔을 나의 아픔으로 여기고 '함께 아파함compassion'의 마음을 지닌 이들이 몇이나 될까? 자기의 잘못을 부끄러워하고 싫어하는 마음, 겸손하고 양보하는 마음, 옳고 그름을 분간하는 마음은 또 어떤가? 위장 전입을 하고 부동산 투기를 했지만 그것을 부끄러워하고 싫어하는 태도를 보이는 이도 별로 없고, 그것이 옳은 일인지 나쁜 일인지조차 분간하지 못하는 것 같다. 어느 면에서는 그렇게 편법으로 사는 것을 '능력'이라 부러워하기까지 한다.

자동차를 타고 가보라. 우리는 거의 모두 '양보는 곧 죽음이다' 하는 식으로 한 치의 양보도 없이 끼어들고, 이런 신념을 아침저녁 출퇴근하면서 실천하고 확인한다. 이런 운전 문화가 지배하는 사회에 사양의 마음을 기대할 수 있을까? 이런 물음을 놓고 우리 스스로를 냉철히 돌이켜보면 우리는 지금 모두 비인간화된 사회에 살아가고 있는 인간 아닌 인간들인 셈이다.

오늘 한반도에 사는 한민족이라면 모두 힘을 합해 이 소인배 공화국을 군자 공화국 내지 대인 공화국으로 바꾸는 작업, 비인간화된 우리 스스로를 다시 인간이 되게 하는 인간화 작업에 힘을 합해야 하리라. 그야말로 '공자 왈 맹자 왈', 너무 고답적이고 추상적인 이상이라고 생각될지 모르지만 사람이 사람답게 살기 위해서 이보다 더 근본적이고 시급한 과업이 어디 있겠는가?

그러면 이런 일이 어떻게 가능하게 될 수 있을까? 이 문제는 의식 있는 모든 사람들이 서로 머리를 맞대고 궁리해야 할 공동의 과제일 것이다.

2010년 11월 서울에서 주요 20개국(G20) 정상회담이 열리던 시기 일본 히로시마에서는 '제11회 세계 노벨평화상 수상자 세계 정상 회의'가 있었다. 1990년 평화상 수상자였던 옛 소련 대통령 미하일 고르바초프가 발의해 매년 한 번씩 세계 여러 곳을 돌며 개최되는 이 모임에는 노벨평화상 수상자와 평화를 사랑하는 단체 및 개인이 참가해 세계 평화를 증진시키는 일을 위해 지혜를 모은다. 올해에는 히로시마 원폭 투하 65주년을 맞아 히로시마에서 '히로시마의 유산 – 핵무기가 없는 세상'이라는 주제로 열렸다.

고르바초프는 건강을 이유로 참석하지 못하고, 2009년 수상자인 미국 대통령 버락 오바마도 G20에 참석하느라 자리를 같이하지 못했다. 올해 수상자 중국의 류사오보와 1991년 수상자 미얀마의 아웅산 수치 여사는 자유롭지 못한 몸이라 대리인을 보내 인사말을 전했다.

티베트의 정신적 지도자 달라이 라마(1989), 북아일랜드 평화운동가 메이리드 맥과이어(1976), 넬슨 만델라와 함께 남아프리카 인종차별 정책을 종식하는 데 공헌한 전 남아프리카 대통령 프레데릭 데클레르크(1993), 지뢰금지국제운동(ICBL)을 이끈 미국인 조디 윌리엄스(1997), 이란의 인권운동 지도자 시린 에바디(2003), 국제원자력기구의 이집트인 사무총장 모하메드 엘바라데이(2005), 기타 국경 없는 의사회, 노동운동이나 사회봉사로 수상한 단체의 대표 등이 참석했다.

1945년 8월 6일 인구 30만 명이던 히로시마에서는 원폭 투하로 14만 명이 죽었다. 필자의 부모님도 2차 대전 당시 일본 도쿄에 살고 계셨는데, 폭격이 너무 심해 친척이 살고 있던 히로시마로 갈까 하다가 결국 한국행을 결정하셨다고 한다. 그때 만약 히로시마로 결정이 났다면 필자도 이렇게 살아서 아내와 함께 히로시마를 방문할 수 있었겠나 생각하니 이번 히로시마 방문이 더욱 특별하게 느껴졌다.

참석자들은 한결같이 이 세상이 핵무기가 없는 세상, 평화로운 세상이 돼야 한다고 주장했다. 어떻게 해야 그런 세상이 가능할 수 있을까 하는 문제를 놓고 여러 가지 제안이 나왔다. '가난이 세계 평화에 가장 큰 위협이므로 가난을 퇴치해야 한다, 이제 국가 간의 경계를 뛰어넘어 개별 도시간의 공조, 젊은이들 간의 우의를 통한 협력으로 평화를 구축해야 한다. 이제 무력이나 군사력 같은 하드웨어가 아니라 생명, 평화, 문화, 교역 등 소프트웨어가 힘임을 자각해야 한다' 등.

달라이 라마의 발언이 의미 있게 들렸다. 그는 20세기를 세계 인구 2억 명을 희생하면서도 세계가 안고 있는 문제를 전혀 해결하지 못한 '유혈'의 세기로 규정하고, 이제 21세기를 '대화'의 세기로 바꾸어야 한다고 했다.

그는 또 전쟁이 없는 세상, 평화로운 세계라는 이상을 실현하려는 방법으로 '외적 비무장'과 '내적 비무장'을 들 수 있지만, 결국 궁극적 해결은 내적인 비무장에 있다고 하면서 손가락으로 자기 머리와 가슴을 가리켰다. 세계 평화는 우리 속에 있는 욕심과 미움과 어리석음을 없앨 때 가능하다는 것이다. 권력이나 물질에 대한 욕심을 기본으로 하는 '물질적 견해'에 지배되면 사물을 전체적으로 볼 수 있는 '총체적 견해'를 가질 수 없기 때문이라고 했다.

사물을 총체적으로 볼 수 있으면 모든 것이 서로 연결되고 서로 의존돼 있다는 사실을 알게 된다. 이것과 저것, 너와 나, 세상 모든 것이 서로 어울려 사는 존재이기에 세상이 잘못되면 어느 한 사람이나 한 집단만을 비난할 수 없다는 것이다. 또 '원수를 파멸하는 것이 곧 나를 파멸하는 것'이기도 한데 왜 싸우겠는가 하는 이야기다.

그의 이런 안목이 불교적 세계관에 입각하고 있다는 것은 당연한 일이다. 그렇지만 불교인뿐 아니라 종교인이라면, 아니 인류의 장래를 심각하게 생각하는 사람이라면 누구나 귀담아들어야 할 말이 아니겠는가? 히로시마에서 배운 교훈을 곱씹어본다.

3

생각과 사색

사람은 자연계에서 가장 약한 존재인 갈대에 불과하다. 그러나 그는 생각
하는 갈대다.

프랑스 철학자 파스칼Blaise Pascal(1623~1662)의 유명한 말이다. 그런
데 지금 우리의 상태를 놓고 가만히 생각해보면 우리는 어쩐지 그저 바
람 부는 대로 이리 쏠리고 저리 나부끼면서 아무런 생각 없이 살아가는
'허우적거리는 갈대'에 불과한 것이 아닌가 하는 기분이 든다.

대부분 현대인의 경우, 하루하루를 산다는 것이 그저 다람쥐 쳇바퀴
돌듯, 그야말로 어떻게 돌아가는지, 왜 도는지, 어느 쪽으로 돌아가는
지도 모르게 분주하기만 한 형편이다. 천방지축天方地軸이다. 무슨 요란
한 기계의 부속품처럼 모두 돌아가기로 된 대로 삐걱거리면서 돌아가
고 있다. 일할 시간이 되니 일 나가고, 일 하라니 시키는 그대로 하고,
시간이 되어서 가도 좋다니 퇴근하고, TV에서 이 물건 사라니 사고, 신

문에서 뭐가 좋다니 그런가 보다 하고, 라디오에서 이렇다니 이대로 받아들이고, 권위 있다는 누가 그렇다니 그렇겠거니 하고…… 내 생각에 따라 행동하고 결단하는 것이 아니라 전적으로 남이 대신해서 생각하고 결정해주면 그냥 그대로 아무 생각 없이 거기에 따라 움직일 뿐이다. 모두 최면술에 걸린 것처럼, 몽유병 환자처럼 제정신이 아니다. 가수면 상태라고나 할까, 반수면 상태라고나 할까, 가끔씩 깨어 있는 것 같이 생각되는 때도 있지만 사실은 깨어 있다고 꿈꾸는 것에 불과한지도 모른다.

실존주의 철학의 거장 하이데거Martin Heidegger도 이렇게 남이 생각해준 대로 살고 남이 하란 대로 하는 삶, 친구가 장에 가면 아무 생각 없이 자기도 장에 가는 식으로 전적으로 외부의 영향에 따라 좌우되는 삶을 일컬어 비본래적인 삶, '진정치 못한inauthentic 삶'이라고 했다. 우리말로 고치면 '핫바지 인생'이라고나 할까?

이런 말을 들으면 흔히 우리는 '젠장맞을 것, 생각은 무슨 빌어먹을 놈의 생각. 골치나 아프지. 그런 쓸데없는 짓, 골머리를 싸맨다고 누가 밥을 주나 떡을 주나. 차라리 어떻게 해서라도 악착같이 한 푼 더 모을 궁리나 하고 그런 기술과 요령을 배워야지' 하는 정도의 '생각'에서 그쳐버리고 만다.

사실 이런 유혹은 우리만 겪는 것이 아니다. 예수님이 당하신 시험 중의 하나도 바로 이런 것이라 할 수 있다. 요즘 말로 풀어서 말하면 '진리고 인생이고, 그런 어정쩡하고 뜬구름 잡는 것 같은 이야기는 일찌감치 때려치우고 실속을 차려야지. 자, 그런 비생산적인 일에 시간을 소비하지 말고 어서 이 돌로 떡을 만들 궁리나 하라'는 것이었다.

그러나 사람이 떡으로만 살 것이 아니요, 사람의 사람다움이 '생각하는 기능'에 있다고 한다면, 우린 어쩌면 지금 사람됨을 포기하고 사는지도 모른다. 이제 좀 정신을 가다듬고 눈을 비벼봐야 할 것 같다. 호랑이에게 물려가도 정신만 차리면 산다는데, 이렇게 복잡하게 돌아가는 현대 생활에서나마 좀 정신을 차리도록 해야겠다. 정말 하루에 얼마 동안이라도 가만히 앉아서 삶의 의미가 무엇인지, 바르게 산다는 것은 무슨 뜻인지 차분히 마음을 가라앉히고 반성해보는 삶, 이런 '생각하는 삶'을 되찾는 것이 '함께 가는 길'에서 없어서는 안 될 이정표라 여겨진다.

생각에도 가지가지

우선 생각에 대해서 좀 생각해보자. 생각에 대하여 생각하는 일은 지금까지 철학, 심리학에서 많이 언급된 문제다. 여기서는 어떤 이론 체계에 매이지 말고 자유롭게 우리 나름대로 한번 생각해보는 것이 좋을 것 같다.

우선 생각나는 것은, 생각에도 여러 가지 종류가 있다는 것이다. 생각의 대상에 따라, 생각의 깊이에 따라, 생각의 목적에 따라 다음과 같이 여러 가지로 나눌 수 있다.

첫째, '잡생각'이라는 것이 있다. 좀 정신을 가다듬고 무엇을 차근히 생각하려 하면 오만 가지 잡생각이 들어와서 참 생각을 방해하는 것을 경험하게 된다. 생각이란 마치 길들이지 않은 원숭이처럼 오만 군데 안돌아다니는 데가 없다. 좀 붙들어놓으려 해도 어느새 달아나 천지를 헤맨다. 손오공이 되어 하늘도 날고 물속도 헤엄치며 신출귀몰한다.

이런 식으로 잡생각을 따라 훨훨 날아다니는 것을 일컬어 백일몽이니, 환상의 세계니 하는지도 모르겠다. 이런 잡생각의 경우, 사실 '내가' 생각을 하는 것이 아니라 오만 생각이 나를 사로잡고 이리저리 끌고 다니는 것이다. 잡생각이 진짜 주인이고 나는 도깨비에 홀린 모양, '생각 없이' 이리저리 '정신을 못 차리고' 끌려만 다니는 지경이다. 따라서 아이로니컬하게도 이런 잡생각에 빠져 있는 것은 '생각 없이', '정신을 못 차리고' 있는 상태라는 결론에 이른다.

둘째, 생각은 생각이되 '못된 생각'이라는 것도 있다. 얼마 전 미국과 캐나다에서 베스트셀러가 되고, TV 영화로도 제작된 제임스 클라벨James Clavell의 소설 《장군Shogun》을 보면 주인공 토라나가가 툭하면 '열심히 오래 생각했다'고 하는 문구가 나온다. 어떻게 하면 저놈을 넘어뜨릴까, 어떻게 해서 저놈을 밟고 일어설까, 어떻게 하면 저놈이 내게 꼼짝 못 하도록 만들어놓을 수 있을까를 자기중심적 관점에서 머리를 짜고 계산하고 술수를 쓰는 것이다. 이런 식으로 이기적 목적에서 곰곰이 따지고 생각하는 것은 본마음에서 우러나오는 생각이 아니다.

맹자가 성선설性善說을 주장했다는 이야기는 잘 아는 바지만, 그 이론에 따르면 우리 인간에게는 '남의 고통을 보고 참을 수 없는' 이른바 '불인不忍'의 마음이 있다고 한다. 그는 그 예로 비록 도둑이 도둑질을 하고 황급히 도망가다가도 어린아이가 우물에 빠지려는 것을 보면 본능적으로 달려가 구해주게 마련이라는 사실을 든다.

후대 유학자들의 해석에 의하면, 만약 이때 도둑이 내가 저 아이를 건져주면 돈을 얼마나 받을 수 있을까? 칭찬을 많이 받을까? 건져주지 않고 지나가버린다면 그렇지 않아도 사람들이 나를 못마땅하게 여기는데 이젠 상종도 않겠다고 하지 않을까? 저 아이를 건져주고 가도 순경에게 안 잡힐 만큼 시간 여유가 있을까? 하는 등의 '생각'을 하게 되면 이것은 이미 본마음에서 떠난 나쁜 생각이라고 했다. 위험에 처한 아이를 무조건 건져주겠다는 순수한 마음은 가려지고 어느새 자기의 이기적 목적을 생각하는 데 골똘해진 것이다. 말하자면 나쁜 의미의 종속적 사고가 머리를 채운 것이다. 지금 우리의 생각 중에서 이런 방향으로 흘러가는 생각이 얼마나 큰 비중을 차지하는지, 스스로 가만히 반성해보아야 하지 않을까?

셋째, 나쁘고 자시고 할 것 없이 중성적인 생각이랄까 하는 것이 있는 것 같다. 수수께끼나 수학 문제를 풀기 위해 골똘히 생각하거나 물리나 화학 이론을 면밀히 검토한다든지 하는 이성 활동이 여기에 속할 것이다. 아마 우리가 지금 이렇게 여러 생각에 대해 생각하는 것도 이 부류에 속하는 생각이라 생각할 수 있을 것 같다(웬 '생각'이라는 말이 이리도 많이 나오는고!). 우리가 일상생활을 하는 데는 대략 이런 종류의 생각을 하며 사는 것이 보통이다.

자아의 발견

뭐니 뭐니 해도 가장 중요한 것은 나 자신을 생각해보는 일이다. 나 스스로를 성찰하는 것, 반성하는 것, 내성內省하는 것이다. 말하자면 거울에 비친 내 모습을 보는 것, 산울림이 되어 되돌아오는 내 목소리를 듣는 것, 내 속에서 변증법적 대화가 시작되는 것이라고나 할까? 바이올린의 공명통처럼 삶에 깊이와 폭을 더해주는 생각의 반사요, 울림이다. 여태까지 그렇게도 관심을 가지고 위해오던 나, 그러나 한 번도 객관적으로 생각의 대상 자체가 되어보지 못했던 나, 이 무반성적·무비판적이었던 나를 지금의 나로부터 '한 발짝 뒤로 물러서서' 혹은 한 단계 높은 데 올라가서, 가만히 살펴보는 일이다.

이것은 가만히 마음을 가다듬고 적나라한 나, 나의 내면적 모습을 들여다보는 일이다. 지금 모습이 누더기 같으면 누더기 같은 대로, 비단 같으면 비단 같은 대로, 아무 변명이나 핑계 없이 그냥 그대로 살피는 일이다. 내 실상이 이런 것인가? 내가 무엇인가? 지금 무엇을 하고 있는가? 무엇을 생각하고 있는가? 도대체 왜 이다지도 부산하고 조급한가? 이리저리 정신없이 뛰다가 어디에 이르자는 것인가? 내 식구, 내 친구, 내 이웃과 사회에 대해 진정으로 올바르고 바람직한 관계를 유지하고 있는가? 나의 생각, 나의 행동, 나의 말은 정말로 참되고 착하고 아름다운가? 하는 문제 등을 생각하는 일이다.

어떻게 보면 이것은 여태까지 잊어버렸던 나, 잃어버렸던 나를 재발견하는 일이기도 하다. 데카르트가 '나는 생각한다, 고로 나는 존재한다'고 했다지만 그 본래 뜻이야 어떻든 우리의 지금 입장에서 볼 때 '나는 생각한다, 고로 나는 비로소 내가 된다'고 고쳐도 되리라.

이런 상태가 바로 일반적인 의미의 '자각自覺'인지도 모른다. 우리가 잘 아는 탕자의 비유다. 탕자가 아버지 집을 떠나 허랑방탕하게 생활하다가 돈을 다 써버린 다음 돼지 먹이를 주워 먹으며 배를 채우던 중 '스스로 돌이켜(누가복음 15 : 17)' 일어나 아버지께로 가리라 결심하기에 이르는데, 여기서 '스스로 돌이켜'라는 말은 원문에 보면 '자신에게 돌아간' 상태를 의미한다. 그런 뜻에서 이 이야기는 자아 상실에서 자아 회복으로의 이야기라고 볼 수도 있을 것이다. 쉬운 말로는 '철이 드는 것', '정신을 차리는 것', '제정신이 드는 것'이요, 종교적인 용어로 하면 하느님의 '세미한 소리(열왕기상 19 : 12)'에 귀를 기울이는 것이라 할 수 있을 것이다. 어쨌든 이렇게 자기를 찾아가는 마음은 '본래적인 자기로의 환원'이라 보아도 틀릴 것이 없다.

이렇게 내면적 나와 인생과 세계를 관조하는 자세, 이런 차분함이 있다면 우리 주위에서 생기는 많은 문제가 저절로 풀려감을 발견하게 될 것이다. 전에 아등바등 기를 쓰고 덤벼들던 것이 왜 그랬나 싶게 생각된다든지, 그렇게 화가 나서 싸워야 했던 일이 별일 아닌 것으로 여겨진다든지, 전에는 보잘것없어 보이던 것이 이제는 그렇게도 소중하고 아름답게 보인다든지 하는 것을 체험하게 된다. 이제 세상의 관습이나 도덕률이나 권위나 평판에 따라 무비판적으로, 아무 생각 없이 기계처럼 움직이는 것이 아니라 스스로의 독립된 사고에 의해 움직이는, 주체로서의 참 자기를 발견하게 되는 것이다. 말하자면 종래까지의 가치관, 인생관, 세계관에 변화가 옴을 발견하게 된다는 말이다.

이 정도만 해도 훌륭하다. 사려 깊고 침착한 인격으로 살 수 있다. 그러나 많은 종교적 선각자는 여기서 한 발 더 나아가 정말 기막힐 정도로 아름답고 깊은 경지가 있음을 말하면서 그곳으로 우리를 초대한다.

4

기도와 명상

앞에서 생각의 차원을 넘어서는 경지, 어쩌면 '함께 가는 길'에서 가장 깊고 아름다운 경지가 있다고 말했다. 기도와 명상을 통해 도달할 수 있는 경지가 바로 그것이다. 이제 이 문제에 대해 몇 가지 이야기해볼 차례다.

'나는 기도한다, 고로 나는 존재한다.' 종교 철학자 넬스 페레Nels Ferré의 재치 있는 말이다. 사실 동서고금의 거의 모든 종교는 기도가 신앙 생활의 핵심을 이루는 것이라 주장한다. 기도에 관한 책은 수없이 많지만 동서 여러 종교에서 말하는 기도에 대해 종교학적으로 다룬 고전적인 책으로는 하일러F. Heiler의 《기도Das Gebet》가 있다.[14]

이런 말을 하고 있으니 알브레히트 뒤러Albrecht Dürer의 〈기도하는 손〉, 그리고 누가 그린 것인지 모르겠지만 예수님이 겟세마네 동산에서 기도하시는 모습의 그림이 눈에 선하게 보이는 것 같다. 이는 기도가 종교 생활의 주요 상징이라는 것과 예수님의 삶에서 기도가 얼마나 중요

했는지를 보여주는 대표적인 작품들이라 생각한다.[15]

미성숙한 기도 : 표층 종교의 특색

그런데 기도란 무엇인가? 이 물음에 답하기에 앞서 기도에 대한 우리의 일반적 이해가 어떤 것인지부터 살펴볼 필요가 있다.

'기도' 하면 우선 '비는 것'부터 생각하게 된다. 요즘 말로 고치면 기도를 어떤 높은 분께 올리는 청원서 정도로 생각한다는 것이다. 그분의 환심을 사기 위해, '은혜로우신 주님, 감사하옵니다' 하는 등 얼마간의 찬양과 감사의 말을 한 다음, 곧바로 본론으로 들어가 요구 사항을 죽 나열한다. 첫째, 둘째, 셋째 소원들을 생각나는 대로 다 사뢴다. 그러고는 청원의 효과를 증대시키기 위해 '예수님의 이름'을 들먹이고는 길고 애절한 '믿습니다, 아멘'으로 끝을 낸다.

기도를 오직 이런 식으로만 생각한다면, '비나이다 비나이다 칠성님께 비나이다'와 형식은 다를지 모르지만 본질적으로는 틀릴 것이 없다. 이것이 소위 왜곡된 '탄원 기도' 혹은 '청원 기도'라는 것이다. 온갖 이기적 소원을 다 아뢰고 '믿는 자에게는 능치 못할 것이 없느니라'고 한 말씀을 자기 식대로 믿으며 이제 곧 '소원 성취'가 될 것만을 팔짱 끼고 기다리는 것이다.

이런 식의 탄원 기도를 생각할 때마다 나는 주제넘게도 하느님을 심히 동정하는 입장에 서게 된다. 그 많은 사람이 모두 자기 입장에서 저마다 자기 사정을 보아달라고 하느님께 조른다. 한쪽에서는 선량한 농부가 밭이 타니 비가 오게 해달라고 기도하고, 다른 한쪽에서는 천진스런 어린아이가 내일 소풍 가는데 비가 오지 않게 해달라고 기도한다. 전쟁터에서는 양쪽 진영의 군목들이 서로 자기편이 이번 싸움에 이길 수 있도록 해달라고 간구한다. 서로 마주 보고 있는 가게 주인들이 각각 자기 가게가 잘되게 해달라고 기도한다. 하느님은 어느 편의 기도를 들어주어야 할지 정말 난처하실 것이다. 그렇지 않아도 바쁘실 하느님께 그런 난처한 기도를 드려 더욱 난처하게 해드리고 싶지 않다던 C군의 농담 섞인 말도 어느 정도 수긍이 간다.

'기도는 하늘 창고를 여는 열쇠'라는 말이 곧잘 이용되는 것을 본다. 기도가 얼마나 중요하고 위력적인 것인가를 말해준다는 의미에서 동감이 가는 말이다. 그러나 이것이 올바로 이해되지 않으면 이보다 더 욕심쟁이 같은 생각이 있을 수 없다. 만일 이 말을 문자적으로 믿을 경우, 일하기도 싫은데 기도나 열심히 하자, 기도는 하늘 창고를 여는 열쇠렷다, 열심히 기도해서 보화가 가득 찬 하늘 창고 문 하나만 딸 수 있으면 금은보석이 와르르 쏟아져 나오리라, 그렇게 생각하고 기도만 하게 될 것이다. 기도해도 안 되면 열쇠 구멍이 녹이 슬었나, 다른 구멍에 넣었나, 내 믿음이 약해서 아직 효험이 안 나는구나, 요구 사항은 일찌감치 상신해놓은 것, '믿습니다'만 죽어라고 연발해보자. 뭐가 터지든 한 번 터지리라, 누가 계속해서 복권을 사다가 1억짜리에 당첨되었듯이 나도 죽어라 하다 보면 언젠가 한 번 그 하늘 창고가 툭 터지고 눈부신 금덩이가 와르르 굴러떨어지는 날이 오겠지, 그때 떨어져 내리는 금덩이에 머리를 다쳤다간 10년 공부…… 금덩어리 대신 금가루가 있는 창고를 열까? 하는 식의 엉뚱한 마음가짐을 가질 수도 있다. 놀부의 마음이

다. 계산 빠르고 진취적일지는 모르지만 종교에서 가르치는 마음과 180
도 반대 방향을 향하는 자기중심적, 자기 채움의 마음이다. 하버드대학
교 심리학 교수 올포트Gordon Allport는 이런 식으로 기도를 이기적·육신
적 욕구 충족을 위한 수단으로 여기는 종교를 '미성숙한 종교'라고 했다.
이른바 표층 종교가 보여주는 가장 기본적인 특색이다.[16]

엉뚱한 기도

이렇게 좁고 천박하게 이해된 종교나 기도는 좁고 천박한 종교인을 만
든다. 당첨되기를 기다리며 계속 복권을 사다가 당첨이 안 되면 복권
사기를 포기하는 것처럼, 복이 떡가루처럼 내리고 만사가 뜻대로 되기
를 얼마만큼 기도하다 눈에 드러나게 효험이 없으면 기도고 뭐고 다
집어치워버린다. 그래서 자연히 기도 없는 종교 생활, '앙꼬 없는 찐
빵'처럼 무미건조한 신앙생활을 하게 된다. 심지어는 종교 자체마저도
버리고 만다.

　이런 이유로 이제 기도는 어떻게 보면 목사님의 전유물이나 교회에
서 행하는 형식적 예배의 일부분에 불과한 무엇처럼 되었는지도 모르
겠다. 지금 기도가 실제 사용되는 경우를 예로 들면, 목사님이 어느 집
을 심방할 때 선물 대신 '같이 기도하자'는 것을 안고 가는데, 이 경우
기도는 목사님이 가지고 다니는 휴대용 선물이다. 교인이 어려운 고민
거리나 문제로 찾아오면 또 손을 잡고 '같이 기도하자'고 한다. 어려움
을 다 해결해주는 도깨비방망이다. 말 안 듣는 교인이 있으면 찾아가서

'형제여, 어제 밤새도록 그대를 위해 하느님께 눈물로 기도했소이다' 하고 그 형제의 마음을 녹이려는 위무 기도, 또 교회에서 '하느님, 지금 저희에게 교회 건물이 필요한 것 아닙니다. 우리의 모든 것을 바쳐 이 일을 이루게 해주십시오' 하는 권장 기도, 설교 도중 빠뜨린 것을 덧붙이는 보충 기도, '하느님, 지금 이 장로님이 여행 중이십니다. 그와 함께하여주시고' 하는 광고 기도, '하느님, 김 집사님이 새 집 사시고 감사 헌금 냈습니다' 하며 헌금 낸 분들 명단을 읽어주는 표창 기도, 기도 중 마음에 안 드는 교우를 위협하는 협박 기도, 복수 기도 등등 엉뚱한 방면에서 기도가 이용되고 있음을 발견하게 된다. 일종의 용도 변경이다.

이런 것이 진정한 의미의 기도이겠는가? 우리만 하느님을 향해 말하고 조르고 강요하고 옆구리를 찌르고 팔을 비틀며 하는 기도[17], 하느님이 우리에게 말하시는 은밀한 음성을 가만히 들으려 하거나 그분의 뜻이 무엇인지 알아보려는 노력이 전혀 없는 이런 일방통행적 기도가 참된 기도이겠는가?

탄원 기도의 본뜻

오해 없기 바란다. 나는 여기서 탄원 기도 자체가 그릇되었거나 효과가 없다는 것을 이야기하는 것이 아니다. 예수님이 우리에게 가르쳐주신 기도에도 '우리에게 일용할 양식을 주옵시고' 하는 등 요구 사항이 많음을 본다. 병이 난 사람을 위해서 기도한다든가 여행을 떠날 때 자동차 길을 인도하셔서 무사히 목적지에 도착하게 해주시옵소서 하는 기도를 나 역시 드린다.

그러나 이런 기도를 드리는 기본 의도는 첫째, 이런 기도를 통해 지금까지 나를 마치 하느님처럼 떠받들고 살아온 나 중심의 삶을 청산하자는 것, 말하자면 내가 하느님이 아니라는 것을 새삼 일깨우는 일이다.

둘째, 나에게 인간으로서의 한계가 있다는 것, 그리고 겸허하게 더 높은 힘에 나를 열어놓아야 한다는 것을 되새기는 일이라고 본다. 만사가 내 마음대로 되는 것이 아니라는 것, 최선을 다하지만 그래도 보이지 않는 힘, 나로서는 어쩔 수 없는 능력이 나를 움직이는 것이라고 믿고 그 힘에 의탁하는 일이다.

셋째, 기도는 본질적으로 내 뜻을 열거하고 그 뜻이 이루어지도록 하느님께 부탁하는 것이 아니라 오히려 나의 뜻을 비우고 하느님의 뜻에 그것을 맞추는 작업이라 믿는다. 하느님이 원하시는 것을 나도 원하고, 하느님이 사랑하시는 것을 나도 사랑하고, 하느님이 보시는 대로 나도 사물을 그렇게 보겠다는 마음을 굳히며 그것을 위해 힘쓰는 일이다. 우리의 주파수를 하느님의 숨결에 맞추는 일이다. 나의 고집, 나의 교만, 나의 욕심을 비우고 앞으로 일어날 모든 일, 새로 발견되는 진리의 모든 측면을 은혜로 받아들이겠다는 결의를 굳히는 일이다. 따라서 우리가 할 수 있는 최대의 기도는 예수님이 하신 기도를 본받아 '내 뜻이 아니오라 당신의 뜻이 이루어지이다' 하는 것이 되어야 할 것이다.

명상 – 넓은 의미의 기도

그런데 지금까지 말한 '탄원적 요소'가 기도의 전부일까? 그렇게 볼 수는 없다. 이것은 순전히 나 혼자만의 생각이지만 예수님께서 밤새워 하신 기도, 그 자주 하신 기도가 순전히 말로 하느님 아버지께 무엇을 간구하는 청원 기도만이었을까 하는 의문이 남는다. 그 기도가 무엇을 부탁하는 것이었다면 부탁드릴 일이 아무리 많더라도 기껏 5분 정도면 다 끝낼 수 있지 않았겠는가?

내일 산에 올라가 설교하기로 되었는데 힘과 지혜를 주십시오, 병자들을 고칠 터인데 능력을 주십시오 하는 등의 요구 사항이 설령 50가지가 된다고 하더라도 5분은 넘지 않았을 것이다. 겟세마네 동산에서 밤새워 하신 기도의 내용(마가복음 14 : 36)도 아무리 천천히 말하더라도 몇 초를 넘지 않는 것이다.

그런데 무슨 기도가 밤새워 하실 정도로 그렇게 길었을까? 더구나 예수님 스스로 '기도할 때에 이방인과 같이 중언부언하지 말라. 저희는 말을 많이 하여야 들으실 줄 생각하느니라. …… 구하기 전에 너희에게 있어야 할 것을 하느님 너희 아버지께서 아시느니라(마태복음 6 : 7~8)'라고 경고하셨는데, 스스로 몇 시간 혹은 밤이 이슥하도록 중언부언하게 기도하셨을 리가 없다. 분명 예수님의 기도는 말로만 하는 탄원 기도뿐 아니라 소위 마음으로 하는 기도, 하느님과 친히 교제하는 기도가 그 주종을 이룬 것이었으리라. 이런 형식의 기도를 구태여 구별하자면, 기독교에서 일반적으로 말하는 '관조적 기도contemplative prayer', '명상meditation' 혹은 '묵상'이 이에 속한다고 본다. 이제 이런 관점에서 '기도'를 잠깐 살펴본다.

'명상'이라는 말보다 묵상, 묵도, 묵념 같은 것이 좀 덜 생소하지만 현재 교회에서 실행되는 대로의 묵상, 묵도는 거의 몇 초, 혹은 길어야 1~2분 정도로 끝나므로 혼동을 피하기 위해 명상이라는 말을 그대로 쓴다. 명상이란 동서양의 모든 종교에서, 그리고 위대한 성인들의 생애에서 가장 핵심적인 부분을 차지하고 있지만 애석하게도 기독교, 특히 현재의 프로테스탄트 일부 교회에서는 이것이 거의 무시되고 있는 실정이다.[18] 그래서 명상이라고 하면 무슨 괴상한 신비 종교나 동양 종교에서만 찾을 수 있는 엉뚱한 무엇으로 오해하는 경우가 허다하다. 특히 뉴에이지 운동과 관련된 무엇에 불과하다고 치부하는 사람마저 있을 것이다.

그러나 오해를 받거나 말거나 여기서 간단하게나마 이 문제를 터놓고 이야기하지 않을 수 없다. 이 중요한 부분을 빼버린 종교는 그야말로 '빛과 열이 없는 태양'처럼 무의미한 것에 지나지 않는다는 생각 때문이다.

덴마크의 종교 사상가 키르케고르의 말이 생각난다.

우리가 기도할 때 처음에는 기도가 말하는 것인 줄로 생각한다. 그러나 점점 더 그윽한 경지에 이르면 결국에 가서는 기도가 듣는 것임을 깨닫게 된다.[19]

말로만 하는 기도가 기도의 전부일 수 없음을 체험적으로 알게 됐다는 이야기가 아니겠는가? 우리도 이제 기도에는 말 이상의 영역이 있다는 것을 깨닫고 거기에 관심을 돌려야 하리라 생각한다. 시편 기자처럼

우리도 이제 '나는 주의 법도를 묵상(명상)하리다(시편 119 : 78)'라는 결의를 가져야겠다.[20]

명상이란?

그러면 명상이 무엇인가? 내게 대답하라고 한다면, 한마디로 메타노이아, 곧 삶의 깊은 차원에 이르기 위한 방법 중 가장 중요한 요건이라 말하고 싶다. 명상은 '이성의 영역을 초월하는 깊은 차원의 의식transpersonal consciousness' 상태로 들어가는 훈련이다. 나를 중심으로 돌아가던 온갖 생각과 관념을 말끔히 씻어내는 정신적 청소다. 마음을 청결하게 하는 작업, 하느님이 내 속에 좌정하시도록 마음을 비우는 일이다.[21]

　명상 방법은 각 종교의 전통에 따라, 한 종교 내에서도 시대와 장소와 사람에 따라 천차만별이다. 기독교, 불교, 힌두교, 이슬람교, 노장 철학, 주자나 육상산의 철학적 명상, 천도교 창시자 최수운의 가르침, 류영모나 함석헌의 참선 기도 등 모두 그들 특유의 방법을 제시하고 있다. 지금 내 책상 위에도 이런 각각의 명상법 책이 여러 권 보이지만 요즘 미국이나 캐나다 도서관의 도서 목록을 보면 명상에 관한 책들의 목록만도 수십 페이지에 달한다.[22]

　이런 중대한 문제를 여기서 어떻게 다루어야 할지 모르겠다. 극히 간략하게 다루었지만 이 무한의 세계에 스스로 유영하는 기쁨을 맛보게 하는 초청장 정도가 되었으면 한다.

■ **의식의 집중** | 수없이 많은 명상법이 있지만 구태여 크게 나눈다면 '정신을 집중시키는 것'과 '의식을 확대시키는 것'이라 할 수 있겠다. 물론 이 두 가지는 서로 떨어진 무엇이 아니다. 근육 운동으로 치면 오므렸다 폈다 하는 한 가지 운동의 두 다른 면에 해당되리라. 구태여 특징을 말하자면, 첫 번째 방법은 정신을 어느 한곳에 모으는 방법이다. 정신 통일, 정신 집중이라는 말로 표현할 수 있을 것이다. 이것은 마음을 어느 한 가지에 고착시키고 외부에서 들어오는 다른 모든 자극을 막아버리거나 잊는 일이다.

'기도할 때에 네 골방에 들어가 문을 닫고 은밀한 중에 계신 네 아버지께 기도하라(마태복음 6 : 6)'고 하신 예수님의 말씀이 기억난다. 공중公衆 기도도 중요하겠지만 골방에 조용히 앉아 홀로 기도하는 것이 얼마나 중요한지를 지적하신 것 같다. 기도의 대가들은 '쉬지 말고 기도하라'는 것도 실천하지만 그래도 하루 중 일정한 시간을 정하고 특별히 정해진 방이나 한적한 곳에서 기도하는 습관을 가지고 있었다.

그런데 골방에 들어가 '문을 닫고' 기도하라는 말씀을, 장소 따위의 물리적인 것에 관한 말씀으로만 국한시키지 말고, '감각의 문'을 닫아 외부의 잡음이나 잡생각에서 최대한으로 자신을 차단하여 오로지 하느님께만 향하게 하라는 말씀으로 이해할 수 있다. 다른 데 정신 팔지 말고 오로지 한 군데, 한 점, 한 문제, 한 성구, 한 기도문, 한 물체에 마음을 집중하라는 권고로 받아들여도 좋다.

정신을 집중하는 전통적 방법 중에서 대표적인 것 몇 가지만 간단하게 소개한다. 무슨 괴상한 것으로 유도한다고 오해하지 마시기 바란다. 동서양을 막론하고 인류의 정신적 거장들이 형태는 각각 다르지만 모두 실행했던 일, 그러나 우리가 그렇게도 등한시해온 일을 이야기하려 한다.

첫째, '시각적' 집중 방법이다. 어느 한 물체를 보면서 자연스럽게 거기에 정신을 집중하는 것이다. 기독교의 경우 십자가를 바라보며 거기에만 신경을 못 박는 것이다. 꼭 십자가여야만 하는 것은 아니다. 꽃이나 꽃병이나 촛불이나 작은 돌멩이같이 한눈에 들어오기 적당할 만큼 작은 것이면 된다. 종교 전통에 따라 성인들의 모상을 쓰기도 하고, '만다라' 같은 특수한 그림을 사용하기도 한다. 실제로 보기도 하고 마음의 눈에 떠오르도록 시각화 방법을 쓰기도 한다. 이것의 목적은 흩어졌던 우리 마음을 가만히 하나로 모으는 것이다.

둘째, '청각적' 집중 방법이다. 무엇을 들으면서 거기에 정신을 쏟는 일이다. 예수의 이름, '만트라' 같은 짧은 음절, 주문, 성구, 기도문 등을 외우거나 노래하면서 거기에 정신을 집중한다. 여기서도 직접 소리를 내기도 하고 마음속으로 소리를 듣기도 한다. 기독교 동방정교 전통에 '예수의 기도'라는 수행법이 있다. '주 예수 그리스도 제게 자비를 베푸소서' 하는 짧은 구절을 처음에는 3,000번, 6,000번, 그러고 나서 1만 2,000번 외우고, 결국에는 마음에서 저절로 나오도록 하면서 무한한 희열과 환희의 상태에 몰입하도록 도와주는 수행법이나, 불교에서 '나무아미타불 관세음보살' 혹은 '옴마니반메훔'을 외우는 것이 이 방법에 속할 것이다.[23]

셋째, 뭐라고 이름 붙여야 할지 모르겠지만 사랑, 희생, 죽음, 믿음 등의 개념이나 성구나 명언 혹은 예수님의 생애 중 어느 사건 같은 데 마음을 집중하는 방법이다. 이 중에서 많이 쓰이는 것으로는 성구 하나를 붙들고 씨름하는 것이 있다. 본회퍼는 자신이 설립한 신학원 일과에 하루에 30분씩 명상의 시간을 넣고 어떤 일이 있더라도 모든 학생과 교직원이 이 시간만은 지킬 것을 강조했는데, 그가 권장한 명상법 중의 하나가 이렇게 짧은 성경 구절 하나를 선택해서 하루 종일 혹은 일주일 내내 거기에 마음을 모아봄으로써 그 성구나 낱말의 '헤아릴 수 없는 깊음'에 들어가는 체험을 맛보라는 것이었다.[24]

불교 전통 중 선禪에서는 '외손으로 치는 손뼉 소리[隻手]', '무無', '네가 나기 전의 네 얼굴[本來面目]' 같이 이상스런 문구를 주고서 뭐가 통할 때까지 그것만 붙들고 늘어지며 씨름하라고 하는데, 이때 주는 문구를 화두話頭 혹은 공안公案이라고 한다. 이것도 결국 이런 방법에 속하는 것이 아닌가 여겨진다.

넷째, '신체적' 집중 방법이라고 할까? 예식적인 춤을 춘다든가,[25] 태극권을 위시하여 여러 가지 무도를 닦는다든가, 활쏘기(궁도)를 한다든가,[26] 몸을 앞뒤로 혹은 좌우로 계속 흔든다든가 하는 신체적 움직임에 정신을 집중하는 것이다. 이 계통에 속하는 방법 중 가장 흔한 것으로는 자연스럽게 숨을 들이쉬고 내쉬는 것 혹은 그에 따라 하복부가 오르락내리락하는 데 마음의 초점을 모으고 이를 감지하는 것이다.

■ **의식의 확대** | 명상의 방법으로 이렇게 의식을 집중하는 방법과 같이 붙어 다니는 또 다른 방법은 의식의 폭을 넓히는 것이다. 될 수 있는 대로 많은 것을 의식하도록 노력하는 일이다. 우리가 어느 방에 들어갔을 때 처음에는 시계가 똑딱거리는 소리를 듣지만 얼마 못 가서 그 소리를 의식하지 못하게 된다. 전에도 이야기했지만, 우리의 감각기관은 곧 자

동화, 습관화가 되어서 보아도 보지 못하고 들어도 듣지 못하는 것이다. 그뿐 아니라 파티에 갔다가 좋아하는 파트너에게 마음이 팔리면, 무슨 음식을 먹었는지, 누구를 보았는지 잘 의식하지 못하는 수도 있다. 감각기관이 선택적이어서 자기가 보고 싶은 것만 보는 것이다. 이런저런 이유로, 사는 동안 우리는 거의 모든 것을 어느 범주에 넣어 도매금으로 취급하거나 당연한 것으로 여김으로써 실제로 의식하는 범위는 지극히 좁아져버린다.

명상의 목적 중 하나는 이렇게 좁아진 의식의 영역 안에 들어오지 않던 것을 최대한 의식화해서 감지하도록 하는 것이다. 탈자동화deautomatization, 비습관화dishabituation다. 자동적이 되거나 습관화되어 무감각해지는 것을 막는 것이다. 밥을 먹을 경우, 아무 생각 없이 먹어 치울 것이 아니라 숟가락으로 뜨는 것, 숟가락을 입으로 가져가는 것, 밥을 입에 넣는 것, 씹는 것, 혀 돌아가는 것, 그 맛, 삼키는 것, 음식이 내려가는 것 등의 움직임 하나하나에 마음을 두는 것, 지켜보고 의식하는 것이다.[27]

밥 먹는 것 같은 신체적 움직임뿐만 아니라 감정이나 생각 같은 정신적 움직임에 대해서도 마찬가지다. 조용한 중에 한 생각이 아련히 떠오르면 '아하, 이런 생각이 떠오르는구나' 하고, 또 그 생각이 사라지면 '아하, 이 생각이 사라지는구나' 하며 그런 생각을 의식해보는 것이다. 마음이 마음 자체를 관찰한다고 할까, 지켜보는 것이다. 이 생각 저 생각이 뜬구름처럼 떠가지만 거기에 한눈파는 일 없이 차분히 관조하는 것이다. 그러다 보면 이런 잡생각도 마침내 차분히 가라앉는 것을 발견한다. 누가 와서 한참 문을 두드리다가 응답이 없으면 그냥 돌아가

버리는 것과 같다.

생각뿐만 아니라 감정도 그렇다. 우리 속에 슬픔, 걱정, 분노 등의 감정이 있으면 이것을 있는 그대로 관찰하는 것이다. '나 스스로'가 슬퍼하거나 걱정하거나 분노하는 것이 아니라 이것을 나와 분리해서 보는 것이다. 이것이 어떻게 내 속에 들어왔다 어떻게 없어지는가를 가만히 지켜보는 것이다. 진짜 술 취한 사람은 자기가 취한 것을 모른다. 자기가 취했음을 아는 사람은 술의 노예가 될 수 없다. 내가 화가 나 있다는 것을 의식하는 한 화가 나를 지배하지 못한다.

명상의 중요 부분은 이렇게 먹든 마시든, 말하든 침묵하든, 우리 일상의 모든 일에서, 이른바 '걷고 서고 앉고 눕고[行住坐臥]' 하는 모든 일에서 매 순간 일어나는 움직임 하나하나를 의식하는 연습이다. 과거에 신경 쓰거나 미래를 염려하는 일을 그만두고, 지금 여기서 일어나는 육체적·정신적 상태에 마음을 모으는 일이다. '정신 집중'이요, 참 의미의 경敬이요, 성誠이요, 충忠이다. 통찰이요, 관조다. 좋은 의미로 순간에서 영원을 사는 것이다. '영원한 현재(eternal-now, nunc aeternus)'가 가능해지는 일이다. '쉬지 말고 기도하라'는 말씀이 실현되는 것이다. 거울처럼, 어린아이처럼 되는 것이다.[28]

정신을 집중하는 방법과 의식의 폭을 넓히는 두 방법은 사실 개별적인 것이 아니라 동전의 양면과 같이 서로 붙어 다니는 상호 보완적인 것이다. 자기 집이라도 휴가로 얼마간 떠났다가 돌아오면 모든 게 '새롭게' 보이는 것을 경험할 수 있다. 그처럼 전에는 무심히 보던 것, 그래서 의식되지 않았던 것이, 정신을 한군데 집중하고 다른 것에 마음을 팔지 않는 일종의 마음의 '휴가'를 가진 다음에는 모든 것이 새롭게 보이는 의식의 확대가 가능해진다. 이런 정신적 수련을 통해 진리를 보는 눈을 뜨는 것, 그리고 그 형안이 깊어지는 것, 그리하여 자유를 얻는 것이 핵심이다.

흐트러지는 마음

명상에 필요한 여러 가지 앉는 자세가 있지만 기본적인 것은 허리를 똑바로 세우고, 그러나 너무 딱딱하지 않게 앉는 것이다. 명상을 시작하겠다고 앉아보면, 제일 먼저 마음이 자꾸만 흐트러지는 것을 느낄 것이다. 전에도 말한 것처럼 우리 마음은 길들여지지 않은 원숭이처럼 여기저기 기웃거리고 참견하려고 한다. 원숭이 길들이기처럼 명상도 하루아침에 되는 것이 아니다.

십자가를 바라보며 그것만 마음에 두자고 해도 마음은 어느새 십자로, 어제 그 교차로에서 본 교통사고, 구급차, 사이렌, 소방 자동차, 캠프파이어, 지난번에 갔던 여름휴가, 크리스마스 때는 어디로 갈까, 꼬리에 꼬리를 물고 걷잡을 수 없이 달려간다. 그러다가 십자가가 내 앞에 있다고 하는 사실마저도 생소하게 느껴진다.

본회퍼는 이런 경우를 두고 다음과 같이 권고한다.

생각이 제멋대로 이리저리 쏘다니며 다른 사람이나 다른 사건을 둘러싸고 헤매는 것은 명상할 때 겪는 특별한 어려움 중 하나다. 이런 경우 좌절과 수치를 느끼게 되는 것은 어쩔 수 없는 일이다. 그러나 그렇다고 용기를 잃거나 안달한다든지, 더구나 나에겐 명상이 맞지 않다고 결론지어선 안 된다. 이런 일이 생길 때는 생각을 억지로 잡아오지 말고, 생각의 대상이 되는 사람이나 사건을 조용히 기도 속에 포함시켜, 참을성 있게 기다리며 명상의 원점으로 되돌아가는 것이 도움이 될 때가 많다.[29]

이렇게 생각이 꼬리에 꼬리를 물 때 '꼬리에 꼬리를 무는 일'을 없애도록 하라는 권고도 있다. 십자가, 교차로, 교통사고 등으로 나가지 말고 십자가, 십자가의 모양, 십자가의 크기, 십자가의 색깔, 십자가의 희생 등 십자가를 중심으로 생각이 '맴돌게' 해보면 도움이 된다는 것이다.

아무튼 원숭이를 길들이듯 여러 가지 어려움과 유혹을 극복하고 꾸준히 실천해가다 보면, 점점 더 깊은 경지를 체험하게 된다. 깊숙이 자아를 잊어버리는 일 그리고 재발견하는 일은 무엇보다도 먼저 무한한 감격과 기쁨을 가져다준다. 그러다 어느 단계에 이르면 몸과 마음이 다 같이 빈 것 같은, 그러면서도 완전히 찬 것 같은 느낌이 온다. 안팎으로 맑음과 밝음과 고요가 스며듦을 체험한다. 물론 중간중간 뒤로 미끄러지고 좌절하는 때도 있다. 하지만 결국에는 모든 일상적 의식의 세계를 넘어서서 온 우주가 그대로 하나로 모이고, 나와 나의 근원이 만나는 합일의 세계를 접하게 된다. 이런 명상의 깊은 단계를 말하는 고전적 예는 동서를 통해 얼마든지 있다.[30]

마음이 이렇게 청결해지면 마치 거울과 같은 상태가 된다. 사물이 있는 그대로 반사된다. 심리학적으로 말하면, 우리의 의식이 감각에 주어지는 것을 거르거나 왜곡시키지 않고 그대로 다 받아들이는 '직관'이라 할 수 있을 것이다. 프롬은 이런 상태를 두고, 이제 우리 속에 형성된 '사회적 필터들'이 제거됨으로써 지금껏 의식 영역에 들어오지 못했던 '무의식의 세계를 의식화하는 것making the unconscious conscious'이라고 했다.

좀 부드럽게 말하면, 맑은 바다에 삼라만상森羅萬象이 그대로 비치는 상태와 같다는 뜻에서 '해인삼매海印三昧'라고도 한다. 온갖 껍데기가 다 벗겨져 나간 '본마음', '마음의 고향'을 찾은 것이다. 껍데기 나를 잊어버리고 참나, 참나의 근원을 되찾아 그와 하나가 되는 것이다.

이렇게 깊은 명상을 통해 깨침을 얻고, 그 결과 내 속에 신성神性 혹은 불성佛性이 있음을 발견하는 것, 그 신성 혹은 불성이 나의 본성本性이라는 것, 참나와 신이 하나이므로, 신이 곧 참나요, 참나가 곧 신임을 체득하는 것, 그리하여 내가 변화transformation하여 새로운 삶을 사는 것, 그러면서 모두가 만물의 근원 안에서 하나라는 자각에서 아픔을 같이하는 것, 이것이 세계 여러 종교에서 공통적으로 말하는 종교의 심층 차원이요 핵심이라 할 수 있다.[31]

밤하늘의 십자가

　서울의 밤하늘에는 유독 붉은 십자가가 많이 보인다. 이런 십자가를 볼 때마다 물론 그것이 무엇보다 교회의 존재와 위치를 알리는 광고판 역할을 하고 있다는 것쯤은 누구나 아는 사실이다. 간혹 그 십자가의 크기에 따라 교회의 크기를 가늠해볼 수 있다는 점에서 그것은 교회의 규모를 선전하는 선전판의 역할까지 겸하고 있는지도 모르겠다.

　심지어 얼마 전에 방문해본 한반도 서쪽 끝에 위치한 전남 신안군 홍도의 밤하늘에도 십자가 둘이 보였다. 이 경우 교회의 존재와 위치를 말해주는 것 외에 바다에 떠 있는 배들을 위해 등대의 역할을 겸하기도 하는 것 아닐까 하는 생각도 들었다.

　십자가의 뜻이 이런 것만일까? 물론 정통 그리스도교의 가르침에 의하면 십자가는 인류에 대한 하느님의 사랑, 예수님의 희생을 상징한다고 한다. 그리스도인들은 하느님이 세상을 이처럼 사랑하셔서 그의 외아들 예수님을 세상에 보내 그가 우리의 죄를 대신 짊어지고 십자가에 못 박히게 했다고 믿기 때문이다. 그래서 그 당시 사형 집행을 위한 형틀로 쓰이던 십자가를 이처럼 소중하게 여기고 교회 지붕 꼭대기에다 붙이는 것이다.

　그뿐만 아니다. 성경에 보면 예수님이 그의 제자들을 향해 '누구든지 나를 따라오려거든 자기를 부인하고 자기 십자가를 지고 나를 따를 것이니라(마태복음 16 : 24)'라고 했다. 예수님의 제자가 되는 조건이 바로 나 스스로를 부인하고 나 스스로 십자가를 지는 것이라는 뜻이다. 현실적으로 많은 사람이 스스로 십자가를 지고 가는 대신 십자가 아래에다 바퀴를 달아 '끌고' 가거나 심지어 마녀가 빗자루를 타고 하늘을 날듯 십자가를 '타고' 가려는 것이 문제이기는 하지만 이상적으로 말하면 십자가는 바로 나를, 나의 헛된 자아를 십자가에 못 박는 것을 의미하는 훌륭한 자기 비움의 상징이기도 하다.

　다시 묻는다. 십자가의 뜻이 이것만일까? 이런 뜻은 그리스도인들에게는 의미가 있을 수 있지만 비그리스도인들에게는 별로 가슴에 와닿지 않는 이야기들이다. 밤하늘의 십자가가 그리스도인들의 눈에만 보이는 것이 아니라 비그리스도인들의 눈에도 들어옴으로써 비그리스도인들에게도 의미 있는 상징이 될 수 있는 길은 없을까?

우리 민족이 배출한 큰 스승 다석 류영모(1890~1981) 선생은 십자가를 한국의 전통 사상인 '천지인(· ㅡ ㅣ) 삼재ㅌㅓ'로 푼다. 사람(ㅣ)이 땅(ㅡ)을 뚫고 위로 솟아 하늘(·)과 하나 됨을 상징하는 것이라고 했다.

탁견이다. 사실 비교종교학적으로 볼 때 십자가는 다른 무엇보다도 '하나 됨'의 상징이라고 할 수 있다. 십자가의 본래 모양은 수직과 수평의 길이가 같았다. 수직과 수평의 조화, 이른바 '양극의 일치'를 뜻하는 것이었기 때문이다. 십자가뿐 아니라 우리가 가까이서 보는 태극, 만卍자, 삼각형을 아래위로 겹쳐놓은 유대교 다윗의 별, 심지어는 그리스도인들이 즐겨 사용하는 물고기ixthus 표시도 모두 양극의 조화와 상생과 화합과 통일을 지향하는 '하나 됨'에 대한 이상을 상징하는 것이다.

이렇게 밤하늘을 수놓고 있는 수많은 십자가를 보면서, 심지어 그 십자가 밑에서, 십자가의 근본 뜻인 '하나 됨'을 생각하지 못하고, 계속 분열과 분쟁만으로 치닫는 모순은 그야말로 비극이다.

이제 밤에 눈이 가는 곳마다 붉게 빛나는 십자가를 볼 때마다 그리스도인이든 비그리스도인이든 그것이 무엇보다 '하나 됨'의 상징이라는 사실을 염두에 두었으면 좋겠다. 직접적으로 십자가 밑에서 살아가는 교인들의 하나 됨, 나아가 종교 간의 하나 됨, 사회 계층 간의 하나 됨, 지역 간의 하나 됨, 결국은 남북이 하나 됨 등 하나 됨을 염원하는 우리의 소원을 밝혀주는 상징으로 받아들일 수 있다면, 그리고 그 하나 됨의 이상을 실천하기 위해 노력하라는 뜻으로 받아들인다면 밤하늘의 십자가가 더욱 아름답게 보이지 않겠는가 생각해본다.

풍성한 삶

지금까지 우리가 가는 함께 가는 길에 조금이나마 보탬이 될까 하여 이것저것 써보았다. 이 중대한 문제를 물론 이런 식으로 다 말할 수는 없다. 사실 이 문제는 오해되거나 백안시될 여지가 있고, 어느 면에서는 위험할 수도 있다. 처음엔 이야기할까 말까 한참 망설이다가 용기를 냈다.

특히 명상을 은둔적·도피적 태도를 조장하기 위한 것으로 오해하면 곤란하다. 명상은 결코 창백한 인간이 되자고 하는 것이 아니라 풍성하고 폭넓은 삶을 살자고 하는 것이다. 결코 이기적이고 음울한 칩거를 위한 것이 아니라 서로 사랑하고 웃으면서 사회와 인류를 위해 봉사하며 살기 위한 것이다. 간디, 마틴 루터, 본회퍼, 전 유엔 사무총장 다그 함마르셸드Dag Hammarskjöld, 1980년도 노벨평화상을 받은 테레사 수녀 그리고 이름도 자취도 없이 인류를 위해 희생 봉사한 수많은 사람이 이를 증명하고 있다.[32] 우리 범속한 인간은 매일매일의 일상성 속에 안주하며 그곳에서 나와 직접 실재를 대하기를 무서워한다. 그래서 이런 이야기를 하면 일단은 움츠리게 된다. 이스라엘 백성들도 모세에게 '당신이 우리에게 말씀하소서 우리가 들으리다 하느님이 우리에게 말씀하시지 말게 하소서 우리가 죽을까 하나이다(출애굽기 20 : 19)' 하며 직접적으로 하느님의 음성 듣기를 거절하고 누군가를 통해서 간접적으로 듣고 싶어 했다. 그러나 언제까지나 움츠리고 있을 수도 없고, 이 중대한 문제를 언제까지나 미룰 수도 없다. 우선 각자 스스로 실천해보고 언제 한번 만나 의견을 나누고 함께 무릎을 맞대고 기도할 수 있는 날이 오

기를 기도드린다. 그때 만나면 아마 우리 모두 지금보다 훨씬 더 좋은
방향으로 바뀌어 있으리라.

함께 가는 길

5

종교와 종교의 만남

남의 밥의 콩이 굵다[33]

가까운 공원에 피크닉을 가서 자리를 잡으려면 언제나 지금 서 있는 자리보다는 저쪽 편 잔디가 더 좋아 보인다. 그쪽으로 가서 보면 또 저쪽에 있는 잔디가 더욱 푸르게 보인다. 가보면 처음 잡았던 자리가 더 좋아 보여 결국 한 바퀴 돌고 제자리로 오는 경우가 흔하다. 왜 그럴까?

다 같은 밥솥에서 퍼낸 밥인데, 남의 밥 속에 들어 있는 콩이 내 밥 속에 있는 콩보다 더 굵어 보인다는 것이다. 왜 그럴까?

아무튼 19세기 말에서 20세기 초에 서양 문물과 함께 기독교가 본격적으로 한국에 들어왔다. 상당수의 한국 사람들에게 이렇게 남의 나라에서 온 서양 문물이나 그들의 종교가 더 '굵게' 보였던 모양이다. 그래서 기독교를 받아들이는 사람들이 생겨났다. 그 후 계속 그 숫자가 늘어나 지금은 한국 인구의 20퍼센트 이상이 기독교인이라는 '선교사상의 기적'이 일어났다.

　그런데 이상스런 현상은 기독교가 굵은 콩으로 보여 기독교를 받아들인 한국 사람들의 상당수가 이제는 전에 자기가 먹던 밥의 콩을 작은 콩으로만 보는 것이 아니라 모두 썩은 콩으로 보는 경향이 두드러지게 나타난다는 사실이다. 기독교만 진리요 한국 전통 종교들은 모두 거짓이라고 보는 태도가 편만하다는 뜻이다.

　얼마 전 한스 큉 교수가 내가 가르치던 대학에 와서 '기독교는 어디로 가고 있는가?' 하는 제목으로 강연을 했다. 기독교가 종래까지 받들고 내려오던 패러다임이 각 시대에 따라서 바뀌어왔는데, 최근에 와서는 그 변화가 다양하고 급격하다는 것을 강조하고, 현재의 여러 변화 중에서 가장 중요한 것은 종래까지의 '기독교만'이라던 생각이 청산되고 서로 다른 종교들이 대화를 통해 피차 성숙한 경지에 도달하기를 목적으로 노력하는 태도가 퍼져나가는 것이라고 지적했다.

　상당수의 한국 기독교인들이 들으면 펄쩍 뛸 소리다. 펄쩍 뛰는 것도 무리는 아니다. 토머스 쿤Thomas Kuhn이 지적하였듯이 하나의 패러다임이 다음 것으로 바뀌는 변천shift은 하나의 혁명적인 사건이기 때문이다.

　그러나 한스 큉뿐만 아니라 서양의 지도적 종교사상가들 사이에서는 이제 이런 생각이 하나의 상식으로 통하고 있는 실정이다. 오늘 같은 다원주의 사회에서는 어느 하나가 모든 것들 위에 군림해야 한다는 제국주의적 발상이 용납될 수가 없다. 모든 분야에서와 마찬가지로 종교에서도 이웃 종교를 정복의 대상으로 적대시하거나 백해무익한 것으로 경시하는 태도를 지양하고 서로가 서로를 이해하고 협력하려는 종교적 다원주의Religious Pluralism가 오늘 이 시대를 위한 올바른 태도로 수납되고 있는 것이다.

간디의 자서전에 이런 이야기가 나온다. 간디의 아버지는 힌두교 각 종파의 사람들이나 이슬람교도들이나 조로아스터교인들 등과 만나 이야기를 하면 언제나 존경심 내지는 흥미를 가지고 그들의 이야기를 경청했다고 한다. 아버지 옆에서 병간호를 하고 있던 간디도 이런 영향을 받아 모든 종교에 대해 관용의 태도를 지니게 되었다고 술회하고, 이어서 다음과 같이 의미심장한 말을 한다.

기독교에 대해서만은 그 당시 예외였다. 나는 기독교에 대해서 일종의 혐오감을 갖게 되었다. 거기에는 그럴 만한 이유가 있었다. 그 당시 기독교 선교사들은 고등학교 근처 모퉁이에 서서 힌두교인들과 그들이 믿는 신들에 대해 욕설을 퍼붓기 일쑤였다. 나는 이것을 견딜 수가 없었다. 딱 한 번 발을 멈추고 그들의 말을 들어보았지만 그 한 번으로 그런 실험을 되풀이할 필요가 전혀 없다는 사실을 확신하기에 충분할 정도였다. 그 무렵 잘 알려진 힌두교도 한 사람이 기독교로 개종했다는 소리를 들었다. …… 그가 벌써부터 자기 조상들의 종교, 그들의 습관, 그들의 조국을 욕하기 시작했다는 소리도 들었다. 이런 모든 것이 합하여 나에게 일종의 기독교 혐오증을 갖게 해주었던 것이다.

일부 기독교인들, 특히 19세기 이전의 고전주의적classist 사고방식을 가진 기독교인들 중에는 복음을 전하기 위해서는 남의 종교를 헐뜯고 비하해야만 되는 것으로 착각하는 사람들이 더러 있었겠지만, 이런 방법이 지각 있는 사람들에게는 오히려 역효과를 가져온다고 하는 사실을 입증해주는 실례라 할 수 있을 것이다.

2,300여 년 전 인도의 성왕 아쇼카 임금도 그의 유명한 비문 중 하나에 이 사실을 다음과 같이 표현해놓았다.

> 기회 있을 때마다 남의 종교를 공대할지라. 누구든 이런 식으로 나가면, 그는 자기 자신의 종교도 신장시키고, 남의 종교에도 유익을 끼치는 것. 그 반대로 하면, 그는 자기 종교도 해치고 남의 종교에도 욕을 돌리는 것. 이것이 모두 자기 종교만을 찬양하려는 데서 나오는 일. 누구든 자기 종교를 과대 선전하려면 그는 오히려 자기 종교에 더욱 큰 해만을 가져다줄 뿐. 일치만이 유익한 것. 각자는 남의 종교에 대해 경청하고 거기 참여할지라.[34]

우리 자신을 가만히 살펴볼 일이다. 우리는 나의 종교만을 유일한 진리라고 주장하고 남의 종교들을 비방하는 것이 믿음의 표시요 충성심의 발로라고 생각하고, 또 그래야만 모두 내 종교로 들어와 내 종교가 흥왕하리라 믿고 있는 것은 아닐까? 물론 모든 종교가 다 같은 것이 아니다. 그렇다고 나의 종교와 다른 종교는 다 틀려먹었기에 그들을 모두 개종시켜야만 한다는 것은 억지요 무지다.

윌리엄 존스턴William Johnston 신부의 말이 생각난다. "종교의 목표는 교인 수를 증가시키는 것이 아니라 세상에 봉사하는 것, 그리고 인류의 구원을 증진시키는 것이라는 사실을 명심하자."

콩이 콩인 한 그것이 내 밥에 있든 남의 밥에 있든 그 가치를 다 같이 인정해줄 줄 아는 양식이 있어야겠다.

다종교 사회

현대 사회를 일컬어 '다원주의 사회'라 한다. 하나의 문화, 하나의 가치관만 있는 것이 아니라 여러 문화, 여러 가치관이 어울려 공존하는 사회라는 뜻이다. 특히 우리는 이제 다양한 종교가 서로 어깨를 비비며 이웃하고 있는 종교적 다원주의 사회 혹은 다종교多宗敎 사회에 살고 있다.

이런 사회에서는 자칫 잘못하면 서로 다른 종교들 사이에서 쓸데없는 오해나 긴장, 갈등이 야기될 수도 있다. 이런 바람직하지 못한 결과를 막기 위해서, 나아가 서로가 서로를 이해하고 조화로운 관계를 유지하기 위해서는 내 종교뿐 아니라 남의 종교를 진지하게 이해하려는 노력이 불가피하다. 사실 남의 종교를 이해하는 것은 곧 내 종교를 더욱 깊이 이해하는 길이기도 하다.

이제 이런 종교적 다원주의 사회에서 종교 간의 관계를 규정하는 기본 패러다임은 옛날처럼 누가 옳고 누가 그르냐, 누가 낫고 누가 못하냐, 누가 좋고 누가 나쁘냐, 무엇이 계시의 종교이고 무엇이 그렇지 못하냐 하는 식의 진위, 우열, 선악, 계시·비계시 등의 이분법적 범주의 잣대로 판가름하는 것에서 벗어나, 어떻게 하면 서로 도와가며 함께 생각하고, 함께 일하는 상호 협력 관계를 이룰 수 있을까의 문제로 넘어가야 한다.

뉴욕 유니온신학대학원의 신학자 폴 니터Paul Knitter의 말처럼, 종교 간의 관계는 이제 '적자생존the survival of the fittest'의 관계가 아니라 '협력자 생존the survival of the most cooperative'의 관계로 넘어왔다. 정치적 불의와 억압, 경제적 불공평, 생태계 파괴, 계속되는 전쟁 등 인류가 당면한 여러 위기 앞에서 각 종교가 자기만 옳다는 독선적 아집에서 벗어나지 못하면 결국 온 인류와 함께 공멸의 길을 달릴 뿐이다. 그러므로 종교는 서로 협력하여 이런 난국에 함께 대처해야 한다는 인식이 확대되어야만 한다.

우리 중 상당수가 기독교적 배경을 가지고 있기에, 현재 기독교에서 이웃 종교를 대하는 태도가 어떤가 그리고 기독교인으로서 이웃 종교에 어떤 태도를 취하는 것이 바람직할 것인가 하는 등 기독교를 중심으로 한 종교 간의 대화와 협력의 문제를 좀 더 포괄적으로 살펴보고자 한다. 이 문제는 오해의 소지가 많을 수 있는 이야기지만 종교적 삶을 살아가는 데 언젠가는 한번 짚고 넘어가야 할 일이라 생각하여 이 기회를 빌려 말씀드린다. 종교다원주의를 찬성하든 반대하든 일단 귀담아듣고, 그것이 정확히 무엇을 의미하는지를 확인할 필요가 있지 않겠는가?

동서양의 만남

이제 20세기가 끝났다. 지난 20세기에 생긴 일 중에서 가장 획기적인 일은 무엇이겠는가? 인공위성이나 컴퓨터 같은 과학기술의 혁명일까? 공산주의의 등장과 몰락 같은 정치사회의 변동일까? 영국의 저명한 역사가 아놀드 토인비는, 후세 사가史家들이 20세기를 논할 때 무엇보다도 동서양의 문명, 특히 기독교와 동양 종교가 본격적으로 만나기 시작한 사건을 지적할 것이라고 하였다.[35]

서양이 기독교를 받아들인 후 서양은 역사적으로 거의 대부분의 세월을 기독교라는 단일 종교의 울안에서 고립적으로 안주해온 셈이다. 물론 유대교와 이슬람교가 계속 주변에 공존하고 있긴 했지만 문화적으로나 지리적으로 그 존재를 의식하면서 살 필요는 거의 없었다. 그러다가 근래에 와서 교통 통신 수단의 발달로 세계가 좁아지고, 인류학·역사학·종교학 등의 새로운 학문의 연구 성과로 다른 문화에 대한 지식이 증가하고, 서로 다른 인종이나 문화적 배경을 가진 사람과 접촉하거나 섞여 사는 일이 많아지면서 세상에는 기독교만이 아니라 다른 종교도 있다는 다종교 현상이 새로운 현실로 심각하게 다가온 것이다.

이렇게 이웃 종교의 존재가 간과되거나 경시할 수 없는 새로운 현실로 등장함에 따라 지금까지 별다른 성찰 없이 기독교만이 유일한 종교라고 당연히 믿어오던 많은 사람에게 그것은 하나의 위협으로 느껴졌다. 가톨릭 신학자 카를 라너Karl Rahner의 말을 빌리면, 이런 다종교 현상은 다른 종교보다도 기독교에 대해 더 큰 위협과, 더 큰 불안의 원인이 되고 있다. 다른 어느 종교도, 심지어 이슬람마저도 자기 종교가 살아 계신 한 분 하느님의 유일한 계시, 바로 그 종교라고 그렇게 철석같이 믿고 있지는 않았기 때문이라는 것이다.[36] 개신교 교회 선교회 회장 캐넌 맥스Canon Max도 기독교와 불가지론적 과학과의 대결은 기독교와 다른 종교 간의 만남으로 인해 야기된 교회로의 도전에 비하면 마치 어린아이들의 장난에 불과하다고 했다.[37]

이런 심각한 도전 앞에서 기독교 신학자들은 뭔가 의미 있는 신학적 해답을 찾지 않을 수 없게 되었다. 하버드대학교 세계종교연구소 소장이었던 윌프레드 칸트웰 스미스Wilfred Cantwell Smith 교수는 이런 사정을 다음과 같이 적절하게 묘사하고 있다.

인간의 종교적 다양성이라는 사실을 신학적으로 어떻게 설명할 수 있을까? 이것은 거의 악의 문제를 신학적으로 해명하는 문제만큼이나 중대한 문제다. 그러나 그리스도교 신학자들은 다종교 현상보다는 악의 문제에 더욱 큰 관심을 가지고 있었다. …… 이제부터 기독교 신앙에 대한 어떤 심각한 지적 진술도 그것으로 소기의 목적을 수행하게 하려면, 타 종교에 대한 모종의 신학적 해명을 수반하지 않고서는 의미가 없다. 우리는 은하수가 존재하는 이유를 창조론으로 설명하지만 (힌두교 경전)《바가바드기타》가 존재하는 이유를 무엇으로 해명해야 하는가?[38]

캐나다 종교학자 해롤드 카워드Harold Coward 교수도 단언하기를, 많은 기독교 신학자들은 기독교 신학이 계속적으로 이웃 종교와 무관하게 고립적으로 정립될 수 없다는 것 그리고 장차 기독교 신학의 발전은 이웃 종교와 심각한 대화를 나눈 직접적인 결과일 것이라는 결론에 도달했다고 말한다.[39]

세 가지 반응

이처럼 새롭게 부각된 다종교 현상에 대해 현재 기독교에서 나타내고 있는 반응을 종합해보면 대략 다음과 같은 세 가지 태도로 대별될 수 있다.[40]

■ **배타주의적 태도** | 기독교만이 유일한 절대 종교요, 다른 모든 종교는 '신에 이르려는 인간들의 헛된 노력'이라는 종래까지의 믿음을 재확

인하고 이를 더욱 굳게 지키자는 태도다. 이런 태도가 극명하게 드러난 예로 1970년 독일 프랑크푸르트에서 복음주의 교단들이 모여 채택한 '프랑크푸르트 선언'이 있다. 여기서 이들은 기독교 이외의 종교나 세계관이 그리스도를 믿는 믿음과 마찬가지로 구원의 길이 될 수 있다고 하는 주장은 거짓 가르침이므로 이를 단호히 배격한다고 선언했다. 타 종교와 대등한 입장에서 대화를 시도하는 것은 창녀처럼 복음을 팔아먹는 복음에 대한 모독일 뿐이므로 혹시 대화를 한다면 그것은 반드시 타 종교인을 기독교로 개종시킨다는 뚜렷한 목적에서만 이루어져야 한다고 못 박았다.

이와 같은 우월주의적이고 공격적인 태도는 그 후 1974년 스위스 로잔에서 열린 세계 복음주의 성회에서 재천명되었다. 여기서도 성경의 절대적 권위와 그리스도의 유일성을 강조하고 어떤 종류의 절충주의나 대화도 배격하며 타 종교와의 유일한 관계란 그들 종교의 허구성을 밝혀 그들을 기독교로 개종시키려는 작업뿐이라고 하였다.

이런 '근본주의자들' 내지 '복음주의자들'의 주장에 이론적 기초를 제공한 신학자는 스위스 바젤대학교 교수로 있던 칼 바르트Karl Barth였다. 바르트는 인간이란 본래 스스로 하느님을 알 수도 없고 스스로를 구원할 수도 없으므로, 어쩔 수 없이 하느님의 계시에 의존할 수밖에 없는데, 이 계시는 예수 그리스도와 그의 말씀뿐이므로 그리스도와 복음을 모르는 모든 종교는 결국 헛된 노력에 불과하다고 주장했다.

바르트보다 좀 더 온건한 신학자로서 알트하우스Paul Althaus 같은 사람은 이웃 종교에 소위 원계시 혹은 일반 계시가 있음은 인정하지만 구원은 있을 수 없다고 했다. 이보다 한층 더 온건한 입장을 유지하는 신학자로서 판넨베르크Wolfhart Pannenberg 같은 사람은 이웃 종교에 계시도 있고 구원도 있을 수 있지만 그 구원이 완전한 것일 수는 없다고 주장한다.

■ **포용주의적 태도** | 종래까지 일반적으로 받아들여지던 '교회 밖에는 구원이 없다'는 입장에서 한 발짝 물러나 모든 종교에 계시도 있고 구원도 있다는 것을 주장하는 태도다. 일견 적극적이고 관용주의적인 자세로 보이기도 하지만 완전한 구원에 이르기 위해서는 그리스도와 교회가 필요 불가결하다는 사실을 강조하는 점에서 결국 앞에서 본 배타주의적 태도와 근본적으로 다를 바가 없는 셈이다. 물론 그보다는 훨씬 유연성을 가진 입장인 것만은 인정해야 할 것이다.

이런 입장은 1962~1965년 제2바티칸 공의회 이후 주로 가톨릭 신학자들이 취하는 태도로서 그 대표적 신학자는 카를 라너다. 라너에 의하면 하느님은 사랑의 하느님이시므로 인류 전체가 구원받기를 원하실 것이고, 그렇게 원하신다면 마땅히 거기에 따라 어떤 조치를 취하셨음에 틀림이 없다는 것이다. 따라서 하느님은 인류 모두에게 한결같이 은혜를 내려주셨을 것이고, 실제로 인간이라면 누구나 그 속에 내재하는 '초월적 계시'를 체험하게 되는데, 이것도 바로 이 은혜 때문이라는 것이다. 따라서 인간은 누구나 구원받을 가능성을 가지고 있다는 결론이다.

이렇게 구원받을 가능성을 현실로 바꾸어주는 매체가 곧 종교로서 기독교 이외의 종교도 인간들로 하여금 '하느님과 올바른 관계를 맺고 그리하여 구원을 얻도록 하는 긍정적 수단'이 된다고 인정하였다.

그런데 라너는 이웃 종교 신자들이 그들 나름대로 자기 종교에서 자기의 신앙을 가지고 살아왔지만 사실 그들은 '익명의 그리스도'를 모시고 산 '익명의 그리스도인'들이고 그들의 종교는 결국 '익명의 기독교 Anonymous Christianity'였다고 주장한다. 이런 종교들이 그리스도를 모를 때까지는 일종의 복음의 준비 과정으로서 훌륭한 역할을 했지만 이제 인류의 궁극 목표인 예수 그리스도가 직접 나타난 이상 모두 그에게로 나와야 하고 그러기 위해서는 기독교로 귀의해야 한다는 것을 역설한다.

한스 큉 같은 신학자는 라너의 이런 주장을 교회중심주의라고 맹렬히 비판하고, 기독교는 이를 탈피해 이웃 종교와 더욱 적극적으로 대화함으로써 인류의 평화와 구원을 위해 공동의 노력을 기울여야 한다면서 이를 몸소 실천하고 있다.[41] 그러나 이렇게 개방주의적 태도를 취하는 큉도 결국 그리스도 없이는 완전한 구원이 있을 수 없다는 입장을 견지하는 점에서 다른 신학자들과 마찬가지로 '그리스도 중심주의'의 태도와 궤도를 같이한다고 볼 수밖에 없다.

■ **다원주의적 태도** | 세상이 많이 바뀌었다. 그동안 세계 종교를 연구하고 이들을 비교하는 종교학자들의 계속적인 연구 성과에 힘입어 이웃 종교, 특히 동양 종교들의 깊이에 접한 많은 신학자 중에서, 이제 '기독교만'이라는 고집에서 탈피해야 한다는 소리가 커지기 시작한 것이다. 이들은 '기독교만'이라는 고집에서 벗어나도 훌륭한 그리스도인이 될 수 있다고 생각할 뿐 아니라 이런 고집에서 벗어나야만 비로소 참된 그리스도인이 된다고 믿는다.[42] 이제 이런 신학자들은 지금까지 비슷한 생각을 가지고 있던 종교학자, 철학자, 역사가, 심리학자, 사회학자들과 보조를 맞추어 다원주의적 태도를 지니게 된 셈이다.

기독교 배타주의의 선봉대장 칼 바르트가 죽고 그 후임으로 바젤대학교 신학 교수로 임명된 하인리히 오트마저도 오래전 캐나다를 방문하고 내가 가르치던 학교에서 강연하고 가진 한 인터뷰에서, '우리의 문제를 해결하기 위해서는 새로운 가치에 대한 개방성 그리고 인간이 된다는 것이 무엇을 의미하는가에 대한 탐구가 있어야 하는데, 이것은 모든 종교 전통의 공헌을 감안하지 않고서는 이루어질 수 없는 일'이라고 했다. 그는 그 후 불교와 기독교와의 대화에 지대한 관심을 가지고 그 방면의 연구에 많은 시간과 정력을 바쳤다.[43] 폴 틸리히도 죽기 바로 전에 행한 '조직신학에 대한 종교사의 의미'라는 연설에서, 시카고대학교에서 종교학의 거장 엘리아데Mircea Eliade와 함께 가졌던 2년간의 종교사 및 조직신학 공동 세미나를 통해 얼마나 많은 것을 깨달았는지를 밝히고, 시간만 허락된다면 그의 저서 《조직신학Systematic Theology》을 세계 종교사의 빛 아래서 다시 쓸 용의가 있다고 한 것은 잘 알려진 사실이다.[44]

이 두 가지 실례는 엘리아데가 여러 해 전에 발표한 글에서, 우리는 지금 하나의 '지구권 문화planetary culture'에 접근하고 있으므로 머지않아 아무리 국지주의적인 역사가, 철학자, 신학자라 하더라도 타 대륙의 동료나 이웃 종교의 신도들과의 대화를 통해서 자기 문제를 생각해보고 자기 신조를 형성할 수밖에 없게 될 것이라고 한 말을 입증해주는 셈이다.[45]

그러면 종교적 다원주의란 무엇인가? 학자에 따라 약간씩 다른 견해를 보이지만 그 핵심은 영국 신학자 레이스Alan Race가 지적한 대로 신에 대한 지식은 기독교를 포함한 모든 종교에 있어 어쩔 수 없이 부분적일 수밖에 없다. 따라서 각각의 종교는 신에 대한 좀 더 완전한 진리를 인

류에게 제공하도록 서로가 서로를 필요로 한다는 사실을 인정하자는
입장이 기본 골격이라 할 수 있을 것이다.[46] 이것은 마치 코끼리를 만
지는 장님들처럼 서로 자기가 만진 대로의 코끼리를 전부인 양, 그것이
코끼리의 실상인 양 자기 소견을 절대화하지 말고, 서로 한자리에 앉아
각자가 만진 대로의 코끼리 상을 이야기하고 서로 의견을 교환함으로
써 좀 더 실체에 가까운 코끼리 상을 가질 수 있도록 공동의 노력을 기
울이자는 태도와 같다 할 수 있다.

어쩔 수 없이 일반화, 단순화하는 위험이 따르기는 하지만 이야기를
쉽게 하기 위해 다원주의 입장에 대해 나름대로 이해한 것을 종합하면
대략 다음과 같은 몇 가지 기본적 주장으로 요약할 수 있겠다.

첫째, 각 종교는 궁극 실재와 거기에 대한 체험을 통한 궁극 변혁을
이야기하고 있다.

둘째, 이 궁극 실재에 대한 체험은 본질적으로 표현 불가능하지만 그
래도 굳이 표현한다면 그 표현 양식은 역사적·문화적·사회학적·심리
학적·언어학적 제 여건에 따라 다양할 수밖에 없다.

셋째, 이런 표현 양식이 비록 본질상 부적절하지만 우리를 인도해 궁
극 실재의 체험으로 들어가게 하는, 그래서 궁극 변혁이 이루어지도록
하는 수단으로 없어서는 안 되는 것이다.

넷째, 따라서 이렇게 외부적 여건에 의해 형성된 세 가지 'c', 곧 구체
적 종교의 교리 체계creeds나 행동 양식codes이나 제의 형식cults의 상부
구조가 얼마나 미끈하고 체계적으로 꾸며져 있느냐가 중요한 것이 아
니라 이런 것들이 우리로 하여금 우리의 '나'를 죽이고 그 궁극 실재를
체험하는 자리로 들어가게 하는 데 얼마나 효과적인가가 중요하다.

다섯째, 어느 한 종교가 진리에 대해 전매특허를 가지고 있을 수 없으므로 각 종교는 궁극 실재를 더욱 효과적으로 체험하기 위해 서로 대화함으로써 서로가 서로에게서 배워야 한다.

이런 입장을 존 힉John Hick은 천문학의 용어를 써서, 해와 달과 모든 별들이 지구를 중심으로 돌듯 이웃 종교들이 내 종교를 중심으로 돌고 있다고 믿던 천동설의 프톨레마이오스식 시각Ptolemaic Perspective을 청산하고, 지구가 다른 행성과 마찬가지로 태양을 중심으로 돌고 있는 것처럼 나의 종교를 포함한 모든 종교가 진리의 태양을 중심으로 운행하는 것을 인정하는 지동설의 코페르니쿠스적 시각Copernican Perspective을 채택해야 한다고 하였는데 재미있는 표현이다.[47]

같은 생각을 정치적 용어를 써서 표현하면, 제국주의를 청산하고 공존과 평화주의를 지향하는 입장이라 할 수 있다. 이제 특정 나라가 다른 모든 나라보다 절대적으로 뛰어나므로 그 나라가 군림하여 다른 나라들을 종속시켜야 한다고 믿던 정치적 제국주의는, 적어도 지각 있는 사람들 사이에서는 사라진 지 오래다. 문화적 제국주의나 경제적 제국주의도 적어도 이론적으로는 바람직하지 못한 것으로 여겨지고 있다. 그러나 아직도 어느 한 종교가 다른 모든 종교보다 절대적으로 우월하므로 다른 모든 종교가 그 종교로 귀속해야 한다는 '종교적 제국주의'는 놀라울 정도로 많은 종교인 사이에 그대로 받아들여지고 있는 실정인데, 이제 이런 종교적 제국주의도 말끔히 청산되어야 한다.

헉슬리의 말처럼 '모든 형태의 제국주의와 마찬가지로 신학적 제국주의도 세계 평화에 위협'이 된다.[48] 큉도 종교 간의 대화 없이 종교 간의 평화가 있을 수 없고, 종교 간의 평화 없이 세계 평화가 있을 수 없으며,

세계적 윤리 없이 '인류의' 생존이 있을 수 없다고 했다.[49]

이처럼 어느 한 종교를 절대 종교로 떠받드는 종교의 우상화에서 벗어나 각 종교가 상호 보완 내지 호혜 관계라는 사실을 자각하고, 서로 활발한 대화를 통해 '일깨움'의 상태에 이르도록 도와주자는 것이 종교적 다원주의의 기본 입장이다.

다원주의에 따르는 몇 가지 문제점

이런 종교다원주의에는 일반적으로 몇 가지 오해와 문제점이 따를 수 있다. 먼저 종교다원주의에 대한 오해 몇 가지를 지적하면, 그것이 종교적 상대주의나 혼합주의에 불과하다는 비난이다. 그러나 분명히 짚고 넘어가야 할 사실은 종교다원주의는 첫째, 모든 종교가 그것이 그것이라는 상대주의가 아니라는 점이다. 둘째, 모든 종교를 무분별하게 마구 섞자는 혼합주의도 아니다. 셋째, 종교가 다르면 어떻고, 같으면 어떠냐는 식으로 종교를 대수롭지 않게 여기는 무관심주의 내지 냉소주의나 값싼 관용주의도 아니라는 것이다. 넷째, 모든 종교는 근본적으로 다 같다거나 만일 같지 않으면 같은 규격품으로 만들자는 획일주의도 아니다. 다섯째, 모든 종교에서 가장 좋은 부분만 뽑아내 가장 이상적인 보편 종교를 창출해내자는 낭만주의도 아니다. 여섯째, 모든 구체적인 것은 걸러내고 보편적인 것만 나누어 갖자는 추상적 보편주의도 물론 아니다. 같게 하거나, 섞거나, 거르거나, 하나로 만들거나 무시하자는 것이 목적이 아니라는 뜻이다. 특히 각 종교에 나타난 구체적이고 특수한 표현 양식을 무시하거나 경시하는 것이 절대 아니다. 특수한 것 없이는 보편적인 것이 있을 수 없기 때문이다.

　지금까지 '아니다, 아니다'는 말만 했지만 이제 좀 적극적인 표현을 써서 말하자면, 종교다원주의는 지금 내가 가진 종교적 안목의 제약성을 겸허하게 인정하며, 상대방의 안목에서 배울 것은 배워 나의 안목을 더욱 깊이 하며, 또 내가 가진 것으로 상대방의 안목을 깊게 하는 데 도움이 될 일이 있으면 그것으로 상대방에게 공헌하자는 것이다. 종교 간의 대화라고 해서 반드시 서로 얼굴을 맞대고 앉아 이야기하는 것만을 의미하지는 않는다. 이야기를 하든 글을 통하든 생활을 같이 하든, 상대방의 생각 깊이에 들어감으로써 내 속에서 이루어지는 내면적 변증법을 통해 정신적으로 성숙해지는 일이다. 대화는 상대방을 모방하거나 상대방의 생각에 무조건 동의하거나 받아들이는 것이 아니다. 상대방의 생각에 접하여 내 속에 있는 무엇을 '일깨움'이다.

　이것은 미국의 종교 철학자 존 던이 말하는 변증법적 '넘어가봄passing over'과 '되돌아옴coming back'의 과정과 같다. 던은 오늘날 우리가 감행해야 할 정신적 모험은 '한 문화에서 다른 문화로, 한 생활양식에서 다른 생활양식으로, 한 종교에서 다른 종교로 넘어가봄'을 통해 '새로운 안목을 가지고 자신의 문화, 자신의 생활양식, 자신의 종교로 되돌아옴'이라고 했다. 이것은 물론 한 종교에서 다른 종교로 개종하고 거기서 다시 개종하는 등 분주한 형식적·외형적 넘나듦이 아니라 우리의 정신 태도가 경직된 옹고집에서 해방되어 다른 사고방식, 다른 종교적 입장과 내면적 대화를 감행함으로써 계속적으로 더욱 깊은 정신적 차원으로 들

어가는 변증법적 전진을 의미한다.[50]

종교학의 창시자 막스 밀러Max Müller는 한 종교만 아는 사람은 아무 종교도 알지 못한다고 했다. 남의 종교를 아는 것은 나 자신의 종교를 더욱 깊이 깨닫는 길이라는 뜻이다. 한스 큉의 경우, 남의 종교를 아는 것은 상대방 종교의 거울 앞에 서서 나를 보는 것과 같다고 했다. 종교 간의 접촉은 이런 철저한 '자기비판'이 가능하도록 해준다는 이야기다.[51]

종교다원주의에 수반되는 문제점은 무엇이겠는가? 기독교인이 제기하는 여러 문제 중에서 가장 자주 논의되는 것 한 가지만 예거하면 이런 다원주의적 태도가 성경 말씀에 위배된다는 것이다. 예를 들어, '다른 이로서는 구원을 얻을 수 없나니 천하 인간에 구원을 얻을 만한 다른 이름을 우리에게 주신 일이 없음이니라(사도행전 4:12)'고 한 베드로의 말씀을 인용하며 이런 말씀 때문에 타 종교에 구원이 있다고 믿거나 그들에게서 무엇을 배우겠다고 하는 것은 성경 말씀을 거역하는 것이라는 주장이다.

하버드대학교 신학대학 학장이던 크리스터 스텐달Krister Stendahl이 지적한 대로, 베드로의 이와 같은 진술은 '고백적 언어'라는 사실을 명심해야 한다. 이것은 불교나 유교를 어떻게 생각하느냐 하는 질문에 대한 대답이 아니라 예수에 대한 믿음과 그에 대한 감사의 경험에서 우러난 '자연스런 고백'이요, 병 고치는 일 등 모든 것을 '자기 스스로 하는 것이 아니라 주님의 능력으로만 한다는 것을 자각한 사도의 겸손'의 표현이기도 한 것이다. 이 구절뿐만 아니라 성경 여기저기서 발견되는 비슷한 구절은 본질적으로 '사랑의 언어'로서 그 일차적 목적이 객관적 사실을 진술하려는 것이 아니었음을 알아야 한다.[52]

예를 들어, '나의 어머니가 세상에서 가장 훌륭한 어머니'라는 말은 내 어머니에 대한 역사적·실증적·미학적·생물학적·심리학적 사실 등을 진술하려는 것이 아니라 나의 실존적 체험을 주체적으로 고백하는 것이다. 내 어머니가 세상에서 최고의 어머니라고 고백하는 것은 다른 사람이 자기 어머니가 최고라고 하는 고백과 상충될 하등의 이유가 없다. 둘 다 객관적 사실에 대한 명제를 제시하는 것이 아니라 자기의 독특한 입장에서 독특하게 체험한 '실존적 절대성', '인격적 독특성'을 이야기하고 있기 때문이다.

종교적 다원주의는, '진리는 하나뿐이고 확실하며 불변적이고 규범적인 것'이기 때문에 내가 생각하는 것을 진리라고 확신하면 내 생각과 같지 않은 것은 반드시 틀린 것으로 여겨야만 한다는 '고전주의적 의식 classist consciousness'에서 탈피하여, 진리에 대한 우리의 이해나 진술은 어쩔 수 없이 역사적 여건 등에 의해 결정될 수밖에 없기 때문에 거기에 절대성이나 최종성을 부여할 수 없다는 '역사의식historical consciousness'을 수납하는 것이다.[53] 우리의 지식, 우리의 신조, 우리의 행동 양식을 그대로 절대화하는 것은 우리 스스로를 절대화하는 우상 숭배다. 따라서 자기의 상징체계를 절대적인 것이라 주장하는 데서 한 발 물러나 모두 겸허하게 남의 이야기에 귀 기울일 줄 알아야 한다.

접촉을 통한 변화

대화는 단순히 상대방을 이해하기 위한 것만은 아니다. 건전한 대화는 필연적으로 독일에서 말하는 '지평 융합Horizontverschmelzung'과 같은 변증법적 천이遷移를 가져다주게 마련이다. 과정 신학의 거장 존 캅에 의하면 현재 기독교 신학은 불교와의 만남에 의해 깊은 영향을 받고 있다고 한다.[54] 이런 신학계의 변화가 모두 전적으로 동양 종교와의 접촉에 의해서만 촉발되고 추진된다고 주장하는 것은 과장일 것이다. 그러나 적어도 부분적으로는 혹은 어느 분야에서는 상당 부분이 이런 동양 종교와의 접촉에서 영향을 받았다는 것을 부인할 사람은 없을 것이다. 이 문제를 여기서 본격적으로 다룰 수는 없지만 뚜렷한 것 몇 가지만 예거하면 다음과 같다.[55]

첫째, 우선 기독교 신관에 관한 것이다. 캅 자신이 불교와의 끊임없는 대화를 통해 신관을 다듬고 있다는 것은 누구나 잘 아는 사실이다.[56] 캅 뿐만 아니라 많은 신학자는, 2,000년 동안 신을 인격적인 존재로만 파악하던 유일신론이란 신을 설명하기 위해 사용된 개념적 모형이나 패러다임에 불과하므로 이 시대에 맞게 의미 있는 방법으로 수정되어야 한다고 주장한다. 신은 '존재 자체'보다도 더 깊어서 어떤 인간적 범주에도 속할 수 없으므로 인격적이지도 않고 비인격적이지도 않지만, 동시에 인격적이면서 초인격적이기도 하다는 것 그리고 인격적인 것으로 받아들일 때에는 아버지일 수도 있고 동시에 여성 신학에서 말하듯 어머니일 수도 있다는 것, 신을 공空이나 비움kenosis으로 이해하려는 것 등은 적어도 불교의 중관론中觀論이나 선禪, 힌두교의 베단타 등과의 접촉에서 더욱 심화된 문제들이라 할 수 있다.[57]

둘째, 동양 종교와의 대화에서 가장 문제시되는 것은 두말할 것도 없이 기독론이므로 전통적인 기독론에 여러 가지 변화가 오고 있다. 특히

그리스도의 유일성에 대한 여러 가지 해석이 시도되고 있고,[58] 심지어
그리스도를 대승불교의 빛 아래서 다시 조명해봄으로써 새로운 의미를
발견하려는 시도까지 나왔다.[59]

셋째, 신과 인간의 존재론적 분리를 강조하는 유신론적 이분법의 신
관에 변화가 옴으로써 세계를 통전적統全的으로 보려는 경향이 두드러지
게 되고, 이런 시각을 기초로 자연과의 조화를 강조하는 생태학적 신학,
이와 밀접한 연관이 있는 평화 신학, 여성 신학 등에서도 동양 종교, 특
히 도가 사상의 빛 아래서 이들을 새롭게 조명해보려는 시도가 일어나
고 있다.

넷째, 종교 생활에서 체험을 중시하게 되는 경향이다. 기독교는 스스
로를 계시의 종교, 말씀의 종교라고 하며 이를 논리적으로 설득력 있는
교리 체계를 수립하는 것쯤으로 생각한 나머지 '말씀지상주의'나 '교리
절대주의'로 기울어질 정도다. 토머스 머튼Thomas Merton 같은 이는 동
양 종교, 특히 선禪과 노장 사상에 접하면서 기독교도 '설명explanation'에
만 집착하는 편집증에서 탈피하여 '체험experience'을 중시하는 방향으로
나아가야 한다고 역설했다.[60] 아일랜드인으로 일본에서 선불교를 접한
윌리엄 존스턴 신부도 설명과 체험을 비교한다면, 설명은 태양 옆에 켜
놓은 촛불과 같다면서 체험을 중요시한다.[61] 하버드대학교 신학자 하비
콕스Harvy Cox도 신학은 두뇌로만이 아니라 체험적으로 해야 함을 확신
하게 되었다고 했다.[62] 물론 여기서 말하는 체험이란 논리나 합리성에
도 미치지 못하는 미신적 내지 맹신적·광신적 신앙이 아닌 초논리적·
초이성적 경지를 의미하는 것이다. 최근에 많이 논의되는 영성 신학도
이런 일련의 신학적 변화와 무관하지 않다고 볼 수 있다.

다섯째, 기독교 자체 안에서 일어나는 변화는 아니지만 그래도 주목할 만한 것은 현재 심리학에서 동양 종교의 여러 가르침을 수용하여 나름대로 방대한 심리학적 체계를 성립하고 있다는 사실이다. 칼 융이 동양 종교에 깊은 관심과 해박한 지식을 가지고 있었다는 것은 잘 알려진 사실이지만 사실 융보다는 그 후에 나타난 휴머니스틱 심리학Humanistic Psychology에 속하는 매슬로Abraham Maslow[63]나 프롬[64] 같은 학자들은 선禪을 더욱 심도 있게 체계 안에 수용했다. 그러나 가장 괄목할 만한 사실은 초인격 심리학Transpersonal Psychology에서 동서양의 깊은 정신적 유산을 종횡무진으로 섭렵하면서 인간이 지향해야 할 목표가 무엇인가를 밝히려 한다는 점이다. 현재 가장 활발한 학자는 켄 윌버Ken Wilber로서 그는 동양 종교와 서양의 신비주의 전통의 도움으로 발달심리학을 더욱 확대해나가며 우리가 결국은 모두 초인격적 의식에 도달함으로써 성인聖人의 경지로 나아가야 한다는 것을 증명하려 하고 있다.[65]

끝내는 말

서구 지성계에서 기독교와 동양 종교가 만나 이렇게 의미 있는 대화를 나눔으로써 지적·종교적·사회적·정신적 지평을 넓히고 안목을 깊게 한다는 것은 고무적인 사실이다. 그러나 아직 한국에서는 이런 소식은 별로 들리지 않고 오히려 엉뚱한 소리만 들려와 안타깝다. 서울대학교 사회과학 연구소에서 발표한 〈한국 종교 실태 조사 연구 보고서〉에 의하면 한국인, 특히 한국 기독교인들의 종교적 특색 중 첫째가는 것이

'종교적 배타성'이라는 것이다.[66] 앞에서 지적했듯이 배타적 태도는 서양의 근본주의 내지는 복음주의 기독교인의 특색이므로 그것이 한국 기독교인 사이에서 발견된다고 해서 그렇게 놀라운 일은 아니다.

그러나 한국에서 이런 배타주의가 창궐하고 최근에는 다원주의적 시각을 가진 신학자를 매장하는 사태까지 빚어졌다니 어느 면에서 보면 슬픈 일일 뿐만 아니라 엄청난 아이러니가 아닐 수 없다. 아이러니라고 할 수밖에 없는 몇 가지 이유는 첫째, 한국은 서양과 달리 역사적으로 '다종교 상황' 속에서 살아왔다는 점이다. 둘째, 한국은 조선조에서 보듯 상대방의 생각을 내 생각과 한 가지로 만들려는 획일주의적 사고방식 때문에 피해를 가장 많이 입은 나라로 이런 역사적 교훈에서 뭔가 배울 수 있었을 것이라는 점이다. 셋째, 한국은 전통적 사상인 '흔' 사상이나 원효의 화쟁론和諍論, 화엄 사상같이 다원주의적 시각을 함양하고 고양하는 정신적 배경을 가지고 살아왔다는 점 등이다. 이런 역사적·정신적 배경을 가진 나라에서 서양보다 더 심한 배타주의가 팽배하다는 것은 도저히 이해가 가지 않는 일이 아닌가?

이제 한국에 있는 종교도 새로 등장한 다원주의 시대에 걸맞게 다원주의적 시각, 개방적인 태도로 일대 방향 전환을 해야 하고, 또 그렇게 하리라 믿는다. 누가 말한 대로 아직도 종교 간의 대화가 가능한가 혹은 필요한가를 묻는 것은 마치 해가 중천에 떠 있는데도 아직 해가 뜰 것인가 혹은 뜰 필요가 있는가를 묻는 것과 같다. 지각 있는 사람들은 종교 간의 대화를 정신적 사치품이 아니라 필연이요 당위로 받아들이고 있다. 이제 '문명의 전환기'에 선 이 시점에서 기독교, 특히 한국 기독교의 과제는 인류 공동의 정신적 유산일 뿐만 아니라 한국인들 자신의 일부이기도 한 동양 종교들과 의미 있는 변증법적 대화를 통해 깊은 내면적 성숙을 이루어나가는 데 더욱 큰 노력을 기울이는 일이라 생각한다.[67] 이렇게 될 때 한국 기독교는 성숙한 종교인을 길러내는 종교, 열린 종교로서의 몫을 다하고, 나아가 한국 사회와 세계에 크게 기여하는 종교로 발돋움하게 되리라 확신한다. 이 일을 이루는 데 우리 모두의 참여와 기여를 기대해본다.

깨침과 메타노이아

:

불교와 기독교의 대화

불교와 기독교는 현재 한국 인구의 절반 정도를 그 신도로 가지고 있는 한국 최대의 종교다. 한국 인구 절반 중에서 다시 절반 정도는 불교도 고 다른 절반은 기독교도다.[1] 이런 상황이라면 두 종교가 협력하고 대화 하는 관계를 맺는 것이 평화스럽고 조화스런 한국 사회의 미래를 위해 서 불가결한 요소라는 것을 감지하기란 그리 어려운 일이 아니다. 따라 서 부록으로 이 두 종교 간 현재의 관계를 진단하고 그 앞날을 예견해 보는 글을 싣는다.

이 글의 목적은 한국에 전래해온 두 종교의 역사적 배경을 간단히 살 피고, 두 종교가 현재 한국에서 어떤 관계를 유지하고 있는가를 분석 해본 다음, 이들이 만나 앞으로 어떤 방향으로 나가는 것이 두 종교뿐 만 아니라 한국 사회 전체를 위해 바람직한 일인가 하는 문제를 고찰 해보려는 것이다. 여기서 주장하고 싶은 것은 불교와 기독교가 한국 사회에서 그들이 수행할 수 있는 역사적·종교적 역할이 얼마나 중요한

가를 인식하고, 다 같이 한국인의 사회·윤리적 안녕과 정신적 복지를 위해 '함께 일하고', '함께 생각하고', '함께 변화하는' 일을 해야 하리라는 것이다.

역사적 배경

■ **한국 불교** | 전통적으로 불교가 한국에 들어온 것은 삼국시대 고구려 소수림왕 때인 기원 후 372년이라고 생각하고 있다. 학자 중에는 불교의 도래가 이보다 훨씬 전이었을 것이라고 주장하는 사람도 있지만, 기록에 보면 소수림왕이 중국에서 온 순도順道라는 승려를 환영하고, 그를 위해 흥국사를 지어준 것이 불교와 관계된 한국 최초의 공식적 사건으로 되어 있다. 불교가 확실히 언제 한국에 도입되었는지 그 정확한 연대를 알 수는 없지만 대략 제4세기 중반 정도에는 비교적 잘 알려진 종교로 확립되었으리라 추정해도 무리가 없을 것 같다.

백제도 384년에 중국으로부터 불교를 받아들였고, 한참 후인 534년에는 신라도 불교를 수용했다. 백제가 일본에 불교를 전하고 그곳에 불교가 전파되도록 한 역할은 잘 알려진 바와 같다.[2] 그러나 불교의 황금기는 통일신라시대(676~935)였다. 이 기간 동안에 활짝 핀 불교문화는 원효(617~686)와 의상(625~702) 같은 훌륭한 학승을 배출할 수 있었는데, 이들의 영향과 명성은 한국에서뿐만 아니라 중국과 일본까지 알려졌다.[3]

그 뒤를 이은 고려시대(918~1392)에도 불교는 왕실의 후원 아래 계속

번창했다. 이 시대에 불교의 영향으로 팔만대장경 목판의 판각이라든가 세계 최초의 금속활자의 발명 같은 것이 이루어졌다. 이때에도 명종의 아들이면서 불교 발전에 지대한 공헌을 한 의천(1055~1101)이라든가, 한국 불교 사상사에 가장 영향을 많이 끼친 지눌(1158~1210) 같은 위대한 승려가 나타났다.[4]

그러나 이 시대는 불교가 정치투쟁의 소용돌이 속에 허덕인 시기였다고 볼 수 있다. 특히 고려 말경에는 거대한 토지와 부 그리고 과세나 부역 같은 것에서 면제되는 등의 치외법권적 특혜를 누리던 불교가 이로 인해 부패와 무기력 증상을 낳고 드디어 기울기 시작했다.

불교의 쇠락은 새로운 조선왕조(1392~1910)의 탄생으로 인해 돌이킬 수 없는 극적 국면으로 들어갔다. 태조 이성계는 '부분적으로는 확신에 의해서, 부분적으로는 과거와의 단절을 강조하기 위한 마음에서, 그리고 부분적으로는 불교 사원의 결정적 영향력을 꺾기 위해서', 그리고 무엇보다도 중국에서 흥하기 시작했던 신유학의 영향으로, '자기와 자기의 새 왕조를 유교적인 것'으로 선언했다.[5] 몇 세대가 지나면서 불교를 억누르고 배척하는 억불·배불 정책이 점차 고조되다가 조선조 말기에 가서 그 극에 달했다. 이렇게 유교 문화와 사상이 지배하던 시기에도 몇몇 불교 사상가나 지도자가 나오기는 했지만 위대한 유학자들의 그늘에 가려지고, 결국 불교는 산간에서 거의 부녀자나 늙은이들이 믿는 종교로 전락하고 만다.[6]

일본이 한국을 강점하고 있던 시기(1910~1945), 실질적으로 불교 국가였던 일본은 한국 불교를 '부흥'시키려는 정책을 폈다. 그러나 그 부흥책이란 결국 통치 수단의 하나로 한국 불교를 '일본화'시키는 것이었다. 여러 시책 중 하나는 한국 승려도 일본 승려처럼 결혼을 하여 대처승이 되도록 하는 것이었다. 이를 비롯하여 그들이 한국 불교를 위해서 해준 일은 결국 득이 아니라 해가 된 것으로 판명되었다.

1945년 해방 이후, 일본의 한국 불교 정책의 후환 중 한 가지가 비구승과 대처승 간의 심각한 주도권 싸움이라는 형태로 나타나고,[7] 이것은 종교적으로 다원화되어 불교의 포교가 자유로운 상황이 된 마당에도 불교가 젊은이들에게 어필하지 못하게 하는 중요한 요소 중 하나로 작용하게 되었다. 그러나 이런 초기의 혼란하고 무기력한 상태도 점점 바뀌어 현재 불교는 새로운 미래를 향해 힘찬 발걸음을 내딛고 있다. 특히 한국 불교 최대의 종단인 조계종에서 1994년부터 시작된 개혁 운동은 많은 불교도에게 한국 불교의 진정한 부흥이 이루어진다는 희망을 갖게 해주고 있다.

한국 불교는 그 긴 역사를 통해, 여러 가지 불미스러운 일도 있었겠지만, 결과적으로 한국의 정신적 토양을 풍성하게 하는 데 크게 공헌한 종교 전통이다. 특히 사원 경내에 칠성각을 수용하는 등 민속신앙인 무속을 끌어안음으로써 한국인의 종교적 필요에 더욱 다양하게 대처하는 모본을 보였다고 할 수 있다. 새로 들어와 급속히 퍼져갔던 기독교와의 관계에서 불교는 그 긴 억압 정책 때문에 아직 기독교와 경쟁하거나 거기에 대항할 힘을 기를 여지가 없었다고 볼 수 있다. 한국 불교는 그 통불교적通佛敎的 성격에도 불구하고 그 자체 내에서마저 분파주의적 사례를 기피할 수 없었던 것이 사실이긴 하지만, 기독교와의 관계에서만은 아직까지 소극적이고 평화적인 편에 속한 셈이라 보아야 할 것이다.

■ **한국 기독교** | 기독교는 가톨릭의 형태로 17세기 초 한국인들에게 알려지기 시작했다. 청국 조정에 사신으로 오가던 조선조 수신사들이 중국에서 가져온 예수회 가톨릭 선교사의 서책은 그 당시 실학파 젊은 학자들에 의해 '서학西學'의 일부로 연구되기 시작했다. 서학에 대한 이런 지적 호기심이 점차 종교적 열성으로 바뀌어 18세기 중엽경에는 이들 중 상당수가 서학을 하나의 종교로 받드는 열렬한 신봉자들이 되었다.

가톨릭이 급진적으로 퍼져나가자 그 당시 유교를 국가의 종교·정치적 통치 이념으로 받들던 조정과 갈등을 빚기 시작했다. 더 깊은 이유가 있겠지만[8] 아무튼 이로 인해 일련의 박해의 물결이 지나가면서 많은 가톨릭 신자가 죽임을 당하게 되었다. 1871년에 있던 박해 한 번에 그 당시 한국에 있던 천주교 신자의 절반인 8,000여 명이 순교를 당했다.

이런 기독교 박해는 공식적으로 1884년에 끝이 났다. 그때쯤 해서 개신교 선교사들도 한국에 와서 포교를 시작했고, 이후 한국은 기독교사상 그 유례가 드물 정도로 선교에 성공하여 가히 '현대 선교의 기적'을 이루었다. 현재 한국에는, 서울에 있는 여러 개의 '세계 최대의' 교회를 포함해서 개신교 교회만 3만 개가 넘는다. 가톨릭의 경우도 1984년 교황이 한국 가톨릭 200주년 기념차 한국에 왔을 때 신도 100명을 한꺼번에 성인으로 추대했는데, 이로 인해 한국은 그 성인 수에 있어서 세계에서 네 번째로 큰 가톨릭 국가가 되었다.[9] 제임스 그레이슨James H. Grayson이 지적한 것처럼 '20세기 마지막 10년에 접어들면서 한국 기독교, 특히 개신교는 현대 한국 역사의 주도적인 종교적 사건이 되었다.'[10]

가톨릭이나 프로테스탄트 교회 대부분이, 초기에는 선교에 총력을 집중해야 했고, 또 일제 치하에서는 선교와 종교 활동의 많은 제약으로 어려움을 겪어야 했을 뿐 아니라, 해방 이후 한국전쟁의 비극과 독재 정권의 압제에서 살아남으려 힘쓰느라, 지금껏 차분히 사회·윤리적 영역에서의 활동이나 신학적 작업에서 불교 등 타 종교와 긴밀한 관계를 맺고 대화할 정신적 여유가 없었을 것이다. 물론 일제에 항거하여 일어난 3·1 독립운동이나 독재에 대항하는 민주화운동에서 몇몇 의식이 있고 양심 있는 이들이 불교 등 기타 종교 지도자들과 연대하여 함께 투쟁한 일이 간헐적으로 있기는 했지만 불행하게도 지속적이고 체계적인 활동이 되지는 못했다.

현재의 독백적 관계

한국에서의 불교와 기독교의 관계는 지금까지 이처럼 직접적인 접촉이나 의미 있는 만남이 없는 상태로 독자적으로 지내왔다고 해도 과언이 아니다. 모두 자기 나름의 고립된 울안에서 독자적인 생존과 발전을 꾀하느라 여념이 없었던 셈이다. 말하자면 자기 영역에서 독백만을 계속할 뿐 한 번도 상호의 이익을 위해 건설적이고 의미 있는 대화를 나눠보지 못한 셈이다.

최근에 와서 서로 독립하여 상대에 대해 무관한 상태로 일관하던 것 같던 두 종교가 서로 가까운 접촉을 하기에 이르렀다. 이런 접촉이 가능한 이유 중 하나로 급속히 이루어지고 있는 도시화를 들 수 있을 것이다. 도시화의 결과, 서로 종교가 다른 사람들이 섞여 살 기회가 많아졌다. 또 대중 전달 매체의 폭발적 증가로 이웃 종교의 신조와 의식을 피상적으로나마 접해볼 기회도 많아졌다.

이유가 무엇이든, 불교 신도와 기독교 신자 간의 점증적인 접촉은 불행하게도 상대방을 이해하고 수납하는 태도를 증진시키기보다는 상호간의 긴장과 갈등을 불러일으키는 요인으로 작용하기 시작했다. 물론 이런 접촉이 가져온 훌륭한 실례가 없는 바는 아니다. 예를 들면, 1986년 서울 아카데미하우스에서 불교 학자와 승려들 그리고 기독교 신학자와 목사들이 스위스 바젤대학교에서 온 세계적 신학자 하인리히 오트 교수를 특별 연사로 초빙하여 〈불교와 기독교의 대화〉 모임을 가진 일, 또 그 즈음 감리교 신학대학교의 변선환 박사를 중심으로 몇몇 학자들이 종교 간의 대화, 특히 불교와 기독교의 대화를 시도하기 위해 정기적인 모임을 가진 것 등이 그렇다. 그의 은퇴기념 논문집은 신학자들 사이에 차차 늘고 있는 종교다원주의, 특히 불교·기독교 간의 대화에 대한 관심을 보여주는 좋은 실증이다.[11] 김경재 교수, 김용옥 교수, 이찬수 교수, 길희성 교수, 정양모 신부, 정진홍 교수, 이정배 교수, 최준식 교수, 정현경 교수, 이현주 목사 등이 이런저런 방법으로 불교와 기독교 및 기타 종교 간의 장벽을 허무는 데 공헌하고 있다.[12]

최근에는 가톨릭 수녀와 불교 비구니와 원불교 정녀들이 모여 여러 가지 사회 활동과 종교 활동을 함께 하기로 했다는 소식도 들린다. 얼마 전에는 불교와 가톨릭 및 개신교 대표들이 한자리에 모여 전국적인 장기臟器 기증 운동을 함께 하기로 합의하였다.[13] 최근에는 불교 도법 스님을 중심으로 '종교 평화 실현을 위한 불교인 선언—21세기 아쇼카 선언'을 준비하고 있다는 소식도 들린다.

이런 몇 가지 훌륭한 사례에도 불구하고, 전체적으로 볼 때 오늘 한국 사회에서 볼 수 있는 불교·기독교 간의 관계는 밝은 면보다는 어두운 면이 더 많고, 심지어는 추하기까지 한 그림이라 하지 않을 수 없다. 몇 가지 예를 들면, 밖에 세워진 불상 이마에 빨간 페인트로 십자가를 그리는 일이 있는가 하면, 석상의 경우 일부가 파손되기도 한다. 군부대의 부대장이 부대 안에 있는 법당을 폐쇄하고 불상을 산에 갖다 버린 일도 있고, 제주도에서는 관음정사와 대각사라는 절이 기독교 신자의 방화로 불타기까지 했다. '예수 천당, 불교 지옥'이라는 플래카드를 들고 행진하거나 '불교 법당은 귀신의 종합 청사'라고 소리치면서 소란을 피우기도 한다. 1998년 6월에는 김수진이라는 사람이 제주도 원명선원에 들어가 작은 불상 750기의 목을 잘랐다.[14]

이런 종류의 배타주의는 무지한 사람들에게서만 발견되는 것이 아니다. 앞에서 언급한 감리교 신학대학 학장으로 있던 변선환 박사는 이웃 종교들, 특히 불교에 대한 그의 동정적 이해가 주요 화근이 되어 몇 년 전 학장직뿐만 아니라 목사직까지 박탈당하는 수난을 겪었다. 그는 교회 밖에도 구원이 있다는 말을 하고 나서, 한국의 개신교 거의 모든 교파의 지도자들로부터 심한 공격을 받았다.

이런 식으로 예를 들자면 한이 없다.[15] 이 정도만 가지고도 현재 한국에서 불교와 기독교의 접촉으로 어떤 일들이 벌어지고 있는가를 짐작하기는 충분하다. 그러나 좀 더 분명하게 짚고 넘어가기 위해서, 불교가 기독교로부터 받는 일반적 비난들을 정리해놓은 어느 승려의 말을 들어보는 것이 좋을 것 같다. 그에 의하면 한국의 기독교인이 불교에 대해 일반적으로 퍼붓는 비난은 대략 다음과 같이 요약할 수 있다는 것이다.

1) 불교는 미신이라고 보는 것

2) 불교는 우상 숭배한다고 몰아붙이는 것

3) 예수는 신이요, 석가는 인간이라는 주장

4) 불교는 철학이며 종교가 아니고……

5) 승려들의 잘못을 열거하는 것

6) '불교는 정말로 이 지구상에서 사라져야 할 악마의 종교라는 것'

등이다.[16]

앞에서 보는 바와 같이 불교, 기독교의 관계에서 이를 불편한 관계, 심지어 적대적 관계로 만드는 사람들 대부분이, 이웃 종교에 배타적 태도를 유지하는 것이 충실한 기독교인들이 되는 선행조건이나 되는 것처럼 믿는 상당수의 기독교인들이다. 전통적으로 한국의 일반 대중은 여러 종교에 비교적 관대한 편이었다는 것이 여러 사람들의 공통된 견해다. 1886년 한국에 왔던 초기 선교사 호머 헐버트Homer B. Hulbert는 이런 한국인의 태도를 다음과 같이 기술한 바 있다.

독자들이 명심해야 할 사항은 한국인들 마음에는 전체가 혼용되어 있다는 것, 상이한 종교 간에 적대 관계가 없다는 것이다. …… 일반적으로 말할 수 있는 것은 원만한 한국 사람인 경우, 사회에 있을 때는 유교인이고, 철학적인 생각을 할 때는 불교인이고, 곤란한 일을 당했을 때는 신령 숭배자가 된다.[17]

물론 여기서 이런 절충주의, 혼합주의적 태도가 이웃 종교와의 관계에서 이루어져야 할 이상적 패러다임이냐 하는 문제를 논하려는 것은 아니다. 다만 지적하고 싶은 것은 이렇게 유연하던 일반 대중의 종교적 심성이 현 기독교인들 사이에서는 찾아보기 힘들다고밖에 말할 수 없는 실정인데, 어떻게 한 세기 사이에 이렇게 바뀌었을까 하는 의문이다. 사실 한국 기독교는 전체적으로 이웃 종교에 대해 지독한 배타주의적 태도를 보이는 것이 그 특징임은 일반적으로 알려져 있다.[18]

이처럼 지금껏 두 종교가 무슨 심각한 접촉을 가졌다면 그것은 주로 서로에게 자극적이고 불리한 관계일 뿐이었다. 한국의 불교와 기독교가 각자의 독백만을 계속하면서 이와 같이 불편한 관계를 계속해왔다는 사실은 두 종교뿐만 아니라 전체 한국인에게도 슬픈 일이 아닐 수 없다. 이런 불행한 관계가 끝도 없이 계속되어도 좋은 것인가?

미래의 대화적 동반 관계

각 종교 간 독백적이고 무관심한 관계에서 대화 가능하고 우호적인 관계로 바꾸는 것이 필요하다는 사실을 강조하면서 템플대학교의 레너드 스위들러Leonard Swidler 교수는 다음과 같이 말한다.

이런 가공할 재난을 피하려면 자기중심주의적인 독백의 심성에서 벗어나 타 종교들을 우리의 독백에서 투영된 대로가 아니라 있는 그대로를 보면서 그들과의 대화로 들어가기 위해 노력해야 한다. 요컨대 우리는 이제 독백의 시대에서 대화의 시대로 옮겨가야 하는 것이다.[19]

이런 대화 가능한 동반자 관계가 긴급하고 절실히 필요하다는 것을
더욱 극적으로 강조하기 위해서 그는 '미래는 두 가지 선택을 제공할 뿐
이다. 죽음이냐 대화냐 하는 것이 그것이다'라고 말한다.[20]

폴 모치스Paul Mojzes도 종교 간의 관계를 규정하는 것은 전쟁, 적대,
무관심, 대화, 협력 그리고 종합의 관계에까지 여러 가지로 분류될 수
있다고 했다.[21] 이제 한국 불교와 기독교는 종교 간의 관계에서 생길 수
있는 이런 중대한 결과를 앞에 놓고, 양자 간에 어떤 관계를 수립하는
것이 바람직한지에 대해 심각하고 사려 깊은 결단을 내려야 한다.

말할 나위도 없이, 한국의 불교와 기독교는 죽음보다는 대화를, 전쟁
이나 적대 관계보다는 대화와 협력 관계를 택해야 할 것이다. 그렇다면
독백의 시대에서 대화의 시대로 넘어가기 위해서 무엇을 해야 할까? 무
관심과 불목의 관계를 대화와 화합의 관계로 바꾸기 위해서 어떤 일을
해야 할 것인가?

몇 년 전에 필자는 한국에서의 유교와 기독교의 관계를 논의하면서
이 종교 전통들이 대화와 협력 관계를 구현하기 위해 할 수 있고 또 해
야 되리라고 생각되는 몇 가지를 제안한 바가 있다.[22] 이 논의에서 필자
는 한국 유교와 기독교는 '다원주의적 시각'을 함양하여 서로가 서로를
경쟁적이거나 위협적 관계로 볼 것이 아니라 어디까지나 '보완적 관계'
로 볼 것을 제의했다. 그리고 이런 근본적 시각에서 '함께 일하고', '함
께 생각하는' 협력 관계, 동반자 관계를 구축하는 것이 바람직하다고 했
던 것이다. 불교와 기독교와의 관계를 논하는 지금의 이 논의에서도 필
자는 유교와 기독교와의 관계를 논의할 때 했던 제안과 원칙적으로는
같은 것들을 제시하고자 한다.

우선 한국의 불교와 기독교는 서로 대화의 관계를 맺음으로써 존 던이 말하는 '우리 시대의 정신적 모험'을 감행할 수 있게 된다는 사실을 인식할 필요가 있다. 던은 우리가 '딴 문화, 딴 생활양식, 딴 종교로 넘어가봄'에 이어서 '새로운 안목을 가지고 자기 자신의 문화, 자기 자신의 생활양식, 자기 자신의 종교로 되돌아옴'이라는 이 변증법적 과정을 통해 진정으로 성숙한 종교인이 될 수 있다고 하였다.[23] 서로에게 이런 생산적이고 유익한 관계가 이루어진다면 한국 불교와 기독교는 그들의 종교를 활성화하고 사회·윤리적 삶을 더욱 활기차게 할 '지평 융합' 같은 일도 가능하게 할 수 있을 것이다.

이런 일은 바로 불교와 기독교가 '함께 일하고', '함께 생각하는' 대화의 관계에서만 가장 효과적으로 실현될 수 있다고 보는 것이 필자의 견해다. 필자와 비슷한 견해를 표명한 사람으로 폴 니터를 들 수 있다. 그는 '앞으로 종교적으로 살려면 우리는 어쩔 수 없이 이웃 종교와의 관계에서 그렇게 할 수밖에 없게 될 것이다'라고 하면서 이어서 '자신을 종교적으로 이해하기 위해서 우리는 다른 종교 전통에 있는 사람들과 함께 그 일을 수행할 수밖에 없을 것이다'라고 하였다.[24]

사실 정확하게 말하면, 한국 기독교인들에게 불교는 완전히 '남의' 종교가 아니다. 마찬가지로 한국 기독교도 한국 불교인들에게 완전히 '남의' 종교가 아니다. 두 종교는 모두 이제 한국이라는 토양에서 함께 자라고 있고, 인구의 4분의 1을 차지하고 있는 한국인의 종교이며, 둘 다 이제 '우리' 한국인의 영적 삶을 풍요롭게 하기 위한 '우리'의 종교이기 때문이다. 한국 불교인과 기독교인에게 '우리'의 종교적 상호성과 종교적 성숙을 위해 힘쓰는 것보다 더 중요한 일이 어디 있겠는가?

■ **함께 일한다** │ 유교와 기독교의 관계를 이야기할 때 이미 지적한 바와 같이, 오늘처럼 복잡한 사회에서는 어느 한 종교가 사회의 모든 문제에 모든 해답을 가지고 있다고 주장할 수가 없다. 모든 종교는 이 시대의 도전에 응하기 위해 서로 협력하지 않을 수 없다. 이런 의미에서 한국의 불교도와 기독교도는 이웃 종교를 대할 때 모든 것을 진위, 선악, 시비, 우열 등과 같이 단순한 이분법으로 판가름하던 옛 패러다임을 청산하지 않으면 안 된다. 스스로 자기만 옳고, 참되고, 우수하다는 것을 증명하려고 애쓰는 데 시간과 정력을 낭비하는 대신에, 모두 동역자·동반자로서 함께 한국 사회의 사회적·경제적·정치적·윤리적·종교적 병리와 불의에서 사람들을 구해내는 데 협력해야 할 것이다. 현재 한국에 그렇게도 만연한 자연 훼손과 파괴에서 오는 생태적 문제를 경감하는 데도 물론 힘을 합해야 한다. 이것이 바로 니터가 말하는 '구원중심적 soterio-centric' 관심에 모두 함께 시간과 정력을 쏟아야 한다는 뜻이다.

사회적 맥락에서 좀 더 구체적으로 말하면, 이것은 불교도와 기독교도가 자비karuna와 사랑agapē을 실천에 옮겨 천대받고, 소외되고, 주변으로 밀려나고, 비인간화된 계층의 사람들을 따뜻이 보살피는 데 협력한다는 뜻이다. 이것은 또 불교의 보살 정신과 기독교의 기독론에서 나타나는 '남을 위한 존재'의 이상을 실천에 옮겨 한국에서 진행되고 있는 도시화, 산업화, 상업화 과정에서 일어나는 제반 문제에 함께 대처함을 의미한다. 이것은 나아가, 변모된 한국 사회에서 점증하는 개인주의, 물질제일주의, 치열한 경쟁 등의 문제를 함께 붙들고 씨름함을 의미하기도 한다. 물론 무엇보다도 조국의 평화적 통일을 앞당기는 데 손잡는 것을 의미한다.

한국의 불교도와 기독교인들은 한국의 기타 종교와 이렇게 함께 일해본 아름다운 역사적 선례를 가지고 있다. 일본의 식민지주의에 항거하여 독립을 쟁취하려고 일어선 1919년 3·1운동에서 불교와 기독교는 다른 종교와 함께 민족의 독립과 자존을 위해 함께 목숨을 걸고 협력했다. 앞으로도 이 아름다운 역사적 선례를 모본으로 하여, 단일 집단으로는 최다수의 구성원을 가진 두 종교가 한국을 더욱 평화스럽고, 정의롭고, 공평하고, 자애로운 사회로 만들기 위해 그들이 함께할 수 있고 또 함께 해야만 하는 많은 일을 찾아 '함께 일할' 수 있을 것이다.

■ **함께 생각한다** │ 비록 이렇게 불교와 기독교가 사회·윤리적인 공동 과업에서 건설적으로 힘을 합해 함께 일하는 것이 지극히 중요한 일이긴 하지만, 이런 차원에서 이루어지는 '구원중심적' 관심에서 한 발 더 나아가야 한다는 것이 필자의 입장이다. 즉 '함께 일하는 것' 외에 '함께 생각하는 일'이 뒤따라야 한다는 것이다. 함께 생각한다는 것은 불교와 기독교가 우선은 철학 및 신학적 영역에서의 근본 문제를 놓고 머리를 맞대고 토의하는 것이다. 이런 일을 위해 여러 학자의 여러 제안들이 있다.

몇 가지 예를 들면, 아베 마사오阿部正雄와 그의 미국 동료들은 불교의 공空과 기독교의 비움kenosis을 비교하는 것이 불교·기독교 대화에서 중요한 제목이 될 것이라고 제의하였다.[25] 존 키넌John Keenan은 기독론을 대승불교의 구원론에 비추어 재검토할 것을 제안하고 있다.[26] 일본의 야기 세이이치八木誠一와 그의 동료들은 나름대로 엄선한 여러 가지 개념적 틀을 통해 불교와 기독교 사이에 다리를 놓을 수 있으리라 생각한다.[27]

한국의 경우 기독교 신학자 중에 '민중신학'에 관심을 갖는 사람들이 생겨나고, 불교 측에서도 '민중불교' 운동에 관심 있는 사람들이 나타나는데, 둘 다 고통당하고 소외된 '민중'을 초점의 대상으로 삼는 데 일치한다는 점이 흥미롭다.[28] 이런 관점에서 볼 때 한국의 불교 학자와 기독교 신학자들의 경우 '중생'과 '민중'에 대한 새로운 해석을 놓고 함께 대화하면 훌륭한 결과를 얻을 수 있으리라 생각한다.

물론 앞에 언급된 제안이라든가 기타 근본적으로 형이상학적·이론적 관심을 기초로 한 대화도[29] 불교 기독교 간의 상호 이해와 우의를 돈독히 하는 데 필요 불가결한 것임을 인정하지 않을 수 없다. 이 두 종교가 이런 기초에서 대화를 시도하는 것은 종교뿐만 아니라 한국 사회와 정신계와 사상계 전체를 위해서도 크게 도움이 되는 일이라는 것을 부인할 사람은 없을 것이다. 그러나 앞에서 지적한 것과 마찬가지로 불교와 기독교와의 대화는 궁극적으로 이보다도 한층 더 깊은 차원에까지 이르러야 한다.

■ **함께 변화한다** | 한층 더 깊은 차원이란 구체적으로 무엇을 의미하는가? 나는 이것이 '궁극 변화'의 차원, 한국어로 '깨침'이라고 하고, 중국어로 '우悟'라고 하고, 일본 발음으로 '사토리'라고 하며, 신약성서의 용어로 '메타노이아'라는 '의식意識의 변화' 차원에서 이루어져야 한다고 본다. 불교와 기독교의 대화뿐 아니라 어느 종교 간의 대화든 결국은 이 '의식의 변화'를 어떻게 실현시킬 것인가를 논하는 데까지 가야 한다고 믿는다. 그리고 이런 차원의 대화를 '메타노이아 중심metanoia-centric'의 접근 방법이라 부르려 한다.

잘 알려진 바와 같이, 불교는 '깨침'을 위한 종교다. '불교'라는 말 자체가 문자적으로 '깨침을 위한 가르침'이라는 뜻이다. 부처Buddha는 부다가야Bodhgaya에 있는 보리수Bodhi Tree 밑에서 '깨침Bodhi'을 경험한 분이요, 모든 불도는 그 가르침을 받아 이 깨침을 다시 경험하려는 사람들이다. '성불成佛'이란 이런 깨침의 경험을 통해 진정으로 자유로워지고 참으로 인간다워지는 것을 의미한다. 이렇게 의식의 변화를 통해 새로운 눈으로 세상을 보게 되는 깨침의 경험이야말로 불교의 '알파와 오메가'요, 진수와 핵심이요, 존재 이유인 것이다. 불교에서 이것을 빼면, 그야말로 '빛과 열이 없는 태양'과도 같다.[30]

기독교의 경우는 어떠한가? 전에도 주장한 것처럼,[31] 예수님의 가르침의 중심은 공중 전도 사업을 처음 시작하면서 외치신 말씀, '회개하라 천국이 가까웠느니라(마태복음 4 : 17)'고 했을 때의 '회개', 곧 '메타노이아'라고 생각한다. 여기서 회개로 번역된 그리스어 원문의 명사형은 '메타노이아'로서, 어원적으로 볼 때 이것은 우리말의 회개悔改나 영어의 repentance같이 과거의 잘못을 뉘우치고 다시는 그러지 않겠다고 다짐하는 정도의 뜻보다 훨씬 더 깊은 뜻, 곧 가장 깊은 내면에서부터 이루어지는 '의식의 변화' 자체를 의미한다. 한스 큉이 말한 것처럼 이것은 '인간의 사고가 근본적으로 바뀌는 것, 변화(그리스어로 metanoia)를 받는 것, 모든 형태의 이기주의에서 하느님과 이웃으로 향하는 것'으로서 이것은 '변화된 의식, 변화된 사고방식, 변화된 가치 체계'를 의미한다. '전 인격으로 철저한 의식적 재구성이 일어나는 것, 되돌아옴, 삶에 대하여 완전히 새로운 태도가 생기는 것'을 의미한다.[32] 이렇게 우리의 사람됨 전체가 궁극적으로 변화를 일으키는 이 메타노이아의 체험이 기독교에서 '중심적으로 중요한 것central importance'[33]이라고 했을 때 나는 이에 전적으로 찬동한다.

따라서 여기서 강력하게 주장하려는 바는 불교와 기독교의 대화가 이렇게 근본적으로 중요한 '의식의 궁극적 변화'에 대한 논의를 포함해야 하고, 나아가 가장 깊은 차원에서는 이를 중심으로 이루어져야 할 것이라는 점이다. 만약 불교와 기독교가 이런 의식의 변화를 각각의 종교 생활에 공통의 목표로 삼고, 가능한 한 많은 불교인과 기독교인 사이에서 이런 의식의 변화가 가능해지도록 하는 여러 가지 구체적 방법을 '함께 생각'하고 토의하는 진지한 대화에 임한다면, 이런 대화야말로 두 종교에 더없이 아름다운 열매를 맺게 하리라.

결론

한스 큉은 '세계적인 윤리 없이는 (인류의) 생존이 불가능하다. 종교 간의 평화 없이는 세계 평화가 불가능하고, 종교 간의 대화 없이는 종교 간의 평화가 불가능하다'고 했다.[34] 한국 종교계와 사회에서만큼 이 말이 더 적절히 적용될 수 있는 곳이 있을까? 현재 한국은 종교적으로 가장 다종교적인 사회 중 하나다. 한국에 있는 많은 사람은, 신자와 비신자를 막론하고, 한국에서 일어나는 종교 간의 긴장과 갈등에 대해 다 같이 우려를 표명하고 있다.

이런 상황에서 한국의 불교도와 기독교인들은 모두 7세기의 신라의 위대한 사상가 원효의 말에 귀를 기울여야 하리라 생각한다. 원효는 그의 유명한 화쟁론에서 일종의 다원적 시각을 강조한다. 그는 실재에 대한 논의에서 우리가 당면하는 여러 가지 상충되는 범주들, 예를 들어, 있음[有]과 없음[無], 빔[空]과 몸[體] 등을 다룰 때 '어느 한쪽의 견해에만 집착하면' 우리는 결국 실재를 분명히 볼 수 없다고 하였다. 어느 한 면을 절대화하는 우를 범하지 말고 양쪽을 보완적으로 보는 일을 게을리해서는 안 된다는 것이다.[35] 원효가 제창한 이런 다원주의적 시각이 한국 불교와 기독교의 대화에서 기본 태도가 되어야 한다고 생각한다.

20세기 가장 위대한 미국의 사상가 중 한 사람인 토머스 머튼은 '만약 서양이 동양의 정신적 유산을 과소평가하거나 등한시하기를 계속하면 인류와 인류의 문명을 위협하는 비극을 촉진시킬 것'이라고 했다.[36] 이 말은 물론 한국의 기독교가 더욱 주의 깊게 경청해야 할 것이지만, 불교의 정신적 전통에서 피상적인 것에만 집착하고 고집하는 불교인들도 불교의 가르침 중에서 정말로 깊은 면을 과소평가하거나 등한시해서는 안 된다는 말로 받아들여야 한다. 한국 기독교인들도 새로 받아들인 기독교의 가르침에서 여러 가지 새로운 의미를 발견하게 되었다고 하더라도, 그것이 한국의 정신적 유산을 과소평가하거나 등한시해도 된다는 뜻은 아니라고 이해해야 할 것이다.

현재 한국 불교가 한국 기독교로부터 알게 모르게 여러 면으로 영향을 받고 있음을 부인할 사람은 없을 것이다.[37] 한국 기독교가 무의식적으로나마 한국 불교에 의해 영향받고 있다는 것도 말할 필요 없을 뿐 아니라 존 캅의 말처럼 현재 기독교 신학은 '불교와의 만남으로 깊이 영향을 받고 있다'는 것 역시 누구나 아는 사실이다.[38] 이 종교들이 서로를 어떻게 생각하고 있든 간에, 이제 독백과 고립적 발전의 시대는 이미 종언을 고한 셈이다. 베트남 출신으로 프랑스와 미국에서 활약하고 있는 틱낫한 스님은 예수와 붓다는 '한 형제'요, 기독교와 불교는 인류 역사에 핀 '아름다운 두 송이 꽃'이라고 하였다.[39] 기독교와 불교가 서로 만나 이야기하지 못할 이유가 없다. 이렇게 상호 만남과 영향이 불가피한 현실이라면, 이 두 종교는 좀 더 방법론적으로 확실하고 의미 있는 방향으로 만나 대화할 필요가 있을 것이다. 이런 원대한 목적에서 서로 만나 나누게 되는 허심탄회한 대화는 자신의 '상호 혁신과 변화'뿐만 아니라 한스 큉의 말처럼 한국 사회의 진정한 '평화'를 위해서도, 한 걸음 나아가, 세계 시민으로서 세계 평화를 위해서도 불가결한 일임에 틀림이 없다.

이제 문화 대국을 꿈꾸자

오늘 우리 사회의 키워드는 '경제'다. 특히 한국은 세계 10위권에 들어가는 경제 대국으로 발돋움하기 위해 안간힘을 쓰고 있다. 나라가 온통 경제를 신神으로 섬기며 그 얼굴에 나타나는 표정 하나하나에 따라 일희일비하느라 정신이 없다. 여러 종교에 속한 사람들이 자기 종교에서 가르치는 신을 섬기고 있지만 그것도 결국은 경제라는 신으로부터 내려오는 은총을 받기 위한 수단에 불과한 경우가 대부분이다. 경제라는 이 맘몬 신은 가히 전지전능, 무소부재에 가깝다.

하지만 이런 경제제일주의가 도전을 받기 시작했다. 2011년 9월부터 시작된 '월가를 점령하라 (Occupy Wall Street)' 운동이 이를 상징적으로 말해주고 있다. 이제 생산지수의 상승이 그대로 행복지수의 상승을 의미한다는 것에 회의를 품는 이들이 늘어난다는 뜻이다.

이럴 때 백범 김구 선생이 다시 생각나는 것은 우연이 아니다. 반세기도 전에 김구 선생은 이미 경제제일주의의 한계를 예견했던 것이다.

> 나는 우리나라가 세계에서 가장 아름다운 나라가 되기를 원한다. 가장 부강한 나라가 되기를 원하는 것은 아니다. …… 우리의 부력富力은 우리의 생활을 풍족히 할 만하고 우리의 강력强力은 남의 침략을 막을 만하면 족하다. 오직 한없이 가지고 싶은 것은 문화의 힘이다. 문화의 힘은 우리 자신을 행복하게 하고 나아가서 남에게 행복을 주기 때문이다. 지금 인류에게 부족한 것은 무력도 아니고 경제력도 아니다.

백정白丁과 범인凡人임을 자처하고 '백범'이라 이름하였다 하지만 이렇게 번쩍이는 혜안이야말로 실로 대범大汎이요 비범非凡이라 하지 않을 수 없다. 그는 이어서 우리나라가 지향해야 할 방향을 다음과 같이 제시한다.

인류가 현재 불행한 근본 이유는 인의가 부족하고 자비가 부족하고 사랑이 부족하기 때문이다. …… 나는 우리나라가 남의 것을 모방하는 나라가 되지 말고 이러한 높고 새로운 문화의 근원이 되고 모범이 되기를 원한다. 그래서 진정한 세계의 평화가 우리나라에서, 우리나라로 말미암아서 세계에 실현되기를 원한다.

지금껏 우리는 무슨 일을 하고 있었던가 부끄러울 뿐이다. 서양의 문화, 서양의 종교, 서양의 사상을 모방하는 데 급급하지 않았던가? 특히 자본주의니 공산주의니 하는 서양의 이데올로기를 통째로 받아서 서로 으르렁거리기까지 하며.

이제 '높고 새로운 문화'를 우리가 되찾고 이를 세계로 수출할 때가 되었다. 이런 말을 하면 당연히 지금 세계로 퍼져나가는 한류를 생각하게 될 것이다. 한류도 물론 문화 수출임에 틀림이 없다. 그러나 김구 선생이 말한 '높고 새로운 문화'는 지금의 한류보다 한층 더 심원하고 고매한 무엇이리라.

얼마 전 TV에서 아프리카와 남미 여러 곳에 가서 학교를 지어주고 병을 치료해주는 자원봉사자들의 행복한 모습을 보았다. 온통 경제적인 이利만을 밝히는 소인배적 가치에서 해방되어, 혹은 자기 종교를 전파하겠다는 종파주의적 관심에서 벗어나, 순수한 사랑과 자비와 인의를 펴는 데서 오는 행복감이 아닌가?

또 있다. 그것은 곧 사랑과 자비와 인의의 바탕이 되는 우리의 '정신적' 유산을 나누는 것이다. 서울대학교 농대 학장을 역임하고 성천재단을 설립한 류달영은 20세기 다석 류영모 선생의 등장으로 한국도 사상의 수입국에서 사상의 수출국이 될 수 있다고 했다. '제나'에서 '얼나'로 '솟남'의 길을 가르쳐준 류영모도, 인내천人乃天의 가르침으로 우리가 모두 하늘임을 일깨워주고 사람을 모두 하늘 섬기듯 섬기라고 가르쳐준 동학東學도, 원효의 화쟁론도 진정으로 자신과 남을 행복하게 해줄 수 있는 우리의 최고급 문화 상품이다.

김구 선생의 말대로 이 '훤훤효효喧喧囂囂' 하는 요란한 세상에, 우리나라가 이제 무엇보다 문화대국으로 우뚝 서겠다는 꿈이 한 해를 보내고 새해를 맞으면서 우리 모두가 꾸어야 할 아름다운 꿈이어야 할 것이다.

심층 종교로의 길목에서

:

코로나19 팬데믹 이후의 종교

탈종교화 시대

코로나19 이전부터도 근래에 들어와 종교계에 일어나는 현상 중 가장 괄목할 만한 것은 탈종교화 현상이었다. 실질적으로 '신 없는 사회'로 규정되는 노르웨이, 스웨덴, 덴마크, 핀란드, 아이슬란드 등 북유럽은 말할 것도 없고, 이른바 산업화된 나라들 중 그래도 지금까지 가장 종교적인 국가라고 알려진 미국에서마저도 이런저런 이유로 종교에서 벗어나는 사람들의 숫자가 급속도로 증가하고 있다.

미국의 어느 보수 기독교 목회자가 쓴 책 제목이 지금이 바로 《마지막 기독교 세대*The Last Christian Generation*》라는 것이다. 미국 성공회 주교 존 쉘비 스퐁John Shelby Spong 신부는 미국에서 제일 큰 졸업 동창회는 '교회 졸업 동창회The Church Alumni Association'라는 말까지 할 정도다. 미국 고등학생들의 대부분은 고등학교 졸업과 동시에 교회도 졸업하는 것이 현실이다. 심지어 미국에서는 목사들마저 적지 않은 수가 늦게나마 교회 졸업 동창회에 가입한다고 한다.

물론 한국도 예외는 아니어서 2015년 통계에 의하면 무종교인 수가 종교인 수보다 많아 전체 인구의 56.1%인데 그 이후로도 계속 증가했으리라 쉽게 짐작할 수 있다. 이런 탈종교화 현상에서 특징적인 것은 젊은이와 교육 수준이 높은 이들 사이에서 종교를 떠나는 사람들이 많다고 하는 사실이다. 한국 개신교는 물론 한국 불교나 가톨릭의 경우도 별로 다를 바가 없다. 특히 몇몇 종교 단체에서는 성직자 지망자가 급감하고 있다.

코로나19 이후

코로나19 발발 이전에도 종교 인구가 줄어들고 있었는데, 코로나바이러스라는 엄청난 사태로 그런 탈종교 현상이 더욱 가속화된 것으로 보인다. 그렇지만 이 변화가 긍정적인 방향 전환의 계기가 될 수도 있을 것이라 여겨지기도 한다. 코로나는 정신 못 차리고 있는 이 시대를 위해 하늘이 보낸 일종의 경종이라 보는 이들이 적지 않다. 인류가 맞닥뜨린 '회개의 시간'이라는 것이다.

1. 사상적 변화

첫째, 기복 신앙이 줄어든 것 같다. 종래까지의 대부분의 한국 종교는 주로 기복적 성격을 띠고 있었는데, 이번 코로나19 사태를 통해 초자연적인 힘에 빌어 봐도 별 효과가 없다는 것을 실감하게 되고, 따라서 나의 이기적인 욕심을 근거로 빌기만 하면 무조건 들어준다고 믿던 이런 기복 일변도의 종교에 대한 신뢰심이 크게 퇴조된 것이라 볼 수 있다.

어느 면에서는 이런 위기에 직면하기 때문에 오히려 자기들이 믿는 신이나 초자연적인 힘에 더욱 매달리고 헌신하게 되는 경우가 있을 수 있다. 그러나 그들도 그 믿음을 그대로 유지하기 힘들다는 것을 곧 발견하게 되었다. 코로나 이전에도 많은 종교인이 어머니가 아무리 기도를 열심히 해도 아들이나 딸이 대학에 당장 합격한다는 보장이 없다는 것, 병이 낫기를 아무리 지극정성으로 기도해도 그 덕분에 병이 나을 확률이 높아지는 것을 실감하지 못한다는 것, 남편의 사업 성공을 위해 아무리 기도해도 그 덕분에 반드시 성공이 따르지 못한다는 사실 등등을 통해 이미 눈치챘겠지만, 특히 코로나19 확산 앞에서 신에게 빌어서 되는 것이 아니라는 것을 직접적으로 체감하게 되었다.

기독교 계통의 어느 목사의 주장처럼 자기 교회 교인들은 '하나님'이 보호해주시므로 코로나에 감염되지도 않고, 비록 감염되더라도 성령의 불로 깨끗이 씻어 낫게 되리라고 장담했지만, 그 자신도 감염되었듯이, 신이 그렇게 해주지 않는다는 것을 확인할 수 있었다. 심지어 교회에 모여 코로나를 물리쳐달라고 합심 기도를 했는데, 놀랍게도 그 기도 모임 때문에 코로나가 더 확산되는 어이없는 결과를 보기도 했다. 불교계는 코로나 확산을 방지하기 위해 사찰을 일시 봉쇄하는 모범을 보였지만, 이것이 아이러니하게도 초자연적 힘이 코로나를 방지하는 데 작용하지 않는다는 것을 신도들에게 각인시키는 결과를 가져왔다.

둘째, 인과응보 사상이 힘을 잃었다. 코로나가 빈부격차나 남녀노소에 상관없이 모두를 위협하고 있다. 윤리적으로 선한 사람이든 악한 사람이든 가리지 않고 똑같이 위험에 처하고, 또 감염될 확률도 동일했다. 따라서 착한 사람은 그에 상응하는 상을 받고 악한 사람은 그에 따른 죗값을 받는다는 율법주의적 상벌 사상도 흔들리게 되었다. 사실 천박하게 이해된 대로의 인과응보 사상이 완전한 철칙이 아니라는 것은 지금까지도 대략 알고 있었다. 착한 사람이 경제적으로 잘살지 못하고 오히려 악한 사람, 수단 방법을 가리지 않고 부정을 저지르는 사람이 오히려 더 잘 사는 경우가 대부분이라는 현실을 누구나 알고 있었기 때문이다. 독립군 후손들은 3대에 걸쳐 가난하고 친일매국노의 후손들은 3대에 걸쳐 떵떵거리며 산다고 하는 사실이 이를 말해주는 일례라 할 것이다. 그러나 이제 코로나 사태를 보면서 통상적 인과응보나 율법주의적 상벌 사상이 먹혀들지 않는다는 것을 더욱 뼈저리게 느끼게 된 셈이다.

인과응보, 상벌이라는 사상이 희박해지면 사후 상벌 사상도 흔들린다. 인과응보로서의 천국 혹은 극락과 지옥도 설득력이 더욱 떨어질 것이라는 뜻이다. 티베트 불교 지도자 달라이 라마도 그의 책《달라이 라마의 종교를 넘어》에서 인간의 선행이나 악행에 따라 극락/지옥행을 말하는 불교의 전통적 가르침은 이제 '넘어서야 할' 대상이라고 했다. 미국에서 가장 인기 있는 신학자 중 한 명인 고故 마커스 보그Marcus J. Borg(1942~2015)의 경우도 종래까지의 기독교가 '천당/지옥Heaven/Hell 종교'였다면 이제 새로 등장하는 기독교는 이런 옛 패러다임을 청산하고 '변화transformation'를 강조하고 그것을 중심 목표로 하는 종교로 탈바꿈해야 한다는 것을 강조했다.

심지어 비틀스의 존 레논 마저도 1971년에 발표한 그의 가장 유명한 노래 〈Imagine〉을 "천국이 없다고 상상하라, 해보면 쉬운 일이다. 우리 밑에 지옥도 없다. 우리 위에 창공이 있을 뿐Imagine, there's no heaven. It's easy if you try. No hell below us. Above us only sky"이라는 노랫말로 시작한다. 그럼에도 불구하고 평신도들 사이에서는 아직도 이런 인과응보 사상이 힘을 발휘하고 있는 것이 현실이다. 서울 명동이나 심지어 인천 공항에서마저 '예수 천당, 불신 지옥'이란 글이 쓰인 팻말을 들거나 몸에 띠를 두르고 다니는 것이 이를 말해주고 있다.

여기서 불교 전통에서 배울 점이 있을 것이다. 한국 조계종의 창시자 지눌知訥 사상에 크게 영향을 준 당나라 승려 종밀宗密(780~841)은 그의 저술 《원인론原人論》에서 불교의 교의를 다섯 가지로 분류하고, 그중 '인천교人天教'를 제일 하급으로 취급했다. 인천교란 죽어서 사람으로 태어나느냐 천상에 태어나느냐 육도 중 어느 한 가지로 태어나느냐를 궁극 관심으로 삼는 태도를 말한다. 기독교 용어로 고치면 죽어서 천국에 가느냐 지옥으로 떨어지느냐가 종교의 궁극 관심이 된 형태의 종교적 태도를 말한다고 볼 수 있다. 종밀에 의하면 이런 인과응보적 태도는 '내 속에 불성이 있다'는 것을 깨달으라는 최고 제5단계 '일승현성교一乘顯性教'의 가르침과 너무 먼 율법주의적 가르침이라는 것이다.

이처럼 평신도들 중에는 아직도 상당수 천당 지옥을 믿고 있을지 모르지만, 현재 많은 종교 지도자나 종교 사상가는 천당 혹은 극락이나 지옥 사상을 문자 그대로 받아들이지 않고 있다. 이와 같은 기복신앙이나 인과응보 사상은 진지하고 성실한 초보 신도들의 신앙생활에는 어느 정도 도움이 되는 경우도 있겠지만, 종교가 이런 것만을 위한 것이라는 가르침에 몰입한다면 새로운 시대에 크게 어필하기 힘들 것이다. 이렇게 생각을 깊이 하는 사람들 사이에서 사라져가던 기복신앙이나 인과응보 사상이 코로나 사태로 일반 평신도들 사이에서도 더욱 강력한 직격탄을 맞게 되었다고 볼 수 있다.

셋째, 이런 사상적 변화는 자연스럽게 신관神觀의 변화로 이어진다. 저 위 높은 보좌에 앉아 낮고 천한 저희 인생들을 굽어살피시며 우주 전체의 흐름은 물론 각각의 사회와 개인의 생사화복을 주관하는 주재자로서의 신, 이른바 '관여하는 신interventionist God'이라는 개념이 설 자리를 잃어버린다. 선한 신, 인간에게 사랑을 베푼다는 신이 어찌 이렇게 몹쓸 병을 허락할 수 있는가? 더구나 그를 위해 세워진 성전에서 그를 굳게 믿고 함께 그를 찬양하고 그에게 기도하는데 그의 추종자들의 고통을 보고도 어찌 눈과 귀를 막고 못 본 체하고 있을 수 있는가 하는 의문을 가지지 않을 수가 없다. 이런 초자연적 유신론supernatural theism은 오래전부터 도전을 받거나 거부되어왔지만 코로나 사태를 통해 이런 신관을 그대로 받아들일 수 없다는 것은 누구나 피부로 느낄 수 있는 현실이 되었다.

초월적 존재로서의 신을 상정하는 유신론적 신관이 도전을 받게 되는 또 다른 이유가 있다. 하버드 대학교 공중정책 사회학 교수이자 존 F. 케네디 School of Government 학장이었던 로버트 퍼트넘Robert Putnam 과 노트르담 대학교수 데이비드 캠벨이 함께 펴낸 《미국의 은혜 : 종교는 어떻게 우리를 갈라지게도 하고 뭉치게도 하는가*American Grace : How Religion Divides and Unites Us*》라는 책에서 "사람들이 교회나 유대교 회당이나 이슬람 모스크나 불교 절에 얼마큼 다른 사람들과 자주 모이느냐 하는

데 따라 그들의 사회성이 증가하고 거기 따라 더욱 이타적이 되려는 관심과 자발성이 증가한다"고 하였다. 종교적으로 헌신적인 많은 사람이 자기들이 행하는 시민으로서의 미덕이 신의 뜻을 드러내는 것이라 설명하겠지만 사실 신을 믿느냐 하는 것이 중요한 것이 아니라 소속감이 중요한 문제라는 것이다. 전문가들의 말에 의하면 습관이 고착되는 데는 2~3개월이면 충분하다고 한다. 따라서 정규적인 모임이 없어지면 여러 가지 종교 활동도 줄고 헌금이나 보시 액수도 줄어들게 될 것이다. 일단 비대면 접촉으로 교회나 절에 정기적으로 나가는 일이 힘들게 되고, 교회나 절이 없어지면 물론 다른 교회나 절로 옮길 수도 있겠지만, 낯선 사람들과 다시 어울려야 하는 일이 쉽지 않을 경우 전처럼 그렇게 열심히 종교 생활을 하지 않고 그냥 집에 머물 확률이 크다. 그럴 경우 현재 많은 교회나 절이 문을 닫을 수밖에 없을 것이다.

이럴 경우 언제나 듣던 일방적인 설교나 설법을 듣는 기회가 적어지고 미디어를 통해 다양한 견해의 설교나 설법이나 강연에 접할 기회가 많아질 것이다. 그렇게 되면 지금까지 설교나 강론이나 설법으로 특정한 신관이나 세계관을 강요받고 있던 입장에서 벗어나 미디어를 통해 얻을 수 있는 새로운 정보와 함께 스스로도 여러 방면의 독서와 명상을 통해 자연히 내 눈이 내면을 향하게 되고, 그렇게 될 때 내 속에 나도 모르는 새로운 차원의 내가 있다는 사실을 어렴풋이 느끼기 시작할 것이다. 절대적인 존재가 저 위에 계시는 초월자로서만 이해되기보다 내 속에 내재內在하면서 나의 육체와 정신을 움직이고 계신다는 것을 자각하게 되는 것이다. 전통적인 용어를 쓰면 내 속에 신성神性, 불성佛性, 인성人性 혹은 도道가 있다는 것을 느낀다는 뜻이고 동학의 용어를 쓰면 시천주侍天主요, 현대적 용어를 쓰면 내가 내 속에 잠재력으로 가지고 있는 우주의 근원적 생명력이 꿈틀거린다는 사실에 눈뜨게 될 것이라는 뜻이다. 신이 초월만이 아니라 내재라는 것을 서양 용어로는 theism과 대조적으로 panentheism이라고 한다. 만유재신론萬有在神論 혹은 범재신론汎在神論이라 옮기기도 한다.

2. 윤리적 변화

상당수 근본주의 보수 그리스도인 지도자들은 초월적 신에 대한 유신론적 신앙이 없어지면 사회가 혼란해지고 윤리의식이 증발하고 만다고 여긴다. 예를 들어 미국 복음주의 변증론자로 유명한 윌리엄 레인 크레이그William Lane Craig 목사는 "윤리라는 개념은 신이 없으면 의미가 없어진다. 신이 없다면 옳고 그름이란 있을 수 없다"고 했다. 그러나 미국 성공회 스퐁 신부를 포함하여 상당수의 신학자들이나 사회학자들은 공공연히 "유신론의 종말demise of theism"을 이야기하고 신에 대한 무조건적인 신앙이 대개의 경우 윤리적으로 이익을 주기보다는 오히려 해롭다고 지적하고 있다. 왜 그런가?

첫째, 코로나의 근본 원인은 자연 파괴로 인해 서식지를 잃은 동물들이 인간 세계로 들어오면서 생기게 된 것이라는 사실을 새롭게 인식하게 되었다. 지금껏 서양을 중심으로 하던 기독교 사상은 창세기에 나오는 창조 이야기에서 신이 인간을 창조한 다음 그들에게 명하여 "생육하고 번성하여 땅에 충만하라, 땅을 정복하라, 바다의 물고기와 하늘의 새와 땅에 움직이는 모든 생물을 다스리라 하시니라"고 하는 말을 곧이곧대로 믿고 땅을 정복하고 물고기와 새들을 함부로 포획하는 일을 서

습지 않고 자행했다. 그 결과 땅과 바다와 공중에 오염이 극심한 지경에 이르렀고 이런 생태계와 환경 파괴 결과의 하나가 바로 코로나의 창궐이라고 보는 것이다. 이런 사실을 뼈저리게 느끼게 되면 신이 인간을 향해 "땅을 정복하라" "모든 생물을 다스리라"고 한 명령을 그대로 따르는 것이 불가능해지고, 자연히 자연에 대해 함부로 하는 대신 자연에 대해 경외심을 가지고 대하게 될 것이다.

'경외심'이라고 하니 슈바이처 박사가 주장하는 '생명 경외Reverence for Life'라는 말이 연상된다. 슈바이처 박사는 인간은 살려고 하는 의지에 둘러싸인 생명 의지이기에 모든 생명이 가지고 있는 천부적 권리를 존중하여 함부로 해를 가하지 않아야 된다는 이야기였다. 그는 아프리카 열대에서 의료사업을 하면서도 밤에 창문을 열지 못했다. 날파리들이 들어와 램프에 의해 죽임을 당하는 것을 보면 참을 수가 없었기 때문이다. 수술을 할 때도 살아 있는 세균을 죽여야 하는 것을 안쓰럽게 생각했다. 그러나 생명의 위계를 인정하고 더 낮은 형태의 생명은 더 높은 형태의 생명을 위해 희생하지 않을 수 없다는 생각을 했다. 농부가 소를 먹이기 위해 풀을 잔뜩 베어 집으로 가는 것까지는 소의 생명이 풀의 생명보다 귀하니 할 수 없지만, 그 농부가 가는 길에 무심코 길가의 풀을 뽑아 든다면 그것은 생명 경외에 위반된다고 보았다.

사실 슈바이처 박사의 생명 경외 사상은 인도에서 발생한 자이나교 Jainism의 영향을 받았다. 자이나교는 심지어 길을 가다가 곤충을 밟아 곤충에 해를 끼칠까 하여 빗자루로 길을 쓸고 다니고, 숨을 쉬다가 무의식적으로 곤충을 삼키지나 않을까 하여 마스크를 쓰고 다닌다.

한국에서도 동학東學에서는 삼경三敬이라고 하여 하늘을 공경하는 경천敬天, 사람을 공경하는 경인敬人, 사물을 공경하는 경물敬物을 강조했는데, 코로나 사태를 통해 이렇게 하늘과 사람뿐 아니라 동물, 식물, 무생물까지 아끼고 사랑하는 마음을 기르는 계기에 이르지 않았을까.

특히 일부 기독교에서는 세상의 종말이 임박하여 곧 멸망하게 되었는데 환경 같은 것에 신경 쓸 필요가 무엇인가 하는 태도를 보이기 쉬운데, 이번 코로나 사태를 통해 종말이 오더라도 우선은 숨 쉬고 살아야 할 것 아닌가 하는 의식의 전환을 통해 자연과 환경에 더 큰 경외심을 가지는 계기를 발견하게 되었으면 한다. 이른바 종말론eschatology에서 생태학ecololgy에로의 전환을 의미한다. 그렇게만 된다면 코로나는 어느 면에서 위대한 일을 한다고 볼 수 있다. 마치 미세먼지의 피해를 몸소 경험하게 되면서 좀 더 많은 사람이 환경문제의 심각성을 의식하게 되고 환경 보호에 그만큼 큰 관심을 가지게 되었다는 의미에서 미세먼지의 역할을 긍정적으로 보는 사람들이 있는 것과 마찬가지다.

둘째, 비대면 사회가 되면서 교회나 성당이나 사찰에 함께 모여 예배보거나 예불하거나 찬양 혹은 염불하는 일이 불가능하게 되었다. 이런 것을 계기로 기계적으로 정해진 형식에 따라 무의식적으로 종교의식에 참여하던 것을 일단 중지하고 한 발짝 뒤로 물러서서 나의 종교적 의식이나 행동 양태가 올바른가 한번 점검해보는 기회가 될 수 있었을 것이다. 앞에서는 이런 내면적 성찰을 통해 내 내면에 존재하는 우주적 생명력을 감지하게 된다고 말했지만, 여기서는 나의 종교적 행위나 판단이 옳은가 하는 윤리적 문제를 반추할 수 있는 계기가 될 수 있다는 점을 말하고 싶다.

특히 한국 기독교의 경우, 대부분이 이른바 근본주의 기독교인들Fundamentalist Christians이다. 물론 근본주의 그리스도인들 중 훌륭한 사람들이 있다는 것은 말할 나위도 없다. 그러나 이들 중 상당 부분은 교회에 가서 목사님의 말씀을 그대로 하느님의 계시라 생각하고 무비판적으로 받아들인다. 그 결과 사회에서 윤리적으로 바람직하지 못하다고 여겨지는 특성을 보이기가 십상이다. 예를 들어, 교회에서 듣는 말만으로 모든 것을 판단하기에 시각이 아주 편협해질 수 있다. 지성인으로서의 독립적 사고를 할 수 있는 능력이 증발된다. 자연히 옹고집과 독선적인 태도를 보이기도 하고, 일단 자기가 믿는 바와 다르게 믿는 사람을 보면 진리를 모르는 사람으로 취급하고 자기들이 그들보다 더 거룩하고 우월하다고 하는 교만한 태도를 보이기 십상이다. 이와 함께 다른 이들을 어떻게든지 내가 믿는 대로 믿도록 해야 할 대상으로 생각하고 무리한 열성을 낸다. 비관용적이고 배타적일 수밖에 없다. 자기도 모르게 이렇게 된 경우, 코로나 사태로 집에서 조용히 혼자 지내면서 특히 윤리적으로 나의 내적 상태를 성찰하는 기회가 될 수도 있었을 것이다.

미국의 종교사회학자 필 주커먼Phil Zuckerman은 저서 《윤리적이 된다고 하는 것이 무엇을 의미하는가What It Means to Be Moral》(2019)에서 미국 복음주의 근본주의자들의 행태를 다음과 같이 통렬하게 비판하고 있다. 복음주의자들이 얼마나 예수님이 제시한 윤리적 가치와 상관없이, 아니 정반대로 사고하고 행동하는지를 보여준다는 의미에서 좀 길지만 인용한다.

국가주의, 복음주의 트럼프 지지자들은 다른 미국인들보다 더 자주 교회에 출석하고, 성경은 하느님의 무오한 말씀이라 주장하고, 예수님에게 가장 성심껏 헌신한다고 주장하는 사람들이다. 그럼에도 불구하고 분명한 역설적 모순은 이들은 말과 행동 모두에서 예수님이 외친 거의 모든 윤리적 교훈을 어긴 대통령 후보를 압도적으로 지지했다는 사실이다. 예수님은 하느님과 맘몬(재물)을 함께 섬길 수 없다고, 겸손하고 가난한 사람이 복이 있다고, 사랑과 자비를 베풀어야 한다고, 우리 중에 있는 멸시당하는 소수와 이민자들에게 우리의 마음과 문을 열어야 한다고, 진리가 우리를 자유롭게 한다고, 평화의 왕으로서 "칼을 가지는 자는 다 칼로 망하느니라"고 분명히 가르쳤는데, 종교적으로 열성인 미국 복음주의 그리스도인들의 압도적 다수는 이 말씀들을 다 외우고 있을 정도일 터인데도, 이들은 재물의 화신이요 겸손한 사람들을 조롱하고, 이기적이고 악의적이고, 부패하고 군국주의적이고, 가난한 사람들을 얼간이moron라 비하하고, 인종주의적인 외국인 혐오를 부추기고, 민족주의와 부족주의를 진작시키고, 불쌍한 난민들에게 문을 닫고, 이민자들의 아이들을 그 부모로부터 갈라놓고, 권위주의를 부추기고, 진리를 비웃고 팩트를 경멸하고 총기 로비하는 자들을 사랑하는 공화당 대통령 후보 주위에 집결하였다.

3. 종교 아닌 종교

그러면 앞으로 어떤 종류의 종교가 나타나게 될까? 앞에서 인용한 미국의 종교사회학자 필 주커먼은 《종교 없는 삶*Living the Secular Life*》이라는 그의 저서에서 21세기 종교는 재래종교 대신 땅을 뚫고 나오는 연약한 풀잎에서부터 광대무변의 우주의 움직임에 이르기까지 우리가 경험하는 모든 현상에 대해 신기해함과 그 신비스러움에 놀라워하고 외경

(畏敬, awe)의 마음을 가지므로 즐겁고 밝고 올바른 삶을 사는 것이 21세기에 바람직한 종교 없는 삶이라는 이야기를 한다. 그는 이런 '종교 아닌 종교'를 영어로 'Aweism'이라고 불렀다. 이것은 'awesome' 할 때의 'awe'다. 우리말로 '경외주의'라 할지 '외경주의'라 할지 모르겠는데, 일단 경외주의라 부르자. 아무튼 주커먼 교수의 경외는 우주에 가득 찬 신비에 놀라고 그 깊이에 감동하는 넓은 의미의 종교적 눈뜸이나 깨달음 같은 것을 이야기하고 있다고 볼 수 있다.

나는 이를 좀 더 실감 나게 느낄 수 있도록 'Ahaism'이라 하고 싶다. 매 순간 우리가 접하는 사물의 더 깊은 면을 발견하면서 계속 "아하Aha!"를 외치는 경험이 오늘을 사는 우리들의 경험이 되고 이런 경험을 통해 삶이 더욱 윤택해지고 풍요로워지는 것이 아닌가 하는 생각에서다. 한 걸음 더 나아가 이런 경험을 확대하면, 뒤에서 언급할 것과 같이, 만물이 서로 어우러져 있다는 동류의식이나 연대의식으로 발전하여 서로가 서로를 존경하고 사랑하는 마음으로 승화될 수 있지 않겠는가 하는 것이다. 이렇게 확대해보니 슈바이처 박사의 생명 경외와 맥이 닿는 것 같기도 하고 앞에서 언급한 동학의 삼경三敬 사상과도 통하는 것 아닌가 하는 생각도 든다.

얼마 전 이런 Aweism인가 Ahaism인가를 직접 경험하였다. 캐나다 태평양 연안에 있는 밴쿠버 근교의 우리 동네에 조그만 실개천이 있는데 그리로 연어 떼가 올라오고 있는 모습을 보았기 때문이다. 넓어야 3~4m 정도밖에 되지 않은 조그만 개울에 60~70cm, 크게는 1m 정도 되는 연어 떼들이 계속해서 올라오는 것을 보고 정말로 놀라지 않을 수 없었다.

연어는 자기가 태어난 강에서 태평양 큰 바다로 나가 몇 년을 살다가 다시 자기들이 태어난 강으로 올라와 알을 낳고 일생을 마친다고 한다. 수컷은 암컷과 함께 올라와 암컷이 낳은 알이 부화되도록 하고 같이 죽는다. 그 넓은 바다에서 헤엄치며 살다가 어떻게 자기가 태어난 그 조그만 실개천을 찾을 수 있는지도 불가사의하고, 또 어떻게 개천으로 올라올 적절한 시기를 아는지도 놀라운 일이 아닐 수 없다.

연어가 강 하구에 오면 자기가 태어난 개울의 물 냄새를 알고 다시 찾아서 올라오는 것이라고 하는데, 물 냄새를 기억했다가 그 냄새에 따라 올라온다는 것 자체가 신기한 일이 아닌가. 그야말로 신묘막측神妙莫測이다.

어디 연어의 모천회귀母川回歸 현상뿐인가? 제비가 그 멀리 갔다가 다시 때가 되면 자기가 지어놓은 처마 밑 둥지로 돌아오는 것, 겨울 동안 앙상한 가지가 죽은 것처럼 보이다가도 봄이 되면 파릇파릇 잎을 내는 것, 아기가 태어나는 것, 악기를 연주하는 사람들이 무아 상태에서 무의식적으로 손을 놀리거나 입으로 부는 것, 봄철 해 질 무렵 뺨을 스치고 지나가는 산들바람과 그것을 느낄 수 있는 얼굴의 살갗, 물이 그 높은 나무 끝까지 올라가는 것 등등. 양자물리학이나 DNA 구조나 천체물리학 같은 깊고 오묘한 신비는 말할 것도 없고, 우리 주변에서 조금만 눈여겨보면 모든 것이 신기하고 묘할 뿐이다. 이런 것을 관찰하고 신기해하는 것이 삶의 기쁨이고 보람이라 할 수 있을 것이다.

주커먼의 Aweism, 나의 Ahaism을 페이스북에 소개했더니 서울대 철학과를 졸업하고 한신대학교에 가서 디트리히 본회퍼 연구로 신학박사 학위를 받고 그 이후 유영모, 함석헌의 씨알사상을 깊이 연구하여 씨알

사상 연구회를 설립하고 씨알사상을 널리 알리는 데 힘쓴 박재순 박사가 댓글로 "아하! 하며 깨닫고 감탄하며 경외하는 삶이 낡은 종교를 몰아내면 좋겠습니다" 하고 평해주었다. 이어서 "밖의 세계에 대한 경외의 아하!뿐 아니라 자아의 생명과 정신에 대한 경외의 아하!도 강조하면 좋겠습니다"라고도 했다. 적절한 지적으로서 사실 이는 다음에 언급하려는 심층 종교의 차원까지 지적한 셈이다.

한 가지 덧붙이고 싶은 것은 만사를 신기해하고 거기에 경외심을 갖는다고 하여 '좋은 것이 좋다'는 식으로 모든 것을 그대로 받아들인다는 뜻이 아니라는 것이다. 무엇보다 우주의 편만한 신비를 가리거나 파괴하거나 왜곡시키려는 시도를 그대로 용납할 수는 없다. 나만 신기해하고 있으면 되는 것이 아니라 이 세상이 좀 더 살기 좋은 곳이 되기 위해서는 신기해함을 저해하는 흐름에는 의연하게 대처해야 하리라.

4. 심층을 찾으라

나는 주커먼의 주장에서 한 발짝 더 나간 것을 지적하고 싶다. 궁극적으로 무엇을 보고 신비스러워해야 할까 하는 문제다. 모든 종교에 표층이 있고 심층이 있다는 것이 나의 평소 지론이다. 오늘날 젊은이들과 지성인들이 실망하고 종교에서 떠나는 것은 종교가 손가락의 역할을 하면서 가리키는 신비적인 면, 심층적인 면을 보지 못하고, 오로지 표층적인 면만 보면서 그것이 종교의 전부인 것으로 오해하기 때문이라고 본다.

표층 종교와 심층 종교는 어떻게 다른가? 가장 중요한 몇 가지만 들면, 표층 종교는 지금의 내가 잘되기 위해 믿는 종교라면 심층은 나의 내면을 들여다보고 나의 참나를 찾고자 하는 종교다. 표층 종교는 무조건적인 믿음을 강조하는 반면 심층 종교는 이해와 깨달음을 중요시한다. 표층 종교는 경전의 문자에 매달리는 문자주의라면 심층 종교는 문자 너머에 있는 속내를 꿰뚫어 보려고 노력한다. 표층 종교는 절대자를 나의 밖에서만 찾으려 한다면 심층 종교는 나의 밖에서뿐만 아니라 내 안에서도 찾는다. 표층 종교는 모든 사물이 서로 분리되어 있다고 믿는 반면, 심층 종교는 모든 것이 서로서로 연결되고 의존되어 있고, 근본적으로는 '하나'라고 믿는다.

심층을 찾으면?

위에서 심층 종교의 특징 몇 가지를 들었는데, 코로나 사태로 재래의 표층 종교가 그 유효기간이 다 한 것으로 보이는 상황임을 감안하면 이제 심층 종교의 가르침을 살펴보고 거기서 새로운 깨달음을 얻을 필요가 있을 것 같다. 이렇게 될 때 전통적인 종교도 한층 심화되어 많은 사람에게 영적 갈증을 없애주는 역할을 효과적으로 할 수 있을 것으로 믿는다. 이제 심층 종교에서 말해주는 교훈 몇 가지를 논의해보기로 한다.

1. 참나를 찾음

첫째, 앞에서 심층 종교의 가장 큰 특징은 지금의 나를 죽이고 참나를 찾는 것이라고 했다. 이것은 나의 진정한 나를 찾는 일이다. 소크라테스에 의해 널리 알려진 "네 자신을 알라"는 것이다. 이 말은 기독교 복음서 중 하나지만 정경에 포함되지 않은 《도마복음》에도 그대로 나오는 말이다. 나 자신의 지금 상태를 감식하고 나아가 내 속에 있는 무한한 신적 가능성을 인지하여 참된 자유를 얻으라는 것으로, 이것이 대부분의 심층 종교가 오늘을 사는 현대인들에게 주는 중요한 메시지라 할 수 있다. "나는 누구인가" 심각히 반추해야 할 문제라는 것이다.

앞에서 잠깐 언급한 말을 다시 말하지만, 표층 종교는 변화되지 않은 '지금의 나'를 잘되게 하려는 노력을 중심으로 돌아가는 종교요, 심층 종교는 지금의 나를 불완전한 것으로, 심지어 허상으로까지 인지하고 지금의 나를 넘어서, 혹은 극복하고 새로운 나, 큰나大我, 참나眞我로 거듭남을 강조하는 종교라 할 수 있다. 한국의 종교 사상가 류영모 선생의 용어를 빌리면 표층 종교는 '제나'를 위한 것이고 심층 종교는 '얼나'를 지향하는 것이다.

세계 여러 종교들을 깊이 들어가보면 모두 제나에 죽고 얼나로 다시 살아나는 종교적 '죽음과 부활'을 이야기하고 있다. 미국의 종교학자 스트렝의 말과 마찬가지로 종교의 핵심은 이런 '궁극 변화를 가능하게 하는 수단'이라 할 수 있다. 이기심으로 가득 찬 지금의 나는 진짜 내가 아니므로 이를 부정하고 새롭고 참된 나를 찾으라고 하고, 그렇게 할 수 있는 길을 가르쳐주는 것이 세계 주요 종교들 모두에게서 찾아볼 수 있는 가르침이다.

이번 기회에 각 종교의 심층에서 말하는 '나'에 대한 진단과 나를 부정하고 얻을 수 있는 참나가 뭣인지에 대한 가르침을 살펴보기로 한다. 사실 이런 가르침은 종교에서뿐 아니라 영국의 유명한 역사가 아널드 토인비Arnold J. Toynbee(1889~1975) 같은 사람마저 주장하는 것이기도 하다. 우선 그의 말부터 들어본다.

> "종교라 했을 때 내가 뜻하는 것은 우주를 초월하는 영적 임재와의 관계에 들어감으로써, 그리고 우리의 의지를 그것과 조화시킴으로서, 개인과 단체에서 자기중심주의를 극복하는 것이다. 이것이 평화를 위한 유일한 열쇠라고 생각한다."

토인비가 말하는 종교의 의미와 오늘 우리 주위에서 흔히 볼 수 있는 신도들의 종교 인식 사이에 얼마나 큰 괴리가 있는가? 어느 면에서 종교란 우리의 자기중심적 욕심 때문에 실재를 있는 그대로 볼 수 없는 상태에서 욕심을 줄여 실재를 있는 그대로 볼 수 있는 상태로 옮겨 가려는 노력이라 해도 좋을 것이다.

지금부터 이런 대전제를 중심으로 하여 세계 중요 종교에서 '나'의 문제를 어떻게 가르치는가, 지금의 나를 극복하고 새로운 나로 변화하는 길이 무엇이라고 하는가 하는 것을 살펴보고 코로나 사태를 계기로 이런 문제에 대한 관심이 촉발되었으면 하고 기원해본다. 우리 스스로를 위해서도 종교에서 이런 면이 중요하다는 것을 깨닫는 인식의 변화를 촉진시키는 데 도움이 될 수 있었으면 한다. 모든 종교를 다 섭렵할 수는 없고 '나'의 문제를 특별히 이야기하고 있는 종교로 힌두교, 불교, 유교, 기독교, 동학을 중심으로 간략하게 생각해보기로 한다.

■ **힌두교** | 힌두교는 베다Veda 경전을 하늘의 계시로 받아들이는 인도

의 종교다. 힌두교 전통 중에서 '나'의 문제를 가장 본격적으로 다루고 있는 경전은 기원전 9~7세기에 나타난 《우파니샤드》라고 할 수 있다. 그 이전에 기도나 제사를 중요시하던 것과는 달리 《우파니샤드》에서는 깨달음을 강조하고 있다. 무엇을 깨달으라는 것인가? 우주의 근본인 브라흐만(Brahman, 梵)을 깨달으라는 것이다. 그러나 단순히 브라흐만을 깨닫는 것만으로는 부족하다. 내 속에 브라흐만이 있는데 그것이 나의 참나인 아트만ātman이고 이 아트만이 바로 브라만과 하나라는 것, 이른바 '범아일여(梵我一如, Tat Tvam Asi)'를 깨닫는 것이 깨달음의 완성이라 본 것이다.

힌두교에서 가장 영향력이 큰 문헌은 《바가바드 기타》다. 이 문헌에서는 신애(信愛, bhakti)를 강조하는데, 내가 어느 신을 선택하고, 그 신에 대한 절대적인 사랑과 헌신을 통해 지금의 나 자신을 잊어버리고 신과 하나 된 새로운 나로 탄생하는 것을 목적으로 한다. 이 문헌에 등장하는 크리슈나 신은 "신애로서 나를 공경하는 사람들, 그들은 내 안에 있으며 나 또한 그들 안에 있다"고 선언한다. 신에 대한 절대적 헌신으로 지금의 나를 변화시켜 새로운 나로 탄생하게 하는 수단이 됨을 말해주고 있다고 하겠다.

《바가바드 기타》의 경우 여러 신들을 인정하지만 그중 한 신에게 전적으로 헌신하는 종교적 자세를 단일신론(單一神論. Henotheism)이라 하는데, 이것도 일종의 유신론이지만 이상적으로 말하면 이렇게 자기가 헌신하는 신을 이용해서 현세에서 잘살겠다는 욕심보다는 자기를 그 신에게 완전히 바쳐 지금의 자기가 없어지고 새로운 형태의 자기를 찾는 것이라 볼 수 있다.

■ **불교** | 세계 주요 종교에서 모두 무아無我의 사상을 이야기하고 있지만, 그래도 그것을 가장 힘 있게 강조하는 곳은 불교라 할 수 있다. 기원전 6세기 지금의 네팔에서 태어나신 부처님은 29세에 출가하여 6년 정도 수행을 하다가 35세경 큰 깨달음을 얻었다. 큰 깨달음을 얻은 사람을 '붓다Buddha', 한국말로 부처, 불타佛陀, 혹은 불佛이라고 하고 이런 깨달음을 얻는 것을 성불成佛한다고 한다.

부처님이 성불하시고 그와 함께 고행하던 다섯 친구를 찾아가 그 깨달은 바를 처음으로 설하신 것이 사제팔정도四諦八正道, 곧 '네 가지 진리와 여덟 겹의 길'이라는 것이다. 고집멸도苦集滅道의 네 가지 진리란, 곧 삶이 '아픔'이라는 것, 그리고 그 아픔은 '욕망과 집착'에서 온다는 것, 이런 원인을 '없애므로' 고요를, 혹은 니르바나[涅槃]의 경지를 얻을 수 있다는 것, 그 원인을 없애는 '길'이 있다는 것에 대한 가르침이다. 이 설법 후에 곧바로 이어서 가르치신 것이 무아(無我, anātman)의 진리였다. 영어로 'no-self doctrine'이라고 한다.

부처님 당시 인도 사회는 《우파니샤드》의 영향으로 절대자 브라흐만과 동일하다고 하는 아트만(자아)을 너무 강조하는 바람에 우리의 참나 아트만이 아니라 이기적인 지금의 아트만을 절대화하는 경향이 있었다. 부처님은 이런 잘못 이해된 아트만, 이런 껍데기 아트만에 집착하는 자기중심주의적 사고가 모든 말썽의 근원이라 보고 아트만은 없다는 '무아'를 설파했다. 힌두교에서 지금의 내가 영원불변의 아트만이라는 주장은 우선 이론적으로 어불성설이라고 보았다. 사람은 이른바 오온五蘊, 즉 물질[色], 감정[受], 생각[想], 충동[行], 의식[識]의 다섯 가지 구성요소로 이루어졌는데, 어디에 영원불변의 독립적 개체로서의 아트만이 있을 수 있겠는가 하는 것이었다. 또 만사가 연기緣起로 서로 의존하고 서로 관계 맺고 있는 현실 세계에서 독립적인 자아, 아트만이 있을 수 없다고도 하였다. 사실 이 무아의 가르침은 형이상학적 이론이기보다 비뚤어진 욕심과 이기심을 수정하기 위한 윤리적 요청에서 나왔다고 보아야 할 것이다.

이처럼 비교적 단순한 불교의 초기 가르침은 긴 불교 역사를 통해 변화를 거듭하였다. 특히 선禪불교에 이르러서는 우리는 모두 불성(佛性, Buddha-nature)을 가지고 있는데, 참선이나 기타 의례를 통해 탐진치貪瞋癡 삼독三毒으로 찌든 지금의 이기적인 나를 없애고 내가 곧 불성을 지닌 부처님이라는 나의 진정한 정체성을 깨닫는 것이 수행의 목표가 되었다.

특히 주목할 만한 것은 12세기 중국 송나라의 곽암郭庵이란 임제종 선사가 그린 〈십우도十牛圖〉라는 것이 있다.

1. 심우尋牛 (소를 찾아 나섬)

2. 견적見跡 (자취를 봄)

3. 견우見牛 (소를 봄)

4. 득우得牛 (소를 얻음)

5. 목우牧牛 (소를 길들임)

6. 기우귀가騎牛歸家 (소를 타고 집으로 돌아옴)

7. 망우존인忘牛存人 (소는 잊고 사람만 남음)

8. 인우구망人牛俱忘 (사람도 소도 다 잊음)

9. 반본환원返本還源 (근원으로 돌아옴)

10. 입전수수入廛垂手 (저잣거리로 돌아가 도움의 손을 드리움)

이렇게 열 장으로 이루어진 이 소 그림에서는 어느 목동이 소를 찾아나서서 결국은 소를 찾고 다시 시장 거리로 나가 사람들에게 도움의 손길을 편다는 이야기인데, 여기서 소를 찾는다는 것은 자기의 진정한 자기, 참나를 찾는 것을 말한다.

십우도를 풀이한 책은 필자와 성소은 작가가 공동으로 《나를 찾아가는 십우도 여행》(판미동, 2020)이라는 책을 냈다. 그림을 현대 감각이 나는 새로운 화법으로 그려 불교인들뿐 아니라 '나'라는 것이 무엇인가 알아보려는 사람들에게 도움이 될 수 있을 줄 믿는다.

■ **유교** | 기원전 6세기의 공자님은 소인小人에서 벗어나 군자君子가 되라고 가르쳤다. 군자가 되기 위해서는 인仁을 비롯하여 여러 가지 덕목을 갖추어야 하겠지만 무엇보다 의義의 사람이 되어야 한다고 했다. 의란 어떤 행동이 나에게 이익을 주느냐 해를 주느냐 하는 손익을 따지지 않고 오로지 의로운 것이라면 그대로 감행하는 태도를 말한다. 보통 소인은 어느 것이 내게 이利가 되는가 따져서 이가 되는 쪽으로만 행동하는 것과 대조되는 행동이다. 공자님 스스로 "군자는 의에 밝고 소인은 이에 밝다君子喩於義 小人喩於利"(논어 14 : 41)고 했다.

맹자님은 인간의 본성이 본래 선하지만 여러 가지 환경 때문에 우리의 선한 본성을 그대로 발휘하지 못하고 있는데, 우리가 태어날 때 생래적으로 가지고 태어난 사단四端을 최대로 발휘하면 성인聖人이 될 수 있다고 했다. 사단이란 네 가지 잠재적 능력으로서, 측은히 여기는 마음惻隱之心, 자기의 실수를 미워하고 부끄러워하는 마음羞惡之心, 양보하는 마음辭讓之心, 옳고 그름을 가리는 마음是非之心으로 이를 극대화로 계발

하면 인의예지仁義禮智를 갖춘 성인의 경지에 이를 수 있다고 보았다.

유교 경전으로 《대학》이라는 것이 있다. 인간이 변화되어가는 여덟 단계의 과정을 가르쳐주고 있다. 처음 사물을 궁구함[格物]에서 시작하여 앎을 극대화함[致知], 뜻을 성실히 함[誠意], 마음을 바르게 함[正心], 인격을 도야함[修身], 집안을 꾸밈[齊家], 사회를 지도함[治國], 세상에 평화를 가져옴[平天下]이다. 신유학新儒學은 처음 단계인 사물을 궁구한다는 격물格物의 해석을 놓고 이학파理學派와 심학파心學派 두 갈래로 갈라지는데, 주자朱子(1130~1200)로 대표되는 이학파는 사물에 일관되게 흐르는 이理를 찾는 것이라 주장하고 육상산陸象山과 왕양명王陽明으로 대표되는 심학파는 '내 마음이 곧 이心卽理'라고 하여 내 마음을 살피는 것이라고 했다. 이理든 심心이든 오랜 기간 깊이 궁구하면 어느 순간 '밝음明'이나 깨침에 이르게 되고 이렇게 이기적인 자의식을 넘어선 경지에 이른 사람이 사회와 세계에 크게 기여할 수 있는 '성인'으로 거듭나게 된다고 하였다.

■ **기독교** | 기독교는 현재의 자아가 부족함을 예리하게 통찰하고 지금의 내가 바뀌어야 함을 강조한 종교라 할 수 있다. 예수님은 자기의 봉사 생활을 시작할 때, "회개하라 천국이 가까웠느니라"(마태복음 4:17)는 선언으로 시작하였다. 여기서 '회개'라는 말은 그리스어로 '메타노이아'로서, 원문의 문자적 의미에 의하면, 지금까지 내가 가지고 있던 자의식을 비롯한 모든 '의식을 완전히 바꿈'이라는 뜻이었다.

예수님은 또 밤에 자기를 찾아온 유대인 지도자 니고데모에게 "진실로 진실로 네게 이르노니 사람이 거듭나지 아니하면 하나님의 나라를 볼 수 없느니라"(요한복음 3:3)고 하였다. 지금의 나를 벗고 새로운 나로 거듭나야 함을 단적으로 표현한 말이라 할 수 있다.

더욱 직접적인 언급은 그의 제자들에게 언급한 말씀이다. "누구든지 나를 따라오려거든 자기를 부인하고 자기 십자가를 지고 나를 따를 것이니라. 누구든지 제 목숨을 구원하고자 하면 잃을 것이요 누구든지 나를 위하여 제 목숨을 잃으면 찾으리라."(마태복음 16:24~25) 예수를 따르려는 것의 전제 조건은 지금의 나를 부인하고 내가 내 십자가를 지는 것이다. 영어로 self-denying, self-naughting, self-emptying, self-negating 등이다. 신학자 본회퍼가 말하는 '제자 됨의 값cost of discipleship'을 치른다는 뜻이다. 소문자 자기self를 구하고자 하면 대문자 자기Self를 잃을 것이요 소문자 자기self를 잃으면 대문자 자기self를 찾게 된다는 종교적 역설이다.

기독교 제2의 창시자라고도 할 수 있는 바울도 그의 편지서 여러 곳에서 지금의 나에서 새로운 나로 변화될 것을 강조하고 있다. 그 대표적인 예로 "그런즉 누구든지 그리스도 안에 있으면 새로운 피조물이라 이전 것은 지나갔으니 보라 새것이 되었도다."(고린도후서 5:17) "할례나 무할례가 아무것도 아니로되 오직 새로 지으심을 받는 것만이 중요하니라."(갈라디아서 6:15) 옛날의 나는 지나가고 '새로운 피조물'이 되는 것, '새로 지으심을 받는 것'이 기독교 신앙의 절대적 핵심임을 강조하고 있는 셈이다. 중세 기독교 신비주의 사상가들도 지금의 나를 정화시키고 조명의 단계를 거쳐서 신과 하나 되므로 결국 '신이 되는 것(神化, deification)'을 목표로 삼았다.

■ **동학** | 동학은 수운水雲 최제우崔濟愚(1824~1864)에 의해 창시된 우

리나라 종교다. 동학은 초월자로서의 '한울님'을 인정하지만, 이 한울님이 내 속에 있어 내가 그 한울님을 내 속에 모시고 있다는 시천주侍天主 교리와 내 속에 있는 한울님이 곧 나라는 인내천人乃天 사상을 특징으로 한다. 동학에서 더욱 의미심장한 것은 이런 사상이 이웃을 한울님처럼 섬기라는 사인여천事人如天의 강력한 윤리강령으로 발전되었다는 것이다. 동학의 이런 신관은 역사적으로 많은 종교 사상이나 심층 종교에서 가르치는 '범재신론'에 가까운 가르침이라 할 수 있다.

이상으로 몇 종교에서 지금의 나를, 제나를, 소아小我를 완전하지 못한 나로 보고 이 나를 벗어나서 새로운 나를, 얼나를, 대아大我를, 진아眞我를 찾아야 한다는 것에 대한 가르침을 일별해보았다.

《장자》의 용어로 '내가 나를 여읨吾喪我'으로 이런 변화가 가능하다는 분명한 가르침에도 불구하고 일반적으로 보통의 사람들은 이기심으로 가득한 지금의 나 외에 또 다른 차원의 내가 있다는 사실을 의식하지 못하고 살아간다. 자연히 삶은 마치 윤활유가 없이 돌아가는 톱니바퀴처럼 뭔가 삐걱거린다는 기분을 가지기 마련이다. 풍요로운 삶이 아니라 각박하고 메마른 삶일 수밖에 없다.

이런 삶에 변화가 있어야 한다는 것을 일깨워주고 참나를 찾음으로써 얻을 수 있는 자유의 길을 제시하는 것이 심층 종교의 본래적 사명이다. 그러나 현재 대다수의 종교인들은 천박한 표층 종교의 가르침에 따라 세상적 이익을 추구하느라 무엇이 문제인지조차도 모르고 살아가는 것이 현실이다. 이럴 경우 우리에게 필요한 일은 무엇인가. 우리 스스로의 내면을 들여다보는 것, 우리의 벌거벗은 모습, 우리의 민낯을 보는 것이다. 바로 내가 진정으로 누구인가를 발견하는 일이다. 이런 일을 다른 말로 표현하면 '의식의 변화transformation of consciousness'라 한다.

대부분의 심층 종교의 가르침에 의하면 이런 의식의 변화를 통해 나의 내면적 실상을 통찰하게 되면 나와 절대자가 하나임을 발견하게 되고 나와 절대자가 하나이기 때문에 나와 나의 이웃, 나아가 우주 만물과도 하나라는 것을 체감하게 된다고 한다. 이럴 때 갖는 체험이 전통적으로 혼연동체渾然同體, 만유일체萬有一體, 동체대비同體大悲, 동귀일체同歸一體, 이사무애理事無礙, 사사무애事事無礙라 한다. 앞에서 언급한 것처럼 코로나로 인한 대면 접촉의 어려움, 일방적 설교에서 벗어남 등을 통해 조용히 앉아서 우리 스스로 자성하는 힘을 기름으로 이런 우주 만물의 어울림에 눈 돌리고 나아가 이를 체감할 수 있게 도와준다면 코로나 사태는 그야말로 전화위복이라 할 수 있지 않겠는가? 이제 만물이 어울려 있음에 대해 좀 더 이야기해 보자.

2. 어울려 있음의 우주

심층 종교에서 강조하는 것 중 하나는 만사가 서로 연관되어 있다는 사실이다. 일례로 중국의 노자가 지었다고 알려진 《도덕경》 제2장에 이런 상대적 세상을 다음과 같이 읊고 있다.

세상 모두가 아름다움을 아름다움으로 알아보는 자체가 추함이 있다고 하는 것을 뜻합니다.

착한 것을 착한 것으로 알아보는 자체가 착하지 않음이 있다는 것을 뜻합니다.

그러므로 가지고 못 가짐도 서로의 관계에서 생기는 것,

어렵고 쉬움도 서로의 관계에서 성립되는 것,

길고 짧음도 서로의 관계에서 나오는 것,

높고 낮음도 서로의 관계에서 비롯되는 것,

악기 소리와 목소리도 서로의 관계에서 어울리는 것,

앞과 뒤도 서로의 관계에서 이루어지는 것.

미추, 선악, 유무, 난이, 장단, 고저 등이 모두 상호 관계에서 이루어지는 개념이라는 것을 일깨워주고 있다. 모두가 상대적이라는 말은, 길다 짧다 하는 것은 독립적인 단독 개념이 아니라 서로의 관계에서 파생되는 상대 개념이라는 뜻이다. 길다고 하는 것은 짧은 것이 있을 때 가능하고, 또 긴 것은 그보다 더 긴 것이 있으면 짧아지기도 하고 짧은 것도 그보다 더 짧은 것이 있으면 길다고 할 수 있다.

이렇게 사물이 서로 연관되어 있고 서로 의존되어 있다고 하는 것을 가장 심도 있게, 그리고 조직적으로 가르치고 있는 종교는 불교라고 할 수 있다. 불교에서 가장 중심적이고 자랑스러운 가르침 중 하나인 법계연기法界緣起 사상은 우주 만물이 서로서로 연결되고 의존된다는 가르침으로, 영어로 interrelatedness, interdependence의 가르침이라 할 수 있다. 코로나 사태 이후 평신도들도 특정 교리를 생각 없이 무조건적으로 받아들이는 대신 이런 심오한 가르침에 눈 돌리게 되기 바란다.

상수도가 없으면 하수도가 있을 수 없듯이 하수도가 없어도 상수도가 있을 수 없다. 출발이 없으면 도착도 없듯이 도착이 없으면 출발도 없다. 계곡이 깊은 것은 산이 높기 때문이듯이 산이 높은 것도 계곡이 깊

기 때문이다. 음陰이 없으면 양陽도 없고 양이 없으면 음도 없다. 이런 쌍들은 서로 배타적이거나 반대가 아니라 상보적complementary이라는 것이다. 쉬운 말로 이것이냐 저것이냐 하는 '냐냐주의(either/or)'가 아니라 이것도 저것도 하는 '도도주의(both/and)'다. 거창한 용어로 하면 라틴어로 'coincidentia oppositorum(대립의 일치, harmony of the opposites)'이라 한다.

또 다른 예를 든다. 우리가 먹는 밥이 있기 위해서는 벼가 있어야 하고 벼가 크기 위해서는 땅도, 물도, 공기도, 해도, 시간도 있어야 한다. 벼를 기르는 농부도 있어야 하고 농부의 부모와 조상도 있어야 하고, 그들이 사용하는 농기구가 있어야 하고 농기구를 만드는 대장간 사람도, 쇠붙이를 품고 있는 광산도 있어야 하고, 쇠붙이를 캐내는 광부도 있어야 하고, 쇠붙이를 녹이는 불도 있어야 하고……. 끝이 없다. 그렇게 보면 쌀 한 톨 속에 온 우주가 다 들어 있다고 말할 수 있다. 불교 용어로 일미진중함시방一微塵中含十方이라 한다.

좀 복잡한 예 한 가지만 더 든다. 문이 없으면 완전한 집이 성립되지 않는다. 반대로 집이 없으면 물론 문이라는 것도 무의미하다. 문과 집은 서로 연관되어 있다. 마찬가지로 창문이 없으면 집이 없고 집이 없으면 창문도 있을 수 없기에 문과 창문도 연결되어 있고 서로를 품고 있다. 화엄에서 쓰는 말로 상입(相入, interpenetration) 상즉(相卽, mutual identification)이요, 이사무애理事無礙 사사무애事事無礙다.

이와 비슷한 안목을 지닌 서양 사상가들도 많다. 그중에 우리에게 익숙한 이는 영국의 시인 겸 성직자 존 던John Dunne(1572~1631)이다. 그의 유명한 명상록의 일부는 세계가 서로 얽혀 있음을 그대로 말해주고 있다.

누구도 외딴 섬일 수 없는 것

모두 대륙의 한 조각, 본토의 일부일 뿐

한 줌의 흙덩이가 바닷가에서 씻겨 나가면

유럽이 그만큼 작아지는 것

뽀족 내민 땅[岬]이나

그대 친구들 혹은 그대 자신의 장원이 없어져도 마찬가지

어느 한 사람이라도 죽으면

그것은 그만큼 나를 줄이는 것

나는 인류의 한 부분이기 때문에

그러므로 결코 누구를 위하여 종이 울리는가 물어보지 말지니

그것은 그대를 위한 조종弔鐘이기에

헤밍웨이의 소설로서 게리 쿠퍼와 잉그리드 버그만 주연의 영화, 〈누구를 위하여 종은 울리나〉도 이 글에서 나온 제목이다. 조종이 울리면 어느 누군가를 위한 조종이겠지만 사실 나와 그 사람은 서로 연결되어 있기에 그것은 나를 위한 조종이라는 것이다. 이른바 상식의 세계관, 분별의 세계관에 기초한 표층 종교의 세계관을 초탈하고, 이런 신비스러운 세계의 진실을 깨닫게 되면 나 혼자 잘났다고 독불장군처럼 거들먹거릴 수가 없다. 더욱 중요한 것은 우리 모두가 서로 연결되었다는 사실을 알면 이웃의 아픔이 나의 아픔이 된다. 영어로 '자비'를 'compassion'이라 하는데, 이것은 '아픔을 같이한다com-passion'는 뜻이다. 코로나나 여러 문제로 어려움을 겪는 이웃과 고통을 같이하는 것을 실천할 수 있다. 예수님의 권고처럼, 내가 대접받기 원하는 대로 이웃

을 대접한다거나, 공자님 말씀처럼 내가 원하지 않는 것은 남에게도 하지 않는 마음[己所不欲 勿施於人]이 생기게 된다. 이렇게 되면 궁극적으로 사회를 위해 헌신하는 봉사 정신의 실천이 가능하게 되기 마련이다.

3. 이웃 종교와의 새로운 관계

앞에서 종교가 심층화되면 발견하게 되는 것 중 하나가 경전을 문자적으로 받아들이면 안 된다는 사실이라 지적했다. 이른바 문자주의 literalism에서 해방되는 것이다. 사실 근본주의fundamentalism나 문자주의는 같은 것이다. 기독교 근본주의가 주장하는 근본 원칙 중 하나는 성서를 문자 그대로 받아들인다는 것이다. 이른바 성서 무오설無誤說이다. 성서에 우주가 6일 만에 창조되었다고 적혀 있으면, 혹은 노아 홍수가 세계를 휩쓸고 노아 식구 8명과 짐승들만 방주에서 살아남았다고 했으면, 혹은 죽은 나사로를 살리셨다고 했으면 무조건 그것을 문자 그대로 사실이라 믿어야 한다는 주장이다. 이런 근본주의 입장은 어느 종교에서도 정도의 차는 있을지언정 다 있는 현상이다. 우리나라에서는 유교 근본주의가 한창일 때가 있었다. 지금은 기독교와 이슬람 근본주의가 가장 강력하고, 이 두 근본주의들이 서로 갈등을 일으키고 있다고 볼 수 있다.

이렇게 문자주의에서 벗어나는 것은 종교 경험은 말로 다 표현할 수 없다는 기본적인 이해 때문이다. 《도덕경》 제1장에서 절대자에 대한 말은 절대자 자체를 묘사하는 것이 못 된다는 것을 '도가도비상도道可道非常道'라고 했는데, 말로 표현할 수 있는 도는 정말 도가 아니라는 뜻이다. 말이란 종교 경험이라는 달을 보도록 도와주는 손가락의 역할을 할 수 있지만 말 그 자체가 달은 아니다. 불교에서는 이처럼 문자에 달라 붙지 말라고 하는 것을 불립문자不立文字라고 표현한다.

따라서 문자로 표현된 것을 절대적이라고 하는 고집이 없기 때문에 상대방에서 말하는 것을 무조건 틀렸다고 하며 내 주장만 고집할 수 없다. 남의 종교를 공격하고 비방하는 배타적 태도를 보이는 것이 믿음이 좋다는 증거쯤으로 생각하는 것은 상상할 수 없는 일이다. 이런 기본적인 이해와 자세를 가지고 관용적인 태도를 유지하고 있으면 이웃 종교와의 대화와 협력과 평화가 가능해진다. 종교들이 문자주의에 사로잡혀 있는 한 갈등을 피할 수 없다. 그러나 심층에 들어가면 서로가 통할 수 있다는 놀라운 사실을 발견하게 될 것이다.

그뿐 아니다. 종교학의 창시자라 여겨지는 막스 뮐러Max Müller는 "한 종교만 아는 사람은 아무 종교도 모른다"고 했다. 이웃 종교를 아는 것은 나 자신의 종교를 더욱 깊이 알기 위해서도 필수 요건인 셈이다. 상대방 종교를 아는 것은 상대방 종교의 거울 앞에서 나를 비추어 보는 것과 같다. 이제 코로나의 덕택으로 내 교회에만, 내 절에만 국한된 활동에 열중하던 것을 좀 쉬고 이웃 종교와도 소통함으로 자기 성찰이나 자기비판이 가능해질 수 있을 것이라 희망해본다.

이처럼 이웃 종교와 사이좋게 지내기를 권고하는 경향은 최근에 시작된 것이 아니다. 2천3백 년 전 인도의 성왕 아소카 왕도 그의 유명한 비문 중 하나에 이웃 종교 간의 평화에 관해 다음과 같이 말했다.

기회 있을 때마다 남의 종교를 공대할지라. 누구든 이런 식으로 나가면 그는 자기 자신의 종교도 신장시키고, 남의 종교에도 유익을 끼치는 것. 그 반대로 하면, 그는 자기 종교도 해치고 남의 종교에도 욕을 돌리는 것. 이것이 모두 자기 종교만을 찬양하는 데서 오는 일. 누구든 자기 종교를 과대 선전하면 그는 오히려 자기 종교에 더욱 큰 해만을 가져다줄 뿐. 공존만이 유익한 것. 각자는 남의 종교에 대해 경청하고 거기 참여할지라.

몇천 년 전에도 이러했거늘 오늘처럼 극도로 다원화된 현대에는 종교 간에 이런 화해와 협력과 평화가 얼마나 더 필요하겠는가.

나가면서

이 글 서두에서 지금은 탈종교화 시대라고 언급했다. 그러나 지금쯤 어느 정도 밝혀졌겠지만, 사실 정확히 말하면 표층 종교로서의 종교는 사양길에 들어섰고 그 자리에 심층 종교에 대한 관심이 더 커질 것이라고 보아야 할 것이다. 말하자면 지금은 탈종교화에서 심층 종교화로 가는 길목이라 보는 것이 정확할 것이다. 그런 의미에서 종교가 없어지는 것이 아니라 어느 종류의 종교가 없어지고 어느 종류의 종교가 새로 대두되는가 하는 문제로 본다는 것이다.

한때 서양의 젊은이들이 자기들의 종교 전통에서 나와 동양종교 전통에 매료되는 것은 동양종교의 심층에서 찾을 수 있는 이와 같은 가르침 때문이라 할 수 있다. 지금은 기독교 전통 중에도 심층적 신비 차원이 있다는 것을 알고 구태여 동양종교를 찾아갈 필요가 없다고 보고 있다. 이제 그들은 분명히 말하고 있다. "나는 종교적이 아니라 영성적이다I'm

not religious, but spiritual" 혹은 짧게 줄여서 "NRBS No Religion, But Spirituality"
라고. 이제 이것이 어디 서양 젊은이들에게만 해당되는 말인가?

20세기 가톨릭 최고의 신학자로 알려진 카를 라너Karl Rahner는 21세기 종교는 신비주의적이 아니면 아무것도 아니라고 했다. 그가 말하는 신비주의라는 것은 우리가 여기서 말하는 심층 차원의 종교를 가리킨다. 독일 신학자로 오랫동안 뉴욕 유니온 신학대학원에서 가르친 도로테 쬘레Dorothee Sölle는 인구의 거의 대다수가 문맹이던 옛날에는 이런 심층 종교의 경험이 극소수에 국한되어 있었지만 이제 새 시대에는 이런 경험이 많은 사람에게 퍼지는 '신비주의의 민주화'가 가능하게 되었다고 주장했다.

한국 기독교인의 절대다수가 근본주의 그리스도인이라는 사실을 감안할 때 한국에서도 코로나19로 촉발된 긴급 사태를 계기로 더욱 많은 사람이 종교에 대해서 새로운 눈뜸이 가능해지지 않았는가. 특히 비대면 사회라는 새로운 환경 속에서 깊은 명상과 통찰, 폭넓은 독서와 대화를 통해 지금까지 인과응보 사상에 기초한 기복이나 상벌 중심의 율법주의적 종교나 내세의 보상을 위해 노예적 굴종의 삶을 살라는 내세 중심의 종교가 아니라 지금 여기에서의 삶에 더욱 관심을 가지는 종교로, 자연 훼손이 가져다주는 폐해를 절감하고 자연을 사랑하고 보호하는 환경친화적 종교로, 일상사에서부터 광대무변의 우주에 이르기까지 모두를 신비스럽고 신기하게 여기는 외경의 태도를 지니는 종교로, 허상으로서의 이기적 나를 버리고 내면의 참나를 찾아 참된 평화와 행복을 추구하는 종교로, 자연과 우주의 상호 연관성이라는 신비에 놀라움을 맛보는 종교로, 모든 것이 서로 맞물리고 어울려 있음을 실감하고 상생과 동정과 자비를 강조하는 종교로, 나아가 인류 공동체로 살아가면서 흑백논리에 기초한 배타적 태도에 따라 나만이 옳고 다른 사람은 다 그르다는 생각, 나아가 내 종교만 옳고 이웃 종교는 모두 거짓이라 가르치는 종교를 떨쳐버리고 종교들의 진수에 들어가면 모두가 통할 수 있고 모두가 인류의 행복을 향해 함께 가는 길벗이라는 것을 강조하는 종교로, 이런 심층 종교로 심화되는 길목에서 이 과정이 더욱 신속해지고, 그리하여 진정한 의미의 종교의 깊이가 줄 수 있는 평화와 시원함을 얻을 수 있는 사람들이 많아지게 되지 않을까 기대해본다.

갓 태어난 아기 호랑이가 홀로 떨어져 있었다. 어미 호랑이가 아기 호랑이를 낳다가 죽었기 때문이다. 마침 그곳을 지나가던 염소 떼가 이 아기 호랑이를 보고 불쌍한 마음에 데려다가 다른 염소 새끼들과 같이 키웠다. 아기 호랑이는 자라면서 염소와 같은 울음소리를 내고 염소와 마찬가지로 풀을 뜯어먹고 염소처럼 걷고, 어른 염소들에게도 고분고분하였다. 처음에는 뾰족한 이빨로 풀잎을 먹기가 힘들었지만 어찌어찌 굶어 죽지는 않았다. 그러나 풀만 뜯고 있었기 때문에 몸이 아주 홀쭉했다.

어느 날 무서운 호랑이 한 마리가 찾아왔다. 염소들은 모두 혼비백산 도망을 갔다. 아기 호랑이는 우물쩍거리다가 도망을 가지 못했다. 그런데 이상스럽게도 아기 호랑이는 무섭지가 않았다. '매에' 하는 염소 소리를 한 번 내고는 그냥 그대로 풀을 뜯었다. 큰 호랑이가 큰 소리로 물었다. "넌 이 염소들 사이에서 뭘 하고 있느냐? 지금 뭘 씹고 있는 거야? 그 무슨 병신 같은 소리를 내고 있지?" 아기 호랑이가 어리둥절한 채로 있자 큰 호랑이는 아기 호랑이의 목덜미를 잡고 정신 좀 차리라는 듯 세게 흔들었다. 그리고는 근처에 있는 연못으로 데려가 아기 호랑이에게 연못에 비친 모습을 억지로 보게 했다. "저 두 얼굴을 봐라. 너랑 나랑 똑같이 생기지 않았느냐? 너는 염소가 아니라 나처럼 호랑이 얼굴이다. 그런데 어쩌다 너는 너 스스로를 염소로 생각하고 염소 소리를 내고, 염소처럼 풀잎이나 오물거리고 있는 거지?" 아기 호랑이는 물에 비친 두 얼굴을 들여다보았다. 뭔가 이상스러웠다. 몸을 앞뒤로 움직여 보고 뭔가 다른 소리도 내보려고 했다. 큰 호랑이는 아기 호랑이를 자기 굴로 데리고 들어가 피가 흐르는 살코기를 아기 호랑이 입에 쑤셔넣었다. 아기 호랑이는 징그럽고 무서워서 벌벌 떨었다. 염소 울음소리를 내면서 안 먹겠다고 했다. 큰 호랑이는 쩌렁쩌렁한 목소리로 '씹어 삼키라'고 호령했다. 입으로 들어온 고깃덩어리는 뭔가 질긴 것이 풀과 달랐다. 그러나 놀라운 일이 생겼다. 한 점을 먹고 나서 자기도 모르게 나머지 고기도 다 먹어 치운 것이다. 고기가 속으로 들어가면서 알지 못할 힘이 솟았다. 마치 잠에서 깨어나듯 기지개를 펴고 입을 크게 벌렸다. 갑자기 목구멍에서부터 우렁찬 호랑이의 포효咆哮가 울려나왔다.[1]

인도에서 나온 이야기입니다. 우리는 모두 우리가 누구인지도 모르고 '매에매에' 소리를 내며 풀이나 뜯고 있는 염소라는 것입니다. 우리가 참된 나를 자각하는 순간 우리는 다른 존재로 변한다는 이야기이겠지요.

물론 여기서 저는 호랑이가 염소보다 우월하다는 식으로 '동물차별주의(?)' 같은 것을 옹호하는 것이 아닙니다. 염소도 좋고 호랑이도 좋습니다. 문제는 내가 호랑이인데 염소로 생각하며 살고, 내가 염소인데 호랑이라 착각하며 사는 것입니다. 내가 어떤 존재든 진정한 나를 찾는 것이 중요하다는 것입니다. 나는 염소인데 달팽이인 줄 알고 그렇게 느리게 움직이느라 애쓴다거나, 내가 호랑이면서 염소인 줄 믿고 염소 같은 울음소리를 내려고 안간힘을 쓸 필요가 없습니다. 내가 정말 염소라면 그것을 분명히 깨닫고 염소답게 살고, 진짜 호랑이라면 그것을 자각하고 정말로 호랑이답게 사는 것이 중요합니다.

지금 우리에게 중요한 일은 이처럼 나에게 주어진 통념에 따라 미리 정해진 '나'가 아니라 본래의 참된 '나'를 찾는 것이 아닌가 합니다. 참된 나를 찾는 것은 사실 내 속에 존재하는 참된 신성神性을 발견하는 것이기도 합니다. 저 하늘 위에서 수염을 길게 하고 우리를 내려다본다는 백인 하느님으로서의 '그런 신은 없다'는 사실을 깨달음과 동시에, 신비스런 방법으로 초월하면서 내재하기도 하고 내재하면서 동시에 초월하는, 없으면서도 있고 있으면서도 없는, 더 깊은 의미의 신, 신성을 찾는 일입니다. 그러한 긴 여정에서 우리는 어쩔 수 없이 길을 같이 가는 길벗들입니다.

> 글로 벗을 만나고, 벗을 만나 사람됨이 깊어진다以文會友, 以友輔仁!
>
> ―《논어》12 : 24

지금까지의 긴 대화에 동참해주신 길벗 여러분께 감사합니다. 이런 대화를 통해 종교에 대한 우리의 이해가 그만큼 깊어지고, 거기 따라 사람됨이 함께 깊어지는 계기가 되었으면 하는 바람입니다. 혹시《예수는 없다》를 비롯하여 그동안 낸 제 책들을 읽은 분들이 계시다면, 이 자리를 빌려 다시 감사의 말씀을 드립니다. 직접 이메일을 보내주시거나 여기저기 평이나 소개의 글을 써주신 분들, 긍정적이든 부정적이든 여러분이 보여주신 뜨거운 반응을 고맙게 생각합니다. 다시 한번 여러분들의 길벗 됨을 참으로 소중하게 생각합니다. 또 뵙겠습니다.

여는 글

1) 그 글이 처음 《길벗들의 對話》(1983)라는 제목으로 나왔고, 다시 《길벗들의 대화》
(1994), 《열린 종교를 위한 단상》(1996), 《예수가 외면한 그 한가지 질문》(2002)으
로 나왔다. 이 책으로 인해 사람에게만 우여곡절이 있는 것이 아니라 책에도 마찬
가지구나 하는 생각을 가지게 되었다.

들어가면서

1) Lamont Lindstrom, *Cargo Cult: Strange Stories of Desire from Melanesia and
Beyond*(Hawaii : University of Hawaii Press, 1993) ; Robert Buckman, *Can We Be
Good Without God?: An Exploration of Behaviour, Belonging and the Need to
Believe*(Toronto : Penguin Books Canada, 2000) 참조.

2) 최근 필자는 이 문제를 '표층 종교'와 '심층 종교'라는 이름으로 대비시키고 있다.
어느 종교든 그 속에는 표층과 심층이 있다는 뜻이다. 표층은 물론 닫힌 종교요
심층은 열린 종교다. 종교를 심층/표층으로 보고 분석한 것으로 필자와 성해영 교
수 대담집, 《종교, 다시 깨달음이다》(김영사, 2026)라는 책과 졸저 《진짜 종교는 무

엇이 다른가》(현암사, 2019)를 참조할 수 있다.

3) 이렇게 다른 사람의 글을 보고, 그 사람의 생각에 전적으로 동의하느냐 하지 않느냐와 관계없이, 그 글을 통해 나 스스로 뭔가를 생각해보는 것, 내 속에 있는 무엇을 불러일으키는 것, 내 스스로의 깨달음을 얻는 것을 목적으로 하는 독서법을 'evocative reading'이라 한다. 한국어로 '환기식喚起式' 독법이라 할 수 있을 것이다. 이 문제에 대해서는 졸저 《장자》(현암사, 1999) pp. 23, 37; 《예수는 없다》(현암사, 2017) pp. 127~131 등 참조.

제1부

1) 예를 들면, 히브리 성서에서는 진리를 émeth라고 하고, 신약에서는 이것을 그리스어로 옮겨 aletheia라고 했는데, 둘 다 그 일차적인 의미는 그리스적 의미의 증명된 서술이나 어떤 교설doctrine을 가리키는 것이 아니고 히브리적인 뜻, 곧 '참으로 있는 그것'을 의미한다. 좀 어렵게 말하면 '존재론적 요소 ontological element'가 진리라는 말에 함축된 일차적 의미라는 것이다. 파이퍼O. A. Piper의 말을 빌리면, 성경에서 말하는 진리란 결국 본질적으로 '영원하고 참된 실재'라는 것이다. 성경에 나오는 '진리'의 뜻을 알기 위해서는 O. A. Piper, *'Truth' in The Interpreter's Dictionary of the Bible*(Nashville: Abingdon, 1962), vol. 4, pp. 713~717 참조. 앞의 인용구는 p. 715에 있다. 이런 의미로서의 진리는 힌두교나 불교에서 말하는 다르마dharma와 어원적으로도, 실제적으로도 매우 비슷하다. 우리가 쓰는 한자어 '진리眞理'도 마찬가지. '참된 이치', 다시 말해서 우주 만물의 근거로서 '진정으로 있는 그대로 있음'을 말하는 것이지 거기에 대한 어떤 견해나 주장을 의미하는 것이 아니다. 인도의 산스크리트 말로 '궁극 진리'를 뜻하는 paramartha-satya라는 것도 '궁극 실재'를 의미한다. 영어로는 suchness, reality라 번역한다.

2) 루터도 물론 모든 편견에서 완전히 해방되지는 못했다. 지동설을 주장한 코페르니쿠스를 놓고 그는 '이 바보가 천문학을 완전히 뒤집어놓으려고 한다. 거룩

한 성경이 우리에게 말해주는 것은 여호수아가 태양을 보고 서라고 명했지, 지구를 보고 서라 하지는 않았다는 사실이다(This fool wished to reverse the entire science of astronomy, but Sacred Scripture tells us that Joshua commanded the sun to stand still, not the earth)'라고 말했다.

3) 이 문제에 대해서는 오강남, 《불교, 이웃종교로 읽다》(현암사, 2006) p. 42 이하 참조.

4) 슈바이처에 대해서는 오강남, 《진짜 종교는 무엇이 다른가》 p. 227 이하 참조.

5) 어떤 사람들은 이것을 'conceptual grid'라고 표현하기도 한다. 삼극 진공관에서 음극과 양극 사이에 있는 금속 창살처럼 우리 속에 형성된 이 창살을 통해 모든 것을 관찰하고, 모든 것을 해석하고, 거기에서 주어진 의미를 해답으로 받아들인다는 뜻이다.

6) 그의 책 《신성의 천개 *The Sacred Canopy*》나 《천사들의 소문 *A Rumor of Angels*》 등을 볼 것.

7) 프랑스 종교사회학자 에밀 뒤르켐 Émile Durkheim은 종교가 이처럼 사회 질서를 유지하기 위한 사회적 산물이라 보았다. 그의 책 *The Elementary Forms of the Religious Life*(New York : The Macmillan Company, 1915); Daniel L. Pals, *Eight Theories of Religion*(Oxford : Oxford University Press, 2006), p. 85 이하 참조.

8) 영어의 faith와 beliefs의 차이에 대해서는 졸저 《예수는 없다》 pp. 38~41 참조. Kant의 'doubtful faith'에 대해서는 F. Ferré, *Basic Modern Philosophy of Religion*(New York: Scribner's, 1967) pp. 224~226에 명확히 서술되어 있다. 틸리히도 같은 의미의 믿음을 이야기하고 있다. *Dynamics of Faith*, pp. 16ff. 특히 p. 18에 보면 믿음에는 필연적으로 불확실성, 위험, 용기, 의심 등의 요소가 따르게 마련이라는 것이다. 믿음 faith의 종류에 대해서는 Marcus J. Borg, *The Heart of Christianity*(San Francisco : HarperSanFrancisco, 2003) p. 25 이하를 참조할 것. 한국어 번역으로 김준우 옮김, 《기독교의 심장》(한국기독교연구소, 2009)이 있다.

9) S. Radhakrishnan, *Religion in a Changing World*(London, 1967), p. 52. 영어로는 "Many defenders of faith were offenders against truth"다.

10) 필자가 최근에 낸 《진짜 종교는 무엇이 다른가》는 세계 여러 종교 전통에서 발견되는 이런 '인류의 스승' 60여 명의 삶과 가르침을 소개하려는 목적으로 쓰인 책

이다.

11) 예수님이 이런 태도를 가지고 있었다는 데 대해서는 《예수는 없다》를 볼 것. 정신
적 영웅들의 영적 여정에서 '집을 떠난다'는 것이 바로 '뒤집어엎는 지혜subversive
wisdom'를 찾아 나섬이라는 것은 같은 책 p. 245 이하 참조.

12) 마르크스의 종교 비판에 대한 것은 Norman Birnbaum, "Beyond Marx in the
Sociology of Religion", in Charles Y. Glock et al., ed., *Beyond the Classics?
Essays in the Scientific Study of Religion*(New York : Harper & Row, 1973), pp.
3~70; Daniel L. Pals, *Eight Theories of Religion*(Oxford : Oxford University Press, 2006),
pp. 118~148, 특히 p. 132 이하 참조.

13) 프로이트의 종교관을 종합, 비판한 글로는 위에서 인용한 Glock의 책
에 실린 Paul W. Pruyser, "Sigmund Freud and His Legacy : Psychoanalytic
Psychology of Religion", ibid., pp. 243~290; Daniel L. Pals, *Eight Theories of
Religion*(Oxford : Oxford University Press, 2006), pp. 53~84.

14) 로저 신은 뉴욕에 있는 유명한 Union Theological Seminary의 실천신학 교수로
서, 여기 인용된 글은 그의 책 *Man : the New Humanism*(Philadelphia : The Westminster
Press, 1968), p. 88에 있는 내용이다. 이 책은 현대사회 문화에서 종교를 어떻게 이
해해야 하는가에 대해 여러 각도에서 재미있게 이야기하고 있다.

15) 영어로는 이것을 screening-out, filtering-out, tuning-out, sorting-out 등의 말로
표현한다.

16) J. Y. Lettvin, H. R. Maturana, W. S. McCulloch, and W. H. Pitts, *What the Frog's
Eye Tells the Frog's Brain, Proceedings of the Institute of Radio Engineers*, 47(1959),
pp. 140~151. 참조.

17) Robert E. Ornstein, *The Psychology of Consciousness*(New York : Penguin Books, 1972),
pp. 36ff. 참조. 이 책은 의식의 문제에 대해서 가장 간결하게 잘 설명한 책 중 하
나다.

18) Aldous Huxley, *The Doors of Perception and Heaven and Hell*(New York : Harper &
Row, 1954), pp. 22~24. Quoted in Ornstein, ibid., p. 35f.

19) Jerome Bruner and Leo Postman, "On the Perception of Incongruity : A Paradigm", *Journal of Personality*, 18(1949), pp. 206~223.

20) 이 문제는 캐나다 칼튼대학교 교수, 한신대학교 총장을 역임하신 고 정대위David Chung 박사님이 필자에게 직접 귀띔해주신 문제였다. 여기서 다시 한번 고인을 기리는 마음으로 숙연해진다.

21) Erich Fromm, et al., *Zen Buddhism and Psycho-Analysis* (New York : Harper & Row, 1960), pp. 95~113.

22) 이것을 미국의 철학, 심리학의 선구자 윌리엄 제임스William James는 다음과 같이 묘사했다. Our normal waking consciousness, rational consciousness as we call it, is but one special type of consciousness, while all about it, parted from it by the filmiest of screens, there lies potential forms of consciousness entirely different. We may go through life without suspecting their existence ; but apply the requisite stimulus, and at a touch they are there in all their completeness······ No account of the universe in its totality can be final which leaves these other forms of consciousness quite disregarded. *The Varieties of Religious Experience* (New York : New American Library, 1958), p. 298, 우리말 번역, 김재영 옮김, 《종교적 경험의 다양성》 (한길사, 2000).

23) 군맹무상群盲撫象이라는 장님 코끼리 만지는 이야기는 인도 자이나교Jainism 고전에도 나오고, 이슬람 전통에도 나오는 것으로 논리학에서 빈번히 사용되는 예증이기도 하다.

24) 이 이야기는 옛날 중국 어느 선사禪師에 관한 것인데,《장자》에 나오는 '모든 사물과 이론은 동일하다[齊物論]'는 생각도 이와 같은 선상에 있는 것이라 볼 수 있다. 이 책에는 시비를 넘어서라 혹은 시비를 잊으라[忘是非]는 가르침이 계속된다.

25) 중국 수대의 위대한 학승 담천(曇遷, 542~607)이라는 분이 쓴 '절대적인 의미의 옳고 그름이란 있을 수 없다[亡是非論]'라는 것도 역시 이와 같은 생각이다. 이것은 사실 중국 불교의 화엄 철학과 상통하는 사상이다. 모든 것이 어느 각도에서 보느냐에 따라 달라질 수 있다고 보는 것을 요즘 말로 하면 '시각주의perspectivism'라

할 수 있다.

26) 노자의 《도덕경》 제48장에 나오는 구절로 '爲學日益 爲道日損', 즉 '학문(배움)의 길은 하루하루 쌓아가는 것, 도(진리)의 길은 하루하루 없애가는 것'이라는 이야기다. 오강남, 《도덕경》(현암사, 1995) pp. 222~225 참조.

27) 도마복음에서는 '잃은 양'이 이처럼 속박의 울타리를 용감하게 벗어난 '특출한 양'으로 묘사되어 있다.

28) 짐 존스Jim Jones를 교주로 집단 자살한 존스타운Jonestown의 종교 집단이나 기독교의 광신적·독단적 종파, 공산주의의 교조 논리는 자기네가 발견한 무엇이 최종적이고 보편적이라고 주장하는 면에서는 모두 '한통속'이다. 일단 이런 데 빠져서 세뇌되면 그 올무에서 헤어나기가 여간 어려운 일이 아니다. 자주적으로 사고할 수 있는 능력을 말살해버리고 주어진 해답에만 만족하며, 다른 모든 것을 배타적으로 정죄하도록 훈련받기 때문에 인간이 아니라 로봇으로 화해버리는 것이다. 일부 폐쇄적인 기독교 교단이 서로 비판에 열을 올리는 것도 '가마솥이 노구솥 보고 검다고 하는 것'과 같다.

29) 스위스 출신의 독일 가톨릭 신학자로서 *On Being a Christian*이라는 책으로 유명하다. 그 후 *Does God Exist?* 등의 여러 문제작을 내놓았다. 특히 처음 책은 그리스도인이 된다는 것이 무엇을 뜻하는가 하는 것을 심각하게 생각하는 사람이라면 누구나 한번 읽어봐야 할 책이다. 그는 교황 무오설, 동정녀 탄생설 등에 대한 종래의 주장을 새로 이해하려고 한 것 때문에 '가톨릭 신학자'로서 가르치는 일을 금지당했다. 그를 가리켜 '제2의 종교개혁자'라고 하는 사람까지 있다. 그에 대해서는 오강남, 《진짜 종교는 무엇이 다른가》 pp. 270~276 참조.

30) Carl G. Jung, et al., *Man and His Symbols* (New York : Dell Pub. Co., 1968), pp. 6, 17.

31) 마태복음 4 : 1~11 참조.

32) 이 책은 조지프 캠벨 지음, 이윤기 옮김, 《천의 얼굴을 가진 영웅》(민음사, 2004)으로 우리말 번역이 있다.

33) 불교의 경우 부처님이 집을 나서는 것, 십우도十牛圖에서 첫 그림에 집을 떠나는 것

도 같은 맥락이라 볼 수 있다. 오강남,《불교, 이웃종교로 읽다》pp. 45, 265 참조.

제2부

1) 한 가지 좋은 예로, T. William Hall, ed., *Introduction to the Study of Religion* (New York: Harper & Row, 1978), pp. 4~19. "The Term Religion"이라는 제목 아래 지금까지 내려오는 종교에 대한 정의들을 분류, 정리해놓았다. 종교의 정의를 본격적으로 다룬 책으로는 Frederick Ferré, *A Basic Modern Philosophy of Religion*(New York : Scribner's, 1967)이 있다. 종교에 대한 이론들을 정리한 책으로 앞에서 인용된 Daniel L. Pals, *Eight Theories of Religion*(Oxford : Oxford University Press, 2006)을 참조할 수 있다.

2) '우물 안 개구리[井底之蛙]'라는 말은 중국 고전《장자》에 나오는 말로 개구리에게는 바다에 대해 이야기해도 허사라는 말이다. 오강남 풀이《장자》pp. 359~363 참조. 위와 비슷한 예로 플라톤이 말한 '동굴 이야기'를 들 수 있다. 그 이야기에 의하면 인간은 동굴 안에서 머리를 동굴 벽으로 향한 채 묶여 있기 때문에 동굴 벽에 비친 그림자만 보고 그것이 진짜 세계인 줄 알고 살아간다는 것이다. 플라톤은 바깥 참 실체의 세계를 '이데아'의 세계라고 정의했다. 영국 철학자 베이컨(Bacon, 1561~1626)도 우리의 생각을 오도하는 네 가지 우상 중에 소위 '동굴의 우상the Idols of the Den'이라는 것이 있다며 이와 비슷한 말을 했다. 네 가지 우상에 대해서는 그의 책 *Novum Organum*을 참조. 단, 여기서 말하는 '우물 안'이 플라톤처럼 이데아의 세계(참 실재)와 반대되는 그림자의 세계 같은 것을 의미하는 건 아니다. 우물에서 해방되어 참 실재의 세계를 본다는 것은 앞의 경우 우물이 헛것, 허상이었구나라고 알아내는 것뿐 아니라 우물이 전부인 줄 착각해온 것을 버리고 우물도 결국 더 큰 세계의 '일부'임을 발견하는 것이다. 말하자면 우물의 '참모습'을 깨닫고 절대적인 것으로 믿어오던 것을 상대적인 것으로 바로 알아차리는 작업, 즉 우물의 우물 됨을 전체의 문맥에서 올바로 보는 것이다. 우리의 '시각적 착

각'을 감옥으로 보는 물리학자 아인슈타인의 다음과 같은 말도 흥미롭다. '인간은 우리가 우주라고 하는 전체의 일부, 시공에 제한된 일부이다. 인간은 스스로가, 그리고 그 생각이나 감정이 우주의 기타 부분과 단절된 것으로 생각하며 살고 있지만 이것은 의식상 나타나는 시각적 착각일 따름이다. 이 착각은 일종의 감옥으로서, 그것은 우리를 속박하여 개인적 욕망과 주위에 절친한 몇 사람을 사랑하는 정도에 가두어두고 있다. 우리가 할 일은 이런 감옥에서 스스로를 해방시키는 일이다.' *The World As I See It* (New York: Wisdom Library, 1979).

3) 부처님이 인생이 '고苦'라고 했을 때 고에 해당하는 범어梵語 'duhkha'는 기름이 쳐져서 부드럽게 돌아가야 할 수레 축 구멍에 기름 대신 모래가 들어가 삐걱거리는 상태를 일컫는다.

4) 순서에 따라 요한복음 3 : 3, 에베소서 4 : 22~24, 고린도후서 5 : 17, 갈라디아서 6 : 15, 로마서 12 : 2 등을 볼 것.

5) 루돌프 오토(1869~1937)는 독일의 종교학자로서 종교에 대한 이해를 깊게 하는 데 크게 공헌했다. 그의 여러 책 중에서 *The Idea of the Holy*(원제 : Das Heilige. 한국어로는 길희성 교수가 《성스러움의 의미》[분도출판사, 1987]로 번역)와 *Mysticism East and West*가 가장 유명하다. 그의 mysterium tremendum et fascinans라는 개념은 처음 책에 자세히 다루어져 있다. 여기서 체험이란 결코 '감정'이나 '정서' 같은 데에 국한되는 것이 아니라는 점을 강조한다. 진정한 체험은 광신적인 격정이나 감정의 폭발 같은 것이 아니고 틸리히 같은 종교 사상가의 말처럼 '전 인격이 관여하는 중심적 행위a centered act of the whole personality'다. 즉 지·정·의 모든 것을 포함하는 행위. Paul Tillich, *Dynamics of Faith*(New York : Harper & Row, 1958), pp. 4, 39 참조.

6) 이것을 영어로는 inexpressible, ineffable, indescribable, inexplicable, unspeakable 등이라 표현한다.

7) '성경 우상 숭배'를 영어로 Bibliolatry라고 한다. 교회를 절대시하던 중세 가톨릭 교회에 반대해서 일어난 프로테스탄트(개신교)가 어처구니없게도 교회 대신 성경을 절대화할 위험이 있음을 간파하고 많은 신학자가 이를 경고했다. 성경을 문자 그대로 아무런 비판 없이 다 수납해야 할 책으로 떠받드는 것은 성경을 우상화하

는 것이라고 본 것이다. 프로테스탄트가 빠질 수 있는 우상 숭배의 또 다른 형태는 '개인의 종교적 체험을 신격화하는 것'이라고 보는 학자도 있다. 프로테스탄트가 프로테스탄트인 이유는 어떤 형태의 것이든 상대적인 것을 절대적인 것으로 받아들이는 일이 있으면 끝없이 거기에 프로테스트(저항)하기 때문이다. 신학자 틸리히는 이러한 이념을 Protestant Principle이라고 했다. 그가 쓴 *Dynamics of Faith*, p. 29 참조.

8) Paul Tillich, *My Search for Absolutes*(New York, 1967), p. 133. '신성에 대한 어느 특수한 표현이 신성 자체와 동일시될 때 종교의 악마화가 나타나게 된다.' *Systematic Theology*, vol. I, p. 140 참조.

9) 틸리히의 다음 말도 참조. '신앙이란 이 세상에 대한 과학 이전의 지식에 속한 것을 긍정하지도 부정하지도 않는다. 그런 것은 신앙과 상관없는 일이다. 신앙은 과학이나 역사나 심리학의 차원이 아니다.' *Dynamics of Faith*, p. 32f.

10) 기독교에서 '구약'이라 말하는 것은 유대교의 경전이다. 따라서 유대인들에게 이야기할 때 그것을 '구약'이라 하는 것은 그들에게 실례되는 말이다. 이런 점을 감안해서 최근에는 일반적으로 '히브리어 성경Hebrew Bible' 혹은 '율법과 예언자와 문서'라는 히브리어 첫 글자를 따서 '타나크Tanakh'라 하는 것이 보통이다.

11) 이 이야기들의 의미에 대해서는《예수는 없다》참조.

12) 경전을 문자적으로 이해할 때 따르는 피해에 대해서는 피터 갠디, 티모시 프리크 지음,《웃고 있는 예수 : 종교의 거짓말과 철학적 지혜》(어문학사, 2009)에 잘 나와 있음. 강압적인 문자주의 때문에 종교의 심층적인 면까지 외면하는 일을 여기서는 목욕물을 버리느라 아기까지 버리는 일로 비유하고 있다.

13) Paul Tillich, *Dynamics of Faith*, pp. 41~54에 나오는 "Symbols of Faith"라는 장은 틸리히의 종교상징론을 가장 잘 밝혀주는 글이다. 상징의 특색으로 그는 'symbols…… point beyond themselves to something else'라고 강조한다(p. 41).

14) Hans Küng, *On Being a Christian*(London : Collins, 1977), p. 163. 여기서 저자는 성경이나 전통이나 교회를 절대시할 위험을 경계하면서 다음과 같이 말하고 있다. 'the Christian (the Protestant, too) believes, not in the Bible, but in him whom

it attests; the Christian (the Orthodox, too) believes, not in tradition, but in him whom it transmits, the Christian (the Catholic, too) believes, not in the Church, but in him whom the Church proclaims.' 번역 : 그리스도인은(개신교인을 포함해) 성경을 믿는 것이 아니라 그것이 증거하는 그분을 믿는다. 그리스도인은(정교회를 포함해) 전통을 믿는 것이 아니라 전통이 전해주는 그분을 믿는다. 그리스도인은(가톨릭을 포함하여) 교회를 믿는 것이 아니라 교회가 선포하는 그분을 믿는다. 성경에도 '너희가 성경에서 영생을 얻는 줄 생각하고 성경을 상고하거니와 성경이 증거하는 바, 곧 나에 대해서는 알지 못하고 있다(요한복음 5 : 39)'고 지적하기도 했다.

15) 폴 니터Paul F. Knitter는 이런 식의 사고방식을 '고전주의적 의식classicist consciousness'이라 부른다. *No Other Name?*(Maryknoll : Orbis, 1985), pp. 31, 183 참조.

16) 여기서는 '하느님'이냐 '하나님'이냐의 문제를 다루려는 것이 아니다. 물론 문법적·어원적·교리적인 뜻이 개입된 말이라는 건 알고 있지만 어차피 서양 기독교에서 쓰는 'God'에 대한 우리말 번역이므로 우리가 의미하는 것이 그 God이라면, 우리말로 이것이든 저것이든 상관이 없다고 본다. 필자는 경우에 따라 이 두 가지를 다 쓰는 입장이다. 개신교를 중심하여 이야기를 전개할 때는 '하나님'으로, 일반적인 경우는 '하느님'으로 한다. 기독교를 중심으로 쓴 《예수는 없다》에서는 '하나님'으로, 종교 일반을 다룬다는 의미에서 이 책에서는 '하느님'을 사용한다. 물론 한국 전통의 입장에서 보면 '하늘님'을 일컫는 말로 '하느님'이 맞는 말이다. '아들님', '딸님'을 '아드님', '따님'으로 부르는 것과 같은 것이다. 그러나 개신교에서는 그들이 믿는 하느님이 '하나'라는 뜻에서 '하나님'이라 부르자고 합의한 것이라 한다.

17) 고전적 신의 존재에 대한 논증은 철학자 칸트에 의해 모두 논박되었다. 신 존재 증명에 관한 문제는 종교철학 책 어디에나 나오는 문제다. 대표적으로 존 힉 지음, 김희수 옮김, 《종교철학》(동문선, 2000) 제2장 "신의 존재에 대한 논증들", 제3장 "신의 존재에 반대하는 논증들"을 볼 수 있다. 이 문제를 간결하게 잘 다루고 있는 책으로 Frederick Ferré, *A Basic Modern Philosophy of Religion*(New York : Scribner's, 1967)을 들 수 있다.

18) 이런 것을 논의하는 책 중에서도 일반인들이 쉽게 읽을 수 있는 것으로 John Shelby Spong, *A New Christianity for a New World: Why Traditional Faith Is Dying and How a New Faith Is Being Born*(San Francisco : HarperSanFrancisco, 2001)을 참고할 수 있다. 그는 '유신론의 사망the death of theism'을 선고하고 이런 인격신을 상정하지 않았을 때 기독교는 어떤 형태를 취하게 될까 하는 문제 등을 논의하고 있다.

19) '성숙한 세상world come of age'이라는 말은 나치 정권에 의해 순교당한 독일의 젊은 신학자 본회퍼Dietrich Bonhoeffer가 즐겨 쓰던 말이다. 그의 생애와 사상을 가장 소상하고 정확하게 기록한 책으로 Eberhard Bethge, *Dietrich Bonhoeffer : Man of Vision, Man of Courage*(New York : Harper & Row, 1977)가 있다. 본회퍼의 사상, 특히 그의 신관은 기독교 사상사에 획기적인 것이라 할 수 있다. 좀 간략한 평전은 오강남,《진짜 종교는 무엇이 다른가》pp. 237~245에 있다.

20) 프롬Erich Fromm은 이런 종류의 종교적 태도를 'marketing orientation'이라 했다. 그의 책 *Man for Himself* 참조. 필자는 이런 신앙을 심층 신앙과 대비시켜 표층 신앙이라 본다.

21) '사신신학死神神學'에 관한 책으로 Thomas J. J. Altizer and William Hamilton, *Radical Theology and the Death of God*(Indianapolis, 1966) ; Jackson Lee Ice and John J. Carey, ed., *The Death of God Debate*(Philadelphia : Westminster Press, 1967) ; Paul Van Buren, *The Secular Meaning of the Gospel*(London : SCM Press, 1963) 등이 있다.

22) 최근 스스로 무신론자라 주장하고 이를 강력하게 논증하려는 일군의 학자들이 나타났다. 그 대표적인 예로 리처드 도킨스 지음, 이한음 옮김,《만들어진 신 - 신은 과연 인간을 창조했는가?》(김영사, 2007)가 있다. 그 외에 샘 해리스 지음, 김원옥 옮김,《종교의 종말 - 이성과 종교의 충돌, 이제 그 대안을 말한다》(한언출판사, 2005)와 크리스토퍼 히친스 지음, 김승욱 옮김,《신은 위대하지 않다》(알마, 2011)도 볼 수 있다.

23) 영어로는 'the most real', 'suchness', 'the wholly other', 'the absolute', 'the unconditioned', 'the sacred', 'the divine', 'the holy', 'the infinite'이라는 말을 주로 사용한다.

24) 영어로 하면 verbalization, categorization, theoretization, conceptualization, dogmatization 등을 넘어선다고 한다.

25) '빈 것[空, Śūnyatā]'이라는 것은 고대 불교 철학자 Nagarjuna[龍樹]가 체계화한 불교의 중심 사상이다. 이것에 관해서는 T. R. V. Murti, *The Central Philosophy of Buddhism : A Study of the Mādhyamika System*(London : George Allen and Unwin Ltd., 1960)과 Frederick J. Streng, *Emptiness : A study in Religions Meaning*(Nashville : Abingdon Press, 1967) 등을 참조.

26) 중국 불교에서는 이런 경우를 두고 '진공묘유眞空妙有'라는 말을 사용한다. 한국의 류영모 선생님은 있다고도 할 수 없고 없다고도 할 수 없는 이런 절대적인 무엇을 '없이 계신 이'라고 했다. 오강남, 《진짜 종교는 무엇이 다른가》 pp. 478~495 참조.

27) 이런 표현에 대해서는 Paul Tillich, *Systematic Theology*, vol. Ⅰ(Chicago : University of Chicago Press, 1950), pp. 211ff. 참조. 특히 pp. 235ff.에 자세히 언급되어 있다.

28) 같은 책, p. 239.

29) Heinrich Ott, *God*(Edinburgh : The Saint Andrew Press, 1974)에 이 말이 나오는데, 사실은 유대 사상가 마르틴 부버Martin Buber의 말을 인용한 것이다. 오트는 칼 바르트Karl Barth의 후계자로서 바르트보다 훨씬 트인 사상가라고 생각된다. 영어로 표현하면, God is personal, but not a person.

30) 이 문제를 더 자세히 알아보려면 《예수는 없다》를 참고할 수 있음.

31) '좌망'과 '심재'에 대해서는 졸저 《장자》, pp. 313~316, 179~188 참조.

32) 하느님 문제에 대해서는 위에 인용된 책 외에도 John A. T. Robinson, *Honest to God*(London, 1963)이라는 문제작과 그 후에 계속 쓴 *Exploration into God*(Standford : Stanford University Press, 1967) 그리고 John Macquarrie, *The Problem of God Today*(Drawbridge Memorial Lecture, Christian Evidence Society, 1972)와 *In Search of Deity : An Essay in Dialectical Theism*(New York : Crossroad, 1985); Golden D. Kaufman, *The Theological Imagination : Constructing the Concept of God*(Philadelphia : Westminster Press, 1981); Frederick Copleston, *Religion & The One : Philosophies East and West*(New

York : Crossroad, 1982) 등이 있고, 최근에 나온 책으로 Don Cupitt, *After God*(New York : Basic Books, 1997)과 일반인이 읽기 쉽게 쓴 것으로 John Shelby Spong, *A New Christianity for a New World*(San Franscico : HarperSanFranscico, 2001)가 있다.

33) 이 방면에 대해 아주 흥미롭게 쓴 책은 F. Capra, *The Tao of Physics*(Boston : Shambhala, 1975, 1999)가 있다. 우리말 번역, 프리초프 카프라 지음, 이성범 옮김, 《현대 물리학과 동양사상》(범양사, 2006)이 있다. 같은 저자의 책 《새로운 과학과 문명의 전환》(범양사, 2007)도 흥미롭다.

34) 도법 스님은 최근에 낸 그의 책 《망설일 것 없네 당장 부처로 살게나》(불광출판사, 2011)에서 "부처님은 눈뜨신 분, 눈 밝으신 분이고 부처님의 팔만사천 법문의 목적도 오로지 어두운 눈을 밝히는 것, 감긴 눈을 뜨게 하는 것입니다"(p. 87)라고 했다.

35) 영어로는 ego-centricity, self-centeredness, egotism, selfishness, self-preservation, self-enlargement, self-seeking, self-glorification, self-gratification 등의 표현을 쓴다.

36) 류영모 선생님은 이를 각각 '얼나[靈我]'와 '제나[獸性]'라 했다. 《예수는 없다》와 《진짜 종교는 무엇이 다른가》 참조.

37) 덴마크 철학자 키르케고르는 실존의 세 단계를 이야기하면서 처음 심미적 단계에서는 우리가 자신의 쾌락을 추구하는 떳떳한 자주인인 줄로 알고 살지만 얼마 못 가서 쾌락의 노예가 되어 쾌락이 우리를 지배하는 어처구니없는 '아이러니'를 깨닫게 된다고 한다. 그래서 다음 단계인 윤리적 단계로 넘어가면, 윤리적이 되려고 노력하면 할수록 인간으로서는 윤리적 완성을 꾀한다는 것이 '우스꽝스러운(유머 같은) 일'임을 더욱 절실히 느끼게 되고 그래서 결국 마지막 단계인 신앙의 단계로, '신앙의 도약'을 하는 것이라고 한다.

38) Paul Tillich, *Systematic Theology*, vol. Ⅱ, pp. 44ff.에서 이 문제를 본격적으로 다루고 있다.

39) Golden D. Kaufman, *The Theological Imagination : Constructing the Concept of God*(Philadelphia : Westminster Press, 1981), p. 276. 'God is the great relativizer of all

false absolutes, the One who unmasks all the idols(하느님은 거짓된 절대 모두를 상대적
인 것으로 만드는 위대한 분, 모든 우상들의 가면을 벗겨버리시는 분이시다).'

40) 영어로 selflessness, egolessness, self-emptying, self-forgetting, self-denying, no-self
같은 단어를 쓴다.

41) 《도덕경》은 약 200종 가량의 영역본이 있다. 가장 표준적인 것으로는 Wing-tsit
Chan, tr. *The Way of Lao Tzu*(Tao-te Ching)를 들 수 있다. 인용된 부분은 필자의
《도덕경》 번역 및 풀이 2010년 개정판, 각각 p. 47과 p. 85.

42) 이 문제에 대한, 또 초기 불교의 기본 교설에 대한 가장 명쾌한 해설서로는 스리랑
카의 승려 라훌라W. Rahula가 지은 *What the Buddha Taught*라는 책이 있다. 우리말
번역은 전재성 옮김, 《붓다의 가르침과 팔정도》(한국빠알리성전협회, 2005)가 있다.

43) 예로 Eugen Herrigel, *Zen in the Art of Archery*; Michael Murphy, *Golf in the
Kingdom* 같은 책을 볼 수 있다. 일상적 주객이분의 의식을 벗어나는 길로 이런
의식 이전의식pre-dualistic consciousness으로 돌아가는 방법과 이런 의식을 초월하는
의식trans-dualistic consciousness의 방법이 있다. 이 두 가지 종류의 의식은 일상적 의식
에서 벗어났다는 점에서는 같으나 본질적으로 다른 의식이다. 이를 혼동하는 것
을 '전/초오류pre/trans fallacy'라 한다. Ken Wilber, *Up from Eden*(1983); 《예수는 없
다》, p. 85 참조. 한국에서 체육이 초이분법적 의식을 함양하는 길이어야 함을 강
조하면서 '인문학적 스포츠 교육론'이라는 특별한 분야를 개척하는 이로 서울대
학교 체육과 최의창 교수를 들 수 있다. 그의 책 《가지 않은 길》(무지개사, 2006) 등
을 참조할 수 있다.

44) A. J. Toynbee, *Surviving the Future*(London : 1971), pp. 66~77.

45) Huston Smith, *The World's Religions*(San Francisco : HarperSan-Francisco, 1991)
pp. 26~50 참조. 스미스는 네 가지 길을 예거하고 있다. 오강남, 《세계종교 둘러
보기》(현암사, 2003), p. 57.

46) Dale Cannon, *Six Ways of Being Religious : A Framework for Comparative Studies of
Religion*(Belmont, CA : Wadsworth Publishing Co., 1996) 참조.

제3부

1) 최근 한국을 방문하여 보면 아직도 길거리나 전철에서 그렇게 외치는 사람들이 눈에 많이 띈다.

2) 틸리히의 다음 말 참조. '이성을 파괴하는 믿음은 스스로를 그리고 인간의 인간 됨을 파괴하고 만다. …… 이성은 믿음의 전제 조건인데, 이는 믿음이란 이성이 자기의 한계성을 깨닫고 이를 초월하여 황홀한 경지에 이를 때 가능해지는 행위이기 때문이다(A faith which destroys reason destroys itself and the humanity of man. …… Reason is the precondition of faith; faith is the act in which reason reaches ecstatically beyond itself).' *Dynamics of Faith*, p. 76f.

3) Erich Fromm, *To Have or To Be?*(New York : Harper & Row, 1976), p. 143. 한국에는 《소유냐 존재냐》 혹은 《소유냐 삶이냐》라는 제목으로 번역되었다.

4) 요즘 사회학에서는 '교인Christians'과 '교회 가는 사람church-goers'을 구별한다. 후자는 신앙 때문만이 아니라 기타 다양한 이유로 교회에 참석하는 사람을 포함하는 말로 사용되고 있다.

5) 이른바 '대속적 기독론'이다. 이 문제에 대해서는 《예수는 없다》 참조.

6) Hans Küng, *On Being a Christian*(London : Collins, 1977), pp. 421ff.

7) 같은 책, p. 131.

8) Dom Aelred Graham, *The End of Religion*(New York : Harcourt Brace Javanovich, 1971), pp. 78~80. 새로운 기독론의 토의를 위해서는 Schubert M. Ogden, *The Point of Christology*(San Francisco : Harper & Row, 1982) 등을 참조할 수 있다. 토머스 머튼Thomas Merton의 다음과 같은 말 참조. '기독교는 단순히 종교적 기별을 지적으로 받아들이는 것 이상이다(Christianity is much more than the intellectual acceptance of religious message).' *Zen and the Birds of Appetite*(1968), p. 56.

9) 마태복음 8 : 5~13, 누가복음 7 : 1~10, 새번역에서 인용.

10) Küng, 앞의 책, p. 450 참조.

11) 상당수의 신학자들은 기독교의 역사적 비극 중 하나가 예수님 자신의 가르침Jesus'

own teachings보다 예수님에 대한 교회의 가르침teachings of the Church about Jesus이 더욱 중요한 것으로 여겨지게 된 것이라 본다. '선포하는 자proclaimer'로서의 예수님보다 교회가 선포하는 '선포의 대상the proclaimed'으로서의 예수님에 더욱 역점이 실린 사실이라는 이야기다. 《예수는 없다》 참조.

12) Paul Tillich, *Systematic Theology*, vol. Ⅱ (Chicago : University of Chicago Press, 1957), p. 127 참조.

13) S. Radhakrishnan, *Fellowship of the Spirit*(Cambridge, Mass. : Harvard University Press, 1961), p. 7.

14) S. Kierkegaard. *Christian Discourses*(Oxford : Oxford University Press, 1940), p. 322.

15) 오강남, 《오강남의 시선》(현암사, 2026) 수정 인용.

16) "If any rational understanding is to be possible, the logos in us must be akin to a logos in things."

17) 성경을 오남용한 사례를 열거한 책으로 Jim Hill and Rand Cheadle, *The Bible Tells Me So : Uses and Abuses of Holy Scripture*(New York : Anchor Books, 1996)를 볼 수 있다.

18) 인용된 말의 영어 원문. "…… for close to two thousand years, the message of the Bible has suffered repeated distortions and misinterpretations, all too often to promote narrow interests of certain individuals and groups." Carl A. Raschke, et al., *Religion and the Human Image*(Englewood Cliffs, New Jersey : Prentice-Hall, 1977), p. 41.

19) 이 문제에 대해서는 Paul K. Knitter, *No Other Name?*(Maryknoll, New York : Orbis, 1985), p. 163 참조.

20) John B. Cobb, Jr., *Becoming a Thinking Christian*(Nashville : Abandon Press, 1993), pp. 35~38 참조.

21) Erich Fromm, 전에 인용한 책, p. 63에서 재인용.

22) 힌두교의 기도문 중에 이런 것이 있다. '오 주님, 저의 인간적 제약 때문에 빚어지는 세 가지 죄를 용서해주시옵소서. 당신은 어디에나 계시나이다. 그러나 저는 여

기서 당신을 경배합니다. 당신은 형태가 없으십니다. 그러나 저는 이런 형상들로 당신을 경배합니다. 당신은 찬송을 필요로 하지 않으십니다. 그러나 저는 이 기도와 찬양을 당신께 드리옵니다.' Huston Smith, *The World's Religions*에서 인용. 《욥기》22 : 1~2 참조. 한 가지 주의할 것은 이런 생각이 하느님의 불변성divine immutability을 강조하려는 것이 아니라는 사실이다. 이 문제에 대해서는 John B. Cobb, Jr., *Beyond Dialogue*(Philadelphia : Fortress Press, 1982), p. 130 참조할 것.

23) 제2부 5장 뒷부분 참조.

24) 기독교에서 이 방법이 가장 많이 채택되고 있는 것은 두말할 필요도 없는 사실이다. 인도에서도 이 방법을 특히 '신애의 길bhakti yoga(devotional yoga)'이라고 부르고 있는데, 이를 실천하는 사람들이 절대 다수를 차지하고 있다. 제2부 마지막 부분 참조.

25) 쓰다 보니 유대교, 기독교의 십계명을 요약한 것 같다. '십계명'은《출애굽기》20장을 참조.

26) 불교에서도 '오계'라는 것이 있는데, ① 살생하지 말라 ② 훔치지 말라 ③ 간음하지 말라 ④ 거짓말하지 말라 ⑤ 술 마시지 말라 등이다. 승려는 여기에 다섯 가지를 더해서 십계가 된다. ⑥ 꽃다발을 쓰거나 향을 바르지 말라 ⑦ 노래하거나 춤추지 말라 ⑧ 높은 침대에 자지 말라 ⑨ 때 아닌 때(오후) 먹지 말라 ⑩ 귀중품을 소지하지 말라 등이다. 그 외에도 '구족계具足戒'라 하여 비구는 총 250계, 비구니는 348계의 지켜야 할 계가 있다.

27) 유대교에서는 코셔kosher라고 해서 먹을 수 있는 음식과 못 먹는 음식을 가리는 일이 아주 중요시되고 있다. 히브리 성서《레위기》11장에 자세히 나와 있다. 이슬람교에서도 돼지고기는 먹지 못하도록 되어 있다.

28) Paul Tillich, *The Shaking of Foundations*, p. 101 참조.

29) 이슬람교에서는 금식(한 달 동안 낮에는 먹거나 마시지 않는 것)이 5대 실천 요목 중의 하나다. 다른 네 가지는 알라 신이 유일한 하느님이요 마호메트가 그의 최후의 선지자라는 것을 고백하는 것, 하루에 다섯 번씩 메카를 향해 기도하는 것, 매년 자기 재산의 2.5퍼센트를 가난한 사람들에게 나눠주는 것, 일생에 적어도 한 번은

메카를 순례하는 것 등이다.

30) 가장 분명한 예로 중국 당나라 시대의 종밀宗密과 일본 카마구라 시대의 구카이空海의 교판론教判論을 들 수 있다. 이들은 인과응보를 신앙의 중심으로 삼는 종교적 태도를 가장 저급한 종교로 분류했다.

31) Aldous Huxley, *The Perennial Philosophy*(New York : Harper & Row, 1944, 1970), p. 120에서 재인용.

32) 맹자도 이런 식으로 겉만 반지르르한 사람들을 '향원鄕愿'이라 부르고, 이들을 '덕의 도둑[德之賊也]'으로서 이런 식으로 해서는 요순의 도에 들어갈 수 없다고 했다. 《맹자》〈진심盡心〉편.

제4부

1) Phillip Schaff, *History of the Christian Church*, vol. VII(Modern Christianity)(Grand Rapids, Mich. : Wm B. Eerdmans Pub., 1910), pp. 151ff.

2) 세계 큰 종교 중에서 전도 혹은 포교에 힘쓰는 종교는 특히 기독교, 불교, 이슬람교 등 소위 '보편 종교'에 속하는 종교들이다. 여기서는 편의상 기독교를 실례로 들어서 이야기하겠다. 실제적으로 한국에서, 북미 이민 사회에서 전도에 힘쓰고 있는 사람들, 적어도 우리가 주로 대하는 전도자들은 거의가 기독교 계통에 속한 사람이라 보아도 과히 틀리지 않기 때문이다.

3) 불교에서는 나눔에 물질을 나누는 재보시財布施, 남에게 용기를 주고 위로를 주는 무외보시無畏布施, 진리를 나누는 법보시法布施가 있다고 가르친다.

4) 이 문제를 좀 더 구체적으로 알아보기 위해서는 영국의 위대한 역사가 Arnold J. Toynbee, *Christianity among the Religions of the World*(New York : Scribners, 1957), pp. 17ff.를 참조. 그는 서양 역사에 흔하게 나타난 종교적 박해의 연원을 따지고 보면 유대교가 그 발단이라면서, 거기서 나온 기독교, 이슬람교도 같은 특성을 공유하고 있다고 말한다. 그리고 공산주의가 비공산주의자를 박해하는 습성도 결국

부분적으로는 같은 유대교적 전통에서 나온 것이라 지적한다. 박해의 원인이 종교 때문인가 혹은 권력 의지 같은 다른 요인이 종교적 영역에서 박해로 나타난 것인가 하는 문제가 있으나, 여하튼 그의 관찰은 자못 흥미롭다.

5) 윤리학적 측면에서 볼 때 만약 타인에 대한 고려가 오로지 나 자신의 안녕에 대한 수단으로 생각되면 그것은 윤리적 행위라고 볼 수 없다고 한다. 소위 'regard for the welfare of others'와 'regard for one's own welfare,' 혹은 'other-regard'와 'self-regard'의 구별이다. David Little and Summer B. Twiss, 'Basic Terms in the Study of Religious Ethics', in *Religion and Morality*, ed. Gene Outka et al.(Garden City, NY : Doubleday, 1973) 참조.

6) 전도에도 기쁜 소식을 전하는 것만 목적으로 하는 참된 의미의 'evangelism'과 무조건 사람만 많이 끌어들이겠다는 'proselytism'의 두 가지 상반되는 태도가 있다고 볼 수 있다. Geoffrey Parrinder, *Comparative Religion*(London : George Allen & Unwin, 1962. reprinted Westport, Connecticut : Greenwood Press 1975), p. 102 참조.

7) 간디 자서전에 이런 구절이 있다. '그러므로 어느 누구도 어느 종교의 주장을 신장시키기 위해 조직된 선전을 하려고 해서는 안 된다. 특히 이런 선전이 다른 사람들을 끌어오려는 의도일 때 더욱 그러하다. 한편, 사람들이 모든 종교를 존경하는 태도, 어느 종교에서든지 좋은 것이라면 무엇이나 알아보겠다는 열의를 함양하도록 도와주기 위한 노력을 아끼면 안 된다(Therefore no one should try to carry on any organized propaganda to further the claims of any religion, especially if such propaganda involves proselytism. On the other hand, every attempt should be made to help people develop an attitude of respect for all religions, a willingness to know about other religions and accept what is good in all of them).'

8) 이 문제에 대한 몇 가지 실례를 보기 위해서는 런던대학교 종교학 교수로서 아프리카 문제에 밝은 Geoffrey Parrinder의 저서 *Comparative Religion*, pp. 33~40을 참조.

9) John Shelby Spong, *A New Christianity for a New World*, ibid., pp. 177~119 참조.

10) 1928년에 예루살렘에서 있었던 국제선교협의회International Missionary Council에서 채

택한 선언문에 다음과 같은 구절이 있다. We would repudiate any symptoms of religious imperialism that would desire to impose beliefs and practices on others in order to manage their souls in their supposed interests. 새롭게 대두되는 종교다원주의에 대해서는 Paul F. Knitter의 *No other Name?*(변선환 박사의 한국어 번역판이 있음)과 해롤드 카워드 지음, 오강남 옮김, 《종교다원주의와 세계종교》(대한기독교서회, 1993) 참조.

11) Roger L. Shinn, *Man: The New Humanism*(Philadelphia : Westerminster, 1968), p. 32. '그들은 예수 그리스도가 사람들을 그리스도인이 되도록 하기 위해서가 아니라 ─그는 그런 말을 사용하지도, 알지도 못했다─죄인들에게 하느님의 사랑과 용서를 선포하기 위해 오셨다는 사실을 발견했다(They found that Jesus Christ came, not to make people Christians─he did not use or know the word─but to declare God's love and forgiveness to sinners)'; Paul Tillich, *The Shaking of Foundations*(New York : Pelican Book, 1962), p. 101. '예수님이 우리로부터 풀어놓으시려고 하는 짐은 종교의 짐이었다(The burden He wants to take from us is the burden of religion)' 참조.

12) Joachim Wach, *The Comparative Study of Religions*(New York : Columbia University Press, 1958), p. 120에서 인용. 영역은 다음과 같다. Man should not think so much of what they ought to do as of what they ought to be. Think not to lay the foundation of thy holiness upon doing but rather upon being. For works do not sanctify us but we should sanctify works. Whoever is not great in his essential being will achieve nothing by works whatever he may do.

13) '전도'에 대해 더 자세한 것은 《예수는 없다》 제Ⅴ편 '지금·여기에서의 Mission'을 참조할 수 있다.

14) 기도 일반에 관한 책으로 Richard J. Foster, *Prayer: Finding the Heart's True Home*(New York : HarperCollins, 2002)을 소개하고 싶다. 그의 책은 몇 권 한국어로도 번역되었다. 리처드 포스터 지음, 송준인 옮김, 《리처드 포스터 기도》(두란노, 2011) 등.

15) 마가는 예수님의 기도 생활에 대해서 '새벽 오히려 미명에 예수께서 일어나 나가

한적한 곳으로 가사 거기서 기도하시더니(마가복음 1 : 35)' 하는 말로 표현하고 있다. 루터도 하루에 세 시간씩, 요한 웨슬리도 하루에 두 시간씩 기도했다고 한다.

16) Gordon Allport, *The Individual and His Religion*(New York : Macmillan, 1963), p. 72.

17) 이런 탄원 기도의 '역효과'에 대해서는 Richard Dawkins, *The God Delusion*(New York : Houghton Mifflin Co, 2006), pp. 61ff. 참고. 이 책의 우리말 번역, 리처드 도킨스 지음, 이한음 옮김, 《만들어진 신 - 신은 과연 인간을 창조했는가?》에서도 볼 수 있다.

18) 기독교 계통 중에서 친우회Religious Society of Friends 혹은 통칭 퀘이커Quaker 신도들은 예외로서 이들의 예배는 시종 일관 침묵 예배silent worship, 곧 명상이다. 독일의 위대한 종교학 거성 루돌프 오토는 그의 유명한 책 *The Idea of the Holy*에서 프로테스탄트 교회는 퀘이커 신도들의 예배 형식을 본받아야 할 것을 역설하고 있다(pp. 210~214). 그중 한 구절을 인용하면 다음과 같다. It is the most spiritual form of divine service which has ever been practised, and contains an element which no form of worship ought to be without, but which, as has been hinted on a former page, is unduly neglected in our Protestant devotional life. We must learn it once again from the Quaker's, and thereby restore to our divine service a spirit of consecration, the loss of which has cost it dearly. p. 211. 한국에도 함석헌 선생님을 통해 많이 알려진 종교 친우회가 있다. 홈페이지 http://www.quakerseoul.org 참고.

19) S. Kierkegaard, op. cit., p. 324. 영역은 다음과 같다. A man prayed, and at first he thought that prayer was talking. But he became more and more quiet until in the end he realized that prayer was listening.

20) 《시편》에는 '묵상'이라는 말이 많이 나온다. 영어로 'meditation'으로 명상이라는 말과 같다. 유명한 구절을 예로 들면 시편 1 : 2 '여호와의 율법을…… 주야로 묵상하는 자'와 시편 119 : 148의 '주의 말씀을 묵상하려고 내 눈이 야경이 깊기 전에 깨었나이다'라는 구절이 있다. 대부분의 영어 번역은 'meditation'이다.

21) 요즘에는 MSC(Meditative States of Consciousness), ASC(Altered States of Consciousness),

HSC(Higher States of Consciousness) 등의 용어도 쓴다.

22) 한 가지 예로 Cris Popenoe, *Books for Inner Development: Yes! Guide*(Yes! Bookshop, Washington D.C. : Distributed by Random House, 1976년 그 후 개정판)를 들 수 있다. 이 책은 명상과 이와 관련된 제목에 관한 책을 소개한 목록으로 매우 훌륭한 안내서 역할을 해준다. 학자들 중에는 21세기가 의식consciousness의 세기가 될 것이고, 여러 학문이 의식과 그와 관계되는 분야에 관심을 집중하게 될 것이라고 보는 사람들이다. '의식과학science of consciousness'이라는 말도 있고, 그런 제목의 책들도 있다.

23) 예수의 기도에 대해서는 작자 미상, 오강남 엮음, 《기도 : 영적 삶을 풍요롭게 하는 예수의 기도》(대한기독교서회, 2024)를 참조할 수 있다.

24) E. Bethge, *Dietrich Bonhoeffer* (New York : Harper & Row, 1977), p. 381f., D. Bonhoeffer, *Life Together* (New York : Harper & Row, 1954), pp. 81~85, *The Way to Freedom* (New York : Harper & Row, 1966), p. 59. 참조. 에버하르트 베트게 지음, 김순현 옮김《디트리히 본회퍼》(복있는사람, 2006) 참고.

25) 춤추기로 가장 유명한 것은 이슬람 계통의 수피Sufi 수도승들의 맴돌기 춤이 있다. 그래서 그들은 통칭 '맴도는 수도승whirling dervishes'이라 불린다.

26) 활쏘기를 통해서 선수행하는 과정을 재미있게 이야기하는 책으로, 오이겐 헤리겔 지음, 정창호 옮김, 《활쏘기의 선》(삼우반, 2008)이 있다. 독일어 원문의 영어 번역은 Eugen Herrigel, *Zen in the Art of Archery*.

27) 영어로 mindfulness, awareness, watchfulness 등의 말을 쓴다. 유교 경전 《대학》에 보면 '마음이 있지 아니하면 보아도 보지 못하고 들어도 듣지 못하고 먹어도 그 맛을 모른다[心不在焉, 視而不見 聽而不聞 食而不知其味]'라는 글이 있다.

28) 심리학자들의 실험 결과에 의하면, 조용한 방에서 15초 간격으로 뚝딱거리는 소리를 듣게 하면, 보통 사람의 경우 세 번째나 네 번째 뚝딱 소리에 가서는 뇌에 아무런 반응을 일으키지 않는다고 한다. 그러나 명상을 정기적으로 하는 사람과 어린아이들의 경우, 오랜 시간이 경과해도 처음 뚝딱 소리에서 보였던 것과 같은 강도의 반응이 계속되었다고 한다. 어린아이처럼 아직 걸러내는 장치가 생기지 않았거나 명상으로 새로운 장치를 갖게 된 사람은 500번째 보는 노을도 처음 볼 때

와 같은 감격으로 보게 된다는 것이다. 이 방면의 명상을 가장 많이 강조하는 이로 베트남 출신 틱낫한 스님을 들 수 있다. 그의 책, 《살아계신 붓다, 살아계신 예수》(오강남 옮김, 솔바람, 2013)와 《귀향》(오강남 옮김, 모색, 2001) 등 수많은 책에서 그는 이 방법을 강조하고 있다.

29) Bonhoeffer, 앞에서 인용한 책, p. 85.

30) 이런 단계에 대한 지도들mapping을 쉽게 찾아보기 위해서는 Charles T. Tart, ed., *Transpersonal Psychologies*(New York : Harper & Row, 1975)라는 훌륭한 책을 참고할 수 있다. 장자의 잊어버림의 과정에 대해서는 Yu-lan Fung, *A History of Chinese Philosophy*, vol. Ⅰ(Princeton : Princeton University Press, 1952), p. 238f.과 필자의 《장자》 pp. 313~316 참조. 부처님이 성불할 때 통과한 삼매samadhi의 4단계는 대표적 예라 할 수 있다. Tart의 책을 보면 상세히 기술되어 있다.

31) 이 문제를 본격적으로 다룬 것이 오강남, 성해영 공저, 《종교, 다시 깨달음이다》, 오강남, 《진짜 종교는 무엇이 다른가》다. 이런 사상을 가장 일목요연하게 표현한 것이 바로 동학의 가르침인 시천주侍天主, 인내천人乃天, 사인여천事人如天이다. 사람은 각자 그 안에 한울님을 모시고 있다, 사람이 곧 한울님이다, 모든 사람은 한울님이므로 사람 섬기기를 한울님 섬기듯 하라는 가르침이다.

32) 신앙의 단계 중 최종적인 제6단계에 오른 분들은 명상을 일상화한 분들이라 볼 수 있다. 《예수는 없다》 참조. 이런 분들을 더 많이 소개한 책이 졸저 《진짜 종교는 무엇이 다른가》라 할 수 있다.

33) 오강남, 《오강남의 시선》에서 수정 발췌.

34) 오강남, 《불교 이웃종교로 읽다》 p. 103 참조.

35) Arnold J. Toynbee, *Civilization on Trial*(New York : Oxford University Press, 1948), pp. 213ff.; William Johnston, *Christian Zen*(New York : Harper & Row, 1971), p. 1.

36) Karl Rahner, Christianity and Non-Christian Religions, in *Theological Investigations*, vol. 5(Baltimore : Helicon, 1966), p. 118.

37) Alan Race, *Christians Pluralism: Patterns in the Christian Theology of Religions* (Maryknoll, NY : Orbis, 1983), p. 3에서 인용.

38) Wilfred Cantwell Smith, *The Faith of Other Men*(New York : Harper and Row, 1962), pp. 132~133.

39) Harold Coward, *Pluralism : Challenge to World Religions*(Maryknoll, NY : Orbis, 1985), p. 13. 이 책의 우리말 번역은 오강남 옮김,《종교다원주의와 세계종교》로 출판됨. 비슷한 주장을 하고 있는 글로, 폴 니터 지음, 오강남 옮김, '기독교 신학은 대화 신학이어야 한다.'《기독교사상》1994년 8월호. pp. 88~106 참조.

40) 여기서는 편의상 Alan Race, *Christians and Religious Pluralism*(Maryknoll, NY : Orbis, 1982)에 나오는 분류법을 따르기로 했다. 이런 분류법 외에 다음 몇 가지 다른 분류 방법이 있을 수 있다. 해롤드 카워드는 ① Theocentric(신 중심) ② Christocentric(그리스도 중심) ③ Dialogical(대화식)으로 분류하고, Paul F. Knitter는 근래에 나온 책에서 ① the replacement model ② the fulfillment model ③ the mutuality model ④ the acceptance model로 분류하고 있다. *Introducing Theologies of Religions*(Maryknoll : Orbis Books, 2003), 한국어 번역, 유정원 옮김,《종교신학입문》(분도출판사, 2007) 참고. 역자는 이것을 대체 모델, 완성 모델, 관계 모델, 수용 모델이라 옮겼다.

41) 그의 여러 책들 중에서 근년에 나온 것으로 *Global Responsibility: in Search of a New World Ethic*(New York : Crossroad, 1991)을 볼 수 있다.

42) 이런 신학적 태도에 대한 논의를 위해서 John Hick and Paul F. Knitter, eds., *The Myth of Christian Uniqueness*(Maryknoll, NY : Orbis Books, 1987)를 볼 것.

43) 캐나다 에드먼턴에서 발행되는 *The Edmonton Journal* 1980년 12월 8일자. 필자는 그와 1986년 서울아카데미하우스 주최 〈불교와 기독교의 대화 모임〉과 1987년 미국 버클리에서 있었던 〈불교와 기독교 모임〉에 함께 참석해 이 사실을 재확인할 수 있었다.

44) Paul Tillich, *The Future of Religions*(New York : Harper & Row, 1966), p. 91. 여기에 대한 엘리아데의 논평은 op. cit., p. 31.

45) 같은 책, p. 35.

46) Alan Race, 앞의 책, p. 72.

47) John Hick, *God and the Universe of Faiths*(London : Macmillian, 1973), p. 124.

48) Aldous Huxley, *The Perennial Philosophy* (New York : Harper & Row, 1944), p. 200.

49) Hans Küng, 앞에 인용한 *Global Responsibility*, p. XV.

50) John S. Dunne, *The Way of All the Earth*(New York : Macmillian, 1982), p. IX.

51) Hans Küng, 앞의 책, p. 81.

52) Krister Stendahl, *Meanings : The Bible as Document and as Guide*(Philadelphia : Fortress, 1984), p. 240.

53) 여기에 대해서는 Paul Knitter, *No Other Name?*, pp. 31~32, 138, 201 참조.

54) Paul O. Ingram and Frederick J. Streng, eds., *Buddhist—Christian Dialogue : Mutual Renewal and Transformation*(Honolulu : University of Hawaii Press, 1986), p. 231.

55) 서양 사상이 동양 사상에 얼마큼 영향을 받았나 하는 것을 사상사적으로 철저하게 파헤친 훌륭한 책으로 J. J. Clarke, *Oriental Enlightenment : The Encounter Between Asian and Western Thought*(London : Routledge, 1997), 우리말 번역, 장세룡 옮김,《동양은 어떻게 서양을 계몽했는가》(우물이있는집, 2004)를 참조할 수 있다.

56) 그의 *Beyond Dialogue : Toward a Mutual Transformation of Christianity and Buddhism*(Philadelphia : Fortress, 1982) 등을 참조할 것. Cobb도 Christocentrism에 속하기는 하지만 스펙트럼으로 치면 가장 끝에 있는 신학자라 할 수 있다.

57) John B. Cobb, Jr. and Christopher Ives, eds., *The Emptying God : A Buddhist—Jewish—Christian Conversation*(Maryknoll, NY : Orbis, 1990) 참조.

58) Alan Race, ibid., pp. 106~137과 Paul Knitter, ibid., pp. 171~204를 참조할 것.

59) John p. Keenan, *The Meaning of Christ : A Mahayana Theology*(Maryknoll, NY : Orbis, 1989). 필자가 주장하는 '성불成佛하신 예수님'에 대해서는《예수는 없다》참조.

60) Thomas Merton, *Zen and the Birds of Appetite*(New York : New Direction, 1968), p. 39.

61) William Johnston, *The Mirror Mind*(San Francisco : Harper & Row, 1981).

62) Harvy Cox, *The Seduction of the Spirit*(New York : Simon and Schuster, 1973), p. 204. 최근에 나온 그의 책, 오강남 옮김,《예수, 하버드에 오다》(문예출판사, 2004)와 김

창락 옮김, 《종교의 미래》(문예출판사, 2010)도 이런 기본 입장에서 쓰인 것이다.

63) Abraham H. Maslow, *Religions, Values, and Peak-Experiences*(New York : Viking, 1970) 참조.

64) Erich Fromm, *Psychoanalysis and Zen Buddhism*(New York : Harper & Row, 1970) 참조.

65) 그의 많은 책 중에서 *The Spectrum of Consciousness*(Wheaton : Quest, 1977) ; *Up From Eden*(New York : Doubleday/Anchor, 1981) ; *Transformations of Consciousness* (Boston : Shambhala, 1986) ; *Integral Spirituality: A Startling New Role for Religion in the Modern and Postmodern World*(Boston : Integral Books, 2006) 등을 참조할 것. 그의 책은 한국어로도 여러 권 번역되어 나왔다.

66) 캐나다 토론토판《한국일보》1984년 10월 17일자 4면 '한국 사회와 종교 대형화'라는 기사에서 인용. 다른 두 가지 특색은 경제적 관심과 정치적 관심이라고 한다. 이런 보고서가 나온 후 벌써 30년 가까이 지났다. 지금 한국 종교계에 대한 진단은 이와 얼마나 다를까? 최근에 와서 종교적 배타성이 정치적 편향성과 맞물려 그전보다 더 심화되었다는 것이 일반적 견해이다.

67) 필자는 한국에서 기독교와 불교의 대화뿐만 아니라 특히 기독교와 유교의 대화가 이루어지기 바란다. 저자의 글 〈유교와 기독교의 만남〉, 《기독교사상》 395호 1991년 11월 9일. pp. 124~161 및 "Sagehood and Metanoia : The Confucia-Christian Encounter in Korea", in *The Journal of the American Accademy of Religion*, LXI/2(Summer 1993), pp. 303~320 참조.

부록 1

1) 2015년 한국 인구총조사 종교별 인구 분포를 보면 전체 인구 중 종교 인구는 43.9퍼센트, 이 중 개신교인 19.7퍼센트, 불교인 15.5퍼센트, 가톨릭 7.9퍼센트라고 한다.

2) 이 문제에 관해 상세한 것은 James H. Grayson, *Korea: A Religious History*(Oxford : Larendon, 1989) pp. 46ff. 참조.

3) 坂本幸男, 《華嚴教學の研究》(京都 : 平樂寺書店, 1973 제3판) pp. 421ff. 233ff. 참조.

4) 지눌에 대해서는 Robert E. Buswell, *The Collected Works of Chinul: The Korean Approach to Zen*(Honolulu : University of Hawaii, 1983) ; Hee Sung Keel, *Chinul: The Founder of the Korean Son Tradition*(Berkeley : Institute of Buddhist Studies, 1984) 참조.

5) Noble Ross Reat, *Buddhism: A History*(Berkeley : Asian Humanities Press, 1994), p. 179.

6) 조선조 후기에는 승려들의 도성 출입이 금지될 정도로 배불 정책이 극심했다.

7) Lewis R. Lancaster, "Buddhism in Korea Survives Suppression and Change", in Charles S. Prebish, ed., *Buddhism: A Modern Perspective*(University Park : Pen State University Press, 1975) p. 216.

8) 더 깊은 이유를 분석한 글로 필자의 논문 〈유교와 기독교의 만남〉《기독교사상》 395호 1991년 11월호 pp.124~161 : "Sagehood and Metanoia : The Confucian - Christian Encounter in Korea", *The Journal of the American Academy of Religion*, LXI/2, Summer, 1993) pp. 303~320 참조.

9) 김종서, 〈성스러움의 파편화인가〉,《현상과 인식》18~4호, 1994년 겨울, p. 13.

10) James H. Grayson, 앞의 책, p. 206.

11) 변선환 외,《종교다원주의와 한국적 신학》(한국신학연구소, 1992).

12) 크리스챤아카데미 편,《열린 종교와 평화공동체》,(대화출판사, 2000) p. 343~347 참조.

13)《밴쿠버 朝鮮》1995년 2월 24일자, A-14.

14)《기독교사상》1998년 11월호 pp. 56~64 참조. 여기서는 기독교 훼불 사건을 특집으로 다루었다.

15) 더 구체적인 예를 보기 위해서는, 변선환, 〈이 땅에서의 종교 갈등 문제〉,《다보》 13, 1995 봄호, pp. 49~51 참조할 것.

16) 위의 책 pp. 50~51 참조.

17) *The Passing of Korea*(Seoul : Yonsei University Press, 1969, originally New York : 1906), p. 403f.

18) 필자의 글 "Christianity and Religious Pluralism in Korea" in *Religious Studies and Theology*, vol. 6, no. 3, 1986, pp. 27~38 참조.

19) Leonard Swidler, John B. Cobb, Jr., Paul F. Knitter and Honica K. Hellwig, *Death or Dialogue : From the Age of Monologue to the Age of Dialogue*(London : SCM, 1990) viii.

20) 같은 곳.

21) "Types of Encounter between Religions", in Leonard Swidler and Paul Mojzes, ed., *Attitudes of Religions and Ideologies toward the Outsiders*(Lewiston, NY : The Edwin Mullen Press, 1990) p. 1.

22) Kang-nam Oh, "Sagehood and Metanoia : The Confucian-Christian Encounter in Korea", 앞에 인용한 곳, pp. 308~315.

23) *The Way of All the Earth*(New York : Macmillan, 1972) ix.

24) "Christian Salvation : Its Nature and Uniqueness : An Interreligious Proposal" 필자에게 보내온 미출판의 논문 p. 1.

25) John Cobb, Jr. and Christopher Ives, eds., *The Emptying God : A Buddhist-Jewish-Christian Conversation*(Maryknoll, NY : Orbis Books, 1990) 참조.

26) John P. Keenan, *The Meaning of Christ : A Mahayana Theology*(Maryknoll, NY : Orbis Books, 1989).

27) Seiich Yagi and Leonard Swidler, *A Bridge to Buddhist-Christian Dialogue*(New York : Paulist, 1990). 여러 가지 가능한 대화의 제목들을 위해서는 이 책 pp. 11~37에 있는 스위들러 교수의 제안들을 참조할 수 있다.

28) 민중신학에 대한 논의로 Jung Young Lee, ed., *An Emerging Theology in World Perspective*(Mystic, Conn. : Twenty-Third Pub., 1988) 참조. 민중불교에 관해서는 법성 외, 《민중불교의 탐구》(민족사, 1989), 특히 이 책 pp. 243~281에 있는 황필호 교수의 글 〈민중신학과 민중불교의 비교 분석〉을 참조.

29) 이런 예를 위해서는 Paul O. Ingram and Frederick F. Streng, eds., *Buddhist-Christian Dialogue: Mutual Renewal and Transformation*(Honolulu : The University of Hawaii Press, 1986) 참조.

30) 스츠키D. T. Suzuki의 말. William Barrett, ed., *Zen Buddhism: Selected Writings of D. T. Suzuki*(Garden City, NY : Doubleday, 1956) p. 84.

31) 앞에서 언급한 논문, "Sagehood and Metanoia", p. 314.

32) Hans Küng, *On Being a Christian*(London : Collins, 1977) p. 191.

33) 같은 책, p. 250.

34) *Global Responsibility: In Search of a New World Ethic*(New York : Crossroad, 1991) xv.

35) 필자의 글, "Wonhyo's Buddhist Thought for Today", in *Korean Studies in Canada*, vol. 2, 1994, pp. 90～97 참조.

36) *Mystics and Zen Masters*(New York : Farrar, Straus & Giroux, 1986) p. 46.

37) 김종서, 앞의 글 p. 13. 불교의 새로운 전도 방법, 행정 구조의 재정비, 불교 교양 대학을 통한 불교의 대중화, 일요법회 등의 정기 집회의 개최 등이 기독교와의 접촉에서 영향을 입은 것으로 거론된다.

38) Paul O. Ingram, et at., 앞에서 인용한 책, p. 231.

39) 필자가 우리말로 번역한 그의 책《살아계신 붓다, 살아계신 예수》와《귀향》등 참조.

맺는 글

1) Heinrich Zimmer, *Philosophies of India*(Princeton : Princeton University Press, 1951) pp. 5～7 참조.